WINE EXPLORERS

LE 1ER TOUR DU MONDE DU VIN

Jean-Baptiste Ancelot

Préface de **Jean Moueix**

Photographies de

Ludovic Pollet, Brice Garcin, Quentin Huriez, Timothé Renaud, Manon Perramond

omniscience

Couverture, conception graphique et infographies : **Joëlle Parreau**
Cartographies : **Alain Parreau**
Édition : **Cyrille Benhamou**

Illustration du 1er plat de couverture. Vignoble du domaine Sonberk, le long de la rivière Thaya (Moravie du Sud, République tchèque).
Illustration du 4e plat de couverture. Coucher de soleil sur le domaine Painted Rock, face au lac Skaha (Colombie-Britannique, Canada).

Jean-Baptiste Ancelot, l'auteur de cet ouvrage, est né le 16 juillet 1985 à Senlis, dans l'Oise. En 2011, à peine sorti de l'Inseec de Bordeaux avec en poche un master et un MBA en commerce des vins et spiritueux, il nourrit déjà ce projet un peu fou de créer, à travers *Wine Explorers*, le premier recensement mondial des pays producteurs de vin. D'abord consultant en vin à Hong Kong, New York et Zurich, il devient ensuite directeur export du domaine Ferraton Père & Fils dans la vallée du Rhône. En janvier 2014, le projet *Wine Explorers* est enfin mûr et Jean-Baptiste part à la découverte de la planète vin en insatiable globe-trotter. Il aura exploré au total 88 pays viticoles, rencontré les vignerons de plus de 530 domaines et dégusté plus de 5 400 vins avant d'écrire ce livre. Il collabore régulièrement avec plusieurs magazines, français et étrangers, spécialisés dans le vin, comme *Le Figaro Vin*, *Bettane+Desseauve* ou encore *La Revue Viticole Internationale*... Il est également conférencier et intervient au Symposium des Masters of Wine et auprès de diverses écoles de commerce.

Les photographes. Les images publiées dans cet ouvrage sont le fruit de l'auteur et de photographes passionnés qui, entre 2014 et 2018, ont chacun partagé avec lui un morceau de l'aventure *Wine Explorers*. **Jean-Baptiste Ancelot** : Albanie, Andorre, Bosnie-Herzégovine, Cambodge, Croatie, Inde, Kosovo, Liban, Macédoine du Nord, Malte, Monténégro, Myanmar, Ouzbékistan, Slovénie, Thaïlande, Vietnam. **Brice Garcin** : Algérie, Argentine, Arménie, Azerbaïdjan, Bulgarie, Cap-Vert, Chili, Colombie, Équateur, France, Gabon, Géorgie, Grèce, Irlande, Moldavie, Norvège, République dominicaine, Roumanie, Russie, Sénégal, Serbie, Tadjikistan, Tunisie, Turquie, Ukraine. **Quentin Huriez** : Espagne, Israël, Italie (Sardaigne), Jordanie, Maroc, Palestine, Portugal. **Manon Perramond** : Chypre. **Ludovic Pollet** : Afrique du Sud, Allemagne, Australie, Autriche, Belgique, Bolivie, Brésil, Canada, Chine, Corée du Sud, Danemark, Égypte, États-Unis, Éthiopie, Hongrie, Indonésie, Japon, Kazakhstan, Kenya, Madagascar, Mexique, Namibie, Nouvelle-Zélande, Pays-Bas, Pérou, Pologne, République tchèque, Royaume-Uni, Slovaquie, Suisse, Suède, Taïwan, Tanzanie, Uruguay, Zimbabwe. **Timothé Renaud** : Italie (Cinque Terre, Piémont), Luxembourg.

Autres crédits photographiques. ÖWM-Marcus Wiesner (p.43, 44), Domäne Wachau (47d), Cave Geisse (67d), Gianaclis (113d), Alain Suet (141d), Michel Marang (147d), Ferenc Dancsecs (155d), Sababay Winery (163d), Rick J. Pelleg (168), Fanny Tournaire (172), WE Project (187d), Emma Nderitu (189d), Maher Harb (191), Monte Xanic (217d), Duško Miljanić (224), Jan Miklín (260), Vladimír Hronský (285d), Hällåkra Vingård (291d), Swiss Wine (293), Urs Wyss (295bd), Domaine de Bargylus (297h), Jacob Mwavika (301), Pisano (319d), Bodegas Pomar (321).

Les données figurant dans cet ouvrage ont été collectées dans le cadre du projet Wine Explorers. *Elles font suite à un travail minutieux de préparation et de synthèse et sont le fruit d'échanges passionnés avec les différents acteurs viticoles des 88 pays traversés pendant quatre années de voyage cumulées entre 2014 et 2018.*

Omniscience, 2019
178 allée des Écoles – Gare de Mouans-Sartoux – 06370 Mouans-Sartoux

ISBN 979-10-97502-25-6

PRÉFACE

Sylvain Tesson écrit : « *J'ai vite compris qu'à trop divaguer sur les cartes on risquait la déception. Car le voyageur, une fois l'esprit encombré de mythes, ne partira pas pour découvrir des royaumes inconnus mais pour vérifier si ceux-ci ressemblent à son rêve.* »[1]

C'est à partir d'autres cartes que celles évoquées par l'écrivain-voyageur que Jean-Baptiste s'est aventuré. La plupart du temps en *terra incognita*, d'un point de vue viticole en tout cas. Et je ne pense pas qu'il soit revenu déçu de son long périple à travers le monde. Ni déçu ni différent d'ailleurs. Quatre années de voyages, cela devrait changer un homme... Pas tant que ça. En tout cas, pas Jean-Baptiste. Il est revenu tel qu'il est parti : heureux, enthousiaste, curieux, audacieux... Un brin rêveur aussi.

C'est certainement sa sensibilité et sa pureté d'âme qui lui ont permis tout d'abord d'imaginer un tel projet. Puis de le monter, de trouver en lui et autour de lui les ressources nécessaires pour accomplir cette aventure dans des conditions parfois à la limite du raisonnable.

Son ouverture d'esprit lui a permis de partir sans préjugés, à la découverte de régions viticoles jusque-là quasiment inexplorées. Ce jeune Français aurait pu se contenter des vins si fameux et nombreux de son pays natal, mais il a décidé de partir à la découverte des « *royaumes inconnus* ».

Il a exploré, observé, écouté, photographié et noté consciencieusement pour ramener avec lui un petit bout de ses voyages.

Après un lent processus de maturation, il a écrit ce magnifique ouvrage qui pour la première fois offre une vision globale, objective et chiffrée de la situation viticole mondiale au XXIe s. Pour notre plus grand plaisir, il partage ici cette odyssée à la découverte de vignobles et surtout de vigneronnes et vignerons du monde entier. Ces femmes et ces hommes qui s'appliquent chaque jour à capturer la beauté de leurs terroirs pour nous la transmettre dans leurs vins.

Jean Moueix

JEAN MOUEIX

1. Sylvain Tesson, *Petit Traité sur l'immensité du monde* (Éditions des Équateurs, 2005)

50
51
52

AVANT-PROPOS

Dans sa définition la plus stricte, le vin n'est autre que du jus de raisin fermenté. Il est universel et l'on en boit dans tous les pays du monde. Le vin n'a donc pas de frontière et c'est peut-être pour cela qu'il est difficile d'en tracer les origines. Sa production fait appel à des savoir-faire ancestraux qui ont évolué et se sont transmis au fil du temps. Quand on s'y intéresse, on se confronte à l'histoire de l'humanité et à la nature même de nos civilisations.

Les origines exactes de la boisson dionysiaque restent encore indéterminées à ce jour. Elles fascinent autant qu'elles sont au cœur de tous les débats. Les premières traces de vinification seraient apparues entre le Caucase et le Moyen-Orient, il y a 10 000 ans environ. Cette période correspond au Néolithique, lorsque les populations se sédentarisaient, s'appuyant sur l'élevage et l'agriculture pour se développer.

Nasser Soumi[1] me disait habilement : « *Au fur et à mesure que la science progresse et que les fouilles archéologiques avancent, la date des premières vinifications à l'échelle du monde ne cesse d'être réévaluée, tout comme son origine géographique exacte.* ». Une sorte de jeu de chaises musicales sans fin, où chaque pays qui découvrirait de nouvelles traces de vin millénaires au fond d'une jarre pourrait, à tour de rôle, revendiquer de façon légitime une certaine souveraineté.

1. Artiste palestinien, auteur du livre *L'Olivier & la Palestine - Une passion charnelle* (Sindbad, 2010).

← Découverte du domaine Rippon, en compagnie de l'œnologue Nick Mills (Central Otago, Nouvelle-Zélande).

Au-delà de la chronologie mondiale de l'histoire du vin, qu'en est-il réellement de la situation viticole contemporaine, et sait-on à quoi ressemble le vrai visage de la planète vin au XXIe s. ?

De ce questionnement existentiel est né le projet *Wine Explorers*. Résultat d'un rêve un peu fou : apporter quelques éléments de réponses à cette question qui me hantait en allant à la rencontre de celles et ceux qui font le vin à travers le monde ! Puis cet ouvrage est né, fruit de onze ans de travail : quatre ans de recherches, deux ans de préparation et de levées de fonds, quatre ans de voyages cumulés dans 88 pays, six mois d'actualisation des données, six mois d'écriture... dans un format atypique car ce n'est ni un guide, ni un atlas, ni un carnet de voyage, mais peut-être un peu de tout cela en même temps ! Ce livre propose une vision nouvelle du vin et une réflexion sur ses frontières, en perpétuelles mutations.

Hier, ce furent les conquêtes de nouveaux territoires, les guerres, la diffusion des religions ou encore le phylloxéra, ce puceron originaire des États-Unis qui ravagea une grande partie du vignoble mondial à partir de la fin du XIXe s., qui écrivirent l'histoire et la géographie du vin. Aujourd'hui, on pointe du doigt le réchauffement climatique, la création de cépages résistants aux maladies, les fameux *piwi* (acronyme de *Pilz* pour « champignon » et *Widerstandsfähig* pour « résistant »), des équipements de plus en plus modernes à la vigne comme au chai, des consultants en viticulture et en œnologie de plus en plus sollicités, des viticulteurs qui voyagent, partagent et confrontent leurs expériences, ou encore des vignerons intrépides qui tentent des projets viticoles là où encore personne ne les avait imaginés... Tous ces facteurs, et bien d'autres encore, sont au cœur de l'équation et redessinent complètement les frontières du vin actuelles.

Moment de partage avec toute l'équipe du domaine d'Assiami (Haut-Ogooué, Gabon).

Qui aurait cru, il y a encore peu de temps à l'échelle de l'histoire viticole, qu'il serait possible de faire du vin de qualité sur le 62e parallèle Nord ou encore en flirtant avec la ligne symbolique de l'équateur terrestre, comme au Kenya par exemple ? Pas moi, en tout cas !

Afin de me faire une idée globale de la situation viticole mondiale, je me suis donc rendu dans chacun des pays producteurs de vin[2]. Chaque voyage a duré quinze jours en moyenne et s'est déroulé de façon la plus objective possible, c'est-à-dire sans tenir compte de la taille, de la production ou encore de la renommée éventuelle des lieux que je visitais. Le but premier était d'y rencontrer des vigneronnes et vignerons passionnés, représentatifs de leur savoir-faire, mais aussi les institutions officielles, des ambassades aux ministères, les professionnels du secteur et des journalistes le cas échéant, afin de collecter des données économiques, politiques, historiques, géographiques... et des témoignages. Informations ô combien précieuses pour comprendre la complexité, les motivations, les enjeux et la singularité de chaque pays. Chaque visite dans les domaines se concluait par la dégustation d'un certain nombre de vins.

Le cheval est utilisé pour tous les travaux de la vigne au château Vartely (Codru, Moldavie).

Bien que cet ouvrage tente d'apporter un témoignage qui se veut le plus juste, le plus impartial et le plus précis possible, la liste des pays y figurant n'est pas exhaustive et sera régulièrement remise au goût du jour. Pour exemple, voici quelques pays ne figurant pas ici, mais pour lesquels un chapitre pourrait être envisagé à l'avenir : l'Iran, l'un des berceaux de la viticulture et de la vinification, où il est actuellement risqué de faire du vin commercialement ; Cuba, où un petit vignoble existe[3] mais où la production est régulièrement à l'arrêt, du fait d'une instabilité politique trop forte ; le Kirghizistan, où la viticulture peine à renaître après les dommages causés par la politique d'arrachage de Gorbatchev en 1985 ; le Guatemala, où un projet de vignoble est en cours de restructuration ; le Costa Rica, où le projet de vignoble initié par le consultant américain Kerry Damskey, cofondateur du domaine Sula en Inde, en est au stade expérimental.

---

2. À l'exception de la Syrie et du Venezuela, pour lesquels la situation géopolitique présentait des risques sécuritaires trop importants.

3. Merci au journaliste Benoist Simmat de m'avoir récemment confirmé cette information.

Rencontre extraordinaire avec Marco Quijano Rico, fondateur du domaine Marqués de Puntalarga (Boyacá, Colombie).

Les chiffres collectés proviennent de sources officielles[4], voire des professionnels du secteur lorsqu'aucun organisme n'existe. Pour autant, ces données, aussi fiables soient-elles, restent des estimations et doivent être appréhendées avec du recul. Par exemple, il est extrêmement compliqué, même pour les institutions gouvernementales, de dissocier les vignobles servant à la production de vin, qu'ils soient raisins de cuve ou raisins de table, de ceux utilisés pour la production d'eaux-de-vie ou encore de raisins frais. Certains ayant plusieurs finalités, qui varient selon les années. Dans cet ouvrage, les chiffres concernant la surface viticole de chaque pays sont déterminés au plus juste des hectares de vignobles dédiés à la production de vin.

En résumé, on peut donc dire que le vignoble mondial représente un peu plus de **188 200 domaines viticoles**, répartis sur **5 millions d'hectares** de vignoble et produisant en moyenne quelques **277 millions d'hectolitres** de vin chaque année.[5]

Enfin, dans une volonté fédératrice, ce livre a été écrit pour tout le monde : amateurs de vins ou experts avertis, aventuriers ou amoureux du voyage, ou encore simples curieux. J'espère que vous prendrez autant de plaisir à feuilleter ces pages que j'en ai pris à les écrire, que vous aurez autant de joie à découvrir ces destinations que j'en ai eue à les parcourir.

Puisse cette exploration vous révéler des territoires inconnus, mais surtout attiser votre curiosité, votre soif de savoir et votre envie de partage !

Jean-Baptiste Ancelot

4. cf. « Sources documentaires » en page 333.

5. À titre de comparaison, l'Organisation internationale de la vigne et du vin (OIV), l'institution mondiale de référence, donnait pour 2016 des chiffres légèrement différents : 7,5 millions d'hectares pour le vignoble mondial et 267 millions d'hectolitres pour la production mondiale de vin. Ceux-ci prenaient en compte le vignoble pour la production totale de raisins, sans en distinguer leur utilisation et sans inclure l'ensemble des pays producteurs.

NOTE DE LECTURE

La sélection des régions, des portraits et des vins figurant dans cet ouvrage fut sans aucun doute l'une des étapes les plus difficiles dans sa conception. Un choix cornélien ! Pourquoi la Sardaigne et pas la Sicile, la Tasmanie et pas la Margaret River, ou encore Lisbonne et pas le Douro ? L'idée est d'offrir ici un échantillon de la diversité du vignoble mondial, en essayant de mettre en avant des régions viticoles atypiques, parfois moins connues mais ayant toutes quelque chose d'extraordinaire à nous apprendre.

Afin que vous puissiez prolonger l'expérience et goûter quelques pépites, de nombreux vins sélectionnés ici sont entre autres disponibles à la vente sur le site internet de *Wine Explorers* : **www.wine-explorers.net**.

Pour partager l'émotion que chaque bouteille sélectionnée ici en *coup de cœur* m'a procuré, une classification a été réalisée :

vin intéressant

vin délicieux

grand vin

vin d'anthologie

Dégustation de vins du Movimiento de viñateros independientes (Movi) au domaine Villard Fine Wines (vallée de Casablanca, Chili).

REMERCIEMENTS

Découverte de l'un des vignobles du domaine Sababay (Indonésie, Bali)

Merci à vous, Vigneronnes et Vignerons du monde, pour nous avoir accueillis aux quatre coins de la planète et nous avoir si chaleureusement ouvert les portes de votre univers. Que vous soyez présents ou pas dans cet ouvrage, vous faites tous partie de cette belle aventure et vous êtes les piliers cette grande famille qu'est le vin. Il n'est pas un jour sans que je pense à vous et à ses rencontres extraordinaires, hors du temps, que vous m'avez permis de vivre.

Merci à toi Prune, pour ton soutien quotidien et ton amour, pour ton énergie, ta patience, et ton enthousiasme débordant vis-à-vis de Wine Explorers. Ce livre est aussi le tien.

Merci à toi Catherine, maman, pour tes précieuses relectures, tes conseils avisés depuis tant d'années, et pour m'avoir donné le goût du bon vin.

Merci à toi Louis, mon fils, né fin janvier 2019, d'avoir été si calme, si doux et si souriant pendant ces mois d'écriture. Un vrai bonheur !

Merci à mes compagnons de route, sans qui cet ouvrage n'aurait pu être aussi beau, avec par ordre chronologique : Ludovic Pollet, Quentin Huriez, Manon Perramond, Timothé Renaud et Brice Garcin. Merci d'avoir donné le meilleur de vous-même, malgré les conditions de voyage parfois difficiles pour exprimer pleinement votre art.

Merci à toutes les organisations viticoles, les ministères, les ambassades, les chambres de commerces, l'Alliance française et les nombreux professionnels de la filière vin, œnologues, journalistes, sommeliers, consultants, Masters of Wine... pour leur précieuse collaboration.

Merci à Jean Moueix, parrain d'honneur de Wine Explorers et avant tout ami, pour avoir cru dans cette aventure dès le début.

Merci aux sponsors, qui ont permis à ce projet de se concrétiser : DB Schenker, le groupe Videlot, Pilote, Diam, Think Next, ainsi que les châteaux Lafon Rochet et Calon Ségur.

Merci à Cyrille, mon éditeur, pour ce travail extraordinaire accompli ensemble.

Enfin, un merci tout particulier à Stéphane Diné, Amandine Fabre, Helanie Oliver, Barbara Bacic, Denis Gastin et Dimitri Bourdon pour leur implication dans l'aventure.

AFRIQUE DU SUD

12e vignoble mondial

pays producteur **9e**

Après trois siècles d'une existence viticole mouvementée, conclue dans les années 1980 par un embargo sur ses vins, en soutien à la lutte contre l'apartheid, le joyau viticole africain, qui se situe principalement entre les 27e et 34e parallèles Sud, séduit plus que jamais et rivalise dans tous les classements internationaux, en blanc comme en rouge.

UN PEU D'HISTOIRE

En 1652, la Compagnie néerlandaise des Indes orientales crée une station de ravitaillement au Cap afin de fournir des produits frais à sa flotte marchande, à mi-chemin des Indes. Rapidement transformée en comptoir commercial, elle conduit progressivement à une colonie de peuplement et une industrie viticole florissante et plus tard à la naissance d'une nation. La première vigne est plantée en 1655 par Jan van Riebeeck, premier gouverneur du Cap, et donne le premier vin du Cap le 2 février 1659. Il faudra attendre l'installation des huguenots du royaume de France à partir de 1688 pour que l'industrie du vin commence à prospérer. Bien plus tard, la création de l'Oenological and Viticultural Research Institute en 1955 près de Stellenbosch, suivie en 1971 de la première route des vins de la région, marquent un tournant décisif dans le développement de l'industrie viticole en Afrique du Sud.

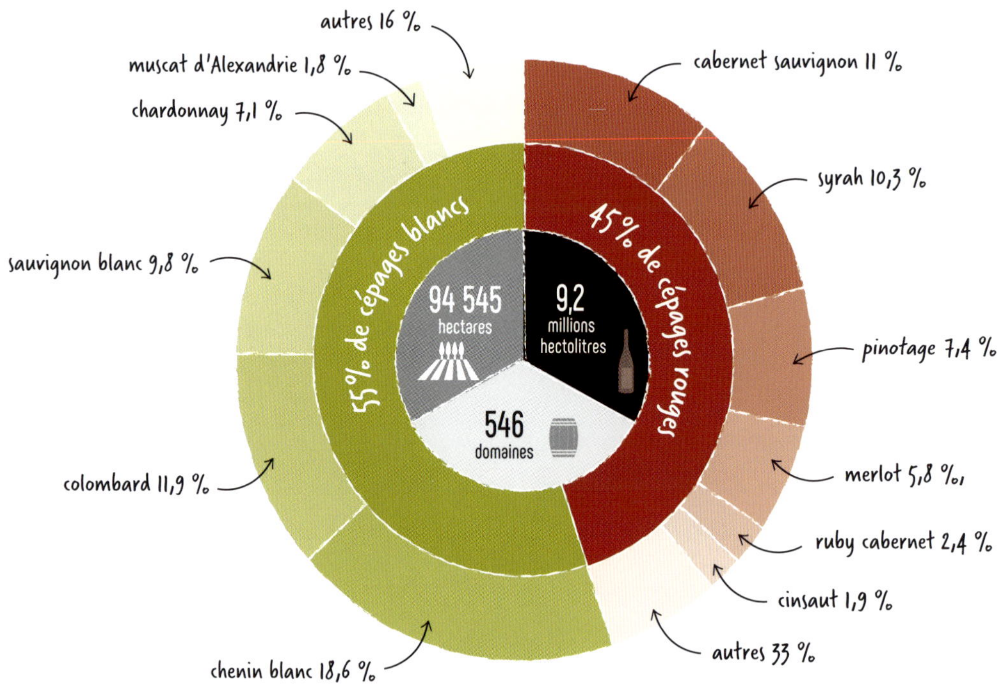

S'étendant sur 800 km, le vignoble sud-africain comprend 17 543 hectares de chenin blanc, ce qui en fait la plus importante surface mondiale pour ce cépage. On y compte 3 029 producteurs de raisins pour 546 domaines. Les principales régions viticoles du pays sont Stellenbosch (16,5 %), Paarl (16,3 %), Breedekloof (14,7 %), Robertson (15,5 %) et Swartland (11,7 %). À elles cinq, elles représentent près des trois quarts de la surface totale du vignoble. L'industrie du vin génère environ 2,2 milliards d'euros par an et emploie environ 300 000 personnes. Le pays exporte en moyenne 420 millions de litres de vin par an, ces cinq principaux marchés étant le Royaume-Uni, l'Allemagne, les États-Unis, le Canada et les Pays-Bas.

→ Travailleurs dans le vignoble de Stellenbosch, juste avant la vendange, au domaine The Winery of Good Hope.

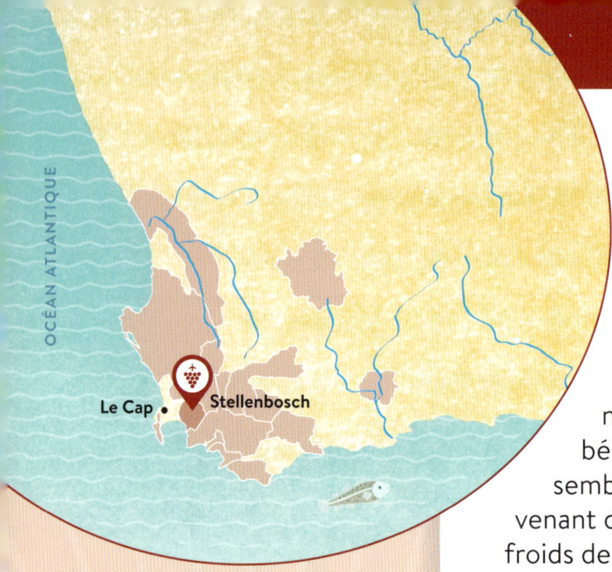

Stellenbosch

La région de Stellenbosch a vu ses premiers vignobles plantés en 1679. Avec plus de 200 producteurs et 16,5 % de la surface viticole du pays, c'est le cœur de l'industrie du vin sud-africain. Bordée par la baie False au sud, la réserve naturelle de Jonkershoek à l'est et à moins de 40 km de l'océan Atlantique, elle bénéficie de conditions optimales pour la culture de la vigne. Les meilleurs terroirs semblent être situés autour de la ville de Stellenbosch, ouverte à la brise marine venant du sud pour partie, et assez hauts dans les collines pour permettre aux vents froids de ralentir le processus de maturation des raisins. Stellenbosch est reconnue pour ses vins d'assemblage, notamment en rouge, les fameux *Cape Blends*.

POINTS-CLÉS

latitude	33°90'-34°1' S
altitude	11-600 m
climat	méditerranéen
pluviométrie	510 mm
surface totale du vignoble	15 252 hectares
production	917 000 hectolitres
type de sols	sableux dans le fond de la vallée Ouest (terroir du chenin blanc), granitique entre mer et montagne, avec une arène granitique jaune-brun et de l'argile offrant une bonne capacité de rétention d'eau
les cinq principaux cépages	cabernet sauvignon 19,7 % sauvignon blanc 17,1 % syrah 13,4 % merlot 11, 5% chenin blanc 9 %

LE SAVIEZ-VOUS ?

Le *pinotage*, unique cépage sud-africain, est l'emblème viticole du pays. Créé en 1925 par Abraham Izak Perold, professeur de viticulture à l'université de Stellenbosch, c'est un croisement entre le pinot noir et le cinsaut (hermitage). Ce cépage rouge représente 7,4 % du vignoble national, soit plus de 95 % de son encépagement mondial.

INCONTOURNABLE

Bien plus qu'un barbecue, le *braai*, qui signifie « viande grillée » en afrikaans, reflète à la fois l'accueil légendaire des Sud-Africains et la vie en plein air. Une douce expérience sociale et, d'après les vignerons, la meilleure façon de se détendre après une longue journée de travail, autour d'un feu, en buvant du vin à la belle étoile en bonne compagnie.

Moment de détente et d'échange autour d'un *braai* au domaine L'Avenir, à Stellenbosch.

COUPS DE CŒUR

Vin blanc

Strandveld Pofadderbos Sauvignon Blanc 2013 du domaine Strandveld : sauvignon blanc 100 %, élevé 6 mois sur lies fines en cuve inox. Un vin iodé, aux parfums d'asperge blanche et d'herbe coupée, à boire les cheveux au vent au cap des Aiguilles, à la croisée des océans Atlantique et Indien.

Vin rouge

Provenance Pinotage 2012 du domaine L'Avenir : *pinotage* 100 %, élevé 15 mois en barriques françaises et hongroises. Depuis le sommet de Table Mountain, on admire la vue sur Le Cap en se délectant d'un verre de l'un des meilleurs pinotages sud-africains.

Au pied du mont Stellenbosch, les réserves naturelles de Jonkershoek et d'Assegaaibosch ; la vigne du domaine Hoopenburg au premier plan.

LE POINT DE VUE WINE EXPLORERS

Le dynamisme du secteur œnotouristique sud-africain est un modèle du genre et attire des touristes du monde entier. La fameuse route des vins de Stellenbosch permet aux amateurs de visiter, parmi les 200 domaines de la région, ceux ouvrant leurs portes au public et d'être accueillis aux meilleures adresses pour manger et dormir.

PORTRAIT

Helanie Oliver
œnologue
chez 4G Wines
née en Afrique du Sud (Klerksdorp) en 1981

Après des études en psychologie industrielle, Helanie attrape le virus du vin en 2007. Elle étudie l'œnologie puis sillonne la planète vin pendant 3 ans pour apprendre le métier, notamment après des séjours en France, en Italie, au Chili et en Nouvelle-Zélande. Elle s'installe comme œnologue à Stellenbosch en 2013. Elle travaille aujourd'hui chez 4G Wines, l'un des plus prestigieux domaines du pays.

« *Une intervention minimaliste dans la cave permet de mieux refléter le terroir : le vin se fait avant tout dans la vigne. J'aime travailler avec la matière première. Il n'y a pas de plus grand plaisir dans mon métier que de me salir les mains et de suivre de près le développement de chaque vin, de la baie à la bouteille. Le bon timing est le plus important pour un vigneron. Pour créer des vins de qualité, il est primordial de faire les bons choix dans un laps de temps très court, dans le vignoble comme dans le chai.* »

ALBANIE

36e vignoble mondial

pays producteur 43e

Bordée à l'ouest par les mers Adriatique et Ionienne, l'Albanie est un pays constitué à 70 % de montagnes. Avec son climat méditerranéen, ses nombreux cépages autochtones, sa topographie morcelée et ses vins délicieux vendus à des prix très abordables, est une destination de premier choix pour tout amateur averti.

UN PEU D'HISTOIRE

La vigne sauvage est présente en Albanie depuis plus de 4 000 ans et la viticulture s'y développe au cours du VIIIe s. av. J.-C. Cependant, sous domination de l'Empire ottoman et influence islamique dès la fin du XVe s., la production de vin diminue fortement et ne perdure pas au-delà du XVIIe s. Il faut attendre que l'indépendance soit proclamée le 28 novembre 1912 pour que la viticulture redevienne populaire, avant d'être pratiquement anéantie par le phylloxéra en 1933. En 1972, sous le régime communiste, le vignoble albanais atteint son apogée avec 20 000 hectares. Au début des années 1990, après la chute du communisme, une station expérimentale est créée dans le but de retrouver les cépages autochtones oubliés et d'améliorer la production de vin albanais. Depuis 1992, un programme de privatisation des terres permet de rétablir une économie de marché plus libre. Désormais, une soixantaine de domaines produisent des vins d'une grande finesse, aux quatre coins du pays.

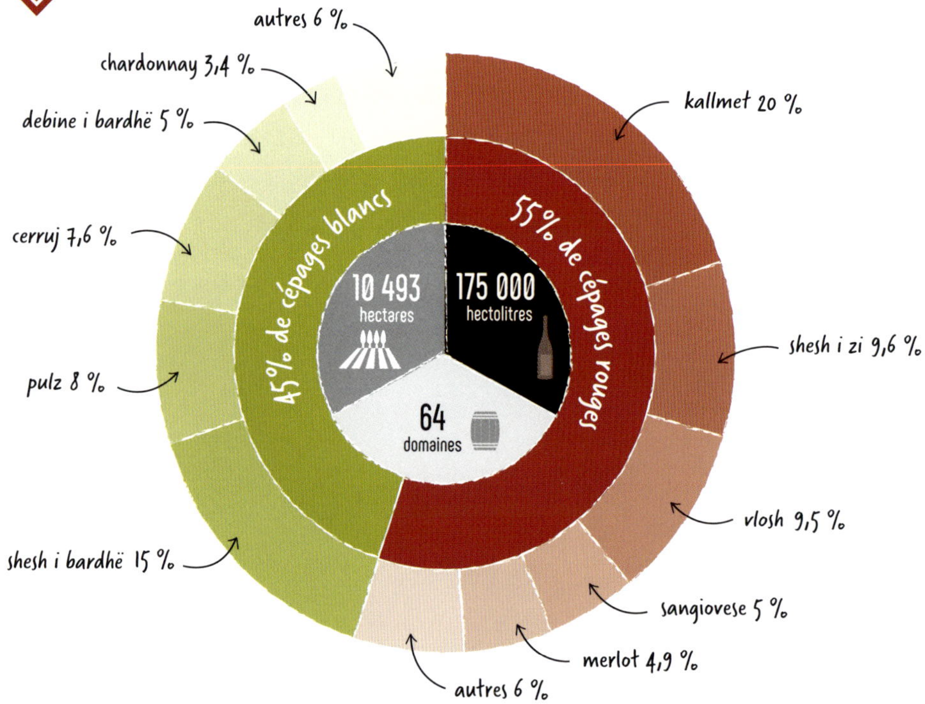

75 % de l'encépagement albanais est endémique des Balkans. Les variétés *kallmet* et *shesh i zi* en rouge, *shesh i bardhë* et *pulz* en blanc sont les plus emblématiques et représentent à elles quatre plus de 50 % du vignoble national. Celui-ci se compose de trois zones géographiques : la plaine côtière à l'ouest qui s'étend de Shkodër au nord à Delvinë au sud, où le vignoble s'étend de 10 à 300 m d'altitude, la région vallonnée centrale entre 300 et 600 m d'altitude et la région montagneuse à l'est dont certains domaines culminent à plus de 1 000 m. On y compte 12 régions viticoles dont 5 représentent près des deux tiers de la surface plantée : Fier (17,5 %), Elbasan (12,9 %), Vlorë (11,8 %), Berat (10,9 %) et Korçë (10,6 %).

→ Vignoble du domaine Çobo, à Ura Vajgurore, dans le district de Berat.

Lezhë

Située à 50 km au nord de Tirana, sur les rives du Drin, le plus long fleuve d'Albanie, Lezhë est l'une des plus petites régions viticoles du pays, représentant à peine 4 % de la surface plantée. Le cépage *kallmet* y domine très largement, offrant des vins puissants, aromatiques et tanniques. Les hivers y sont doux et pluvieux, avec une température moyenne quotidienne en janvier de 6,5 °C. Les étés y sont généralement chauds et ensoleillés, avec une température moyenne quotidienne de 24,5 °C en juillet et août. L'agriculture et l'élevage sont les principales ressources locales et la région mise beaucoup sur le développement de l'œnotourisme et la visite de ses trois domaines pour se faire connaître.

POINTS-CLÉS

latitude	autour du 41°7' N
altitude	250-1 300 m
climat	méditerranéen à tendance continentale
pluviométrie	950 mm
surface totale du vignoble	402 hectares
production	12 200 hectolitres
type de sols	sols à 50 % limoneux, à 30 % argileux et à 20 % sableux, pauvres, avec une bonne capacité de rétention d'eau
les quatre principaux cépages	*kallmet* 60 % *shesh i bardhë* 20 % *shesh i zi* 5 % *tajgë* 1 %

LE SAVIEZ-VOUS ?

L'Albanie fait partie des derniers vestiges de la viticulture antique et possède, avec son voisin grec et les régions de la côte orientale de l'Adriatique, la plus vieille histoire viticole européenne. Avant son annexion par les Romains au IXe s. av. J.-C., le royaume d'Illyrie englobait le pays et s'étendait jusqu'en Slovénie. À partir du VIIIe s. av. J.-C., sans doute grâce au savoir viticole transmis par ses envahisseurs, les vins illyriens sont devenus très réputés à travers tout l'Empire romain.

INCONTOURNABLE

Mrizi i Zanave est l'un des restaurants les plus célèbres d'Albanie. Situé à Fishta, près de Lezhë, c'est l'endroit idéal pour se régaler d'une cuisine albanaise traditionnelle et de saison. Sans oublier la très jolie sélection de vins albanais ! Quelques plats emblématiques comme le *jufka* aux champignons, parfait avec un Mavrud 2014 du domaine Bardha, ou les tartes au yaourt à base de noix et de cerises raviront vos papilles...

Les travaux du vignoble, comme ici avec le sarclage des sols, se font généralement à la main, ici sur le domaine Arbëri.

COUPS DE CŒUR

Vins rouges

- **Kallmet Rezervë 2013** du domaine Arbëri : *kallmet* 100 %, élevé 18 mois en fûts de chêne français puis 5 mois en bouteille.
  Un vin surprenant et délicieux avec ses parfums de cerise noire, de réglisse et de paprika, qui accompagne merveilleusement les grillades d'agneau.
- **Mavrud Rezervë 2014** du domaine Bardha : *mavrud* 100 %, élevé 18 mois en fûts de chêne français puis 6 mois en cuve inox.
  Un vin rouge puissant, tannique et riche en couleur, aux arômes de fruits noirs mûrs, de chocolat et de clou de girofle, caractéristiques de ce cépage qui se bonifie souvent après quelques années en bouteille.

Comme ici près de Rrëshen, sur le domaine Arbëri dans le district de Mirditë, il n'est pas rare de voir des tortues d'Hermann se promener dans le vignoble.

LE POINT DE VUE WINE EXPLORERS

Avec ses magnifiques montagnes aux sommets escarpés, sa campagne verdoyante, ses plages pittoresques et ses villes animées, l'Albanie est une carte postale à découvrir d'urgence. Ses vins, bien qu'encore méconnus, offrent une grande diversité de cépages et de goûts. Certains domaines commencent même à exporter leurs vins aux États-Unis et en Europe.

PORTRAIT

Rigers Kaçorri
œnologue
au domaine Arbëri
né en Albanie
(Rrëshen) en 1988

Rigers est un jeune vigneron talentueux qui a étudié l'œnologie et la viticulture dans les universités de Bologne et de Florence. Il a vinifié dans certains des vignobles italiens les plus réputés, tels que Il Borro en Toscane et Villa a Sesta dans le Chianti. Il est également le premier œnologue albanais à avoir produit un vin effervescent en méthode traditionnelle. Il est aujourd'hui responsable du domaine familial, le domaine Arbëri, aux côtés de son père.

« *Mes efforts ont toujours été concentrés sur la réalisation de mon rêve d'enfant : faire du vin sur les pas de mon père et aider au développement de ma ville natale. En Albanie, nous avons la chance de travailler avec des cépages uniques, de plus en plus appréciés et reconnus. Nos vignes sont conduites dans le plus grand respect de la nature et il n'est pas rare d'y croiser des tortues, venues se régaler des mauvaises herbes.* »

ALGÉRIE

24e vignoble mondial

pays producteur 31e

Dans les années 1950, l'Algérie était quatrième producteur mondial et premier exportateur en volume. Proche de la disparition dans les années 1970, le vignoble algérien renaît de ses cendres depuis les années 2000, grâce à l'arrivée sur le marché de la Société des Grands Crus de l'Ouest (SGCO). Cette entreprise est le premier acteur viticole privé du pays avec 45 % des parts de marché ; elle travaille avec 4 000 agriculteurs.

UN PEU D'HISTOIRE

La viticulture en Algérie remonte à la colonisation romaine, vers – 25 av. J.-C. Mise à mal au VIIe s. à la suite de l'invasion arabe, elle est majoritairement remplacée par du raisin de table. Au XIXe s., l'histoire viticole algérienne est intimement liée à celle du vignoble français. Après la crise du phylloxéra en 1864, le négoce français a besoin des vins algériens pour couper les vins de la métropole et en augmenter le degré d'alcool. À partir de 1880, des viticulteurs du sud de la France s'installent en Algérie, transformant l'économie agricole du pays : 1954 marque l'apogée du vignoble algérien avec 19 297 422 hectolitres produits pour 371 211 hectares plantés. L'indépendance de 1962, le blocage des vins d'Afrique du Nord en France et l'absence d'un marché intérieur entraînent l'arrachage de milliers d'hectares. Il faudra attendre les années 2000 pour voir la vigne replantée.

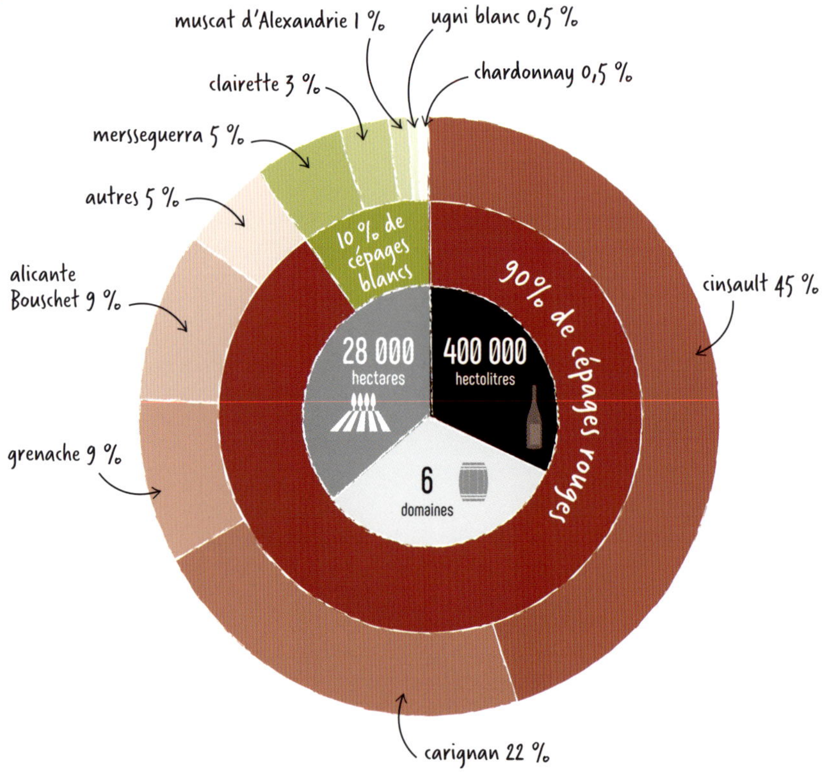

L'Algérie compte 6 domaines, dont les vignobles sont répartis en exploitation agricole individuelle (EAI). Les raisins sont vinifiés dans l'une des 35 caves encore en activité dans le pays. Les 9 régions viticoles se situent quasiment toutes à l'ouest d'Alger ; Aïn Témouchent est la principale avec 36 % de la surface cultivée. Créées en 1970, les 7 appellations d'origine garantie (AOG) représentent 20 % de la production totale : coteaux d'Aïn-Bessam, coteaux du Zaccar, Médéa et Dahra en Algérois ; coteaux de Mascara, mont du Tessala et coteaux de Tlemcen en Oranie, plus à l'ouest.

→ Dans la région de Mostaganem, au nord-est d'Oran, les cépages cinsault (60 %), carignan (35 %) et grenache (5 %) dominent.

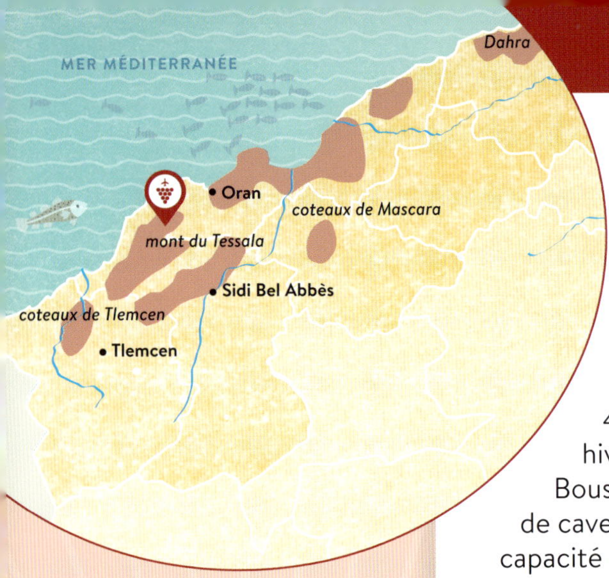

Aïn Témouchent

Centre viticole de l'Algérie, la région d'Aïn Témouchent compte 10 000 hectares de vigne plantés au sud-ouest d'Oran, sur un plateau culminant à 400 m d'altitude. À 15 km de la mer Méditerranée, la région compte 450 mm de précipitations annuelles, ce qui est faible ; il pleut principalement en hiver. Aïn Témouchent est dominé à 90 % par trois cépages : le cinsault, l'alicante Bouschet et le grenache. Les vins rouges et rosés y sont réputés. Parmi la douzaine de caves encore en activité, Souf Tells est la plus grande cave coopérative avec une capacité de 60 000 hectolitres. Les chais abritent majoritairement des cuves en béton, préférées aux cuves en inox pour la fermentation et la fraîcheur apportée aux vins.

POINTS-CLÉS

latitude	34°9' - 36°6' N
altitude	90-400 m
climat	méditerranéen, caractérisé par des étés chauds et secs et des hivers doux et humides
pluviométrie	450 mm
surface totale du vignoble	10 000 hectares
production	150 000 hectolitres
type de sols	les sols et sous-sols se composent à part égale d'argileux-calcaires, argileux-limoneux-calcaires, sablonneux-calcaires et sablonneux-gréseux
les cinq principaux cépages	cinsault 50 % alicante Bouschet 30 % grenache 10 % mersseguerra 5 % clairette 5 %

LE SAVIEZ-VOUS ?

Dans les années 1960, Aïn Témouchent était surnommée la « région des mille caves ». À cette époque, la viticulture était l'activité agricole dominante dans de nombreuses régions et l'Algérie produisait tant de vin que l'on y a compté jusqu'à 2 610 caves en activité en 1967, dont une grande partie implantée à Aïn Témouchent.

INCONTOURNABLE

Le marché traditionnel du quartier de Mdina Jdida à Oran est riche en couleurs et en parfums. On se régale de produits locaux tels que les figues séchées de Béni Maouche, les dattes de Biskra, les olives de tables de Boumerdes ou encore l'huile d'olive de Kabylie. Autant de mets raffinés qui accompagnent parfaitement les vins algériens.

L'absence de relève de la part des jeunes entraîne chaque année un arrachage progressif du vignoble.

COUPS DE CŒUR

Vin rouge

- **Raïs 2017** des Grands Crus de l'Ouest : carignan, grenache, cinsault et alicante Bouschet, élevé 6 mois en cuve béton.
  Un vin gourmand et d'une fraîcheur surprenante, issu des terroirs montagneux au nord de Tlemcen où les vignes culminent à 800 m d'altitude sur des sols de marne et de calcaire.

Vin rosé

- **Gris des Sables d'Algérie 2017** des Grands Crus de l'Ouest : assemblage de cinsault 90 % et grenache 10 %, élevé 4 mois en cuve inox.
  Un rosé de plaisir, parfait compagnon d'apéritif avec ses notes d'agrume. Un délice avec un tajine de boulettes d'aubergines pimentées…

Dans la cave Asseraf Moïse, comme dans les 23 autres caves de la SGCO, toutes les portes en inox des cuves en béton ont été changées.

LE POINT DE VUE ★ WINE EXPLORERS ★

Le vignoble algérien produit des vins d'une belle fraîcheur, surtout en rouge. Les assemblages de carignan, grenache, cinsault et alicante Bouschet sont particulièrement intéressants. Aujourd'hui, boire de l'alcool est devenu un véritable sujet tabou dans le pays. Mais comme on dit ici : « *L'interdit semble faire vendre deux fois plus !* »

PORTRAIT

Rachid Hamamouche
fondateur des Grands Crus de l'Ouest
né en Algérie (Oran) en 1969

Self-made-man et entrepreneur dans divers commerces de boissons alcoolisées, Rachid lance dans les années 1990 ses premiers comptoirs de distribution en Algérie. Grand amateur de vin et homme de défis, il fonde la Société des Grands Crus de l'Ouest en 2001. Il accompagne les *fellahs* (agriculteurs locaux) tout au long de l'année, depuis la taille jusqu'à la vendange, pour les fédérer autour d'un but commun : le renouveau de la viticulture. Il investit dans la modernisation des caves jusqu'alors à l'abandon, en renouvelant tous les équipements inox.

“ *Cultiver la vigne de cuve est un travail fastidieux mais sa valeur ajoutée pour l'économie nationale et la contribution des terroirs algériens au rayonnement international sont une fierté. Aujourd'hui, de nombreux paysans comprennent cette démarche et nous suivent dans cette belle aventure.* ”

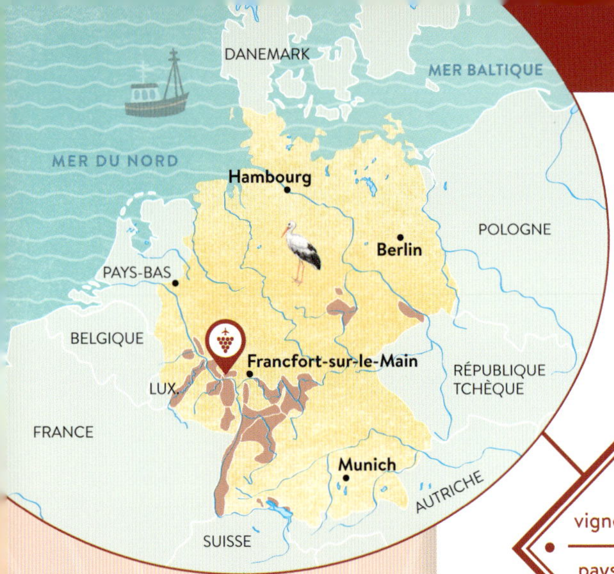

ALLEMAGNE

11e vignoble mondial

pays producteur 8e

Aussi discret qu'attrayant, le vignoble allemand fascine les amateurs de rieslings à la minéralité tranchante et de pinots noirs épicés. Le long du Rhin et de ses affluents ou encore de l'Elbe, la Saale et l'Unstrut, se promener dans ses grands vignobles, qui se développent sur les pentes de vallées protégées exposées sud ou sud-ouest, est un must.

UN PEU D'HISTOIRE

Au cours de leur conquête outre-Rhin, il y a environ 2 000 ans, les Romains introduisent la viticulture dans les territoires germaniques. Plus tard, au VIIIe s., l'empereur Charlemagne y réglemente la culture et le commerce liés au vin. Jusqu'alors considéré comme la boisson du peuple, le vin était principalement produit par les monastères. Au Moyen Âge, la vigne est plantée dans presque toute la Germanie. Cependant, en raison des changements climatiques, de l'amélioration des méthodes de brassage de la bière et de l'augmentation des importations de vin, la superficie consacrée à la vigne diminue continuellement à partir du XVIe s. Les premiers vins effervescents sont produits en 1826 et les premiers vins de glace en 1830. En 1872, le phylloxéra détruit une grande partie du vignoble. La même année, l'université de Geisenheim est créée et des porte-greffes américains résistants à l'insecte ravageur sont introduits.

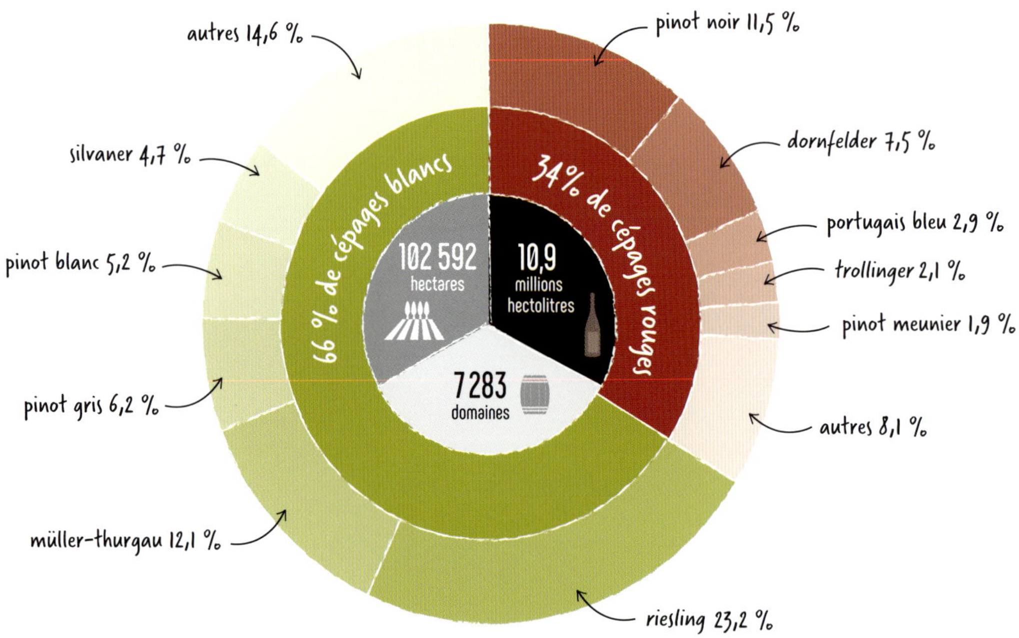

L'Allemagne exporte en moyenne 1,1 million d'hectolitres de vin par an dans plus de 120 pays, soit 10 % de sa production, pour un chiffre d'affaires de 308 millions d'euros. Ses principaux marchés en volume sont l'Espagne (20 %), l'Italie (19,5 %) et la France (14 %). Elle compte 13 régions viticoles, dont 4 représentent les trois quarts du vignoble : Rheinhessen (26 %), Pfalz (23 %), Baden (15,4 %) et Württemberg (11 %). À l'exception de la Saale-Unstrut et de la Sachsen, les régions viticoles sont concentrées dans le sud et le sud-ouest. Le riesling, cépage roi du pays, représente 37 % de la surface viticole mondiale. Depuis 1980, la proportion des cépages rouges plantés a augmenté de plus de 20 %.

→ Avec un vignoble plongeant dans le Rhin et des sols constitués d'ardoise et de quartzite qui emmagasinent la chaleur du jour pour la restituer la nuit, le Rheingau est un grand terroir pour le riesling.

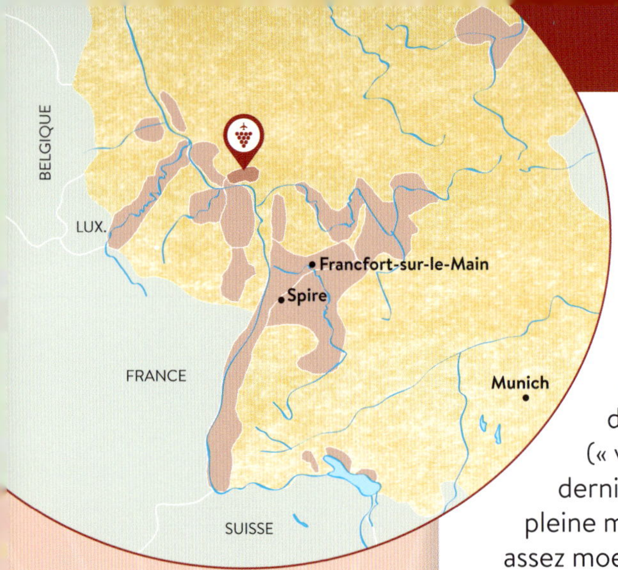

Rheingau

Le Rheingau est une région viticole de la Hesse rhénane qui compte 385 domaines. Il longe le Rhin sur près de 60 km, entre les villes de Lorchhausen et Flörsheim am Main. Situé le long du 50e parallèle Nord, il est planté à 85 % de cépages blancs et à 15 % de rouges ; il se compose à 21,5 % de *Qualitätswein* (« vin de qualité ») et à 78,5 % de *Prädikatswein* (« vin de qualité supérieure »). Cette dernière dénomination se répartit selon cinq catégories : *Kabinett* (raisins vendangés à pleine maturité), *Spätlese* (sec à demi-sec, vendanges tardives), *Auslese* (vendanges tardives, assez moelleux), *Beerenauslese* (vendanges tardives avec une partie des raisins botrytisée), *Trockenbeerenauslese* (vin liquoreux, sélection de grains nobles botrytisés) et *Eiswein* (vin de glace). Le vignoble bénéficie d'un climat parfaitement adapté aux cépages riesling et pinot noir qui à eux deux couvrent plus de 90 % de sa surface, sur des coteaux dont l'inclinaison peut atteindre 70 %, comme sur la parcelle du Rüdesheim Berg Schlossberg.

POINTS-CLÉS

latitude	49°58'-50°03' N
altitude	80-280 m
climat	Tempéré, avec des hivers doux et des étés chauds, environ 1 600 heures de soleil par an. Les vignobles sont protégés des vents froids par le Taunus, région montagneuse du nord de Francfort-sur-le-Main, et bénéficient de la surface du Rhin qui réfléchit la chaleur pendant la journée.
pluviométrie	580 mm
surface totale du vignoble	3 191 ha
production	182 500 hectolitres
type de sols	sols très variés, avec de la craie, du sable, du gravier, de l'argile, du lœss, du quartzite et de l'ardoise
les cinq principaux cépages	*riesling* 78 % pinot noir 12,2 % pinot blanc 1,7 % müller-thurgau 1 % pinot gris 0,9 %

LE SAVIEZ-VOUS ?

L'Institut d'œnologie de l'université de Geisenheim, dans le Rheingau, a été créé en 1872. Il a largement contribué au niveau de compétence technique extrêmement élevé de l'industrie vitivinicole allemande. Parmi ses nombreuses découvertes, on lui doit la création des *piwi*, ces cépages résistants aux maladies, résultant de croisements entre des cépages européens et américains.

INSOLITE

La bouteille de vin de Spire, exposée à l'Historische Museum der Pfalz à Spire, est considérée comme la plus vieille bouteille de vin non ouverte du monde. Datant du IVe s., elle renferme des cépages mystérieux et n'a toujours pas été analysée : aucune technique ne permettrait de l'ouvrir sans risquer de dégrader son contenu.

La cave du domaine Georg Breuer, à Rüdesheim am Rhein, dans le Rheingau, renferme des trésors viticoles parfois centenaires.

COUPS DE CŒUR

Vin blanc

- **Schlossberg Riesling 2014** du domaine Schloss Vollrads : riesling 100 %, élevé 1 an en cuve inox. Un vin de méditation aux notes d'herbe coupée, de fleurs blanches et de pétrole, qui se déguste depuis la cour du château de ce domaine du XVIIe s.

Vin rouge

- **Gärkammer VDP-Grosses Gewächs 2012** du domaine J.J. Adeneuer : pinot noir 100 %, vignes de plus de 90 ans, élevé 2 ans en fûts de chêne français neufs.
  Vin racé aux notes de cuir, d'épices et de fruits noirs, caractéristique des grands pinots noirs du vignoble de la vallée de l'Ahr.

À proximité du village de Rüdesheim am Rhein, dans le Rheingau, le château d'Ehrenfels surplombe le Rhin.

LE POINT DE VUE WINE EXPLORERS

Grâce au Rhin qui sert de réservoir naturel d'humidité et de chaleur, en aidant ainsi à atténuer les variations de température, et aux bienfaits des forêts du Taunus à l'ouest qui protègent des vents venant du nord et améliorent le drainage des sols, le Rheingau est sans conteste l'un des meilleurs terroirs au monde pour la production de vin blanc.

PORTRAIT

Simone Klös
vigneronne
au domaine Klös
née en Allemagne
(Worms) en 1974

Après avoir travaillé 3 ans comme ingénieure civile, Simone se rend compte qu'elle n'est pas heureuse dans son travail. Souhaitant suivre les pas de son père, elle décide de devenir vigneronne. Elle étudie l'œnologie à l'université de Geisenheim et peaufine sa technique avec des stages en Italie, en France et en Afrique du Sud, avant de revenir aux côtés de son frère Matthias au domaine familial de Gimbsheim, dans le Rheinhessen, la plus grande région viticole du pays.

« *Je n'ai jamais pris autant de plaisir que de travailler en pleine nature. Par grand froid, sous la chaleur, le vent ou la pluie, je me sens libre au milieu des rangs de vigne. Ma région est souvent sous-estimée en comparaison à d'autres vignobles allemands comme les vallées de la Moselle et de l'Ahr, probablement parce qu'elle n'est pas aussi jolie. Mais je reste persuadée que ses vins font jeu égal.* »

ANDORRE

Sant Julià de Lòria

82e vignoble mondial

pays producteur 82e

Au cœur du massif des Pyrénées, la principauté d'Andorre possède le vignoble le plus haut d'Europe. Les 10 hectares de vigne qui le composent sont aussi discrets qu'intéressants. Une microproduction de haute volée à découvrir sur place, les vins n'étant pas exportés.

UN PEU D'HISTOIRE

À la fin du VIIIe s., l'empereur Charlemagne créa la Marca Hispanica, composée d'une vingtaine de comtés formant un tampon entre le royaume des Francs et le califat de Cordoue. Parmi elles, les six paroisses d'Andorre constituent une entité géographique et culturelle dont les frontières n'ont pas été modifiées depuis douze siècles. C'est là qu'en 903 sont plantées les premières vignes par Sunifred II, comte d'Urgell. C'est le début d'une viticulture à petite échelle qui prospère jusqu'au début du XIIIe s. Après cette période, la viticulture semble avoir disparu. Des hypothèses sont émises, comme la peste médiévale, au milieu du XIVe s., ou encore le Petit Âge glaciaire, entre les XIVe et XIXe s. qui en auraient eu raison. Il faut attendre 2004 pour que le domaine Casa Beal plante le premier vignoble moderne d'Andorre, rompant avec sa monoculture du tabac, la principale activité agricole de la principauté. Le premier vin est mis sur le marché en 2006.

POINTS-CLÉS

latitude	autour du 42°28' N
altitude	950-1 290 m
type de sols	ardoise, quartzite et calcaire

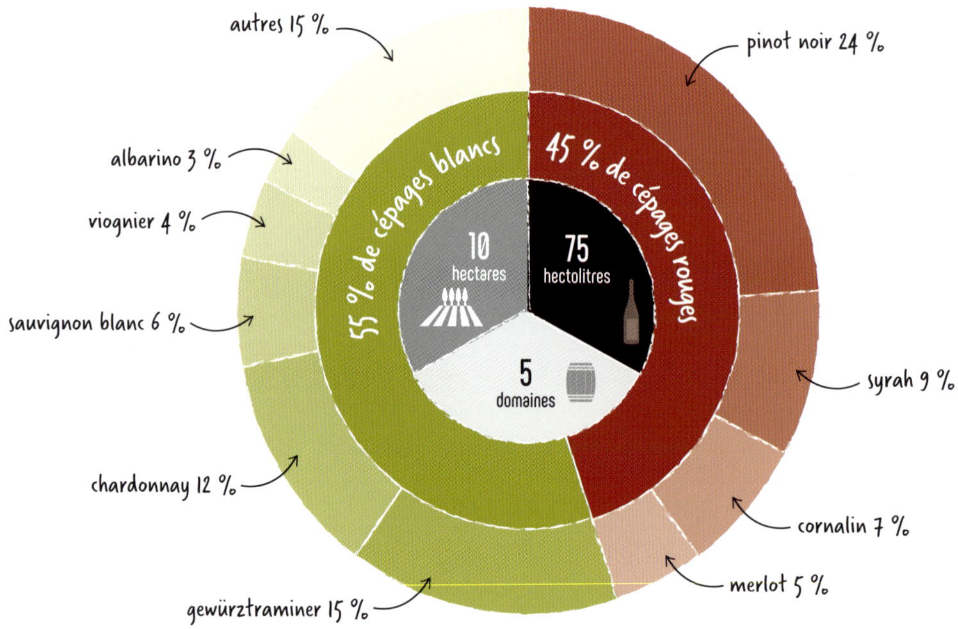

Le vignoble se répartit entre 5 domaines, dont 4 sont situés autour de Sant Julià de Lòria, au sud : Mas Berenguer (950 m d'altitude), Casa Beal (1000 m), Borda Sabaté (1 190 m) et Casa Auvinya (1 200 m). Le cinquième, Any de la Part (1 290 m), se trouve à côté du village d'Ordino, au nord d'Andorre-la-Vieille. Tous sont cultivés en terrasses. Avec un climat méditerranéen à tendance océanique, 1 200 heures de soleil et 900 mm de pluie par an, la principauté bénéficie de bonnes conditions pour la viticulture. Entre le printemps et l'été, c'est-à-dire depuis la floraison jusqu'à la vendange, les journées sont douces, voire chaudes en été (jusqu'à 31 °C mi-juillet). Les nuits restent néanmoins fraîches avec des températures qui montent rarement au-dessus de 16 °C.

Le vignoble d'Andorre est principalement planté en terrasses autour de la ville de Sant Julià de Lòria.

LE POINT DE VUE WINE EXPLORERS

Denrées rares, peu exportés, au prix relativement élevé, ce qui est légitime au regard des coûts de production et du peu de bouteilles produites, les vins d'Andorre cultivent le mystère et se laissent désirer. Ceux de Casa Beal sont incontournables !

COUP DE CŒUR

Vin blanc

Gewürztraminer 2014 du domaine Casa Beal : gewürztraminer 100 %, élevé 8 mois en cuve inox.
Un vin blanc sec riche et complexe, aux arômes de lychee, d'aubépine et de rose, avec une superbe tension en bouche et beaucoup de matière. On s'en délecte avec une crème catalane !

PORTRAIT

Joan Visa
propriétaire
du domaine Casa Beal
né en Andorre
(Sant Julià de Lòria) en 1963

Joan est un vigneron aussi humble que talentueux. Agriculteur sur la propriété familiale qui date de 1170, il se spécialise dans la production de tabac. Perfectionniste, homme de la terre et de défis, il plante 1,5 hectare de gewürztraminer en 2004 pour diversifier ses activités, dont il produit 1 200 bouteilles dans les meilleures années.

« *Je suis fier d'avoir été le premier à croire qu'il était possible de remettre sur pied la viticulture en Andorre. J'avais besoin d'un nouveau défi à relever et j'avais vu dans nos archives familiales qu'un microvignoble avait existé, il y a fort longtemps. Le gewürztraminer est un cépage difficile à cultiver en altitude mais lorsqu'il arrive à pleine maturité, il offre des vins exceptionnels, avec un profil aromatique plus fin et un meilleur équilibre qu'ailleurs. Il se marie très bien avec la truffe noire que nous cultivons également depuis 2008.* »

ARGENTINE

5e vignoble mondial

pays producteur **5e**

Le vignoble argentin offre une diversité de terroirs viticoles parmi les plus riches au monde. Son vignoble, planté entre entre 0 et 3 100 m d'altitude, s'étend sur 2 000 km entre Salta au nord et Neuquén au sud. Reconnu depuis les années 1990 sur la scène internationale, le vignoble argentin s'appuie sur les cépages malbec, bonarda et criolla pour construire son image.

UN PEU D'HISTOIRE

La production de vin en Argentine remonte à 1551 avec l'arrivée des colons espagnols, puis des prêtres catholiques qui plantent des vignes autour de leurs presbytères pour la production du vin de messe. Après la campagne du Désert menée par le futur président Julio Argentino Roca entre 1879 et 1881, l'Argentine intègre la Patagonie à son territoire, donnant naissance à la ville de Neuquén en 1904 et à la viticulture dans le même temps. Les années 1990 marquent l'apogée du vignoble argentin avec le début de l'exportation des vins, encouragée par la parité entre le peso et le dollar qui durera dix ans. Cette période a permis aux domaines de s'équiper en technologies nouvelles et de se tourner vers la qualité. Pour exemple, avant 1998, il n'y avait pas encore de barriques de 225 litres en Patagonie. Aujourd'hui, l'industrie vinicole argentine a trouvé sa place sur le marché international.

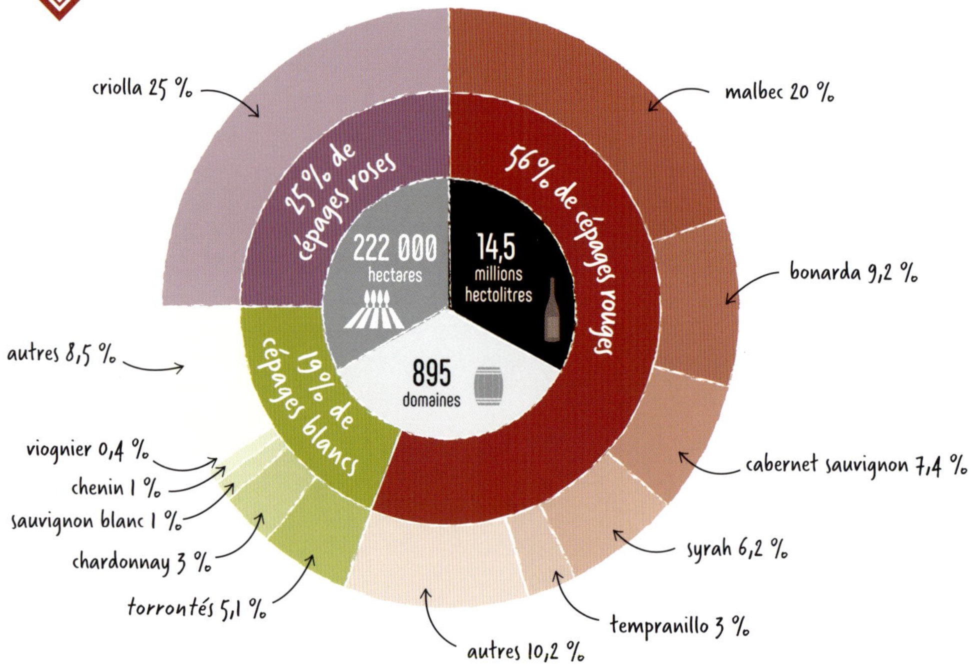

Avec 2,5 millions d'hectolitres exportés chaque année, soit près de 18 % de sa production, l'Argentine est un acteur important sur la scène viticole mondiale. Le malbec représente près de 20 % de l'encépagement et sa plantation a augmenté de 76 % entre 2006 et 2017. Quatre régions composent le vignoble argentin. Au nord, autour de Salta, Tucumán, Catamarca et Jujuy : 2,91 % du vignoble, entre 760 et 3 100 m d'altitude. Au centre, la région de Cuyo comprenant La Rioja, San Juan et Mendoza : 95 % du vignoble, entre 420 et 2 000 m d'altitude. Au sud, la Patagonie, comprenant la Pampa, Neuquén, Rio Negro et Chubut : 1,8 % du vignoble, entre 0 et 670 m d'altitude. À l'est, donnant sur l'océan Atlantique, la région de Buenos Aires : 0,29 % du vignoble, entre 25 et 490 m d'altitude.

→ Le vignoble de Patagonie, aux portes du désert - Bodega Familia Schroeder, San Patricio del Chañar.

Patagonie

Installée à la lisière du désert, la Patagonie est une jeune région viticole d'à peine cent ans, la plus méridionale de la planète. Son développement viticole est dû à l'irrigation apportée par le rio Limay et le rio Neuquén, dont la confluence forme le rio Negro, le fleuve le plus important de la région. Majoritairement planté en rouge (76 %), le terroir se divise en quatre provinces, toutes situées dans la partie la plus septentrionale de Patagonie : Río Negro, la pionnière, suivie de la Pampa, Chubut et Neuquén où la vigne s'est développée dans les années 2000. La Patagonie offre des conditions idéales pour une maturation lente des raisins : une forte amplitude thermique entre le jour et la nuit et un ensoleillement continu, produisant des vins complexes. 35 domaines y produisent près de 100 000 hectolitres de vin par an, soit 1 % de la production nationale.

POINTS-CLÉS

latitude	37°46'-45°36' S
altitude	0-670 m
climat	continental, doux et sec en été, avec des vents constants en provenance des montagnes du sud qui préservent la vigne des maladies
pluviométrie	180 mm
surface totale du vignoble	3 647 hectares
production	99 900 hectolitres
type de sols	pauvres et sablo-limoneux, irrigation obligatoire
les cinq principaux cépages	malbec 31,25 % merlot 14,7 % pinot noir 11,2 % cabernet sauvignon 11 % chardonnay 5,3 %

LE SAVIEZ-VOUS ?

Le *criolla* désigne une famille de raisins à la peau rose cultivés en Argentine, autrefois utilisés pour le vin de table mais qui sont aujourd'hui à la mode. Comparés aux cépages européens traditionnels, ils présentent une meilleure résistance à certains types de stress environnementaux, tels que la faible disponibilité en eau et les fortes concentrations de sel.

INCONTOURNABLE

Près de General Roca, la vallée de la Luna Rojo est un site d'une rare beauté, constitué de paysages désertiques à la topographie lunaire et aux couleurs de feu. Summum du plaisir, il est possible sur rendez-vous de déguster quelques vins de la bodega Humberto Canale, qui se trouve à quelques pas, pour un moment hors du temps...

La vallée de la Luna Rojo, zone naturelle protégée depuis 1997, présente des reliques de dépôts océaniques avant la surrection des Andes.

COUPS DE CŒUR

Vins rouges

Pinot Noir Cincuenta y Cinco 2016 du domaine Bodega Chacra : pinot noir 100 %, vignes de 1955, élevé 10 mois en cuves béton et en barriques de plusieurs vins.
Un vin d'une intensité rare, précis, gourmand et tout en tension, qui place la Patagonie dans la cour des grands.

Saurus Select Cabernet Sauvignon 2014 du domaine Bodega Familia Schroeder : cabernet sauvignon 100 %, élevé 12 mois 50 % en cuves inox et 50 % en barriques.
Un vin aux notes de fruits noirs et d'épices à déguster au restaurant du domaine, l'une des meilleures tables de la région.

Avec 870 hectares, la bodega del Fin del Mundo est le plus grand domaine de Patagonie. Son cuvier est si grand qu'il vaut mieux s'y déplacer en vélo.

LE POINT DE VUE WINE EXPLORERS

Les vins de Patagonie ont un profil différent des autres vins argentins. Ni meilleurs, ni moins bons, mais singuliers, avec des tannins souples dans les vins rouges. On y trouve parmi les chardonnays et les pinots noirs les plus fins d'Amérique, ces deux cépages ayant su parfaitement s'adapter à la région.

PORTRAIT

Piero Incisa della Rocchetta
fondateur
de Bodega Chacra
né en Suisse (Lausanne)
en 1967

Italien par ses deux parents, il grandit entre l'Italie, la Suisse et la Californie. Son grand-père, Mario Incisa della Rocchetta, créateur du mythique vin toscan Sassicaia, lui donne le goût du métier. En 2004, il fonde la bodega Chacra à Mainqué, en Patagonie, un lieu où les conditions microclimatiques se prêtent à l'agriculture biologique et biodynamique et où les vignes sont toutes franc de pied en raison d'une absence de phylloxéra.

« Il n'y avait pas d'autre chemin possible à prendre à la bodega Chacra que l'agriculture biologique et biodynamique. Je n'ai jamais compris la logique de l'utilisation de produits chimiques, car elle détruit la biodiversité et dilue le goût de tout fruit ou légume. Aujourd'hui, des preuves empiriques et scientifiques montrent que nos vins sont plus transparents, énergiques et dynamiques qu'ailleurs. Ce terroir est un formidable terrain de jeu pour les cépages pinot noir et chardonnay. »

ARMÉNIE

32e vignoble mondial

pays producteur **52e**

Berceau de la vigne et du vin, l'Arménie est un joyau viticole en pleine reconstruction. Les nouvelles générations de vignerons et l'apparition de caves privées depuis le début des années 2000 insufflent un dynamisme sans limite. Entre une modernité salvatrice et des traditions préservées, le vin est ici considéré comme la boisson nationale.

UN PEU D'HISTOIRE

La vigne sauvage *Vitis vinifera silvestris* est présente depuis plus d'un million d'années sur les hauts plateaux arméniens. Selon la Genèse, Noé est le premier homme à avoir planté de la vigne au pied du mont Ararat, après le Déluge, pour en tirer du vin. Plus scientifiquement, la plus ancienne installation de vinification du monde, vieille de 6 600 ans, a été retrouvée dans les caves d'Areni. Déjà au VIIIe s. av. J.-C., le royaume d'Urartu qui a précédé l'Arménie était qualifié de « terre du vignoble ». À l'époque soviétique, il est décidé que la région produirait du brandy, peut-être pour ne pas faire d'ombre à la Géorgie voisine, terre natale de Staline... Le pays comptait alors plus de 300 cépages autochtones ; il n'en reste plus qu'une quarantaine aujourd'hui. Victime d'un génocide qui a décimé, entre 1915 et 1916, les deux tiers de sa population vivant en Arménie occidentale (Turquie), la diaspora arménienne reste très attachée à son pays. Certains reviennent y créer des domaines, comme Zorah en 2001 et Van Ardi Wines en 2006.

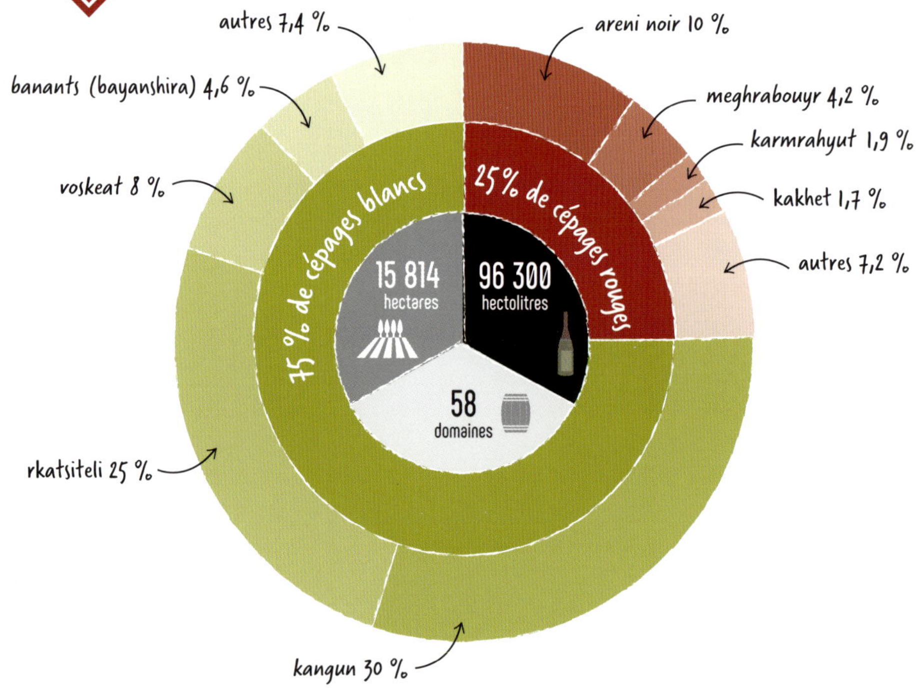

Seulement 2 100 hectares environ sont utilisés pour la production de vin sur l'ensemble du vignoble, le reste étant encore destiné à la distillation du brandy arménien. Le climat frais de ce pays des montagnes caucasiennes, avec une température moyenne de 10 °C, des précipitations inférieures à 500 mm par an et un vignoble d'altitude, favorise la plantation de cépages blancs. Malgré cela, l'engouement pour l'*areni noir*, le cépage emblématique arménien, pourrait changer la donne en augmentant la proportion de cépages rouges. L'Arménie ne possède pas encore de système d'appellations officielles. Le vin est principalement produit dans les régions d'Aragatsotn, d'Ararat, d'Armavir, de Kotayk, d'Erevan, de Tavush et de Vayots Dzor.
Il apparaît de façon plus anecdotique dans les régions de Gegharkunik, de Shirak et de Syunik.

→ Le domaine Karas Wines a été fondé en 2010 dans la vallée d'Ararat, dans la région d'Armavir, entre les monts Aragats et Ararat.

Vayots Dzor

Située dans le centre-sud de l'Arménie, bordée par la république autonome du Nakhitchevan à l'ouest et le district de Kalbajar à l'est, en Azerbaïdjan, la région de Vayots Dzor faisait partie de la route de la soie au Moyen Âge. On y trouve certains des vins les plus fins d'Arménie. Son climat se caractérise par des étés chauds et secs, avec une température moyenne de 23 °C en juillet et août, et des hivers froids et neigeux, où le thermomètre peut descendre à – 20 °C. Son vignoble, majoritairement planté à plus de 1 100 m d'altitude, connaît des différences de température importantes entre le jour et la nuit pendant la période de maturation. Cela donne plus d'acidité et de concentration dans les raisins. Depuis 2009, chaque année en octobre, l'Areni Wine Festival, le plus grand événement autour du vin du pays, y est organisé.

POINTS-CLÉS

latitude	autour du 39°N
altitude	970-1 650 m
climat	continental
pluviométrie	280 mm
surface totale du vignoble	1 210 hectares
production	8 200 hectolitres
type de sols	sols calcaires de faible vigueur avec couche supérieure de sable et de grosses pierres ; quelques zones de sols volcaniques
les cinq principaux cépages	*areni noir* 70 % *voskeat* 12 % *garandmak* 6 % *chilar* 5 % *mskhali* 4 %

LE SAVIEZ-VOUS ?

L'*areni noir* est un cépage rouge originaire de la ville d'Areni, dans le sud de l'Arménie. Grâce à son climat de croissance rude et son isolement géographique, il n'a jamais été affecté par le phylloxéra. Il se caractérise par une peau épaisse qui le protège du soleil, donnant des vins d'une belle acidité et des tannins souples.

INCONTOURNABLE

Visiter les caves d'Areni qui abritent les plus anciens instruments de vinification du monde ! Ce site, vieux d'au moins 6 600 ans, témoigne de la relation intime et millénaire qui existe entre le vin et l'Arménie. On y découvre des pressoirs à vin rudimentaires capables de vinification sophistiquée à grande échelle. La collection accueille environ 480 amphores !

En Arménie, le mont Ararat est visible depuis la plupart des domaines, comme à Van Ardi Wines, fondé en 2006 par Varuzhan Mouradian à 20 km à l'ouest d'Erevan.

COUPS DE CŒUR

Vins rouges

🍇🍇 **Gran Karas 2013** du domaine Karas : syrah 60 %, montepulciano 25 %, ancelotta 15 %, élevé 14 mois en barriques avec 30 % de fûts neufs. Un assemblage inhabituel pour l'Arménie, donnant un vin aux arômes de violette, de poivre et de fruits noirs, avec une touche mentholée. Une bouche juteuse, avec des tannins soyeux et de la fraîcheur.

🍇🍇 **Karasì 2016** du domaine Zorah : *areni noir* 100 %, élevé 1 an en amphore et 6 mois en cuve béton. Un vin dense et profond, avec des arômes de prune, de réglisse et de cerise noire. En bouche la matière est incroyable, avec beaucoup de longueur. À servir avec un *lahmajoun* ; connu aussi sous le nom de « pizza arménienne », c'est une pâte recouverte de viande hachée, de persil, d'oignons et d'épices.

Domaine Old Bridge, près d'Eghegnazor, dans son écrin : la vallée d'Arpa, dans la région de Vayots Dzor.

LE POINT DE VUE WINE EXPLORERS

D'après les nombreux Arméniens rencontrés, Charles Aznavour aurait déclaré lors de l'une de ses visites dans le pays : « *Le vin arménien est si particulier ; on le ressent au plus profond de soi, mais on ne peut pas le décrire avec des mots.* » On pourrait préciser qu'il faut goûter au moins une fois dans sa vie un vin d'areni noir pour comprendre toute la profondeur du vin arménien.

PORTRAIT

Zorik Gharibian
fondateur
du domaine Zorah
né en Iran (Téhéran)
en 1965

Arménien de la diaspora, Zorik grandit à Venise et travaille dans l'industrie de la mode à Milan. Il se rend en Arménie pour la première fois en 1998 et y fonde une fabrique de chemises. En 2001, il achète 40 hectares de terres vierges et crée le domaine Zorah. Après 10 ans de sélection des meilleurs pieds de vignes, qu'il a fait se reproduire sur le vignoble avec patience, il fait sa première vendange en 2010 et sort son premier vin en 2012.

« *L'areni noir comme d'autres cépages autochtones sont sur notre terre depuis des millénaires. Dans le respect du terroir et de l'histoire viticole de l'Arménie, je ne travaille qu'avec des cépages indigènes et j'utilise les méthodes de vieillissement traditionnelles arméniennes, en élevant le vin dans des karas, les amphores que l'on utilise pour la macération et la conservation du vin. Par tradition, j'entends ne pas imiter le passé, mais plutôt le réinterpréter. Je suis fier que mes vins suscitent la curiosité des amateurs pour explorer le potentiel viticole de mon pays.* »

AUSTRALIE

9e vignoble mondial

pays producteur 6e

Comptant parmi les conquêtes les plus tardives de la viticulture moderne, la terre d'accueil du *shiraz* (syrah) fascine tant par sa ténacité que par la qualité grandissante de ses vins, dans un contexte environnemental instable où les ressources en eau se font de plus en plus rares.

UN PEU D'HISTOIRE

Tout commence le 18 janvier 1788. Arthur Phillip, capitaine d'une flotte britannique qui deviendra un mois plus tard premier gouverneur de Nouvelle-Galles du Sud, apporte les premières boutures de vigne lorsqu'il accoste à Botany Bay, dans la colonie pénitentiaire qu'il nommera Sydney. Les plants s'acclimatent à l'intérieur des terres. Dans les années 1820, le vin australien était disponible à la vente. En 1831, le diplomate écossais James Busby revient de France et d'Espagne avec près de 500 cépages différents dont la syrah qui deviendra dans les années 1860 la variété la plus plantée. Il faut toutefois attendre les années 1950 pour que le vin de table prenne une véritable place dans la culture locale, remplaçant peu a peu les vins fortifiés, sous l'influence de la communauté italienne. Bien que le phylloxéra ait contaminé une partie du pays à partir de 1877, de nombreuses zones viticoles restent à ce jour préservées. Ainsi, on peut trouver des vignes franches de pied vieilles de plus de 150 ans.

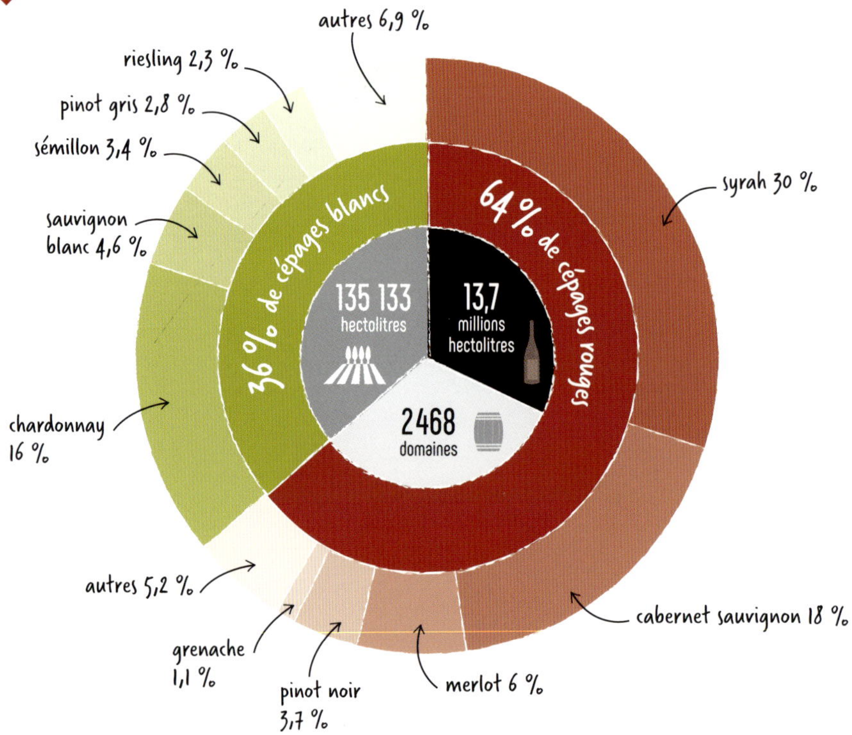

Avec plus de 140 cépages produits dans 65 régions viticoles, le vignoble australien est travaillé par 6 251 viticulteurs. En Australie, l'industrie du vin emploie plus de 170 000 salariés, ce qui génère 40 milliards de dollars par an pour l'économie du pays. Le vin est produit dans chacun des six États : 40 % du vignoble est concentré en Australie-Méridionale, 25 % dans l'État du Victoria et le reste essentiellement en Nouvelle-Galles du Sud. Plus de 63 % de la production est exportée, ce qui représente 850 millions de litres.

→ Kangourou dans le vignoble du domaine Wangolina, le long de la Limestone Coast.

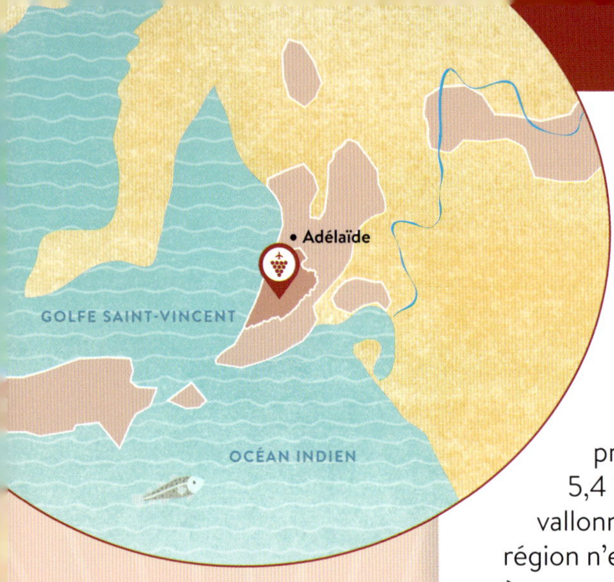

McLaren Vale

La région de McLaren Vale, protégée par la chaîne du Mont-Lofty à l'est d'Adélaïde, et le golfe Saint-Vincent à l'ouest, bénéficie d'un climat tempéré. Les cépages rouges s'y épanouissent pleinement et représentent 90 % de l'encépagement. Les étés y sont chauds et secs, les hivers doux ; il pleut principalement à la fin de l'automne et en hiver. Environ 110 domaines s'y partagent 5,4 % du vignoble national. On trouve leurs vignes plutôt sur des terrains légèrement vallonnés, entre 50 et 150 m d'altitude. Grâce à des règles de quarantaine strictes, la région n'est pas touchée par le phylloxéra. McLaren Vale a été la première région d'Australie à mener une politique de l'eau responsable et durable. Depuis les années 1990, la viticulture n'utilise plus l'eau des rivières pour irriguer, mais le plus vaste réseau de récupération d'eau d'Australie : 100 % de son irrigation se fait par goutte-à-goutte, à partir d'eau recyclée.

POINTS-CLÉS

latitude	35°04'-35°19' S
altitude	50-350 m
climat	méditerranéen
pluviométrie	550 mm
surface totale du vignoble	env. 7 300 hectares
production	250 000 hectolitres
type de sols	sablo-limoneux, argile jaune mélangée à de la chaux et loam friable
les cinq principaux cépages	syrah 55,9 % cabernet sauvignon 17,9 % grenache noir 6,2 % chardonnay 4,4 % merlot 2,8 %

LE SAVIEZ-VOUS ?

L'indication géographique McLaren Vale a été officiellement reconnue en 1997, bien que la région soit parmi les plus anciennes du pays. Elle couvre une zone comprise entre Hallett Cove au nord-ouest, Clarendon au nord-est et la plage de Sellicks jusqu'aux contreforts des collines de Willunga au sud. Le premier domaine commercial y a été fondé en 1839.

INSOLITE

La région est un haut lieu de la gastronomie, avec une abondance de bons restaurants et de produits cultivés localement. Profitant de son climat méditerranéen, elle est notamment connue pour son huile d'olive de qualité supérieure, héritage de l'immigration italienne des années 1950 qui y a amené la culture de l'olivier. Certains domaines viticoles produisent d'ailleurs des olives et de l'huile en activité parallèle.

Vignoble du domaine Deviation Road, dans la région limitrophe et tout aussi célèbre d'Adelaide Hills, au sud-est d'Adélaïde.

COUPS DE CŒUR

Vins rouges

- 🍇🍇 **The Blind Tiger 2010** du domaine d'Arenberg : 100 % syrah, vignes plantées en 1925, élevé 20 mois en fûts de chêne français neutres, non filtré.
  Un vin intense et d'une grande complexité, aux arômes de réglisse, de violette, de fruits noirs et de poivre de Sichuan. Parfait autour d'un barbecue, après une journée de surf.

- 🍇 **Lily's Garden Shiraz 2014** du domaine Two Hands : syrah 100 %, élevé 12 mois en fûts de chêne.
  Un vin généreux, aux arômes de prune, d'olive noire, de cacao et d'épices, avec une jolie finale. Délicieux avec une meat pie, la fameuse tourte de viande australienne.

LE POINT DE VUE WINE EXPLORERS

Les syrahs de McLaren Vale sont incontournables et certaines vignes centenaires produisent des vins d'une concentration et d'une complexité rares. L'autre star de la région est sans conteste le grenache noir, de plus en plus vinifié en monocépage depuis les années 2010 et donnant des vins denses, juteux et épicés.

PORTRAIT

Chester Osborn
œnologue
et viticulteur
au domaine d'Arenberg
né en Australie (Adélaïde)
en 1962

Chester grandit à McLaren Vale et commence à travailler dans la cave familiale à l'âge de 7 ans, pendant les vacances scolaires. Il étudie la viticulture et l'œnologie au Roseworthy Agricultural College, près d'Adélaïde, puis travaille au domaine Tullochs dans la vallée Hunter, en Nouvelle-Galles du Sud, entre 1980 et 1982, au domaine Hardy's Tintara dans la région de McLaren Vale en 1983. En 1984, il est nommé œnologue en chef du domaine d'Arenberg, créé par sa famille en 1912.

« *Le vin c'est la vie ! Telle est notre devise. Le vin est une histoire de plaisir et de partage. C'est également un produit de convivialité, dont on doit avant tout parler de façon ludique. Je suis fier que nos vignes soient travaillées de façon durable, écologique et responsable. McLaren Vale est une région très fiable pour la viticulture, en particulier en bio. Nous n'avons aucune maladie. Cependant, nous sommes en train de vivre des changements climatiques, avec des saisons de plus en plus douces. L'encépagement de la région pourrait changer dans un avenir proche.* »

Vignoble du domaine d'Arenberg, l'un des producteurs emblématiques de la région de McLaren Vale.

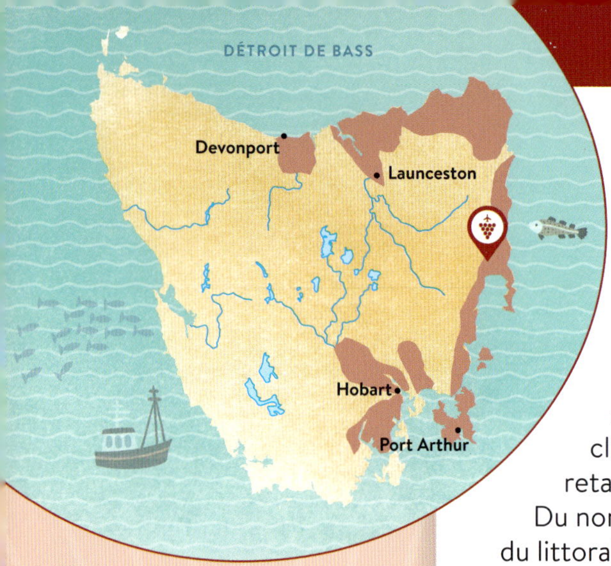

Tasmanie

Seul État insulaire d'Australie, la Tasmanie est une région viticole fascinante, isolée du continent par les eaux tumultueuses du détroit de Bass et représentant à peine 1 % du vignoble national. Bien que minime, la production de l'île n'en demeure pas moins l'une des plus qualitatives du pays, grâce à un climat plus frais. La croissance des vignes a d'ailleurs deux bonnes semaines de retard par rapport au continent, faisant du pinot noir le cépage roi de Tasmanie.

Du nord au sud, la production est concentrée dans la partie orientale de l'île, le long du littoral, à l'abri du vent d'ouest et des fortes précipitations. Et si d'aventure vous avez l'occasion de vous rendre à l'ouest de l'île, une surprise de taille vous y attend : l'humidité et les pluies sont permanentes et rendent impossible la culture de la vigne. Une vraie forêt tropicale !

POINTS-CLÉS

latitude	40°72' - 43°28' S
altitude	0-1264 m
climat	océanique
pluviométrie	590 mm
surface totale du vignoble	1 505 hectares
production	69 000 hectolitres
type de sols	la côte Est, qui abrite de nombreux producteurs de pinot noir et de vins effervescents grâce à son climat plus frais, tout comme le sud-est de l'île ont un sous-sol constitué de dolérite, une roche volcanique qui s'est épanchée au Jurassique ; le nord-est est composé de roches plus anciennes, riche en silice, grès et granite.
les cinq principaux cépages	pinot noir 44 % chardonnay 27 % sauvignon blanc 10 % pinot gris 9 % riesling 6 %

LE SAVIEZ-VOUS ?

Le climat frais et humide de la Tasmanie est propice à la production de vins effervescents de qualité. Au domaine Jansz, on a même eu l'idée de déposer la marque Méthode Tasmanoise®. Un clin d'œil à l'inimitable méthode champenoise…

INSOLITE

Le domaine Moorilla Estate à Hobart, avec son musée, le MONA (Museum of Old and New Art) : un lieu très controversé créé par David Walsh, dont les thèmes de prédilection ne sont autres que la mort et le sexe. Une expérience plutôt déroutante qui attire chaque année quelques centaines de milliers de touristes. Âmes sensibles, s'abstenir !

Les vignes du domaine Marion's Vineyard, plongeant dans la Tamar.

Coups de cœur

Vin effervescent

Cloth Late-Disgorged Sparkling 2004 du domaine Moorilla : pinot noir 64 %, chardonnay 36 %, élevé 10 ans sur lies. Un vin tout en gourmandise, avec une bulle très fine et une superbe longueur en bouche, parfait pour se remettre de ses émotions et se faire plaisir, une fois la visite du MONA terminée.

Vin blanc

Riesling 2003 du domaine Freycinet : riesling 100 %, élevé 3 mois en cuve inox. Depuis les hauteurs du domaine, en compagnie de Claudio Radenti, la dégustation de ce riesling aux parfums de pétrole, d'herbe coupée et de fleurs blanches invite à la médiation et rappelle, s'il était nécessaire, que la Tasmanie est un grand terroir de blanc.

Au domaine Freycinet, les filets protègent les raisins de l'appétit des oiseaux.

Le point de vue Wine Explorers

Comme le dit si bien l'adage, viticulteurs et œnologues australiens ne sont limités que par leur imagination. Les cépages sangiovese, fiano (muscat d'Alexandrie), nebbiolo, montepulciano, zibbibo, assyrtiko et grüner veltliner y ont désormais le vent en poupe. Un pays qui sait se renouveler !

PORTRAITS

Lindy Bull et Claudio Radenti
œnologues et vignerons nés en Tasmanie en 1965 et 1962

Lindy, la première femme œnologue de Tasmanie, gère avec son mari Claudio le domaine Freycinet, à Swansea, une propriété familiale créée en 1979 par ses parents, Geoff et Susan Bull. Après avoir travaillé pendant dix ans en Australie, en France et en Italie, ils reprennent en 1992 le domaine Freycinet. Ensemble, ils produisent aujourd'hui l'un des meilleurs vins de Tasmanie.

« *La Tasmanie est un endroit extraordinaire pour sa nature : le vignoble touche la péninsule Freycinet et son parc national. J'aime vivre sur mon île ! Son climat permet d'y produire parmi les vins les plus fins d'Australie. Nous avons trois enfants et j'espère qu'ils reprendront un jour le domaine familial pour perpétuer la tradition.* » (Lindy)

« *Mon intérêt pour le vin vient de mes parents italiens qui se sont installés en Tasmanie en 1960. Dès mon plus jeune âge, j'aidais mon père à vinifier en tournant la poignée du pressoir à raisin.* » (Claudio)

AUTRICHE

20e vignoble mondial

pays producteur **18e**

Exclusivement concentré à l'est et longeant les frontières tchèque, slovaque, hongroise et slovène, le vignoble autrichien s'étend entre les 46e et 49e parallèles Nord. Petit par la taille, avec moins de 1 % de la surface viticole mondiale, il n'en reste pas moins l'un des terroirs d'Europe les plus diversifiés.

UN PEU D'HISTOIRE

Les premiers indices de viticulture remonteraient aux Xe et IXe s. av. J.-C., dans le Weinviertel et le Traisental (Niederösterreich, Basse-Autriche). À la fin du VIIIe s. apr. J.-C., l'empereur Charlemagne édite son capitulaire *De Villis* à l'adresse des gouverneurs de ses domaines. On y trouve des instructions détaillées sur la culture de la vigne, la vinification et les questions juridiques relatives au vin en Autriche.
Au XVIIIe s., sous le règne de Marie-Thérèse d'Autriche et de son fils Joseph II, la viticulture est promue avec vigueur, marquant le début de la réévaluation scientifique des pratiques viticoles.
Au XIXe s., l'oïdium, le phylloxéra et le mildiou apparaissent respectivement en 1850, 1872 et 1878, provoquant des dégâts considérables. En 1995, l'entrée de l'Autriche dans l'Union européenne et l'adoption de la législation européenne sur le vin marquent un tournant qualitatif pour le secteur viticole.

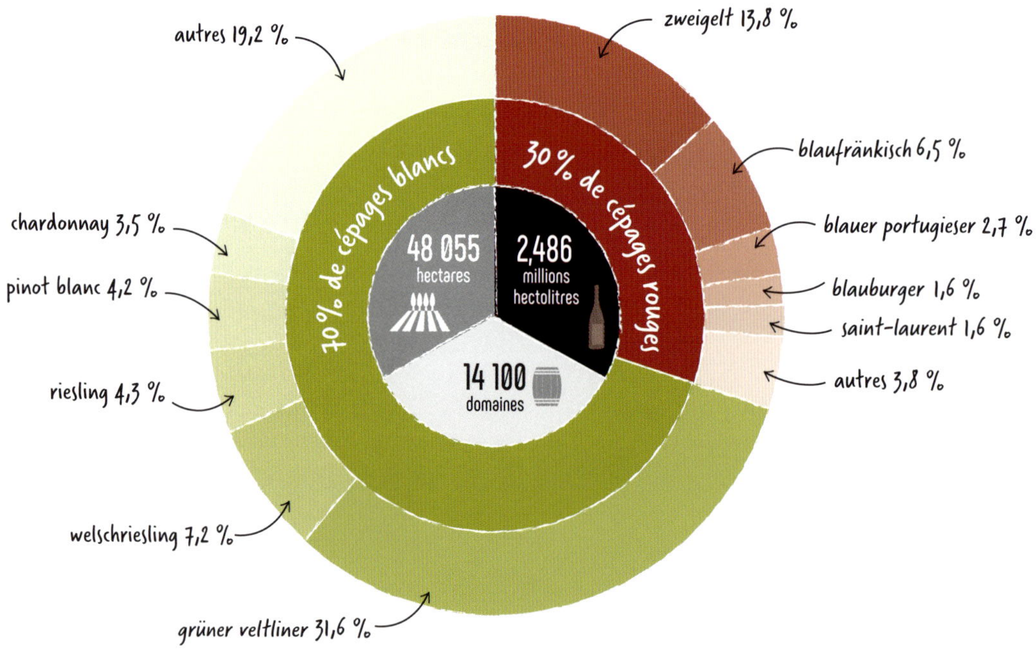

Le *grüner veltliner* reste le leader incontesté des cépages avec 14 376 hectares plantés, soit près d'un tiers de la surface totale du vignoble et la moitié de la plantation totale des cépages blancs. Le vignoble compte 4 régions viticoles : Niederösterreich au nord (60,6 % de la surface), Steiermark au sud (10,2 %) et, au centre, Vienne (1,6 %) et le Burgenland (27,6 %). 50 millions de litres de vin sont exportés chaque année en moyenne, pour un chiffre d'affaires de 150 millions d'euros, principalement à destination de l'Allemagne (66 %), de la Suisse (7,2 %), des Pays-Bas (6,2 %) et des États-Unis (5,2 %). Avec 13,6 % de son vignoble certifié bio, l'Autriche fait figure de leader en matière de pratiques viticoles respectueuses de l'environnement.

→ Le vignoble de Vienne compte 155 domaines et 637 hectares de vignoble. Jusqu'à la fin du Moyen Âge, les vignes se concentrent dans l'enceinte même de la ville. Aujourd'hui, elles s'épanouissent tout autour.

Burgenland

Région viticole historique, le Burgenland séduit déjà au VIIIe s. av. J.-C. pour son climat chaud et continental. Les populations préceltiques de la culture de Hallstatt y auraient cultivé la vigne, selon les données de l'archéobotanique. Depuis 2005, on y distingue cinq DAC (Districtus Austriae Controllatus) : Neusiedlersee au nord (55 % du vignoble), Eisenberg (3,3 %) au sud et, au centre, Leithaberg (22,5 %), Mittelburgenland (17,2 %) et Rosalia (2 %). L'encépagement s'équilibre entre cépages rouges et blancs. Avec plus d'un cinquième du vignoble, le *blaufränkisch* est le cépage roi du Burgenland. Les sols limoneux denses du Mittelburgenland lui sont particulièrement adaptés, ce qui donne des vins fruités et d'une longueur exceptionnelle. Le zweigelt, croisement des cépages rouges autrichiens *blaufränkisch* et saint-laurent obtenu en 1922 par le professeur Friedrich Zweigelt, domine les rives orientales du lac Neusiedl, qui produisent des vins rouges puissants et juteux.

POINTS-CLÉS

latitude	47°03'-48°01' N
altitude	116-435 m
climat	pannonien, de type continental, avec des étés chauds et secs et des hivers froids
pluviométrie	650 mm
surface totale du vignoble	13 267 hectares
production	731 000 hectolitres
type de sols	limoneux sur le Mittelburgenland, calcaire et ardoise ailleurs, notamment à l'est du Leithaberg
les cinq principaux cépages	*blaufränkisch* 21,7 % *zweigelt* 19,2 % *grüner veltliner* 10,4 % welschriesling 9,6 % chardonnay 5 %

LE SAVIEZ-VOUS ?

Depuis 2018, quatre nouveaux cépages blancs sont autorisés pour la production de *Qualitätswein* (« vin de qualité ») : goldmuskateller, blütenmuskateller, muscaris et souvignier gris. Les trois derniers sont des *piwi* (acronyme de *Pilz* pour « champignon » et *Widerstandsfähig* pour « résistant ») et offrent un avantage écologique avec la réduction des pesticides appliqués.

INCONTOURNABLE

Goûter un verre de Ruster Ausbruch, un liquoreux botrytisé élaboré en vendanges tardives autour de la ville de Rust dans le Burgenland, principalement à partir des cépages pinot gris, pinot blanc, gewurztraminer et muscat ottonel. Ce vin contient environ 156 g de sucre résiduel par litre et a longtemps été considéré comme un égal du Tokaj ou du Sauternes dans les cours royales d'Europe.

Non loin de la frontière avec la Hongrie et la Slovaquie, le vignoble de la commune de Gols, dans le Burgenland, fait face au lac de Neusiedl. Cette étendue d'eau salée est un vestige de l'ancienne mer de Pannonie qui s'étendait des Alpes à la mer d'Aral il y a 5 millions d'années.

COUPS DE CŒUR

Vins rouges

- **Alte Reben 2011** du domaine J. Heinrich : *blaufränkisch* 100 %, vignes de 70 ans, élevé 2 ans en foudres autrichiens de 2 000 litres. L'un des meilleurs exemples de *blaufränkisch* qui soit. Beaucoup de finesse et un potentiel de garde incroyable !
- **Lutzmannsburg Alte Reben 2015** du domaine Moric : *blaufränkisch* 100 %, élevé 20 mois en barriques de 500 litres sans bois neuf, non filtré. Un *blaufränkisch* juteux, complexe et épicé, qui évolue en permanence dans le verre. Une merveille !

Le long de la frontière hongroise, le vignoble du domaine J. Heinrich voisine avec un champ d'éoliennes.

LE POINT DE VUE WINE EXPLORERS

Le nombre croissant de vignerons talentueux contribue fortement au succès des vins du Burgenland. De plus, l'introduction du DAC Neusiedlersee et la transformation du Grosslage Rosalia en DAC Rosalia en 2012 apportent une meilleure lisibilité dans l'appellation et tirent la région vers le haut.

PORTRAIT

Silvia Heinrich
œnologue et propriétaire du domaine J.Heinrich née en Autriche (Oberpullendorf) en 1974

Fille de vigneron, Silvia a grandi au milieu des vignes. Élue œnologue de l'année 2014, c'est l'une des grandes figures du *blaufränkisch*. En 2009, elle reprend le domaine familial et décide de se concentrer entièrement sur la production de vin rouge. Sa première décision était radicale : l'arrachage de tous les cépages blancs !

« *Mes parents ne voulaient pas que je devienne vigneronne. Ça n'était pas un métier de femme pour eux. Mon père était un bon vigneron mais il n'avait pas la passion. Il a fini par prendre sa retraite et c'est comme ça que j'ai eu ma chance. Je considère mes vignes comme mes enfants. Je les éduque, je les soutiens, je les accompagne pour leur permettre de développer leur caractère et d'exprimer tout leur potentiel.* »

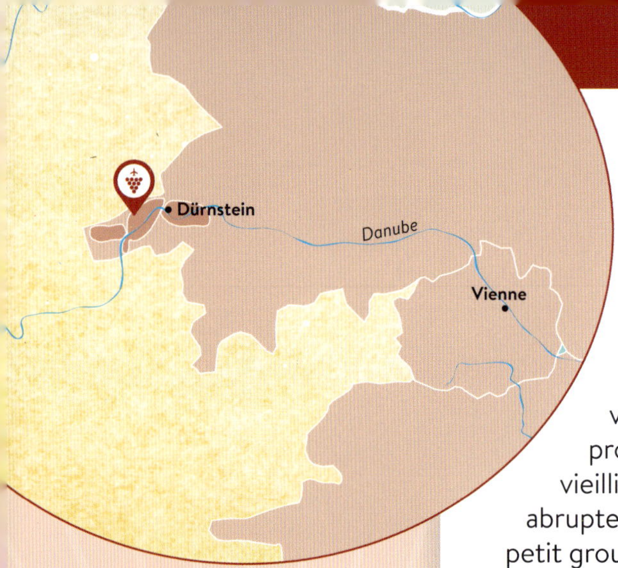

Wachau

Wachau est englobée par la région viticole de la Niederösterreich. Plus de 230 producteurs y cultivent 91,3 % de cépages blancs pour 8,7 % de rouges, avec deux cépages dominants qui représentent 75 % de l'encépagement : le grüner veltliner et le riesling. Le microclimat unique cette petite entité géographique produit certains des plus grands vins blancs du monde, avec un potentiel de vieillissement de plusieurs décennies ! Les deux tiers du vignoble sont plantés en terrasses abruptes, avec des murs en pierre sèche nécessitant un entretien permanent. En 1983, un petit groupe de producteurs crée son propre classement, le Vinea Wachau Nobilis Districtus, où les vins blancs secs sont divisés en trois catégories en fonction de leur teneur naturelle en alcool : *Steinfeder* pour les vins aromatiques et légers (jusqu'à 11,5°), *Federspiel*, la catégorie la plus commune (entre 11,5 et 12,5°), et *Smaragd* pour les vins secs récoltés tardivement (minimum 13°).

POINTS-CLÉS

latitude	48°3'-48°4'N
altitude	200-500 m
climat	pannonien à l'est (doux) et océanique à l'ouest (tempéré), l'influence modérée du Danube atténue les effets de l'été chaud et sec et de l'hiver rigoureux, et les brises fraîches du soir venant du nord augmentent les écarts de température entre le jour et la nuit pendant les mois qui précèdent la récolte
pluviométrie	780 mm
surface totale du vignoble	1 362 hectares (28 145 au total pour la région de la Niederösterreich dans laquelle elle s'inscrit)
production	72 650 hectolitres (1,47 million au total pour la région de la Niederösterreich)
type de sols	les roches métamorphiques dominent avec du gneiss, riche en quartz et feldspath, et de l'amphibolite ; du lœss complète ce sol
les cinq principaux cépages	*grüner veltliner* 56,9 % riesling 17,4 % *zweigelt* 5,9 % müller-thurgau 4,8 % *neuburger* 3,2 %

LE SAVIEZ-VOUS ?

La géologie extrêmement diversifiée de la région, associée à la construction de terrasses dans les meilleures pentes escarpées où la culture de la vigne est menée dès le Moyen Âge par les monastères bavarois, ont créé le paysage spectaculaire et unique de la Wachau, désormais inscrit sur la liste du patrimoine mondial de l'Unesco.

INCONTOURNABLE

Visiter les vignobles de la Wachau à vélo, en empruntant la piste cyclable qui longe le Danube. C'est la plus grande d'Autriche ; elle s'étend sur 317 km. Halte épicurienne recommandée dans les bourgades viticoles d'Arnsdorf, Dürnstein, Joching, Loiben, Mautern, Rossatz, Spitz, Weißenkirchen et Wösendorf bien sûr !

Villages de Rossatz-Arnsdorf (à gauche) et de Rührsdorf (à droite) dont les vignobles épousent la courbe du Danube, comme tous les vignoble de la Wachau.

COUPS DE CŒUR

Vins blancs

🍇🍇🍇 **Riesling Smaragd Singerriedel 2014** du domaine Wachau : riesling 100 %, élevé 9 mois sur lies fines en cuve inox. Un vin minéral et d'une pureté inouïe, qu'il faut ouvrir une bonne journée avant dégustation. Une invitation à la méditation.

🍇🍇 **Ried Zöbinger Heiligenstein 1er Lyra** du domaine Bründlmayer (Kamptal) : riesling 100 %, élevé 8 mois sur lies fines en cuve inox. Vin de gastronomie qui dans sa jeunesse exprime des notes de citron vert et de pêche de vigne.

LE POINT DE VUE ★ WINE EXPLORERS ★

Malgré sa petite taille, la Wachau est une région aux climats et à la géologie très variés qui produit des vins précis et d'une grande pureté. Dans leur jeunesse, les blancs de la région offrent des nuances de fleurs blanches, de pierre à fusil et d'épices ; ils tendent vers des notes pétrolées en vieillissant.

PORTRAITS

Roman Horvath
directeur
du domaine Wachau
né en Autriche (Vienne)
en 1969

Heinz Frischengruber
œnologue du domaine Wachau
né en Autriche (Krems) en 1976

Master of Wine depuis 2009, Roman a travaillé dans le vin au Chili et en France, avant de rejoindre le domaine Wachau en 2004. Diplômé de l'institut viticole de Klosterneuburg en marketing international du vin et de l'université allemande de Geisenheim en œnologie, Heinz contribue fortement à la préservation du terroir de la Wachau. Il est également directeur de l'Austrian Oenology and Wine Research.

“ *Le caractère minéral est omniprésent et essentiel dans les vins de la Wachau, offrant ainsi des arômes secondaires complexes en vieillissant.* ” (Roman)

Le travail d'équipe est l'essence même du domaine Wachau. Les familles de vignerons qui le composent cultivent la vigne de façon durable et respectueuse de l'environnement : une couverture végétale est plantée entre les vignes et la biodiversité est favorisée. ” (Heinz)

Emblèmes des vignobles de la Wachau, les murs en pierre sèche nécessitent un entretien permanent.

AZERBAÏDJAN

31e
vignoble mondial

pays producteur
45e

Figurant parmi les plus beaux et les plus anciens vignobles de la planète, l'Azerbaïdjan reste un pays mystérieux pour tout amateur de vin. Au XXe s., son histoire tourmentée a bien failli voir disparaître sa viticulture. Quelques domaines font aujourd'hui revivre une industrie viticole au potentiel indéniable.

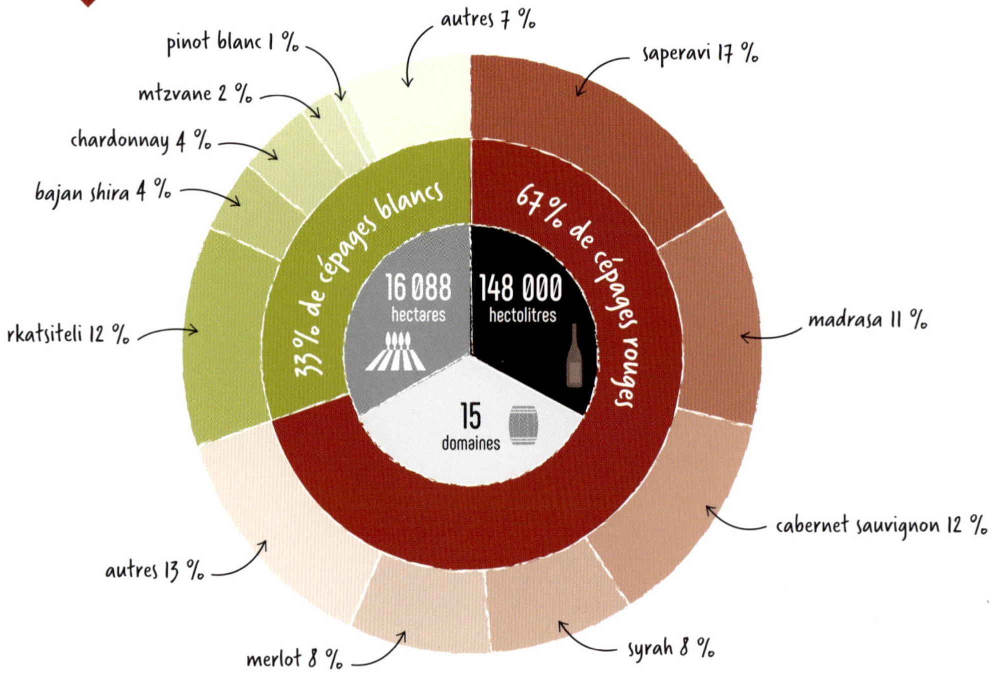

UN PEU D'HISTOIRE

Au pied du Caucase, dans ce qui fut le berceau de la viticulture mondiale, la culture de la vigne est apparue en Azerbaïdjan dès le IIe millénaire avant notre ère. Fortement industrialisée et fonctionnant exclusivement sur un modèle intensif sous le régime soviétique, le pays exporte ses vins vers la Russie, la Biélorussie et les pays de la Baltique. Au milieu des années 1980, le pays n'échappe pas à l'arrachage massif du vignoble ordonné par Mikhaïl Gorbatchev tout juste nommé secrétaire général du parti. En 1991, l'effondrement du bloc communiste et le rétablissement de l'indépendance de l'Azerbaïdjan relancent l'industrie du vin qui se modernise et se tourne vers la qualité. En 2013, le pays adhère à l'Organisation internationale de la vigne et du vin (OIV) et tente depuis de regagner sa réputation sur le marché mondial.

Dispersées dans tout le pays, 7 régions viticoles composent le paysage viticole azerbaïdjanais. Avec 4 270 hectares à l'ouest, soit 27 % du vignoble, Ganja-Gazakh est la principale. Au nord-ouest, Guba-Khachmaz est quant à elle la plus petite avec ses 915 hectares, soit 5,7 % du vignoble. Le climat chaud et sec en été favorise la culture des cépages rouges, bien que l'on trouve une culture de raisins blancs qualitative en altitude sur les plateaux, dès 450 m. Les cépages autochtones, madrasa en rouge et bajan shira en blanc, retrouvent une notoriété et un engouement depuis 2016. L'agriculture emploie un tiers de la population active, et la culture de la vigne est désormais la quatrième agriculture du pays, juste derrière le blé, l'orge et le maïs.

→ Le vignoble du domaine Chabiant, à Hajihatamli, dans la région d'Ismayıllı.

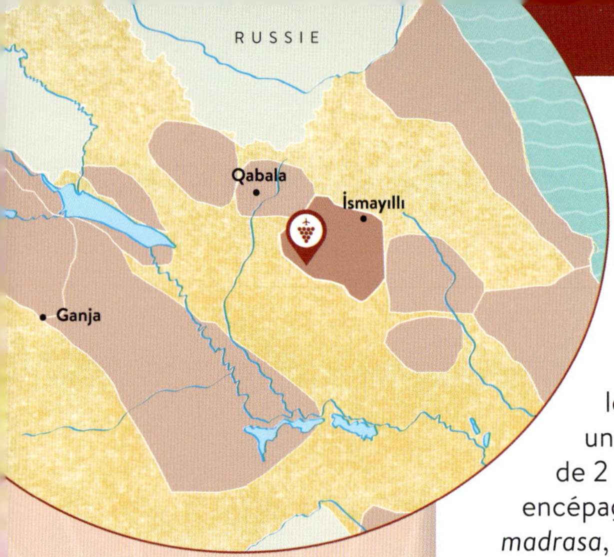

İsmayıllı

Le district d'İsmayıllı, situé dans la vallée de Ganikh-Alazan Ayrichay, le long du versant Sud du Grand Caucase, a été créé en 1931. Juillet est le mois le plus chaud de l'année avec une température moyenne de 23,9 °C et août est le plus sec avec à peine 70 mm de pluie en moyenne. Ce climat estival impose une irrigation du vignoble, encore réalisée en majorité par inondation. Avec près de 2 400 hectares de vigne, la région représente 15 % du vignoble national. Son encépagement est composé à 68 % de cépages rouges et 32 % de cépages blancs. Le *madrasa*, cépage endémique rouge aux grappes compactes et à la peau épaisse, se plaît à İsmayıllı, où il produit des vins à la couleur foncée, tanniques et riches en alcool.

POINTS-CLÉS

latitude	40°41'-47°52' N
altitude	430-590 m
climat	océanique tempéré, avec des températures moyennes mensuelles inférieures à 22 °C
pluviométrie	500 mm
surface totale du vignoble	2 360 hectares
production	21 000 hectolitres
type de sols	sablonneux-calcaire avec de l'argile en profondeur et des alluvions résultant de l'érosion des reliefs du Grand Caucase
les cinq principaux cépages	saperavi 50 % rkatsiteli 15 % *madrasa* 14 % *bajan shira* 10 % mtzvane 4 %

LE SAVIEZ-VOUS ?

Le *bajan shira*, aussi appelé *bayan shirey*, est un cépage blanc qui tient son nom du village de Bayan, dans la région de Dashkasan, d'où il est originaire. Il se caractérise par une belle acidité en bouche et des arômes d'agrumes et de fleurs blanches. On le trouve également dans quelques pays voisins : Tadjikistan, Kazakhstan, Russie, Ukraine ou encore Moldavie.

INCONTOURNABLE

Le restaurant du domaine Savalan à Qabala, dans le nord du pays, là où se trouvait il y a fort longtemps l'ancienne capitale du Caucase, est construit à flanc de canyon. De cet emplacement, on peut admirer la vue panoramique sur le vignoble de 350 hectares avec en fond les montagnes enneigées du Grand Caucase.

Au sud-est des montagnes du Caucase, à 400 m d'altitude, le domaine Savalan a planté 350 hectares de vigne.

COUPS DE CŒUR

Vins rouges

- **Vino Nuovo 2017** du domaine Chabiant : saperavi 75 %, *madrasa* 25 %, macération carbonique partielle à la façon d'un beaujolais nouveau, élevé 2 mois en cuve inox.
  La gourmandise de ce vin frais, croquant et juteux à souhait est un vrai régal ! Le genre de vin convivial et désaltérant qui invite à la bonne humeur.
- **Syrah Special Edition 2012** du domaine Savalan : syrah 100 %, élevé 2 ans en barrique avec 50 % de bois neuf, puis 2 ans en bouteille. Un vin puissant, aux arômes de pruneau, de chocolat et de vanille, qui va bien avec un *Dushbara*, un plat de boulettes d'agneau aux herbes servi dans du bouillon.

Les ouvriers agricoles du domaine Savalan préparent les sols argilo-sablonneux à accueillir une nouvelle parcelle de vigne.

LE POINT DE VUE WINE EXPLORERS

Entouré au nord par la Géorgie et l'Ukraine, au sud par l'Iran et à l'ouest par l'Arménie, le vignoble azerbaïdjanais reste caché et confidentiel. L'arrivée de spécialistes étrangers depuis 2015, comme Andrea Uliva au domaine Chabiant, permet au pays de mieux valoriser une production qui mérite d'être découverte !

PORTRAIT

Andrea Uliva
œnologue et consultant au domaine Chabiant
né en Italie (Florence) en 1981

Diplômé de l'université de Florence en viticulture et œnologie, il apprend beaucoup auprès du vigneron Stefano Casadei, en Sardaigne. Il se souvient de son enfance près de Florence, entre les vignes, le potager et les animaux de la ferme, où son grand-père lui transmet son amour pour l'agriculture. Au cours des dernières années, il consacre ses travaux de recherche à la protection des cépages autochtones dans des pays comme le Monténégro, la Bulgarie et actuellement l'Azerbaïdjan. Andrea travaille désormais comme consultant viticole à travers le monde.

« Le raisin porte le goût de la terre, des pluies, du vent et de l'ensoleillement du pays dans lequel il pousse. Un bon viticulteur doit savoir écouter sa vigne, l'accompagner discrètement et travailler dans les coulisses pour interpréter le fruit de sa vendange le plus naturellement possible. »

BELGIQUE

68e vignoble mondial

pays producteur **62e**

Plus d'une centaine de domaines, répartis entre la Wallonie et la Flandre sur de magnifiques sols calcaires, argileux et limoneux, façonnent depuis la fin des années 1990 un paysage viticole aussi surprenant qu'intéressant. La Belgique montre avec panache qu'elle peut produire de très jolies bulles et vins blancs.

UN PEU D'HISTOIRE

La viticulture remonte au Ier s., lorsque les Romains amènent la vigne en Gaule. À partir de 476, à la suite de la chute de l'Empire romain d'Occident, elle se développe en vallée mosane sous la dynastie des Francs. Au XIVe s., chaque ville possède son vignoble. Au XVe s., les conditions climatiques défavorables à la viticulture et le développement des techniques de fabrication et de conservation de la bière mettent à mal la production de vin. Au XIXe s., la vigne a pratiquement disparu. En 1962, deux vignerons, Charles Legot à Huy (Wallonie) et Jan Bellefroid à Borgloon (Flandre), plantent respectivement du pinot noir et du müller-thurgau, insufflant les débuts de la viticulture moderne en Belgique. En 1997, la première appellation d'origine contrôlée, Hagelandsewijn, est créée dans la région de Louvain. Depuis le début des années 2010, le secteur viticole belge est en pleine expansion commerciale.

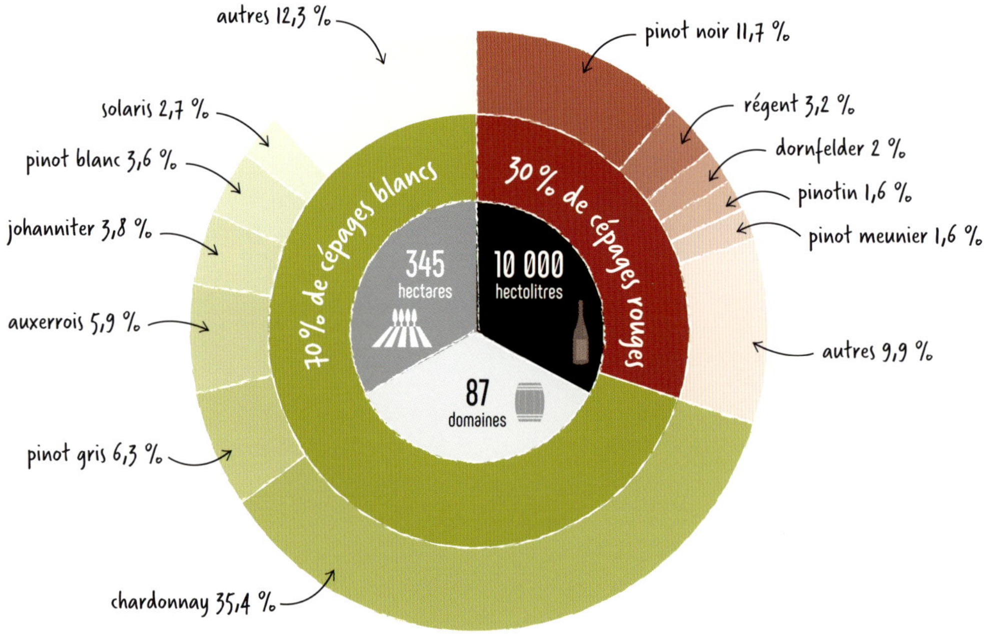

En à peine 12 ans, l'industrie viticole belge s'est métamorphosée : son vignoble a été multiplié par cinq et sa production par neuf, passant de 72 hectares de vignes pour 2 200 hectolitres produits en 2006, à 345 hectares pour 20 000 hectolitres produits en 2018. Le climat frais et océanique du pays, dû à son positionnement autour du 50e parallèle Nord, est comparable à celui de la Champagne. La production de vins effervescents (42,2 %) et blancs (38,1 %) est ainsi favorisée, complétés par un peu de vins rouges (15,8 %) et rosés (3,9 %). Les *piwi*, ces cépages hybrides résistant aux maladies de la vigne, sont également une bonne alternative au climat : quatre d'entre eux (johanniter, solaris, régent et pinotin) font partie du top 12 des cépages plantés et totalisent plus de 11 % de la surface viticole.

→ Vignoble du domaine Entre-Deux-Monts, à Heuvelland, en Flandre, à 500 m de la frontière française.

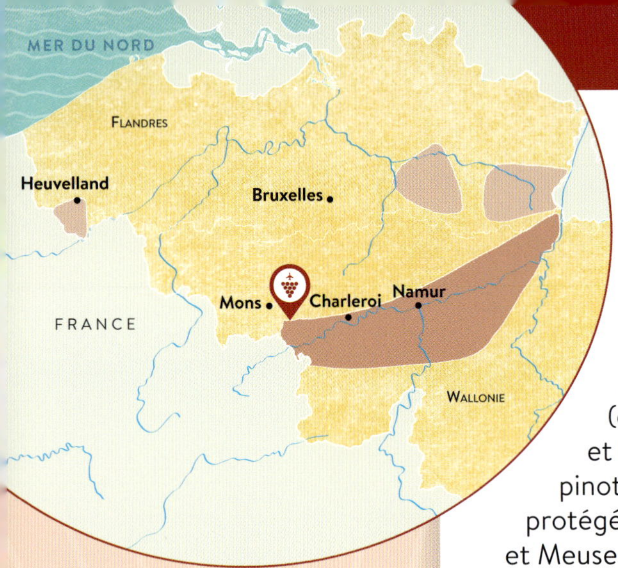

Wallonie

La Wallonie est l'une des deux grandes régions viticoles belges et représente 42,6 % du vignoble, contre 57,4 % pour la Flandre. On y compte 32 domaines, partageant deux approches de la production : les cépages traditionnels (chardonnay, pinot noir, pinot meunier, pinot gris, riesling ou encore auxerrois) et les cépages hybrides (solaris, bacchus et hélios en blanc, régent, limberger et pinotin en rouge), plus résistants au mildiou et à l'oïdium. Il existe 4 appellations protégées en Wallonie, représentant un tiers de la production : l'AOP Côtes de Sambre et Meuse (62 %), l'AOP Vin mousseux de qualité de Wallonie (23,5 %), l'AOP Crémant de Wallonie (10 %) et l'IGP Vin de Pays des Jardins de Wallonie (4,5 %).

POINTS-CLÉS

latitude	49°5'-50°7' N
altitude	100-330 m
climat	océanique (tempéré)
pluviométrie	840 mm
surface totale du vignoble	147 hectares
production	9 200 hectolitres
type de sols	calcaire, argilo-calcaire, argilo-limoneux ; le sol superficiel (15-20 cm) est un mélange d'argile, de limon et de craie, sur dalle de craie
les cinq principaux cépages	chardonnay 34,5 % solaris 7,4 % johanniter 6,5 % pinot noir 5,9 % auxerrois 4 %

LE SAVIEZ-VOUS ?

Trouver un vin belge à moins de 10 euros est une chose rare, les vins tranquilles étant généralement vendus entre 12 et 15 euros et les vins effervescents entre 15 et 30 euros. Deux explications : la rareté, la Belgique absorbant presque toute la production, et les investissements à amortir pour ces jeunes vignobles, se chiffrant parfois en millions d'euros.

INCONTOURNABLE

La découverte du château de Bioul, niché au cœur de la vallée de la Meuse, est un must ! Andy et Vanessa Wyckmans, un couple de châtelains absolument charmants, vous ouvrent les portes de leur domaine tous les samedis et dimanches, de début avril à fin septembre. Vous pourrez ainsi découvrir leur univers et leur vignoble conduit en bio, où l'intégralité des vins sont issus de cépages interspécifiques.

Les 11 hectares du château de Bioul, plantés en cépages interspécifiques (johanniter, muscaris, pinotin, entre autres) sont certifiés bio depuis début 2019.

COUPS DE CŒUR

Vin effervescent

Chardonnay Brut du Vignoble des Agaises (Wallonie) : chardonnay 100 %, élevé 15 mois sur lies fines, méthode traditionnelle.
Avec sa bulle fine, ses arômes de brioche et son immense minéralité, cet effervescent produit sur un coteau calcaire exposé plein sud à Haulchin, près de Binche, est renversant !

Vin blanc

Kerner 2017 du domaine Entre-Deux-Monts (Flandre) : 100 % kerner (croisement des cépages schiava grossa et riesling), élevé 9 mois en cuve inox sur lies fines avec bâtonnage.
Un vin produit à Heuvelland, sur le mont des Flandres, aux notes de pomme, de litchi et de fleurs blanches. Une belle découverte !

Les 28,5 hectares du vignoble des Agaises, près de Binche, entre Mons et Charleroi, sur un coteau très riche en calcaire et exposé plein sud, font de Ruffus le plus grand et le plus réputé des domaines belges.

LE POINT DE VUE WINE EXPLORERS

Avis à tous les amateurs de vins cartésiens, qui ne croient que ce qu'ils boivent : visitez quelques vignobles et goûtez leurs vins, vous devriez en ressortir grandis ! Entre les vignerons qui vinifient avec précision des cépages résistants comme le solaris ou le pinotin, et ceux qui excellent avec le chardonnay et le pinot noir, l'offre mérite le détour.

PORTRAIT

Martin Bacquaert
viticulteur et œnologue au domaine Entre-Deux-Monts
né en Belgique (Renaix) en 1981

Passionné de nature et de vin depuis l'adolescence, il fait des études de viticulture et d'œnologie à Montpellier et à Bordeaux, avant de créer en 2005 le domaine Entre-Deux-Monts, avec l'aide de son père Yves, négociant en vin. Une belle histoire de famille puisque la propriété se situe sur les terres de son grand-père, à Heuvelland, en Flandre, entre le mont Rouge et le mont Noir.

« *J'aime faire des vins qui reflètent notre terroir, frontalier du nord de la France : des vins aromatiques, droits et élégants. Chaque millésime est différent, surtout avec le climat belge très frais. Le domaine de 18 hectares compte des dizaines de microparcelles à l'inclinaison et aux sols différents, rendant la viticulture aussi difficile que passionnante. Je suis fier quand j'arrive à faire des vins raffinés et que je les vois servis sur de jolies tables belges et françaises.* »

BOLIVIE

44e
vignoble mondial

pays producteur
54e

Joyau viticole encore mésestimé, la Bolivie abrite l'une des viticultures les plus sauvages et les plus hautes de la planète. Un patchwork viticole disséminé dans de nombreuses vallées culminant toutes au minimum à 1600 m d'altitude, où la vigne pousse depuis six siècles.

UN PEU D'HISTOIRE

La viticulture est introduite avec l'arrivée des conquistadores espagnols en 1548. Ils plantent du muscat d'Alexandrie en blanc et du *misionera* en rouge (connu au Chili sous le nom de *país*) dans les vallées les plus reculées du pays. Le but est alors d'élaborer du vin de messe. Il faut attendre les années 1960 pour voir les domaines boliviens investir dans la technologie, avec de l'équipement en provenance d'Argentine. Le pays passe alors d'une production artisanale à une viticulture moderne où tout est contrôlé. À partir de 1978, des cépages européens tels que la syrah, le chardonnay, le cabernet sauvignon ou encore le merlot sont introduits, notamment dans la région de la vallée centrale de Tarija. En 1998, les premiers vins sont exportés.

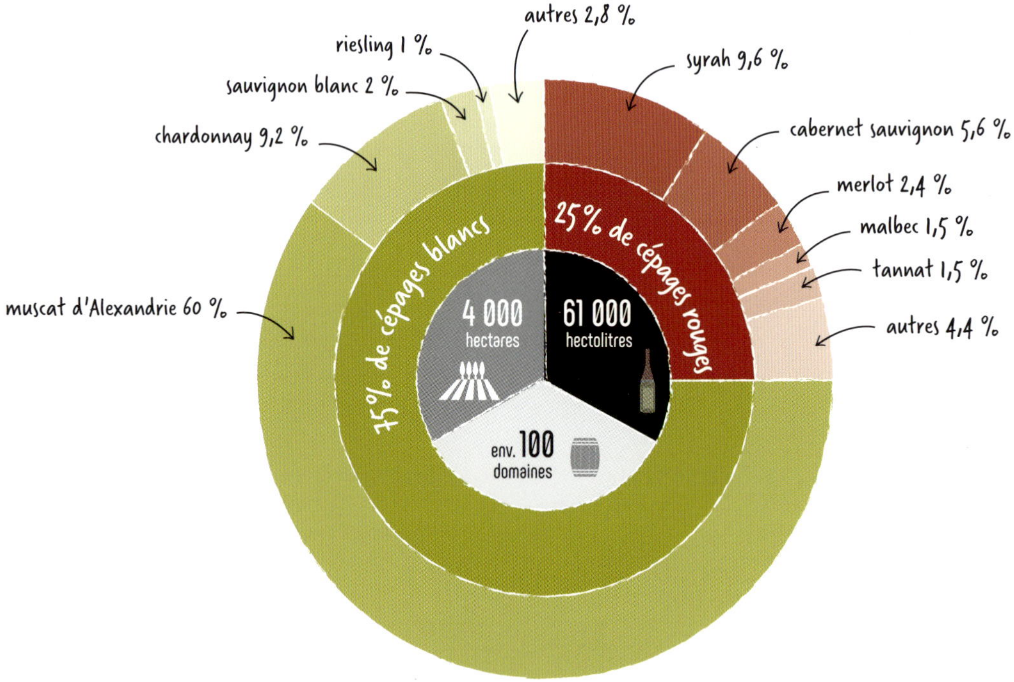

On compte environ 6 250 viticulteurs pour 100 domaines viticoles, répartis entre La Paz au nord (16°3' S) et Yacuíba au sud (22° S). Cependant, la viticulture se concentre au sud, dans les régions les plus froides, autour de Tarija. 95 % du vignoble bolivien se trouve dans 3 régions : la vallée centrale de Tarija (75 %), la vallée de Santa Cruz (12,5 %) et la vallée de Los Cintis (7,5 %).
Le muscat d'Alexandrie est le cépage le plus planté et une grande partie de ses raisins est destinée à la production de *singani*, l'eau-de-vie traditionnelle bolivienne. En effet, contrairement à ce que l'encépagement laisse supposer, on produit en Bolivie majoritairement du vin rouge (77 %), puis du vin blanc (20 %) et un peu de vins rosé, effervescent et fortifié (3 %).

→ Vignoble du domaine Casa Real, dans la vallée centrale de Tarija, à 1750 m d'altitude.

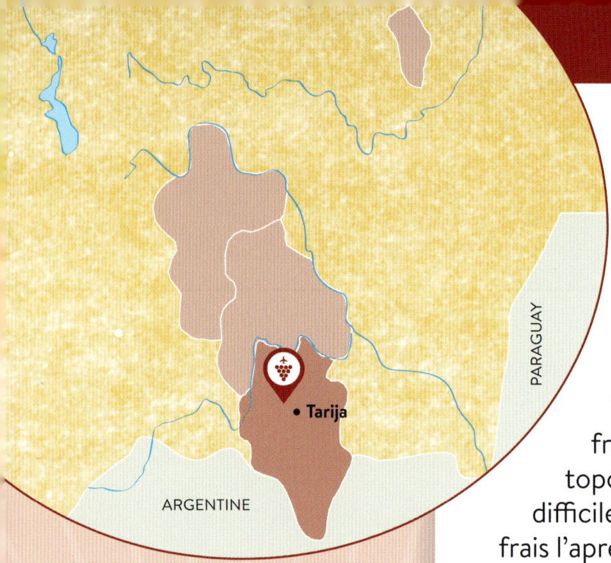

Tarija

Ici, la radiation UV est 4 fois supérieure à celle de Bordeaux. L'irrigation, nécessaire dans cette partie du monde, est permise grâce aux rivières Camacho, Guadalquivir et Santa Ana qui se rejoignent pour former la rivière Tarija. La vallée centrale de Tarija se situe au sud de la Bolivie, non loin de la frontière argentine, sur le 21e parallèle Sud. La viticulture y est héroïque car la topographie morcelée du relief et l'érosion des sols rendent les conditions de travail difficiles, aussi bien pour l'homme que pour les machines. L'altitude, combinée à un vent frais l'après-midi en saison de croissance, apporte une bonne acidité dans les raisins et ainsi de la fraîcheur dans les vins. 25 établissements viticoles sont présents dans la région, dont 6 concentrent plus de 85 % de la production de vin.

POINTS-CLÉS

latitude	21°20'-21°58' S
altitude	1 600-2 150 m
climat	tempéré et semi-aride
pluviométrie	550 mm
surface totale du vignoble	3 000 hectares
production	57 000 hectolitres
type de sols	sols pauvres d'origine alluviale du Quaternaire
les cinq principaux cépages	muscat d'Alexandrie 50% syrah 9 % chardonnay 8,5 % cabernet sauvignon 5 % merlot 2,5 %

LE SAVIEZ-VOUS ?

On surnomme le vignoble bolivien *vinos de altura*, ce qui signifie « vins d'altitude ». En effet, l'intégralité de la vigne est comprise entre 1 600 et 3 000 m d'altitude. Un relief viticole unique au monde qui nécessite une vendange à la main.

INSOLITE

La Bolivie a la particularité de conserver ses vignobles ancestraux. Dans les régions viticoles les plus reculées du pays, on peut admirer des vignes âgées de plus de 300 ans, enroulées autour d'arbres *molle*, communément appelés faux-poivriers. Ces arbres sont élagués chaque année pour améliorer la pénétration de la luminosité du soleil sur la vigne et ainsi permettre aux raisins de mûrir.

Au domaine Casa Real, la vigne et la végétation se courbent naturellement avec le vent puissant qui balaie la vallée centrale de Tarija.

COUPS DE CŒUR

Vins rouges

- **Syrah 2012** du domaine Kohlberg : syrah 100 %, élevé 14 mois en fûts de chêne français et nord-américains.
  Un vin puissant et épicé qui accompagne à merveille un plat de *charquekan*, viande de lama séchée servie avec du maïs.
- **Cepas de Altura 2013** du domaine La Concepción : cabernet sauvignon 100 %, élevé 6 mois en fûts de chêne français neufs. Avec cette cuvée, on comprend bien toute la magie du terroir bolivien, capable d'offrir des vins aériens au profil atypique. Le cabernet sauvignon dans toute sa finesse…

Chapaco taillant manuellement la vigne à la machette, domaine La Concepción dans la vallée centrale de Tarija.

LE POINT DE VUE ★ WINE EXPLORERS ★

Avec un vignoble en altitude, de grandes amplitudes thermiques entre le jour et la nuit et un vent constant en été, la Bolivie possède un terroir unique. Le pays a tout pour produire des vins frais, élégants et de classe mondiale. Il ne lui manque plus qu'un équipement de pointe et une meilleure connaissance de son vignoble pour tutoyer les sommets.

PORTRAIT

Mauricio Hoyos
directeur général
du domaine Aranjuez
né en Bolivie (Tarija)
en 1976

Diplômé d'un master et d'un MBA en marketing, Mauricio a commencé comme directeur des ventes et du marketing au domaine Aranjuez dans les années 2000, avant d'en devenir le directeur général.

« *La Bolivie produit aujourd'hui des vins d'une grande finesse, au potentiel de garde certain. Nous contribuons à développer la richesse des vins boliviens, notamment avec le cépage tannat, auquel je crois beaucoup et qui devrait faire parler de lui dans un futur proche. Je suis fier de faire partie d'une région où nous créons des opportunités d'emploi et de meilleures conditions de vie, principalement pour les chapacos [nom que se donnent les locaux] qui nous fournissent des raisins. J'ai l'impression que le vin fait partie de notre vie, de notre histoire et de notre culture depuis toujours.* »

BOSNIE-HERZÉGOVINE

45e
vignoble mondial
pays producteur
46e

Moins connue pour le vin que la Croatie et la Serbie, ses voisines, la Bosnie-Herzégovine est pourtant un pays viticole au charme fou. Le vignoble s'y concentre principalement autour de la région de Mostar, le long de la vallée de la Neretva, et offre des vins de classe internationale.

UN PEU D'HISTOIRE

La vigne était présente il y a environ 4 000 ans dans la région. Cependant, sa culture et les techniques de vinification ne se développent pas avant l'arrivée des Grecs sur la côte adriatique au Ve s. av. J.-C. et de manière plus avérée avec les Romains qui conquièrent l'actuelle Herzégovine au IIe s. av. J.-C. Ceux-ci aident à l'expansion du vignoble et à l'amélioration des techniques viticoles. Entre le VIIe et le VIIIe s., la christianisation encourage la production de vin et la plupart des colons slaves sont baptisés. Au Moyen Âge, les monastères sont les principaux centres viticoles. Pendant la période ottomane, entre le milieu du XVe s. et le milieu du XVIIIe s., la production de vin diminue mais la viticulture persiste, la consommation de raisin ne faiblissant pas. Durement touché par le conflit qui ravagea le pays entre 1992 et 1995, le vignoble bosniaque est passé de 6 000 hectares avant-guerre à 3 750 hectares. Depuis le 12 novembre 2010, le pays est membre de l'Organisation internationale de la vigne et du vin (OIV).

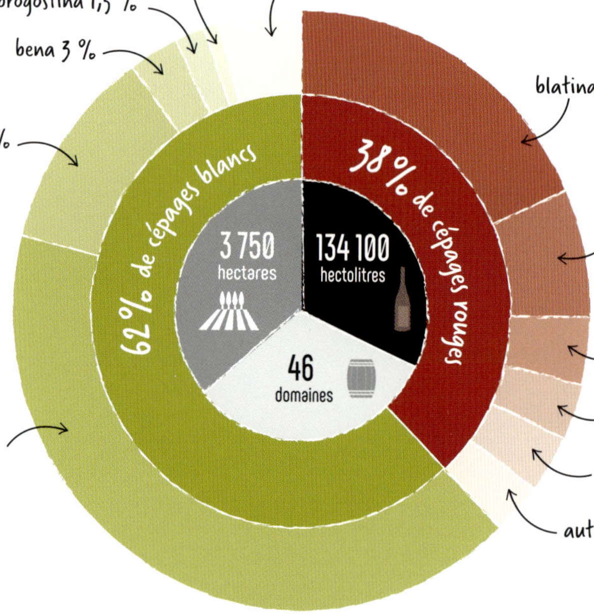

Avec une production tournée vers les vins blancs pour les deux tiers, le pays tire sa force des cépages autochtones qui représentent près de 90 % de l'encépagement. La viticulture se développe principalement autour des villes de Mostar, Čitluk, Ljubuški et Stolac. On trouve également une production non négligeable à Tvrdoš, dans la zone frontalière avec la Croatie et le Monténégro, réalisée par les moines du monastère orthodoxe de Tvrdoš. Dans un contexte économique difficile, sans réel soutien de l'État, les vignerons bosniaques restent néanmoins soudés pour maintenir leur savoir-faire.

→ Le domaine Nuić, dans le village de Crnopod, est exclusivement planté dans des sols de roche dure.

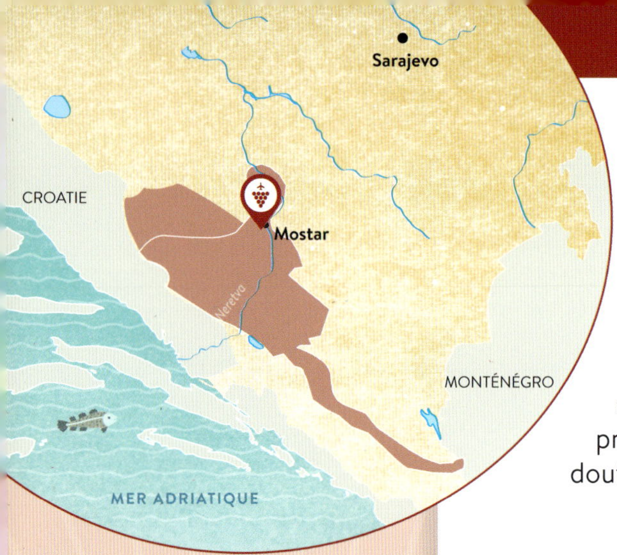

Mostar

Située à environ 100 km au sud de Sarajevo et à 40 km de la frontière croate, la région de Mostar est extraordinaire pour la culture de la vigne. Avec son climat méditerranéen tempéré, une moyenne de 2 300 heures de soleil par an et des sols constitués de roches fossiles pauvres, le terroir est propice à l'élaboration de grands vins, en blanc comme en rouge. Sans aucun doute l'un des joyaux viticoles les moins connus d'Europe !

POINTS-CLÉS

latitude	43°15'-43°45' N
altitude	5-450 m
climat	climat tempéré chaud aux précipitations importantes
pluviométrie	1 400 mm
surface totale du vignoble	3 500 hectares
production	100 000 hectolitres
type de sols	terres pauvres composées de terra rossa, de sols blancs marneux et de sols bruns riches en calcaire et en alluvions
les six principaux cépages	žilavka 50 % blatina 25 % trnjak 5 % krkošija 5 % bena 5 % vranac 5 %

LE SAVIEZ-VOUS ?

On surnomme la Bosnie-Herzégovine « le vignoble des roches brisées », car la pierre y est tellement compacte en surface qu'il est impossible d'y planter de la vigne avec des équipements classiques. Il a donc fallu inventer une machine capable de broyer les innombrables rocs présents afin d'assouplir les sols. Un travail de titan.

INSOLITE

En Bosnie-Herzégovine, le mariage, c'est sacré ! Comptez au minimum entre 500 et 700 convives pour la soirée, pas moins de 400 bouteilles de vin et une vingtaine de cochons lentement cuits à la broche. Une délicieuse odeur de viande grillée se répand alors dans tout le village. Un marché juteux pour les domaines viticoles qui vendent une grande partie de leur production pour ces occasions festives.

Cochons de lait rôtissant à la broche au domaine Vilinka, dans le village de Sretnice.

COUPS DE CŒUR

Vin blanc

🍇🍇 **Žilavka 2016** du domaine Brkić : žilavka 100 %, élevé 6 mois en cuve inox.
Un vin biodynamique aux vibrations cosmiques, à boire un soir de pleine lune au coin du feu, en mangeant des nachos sauce piquante et en refaisant le monde…

Vin rouge

🍇 **Alter Ego 2014** du domaine Vinogradi Nuić : merlot 38 %, cabernet sauvignon 38 %, syrah 4 % et blatina 20 %, élevé 6 mois en cuve inox.
Un assemblage atypique de quatre cépages, réalisé lors d'un millésime capricieux où la récolte était exceptionnellement petite, ne permettant l'élaboration que d'une unique cuvée. Délicieux résultat, plein de gourmandise et de fraîcheur.

La pierre vient d'être concassée, prête à accueillir une nouvelle parcelle de vigne.

LE POINT DE VUE ★ WINE EXPLORERS ★

Le potentiel de ce vignoble est grand, c'est indéniable ! La qualité des vins a très nettement évolué durant ces quinze dernières années et les cépages autochtones donnent aux vins bosniaques une identité et un caractère uniques.

PORTRAIT

Josip Brkić
viticulteur et œnologue
né en Bosnie-Herzégovine (Mostar) en 1969

Au début des années 2000, à la mort de son père, Josip reprend le domaine familial, à la recherche du juste équilibre pour ses vins, entre acidité, tannins et texture. Il est le premier vigneron de Bosnie-Herzégovine à convertir son vignoble en bio et en biodynamie. Il aime partager sa passion avec ses trois enfants, a qui il espère un jour pouvoir passer le flambeau.

« *Je suis fier d'être vigneron, l'un des plus vieux métiers au monde. Le plus grand défi pour la production de vin en Bosnie-Herzégovine reste le manque de soutien de l'État qui n'encadre pas notre activité. C'est pourquoi nous, vignerons, devons être forts, innovants et travailler en bonne intelligence, pour trouver notre place dans le monde du vin.* »

BRÉSIL

14e vignoble mondial

pays producteur 15^e^

Depuis le vignoble équatorial de la Vale do São Francisco au nord, avec son absence de saisons et ses deux vendanges par an, jusqu'à l'État de Rio Grande do Sul, frontalier avec l'Uruguay, où l'on produit des vins effervescents spectaculaires, la viticulture brésilienne est riche de diversité. On y compte 138 cépages cultivés.

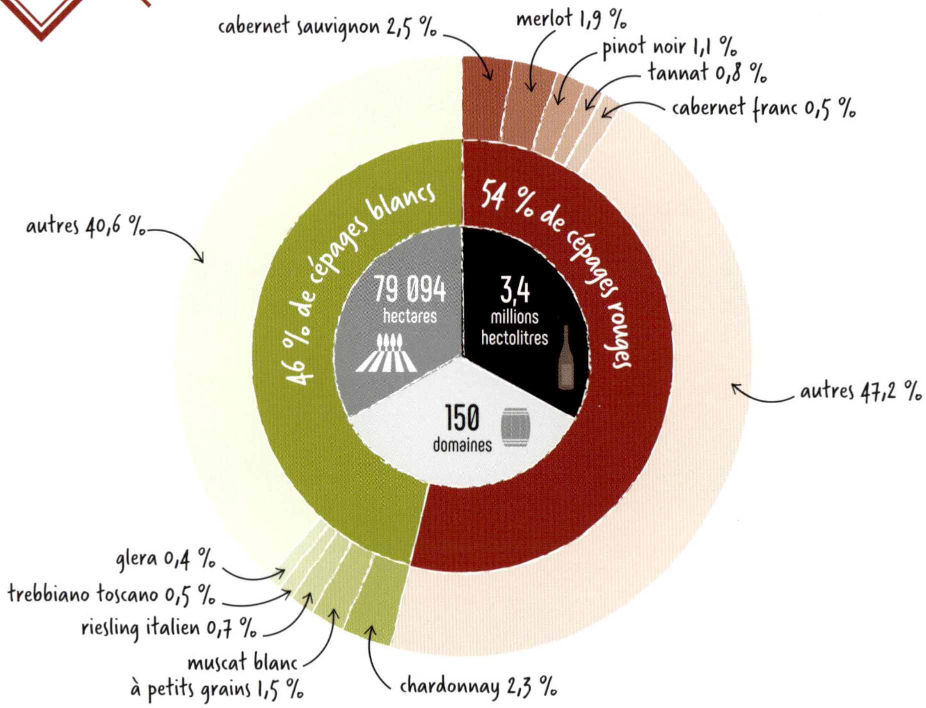

Sur les 6 régions viticoles que compte le pays, 5 se situent au sud : quatre dans l'État de Rio Grande do Sul (Campanha, Serra do Sudeste, Serra Gaúcha et Campos de Cima da Serra) et une dans l'État de Santa Catarina qui lui est limitrophe (Planalto Catarinense). Le climat y est de type tempéré et humide. La Vale do São Francisco au nord a un climat semi-aride où la vigne produit toute l'année sous irrigation. Environ 79 100 hectares de vigne sont plantés au Brésil, dont 12,5 % en raisins de cuve et 87,5 % en raisins de table, la majorité de ces derniers servant également à la fabrication de vin. Le pays exporte environ 35 000 hectolitres de vin par an en moyenne, principalement à destination du Paraguay (75 %), des États-Unis (4,8 %), de la Colombie (3 %), du Japon (2,8 %) et du Royaume-Uni (2,7 %).

UN PEU D'HISTOIRE

Les premières vignes sont apportées en janvier 1532 par le capitaine portugais Martim Afonso de Sousa. Elles sont plantées dans le port de São Vicente qu'il venait de créer au sud-est du pays, près de ce qui deviendra plus tard São Paulo. Cependant, elles ne poussent pas bien à cause d'un climat trop humide. Le premier vin brésilien est produit en 1551. L'arrivée en 1626 des jésuites dans le sud du pays stimule une viticulture principalement destinée à produire le vin des cérémonies religieuses. L'année 1875 marque un tournant qualitatif dans l'État de Rio Grande do Sul grâce à l'immigration italienne. Ces nouveaux arrivants apportent leurs connaissances en viticulture et en œnologie. Avec l'ouverture économique du Brésil en 1990, on peut goûter des vins étrangers nouvellement importés et les domaines viticoles peuvent enfin se moderniser en accédant à de meilleurs équipements, ce qui leur permet de s'aligner sur les standards de qualité internationaux. Les premières appellations d'origine sont créées en 2002 dans la Serra Gaúcha.

→ Au premier plan, le vignoble du domaine Casa Valduga. Derrière, la vigne s'étend dans toute la Vale dos Vinhedos.

Serra Gaúcha

Berceau de l'industrie du vin où les immigrants italiens s'installent à partir de 1875, c'est la plus grande région viticole du Brésil. Elle couvre à elle seule environ 80 % de la production. Grâce à un sous-sol de nature basaltique et une topographie accidentée à l'altitude moyenne de 600 m, respectivement synonymes de minéralité et d'un excellent drainage, les cépages chardonnay, pinot noir et merlot y sont particulièrement adaptés. Les deux premiers produisent des vins effervescents de classe mondiale. Depuis 2002, cinq zones certifiées en indication géographique (GI) et appellation d'origine (AO) sont reconnues : AO Vale dos Vinhedos, GI Pinto Bandeira, GI Monte Belo, GI Farroupilha et GI Altos Montes.

POINTS-CLÉS

latitude	29°01'- 29°13' S
altitude	300-800 m
climat	tempéré et humide, avec en moyenne 17,1 °C par an
pluviométrie	1 700 mm
surface totale du vignoble	65 248 hectares
production	2,7 millions d'hectolitres
type de sols	substrat d'origine basaltique
les cinq principaux cépages	merlot 20 % pinot noir 15 %, chardonnay 15 % tannat 9 % riesling italien 8 %

LE SAVIEZ-VOUS ?

La vinothérapie est l'utilisation de la vigne à des fins thérapeutiques. Elle permet, notamment grâce aux pépins riches en oligoéléments, en vitamines et en minéraux, de stimuler la circulation sanguine et de retarder le vieillissement de la peau. On en apprécie tous les bienfaits à l'Hotel & Spa do Vinho qui surplombe la Vale dos Vinhedos.

INCONTOURNABLE

Savourer un *churrasco*, l'une des traditions culinaires les plus ancrées dans le sud du Brésil. La viande, enfilée sur de grandes broches, cuit au-dessus de la braise. Chaque maison possède son barbecue extérieur en pierre. Et si vous le dégustez au restaurant, vous apprécierez la ronde des serveurs qui rempliront vos assiettes à volonté !

Dans la Vale dos Vinhedos, le complexe Hotel & Spa do Vinho s'inscrit pleinement dans la démarche œnotouristique de la région.

COUPS DE CŒUR

Vins effervescents

Gran Nature 2009 du domaine Casa Valduga (Vale dos Vinhedos) : 70% chardonnay, 30% pinot noir, élevé 5 ans sur lies fines.
Coup de cœur pour la bulle fine, tendue et généreuse de ce vin, aux arômes de pain brioché, de vanille et de fruits blancs mûrs. Délicieux avec un *bobó de camarão*, la soupe de crevettes traditionnelle.

Extra Brut 2011 du domaine Cave Geisse (Pinto Bandeira) : 50% chardonnay, 50% pinot noir, élevé 3 ans sur lies fines.
Domaine incontournable pour tout amateur de belles bulles, Cave Geisse livre avec cette cuvée un vin d'une grande précision. Servi à l'aveugle, il surprendra bien des convives !

Vignoble du domaine Cave Geisse à Pinto Bandeira, dans la Serra Gaúcha.

LE POINT DE VUE WINE EXPLORERS

Les vins brésiliens, qui émergent sur la scène internationale depuis le début des années 2000, sont à prendre très au sérieux, notamment ceux provenant du sud du pays. Mention spéciale pour la production de vins effervescents des régions de Pinto Bandeira.
À découvrir sans tarder !

PORTRAIT

Mario Geisse
fondateur du domaine Cave Geisse
né au Chili (Ovalle) en 1946

Ingénieur agronome, viticulteur et œnologue, il parcourt le monde dans les années 1970 à la recherche de terroirs adaptés à la production de vins effervescents. Il est séduit par la région vallonnée de Pinto Bandeira, au sud du Brésil, où les cépages chardonnay et pinot noir obtiennent une maturation complète, tout en préservant une excellente acidité et une faible teneur en sucre. Il décide d'y créer Cave Geisse en 1979, un domaine spécialisé dans les effervescents élaborés en méthode traditionnelle.

« Ce qui m'enchante, c'est d'avoir contribué à l'évolution de la région de Pinto Bandeira. Lorsque j'ai commencé, personne ne parlait de vin de qualité. Bien que nos vins aient généralement un peu moins de structure que les champagnes, les grandes cuvées brésiliennes sont très élégantes, avec une excellente fraîcheur. Nos vins ont une acidité plus modérée, ne nécessitant pas nécessairement l'ajout de sucre à la liqueur d'expédition. »

BULGARIE

17e vignoble mondial

pays producteur **21e**

Moins connu que celui de ses voisins grecs et roumains, le vignoble bulgare peine à trouver sa place depuis la chute de l'URSS. Les régions viticoles ne sont pas clairement délimitées et seulement 41 % des 153 000 hectares de plantation agréés par l'Union européenne sont plantés. Pourtant, le potentiel viticole est là, appuyé par quelques cépages autochtones intéressants.

UN PEU D'HISTOIRE

Des pépins de vigne sauvage ont été découverts sur des sites néolithiques datant de 6000 av. J.-C. environ, mais la viticulture se développe sous la culture Ezero de l'âge du bronze, entre 3300 et 2700 av. J.-C. La vinification apparaît avec les tribus thraces qui se sont épanouies dans le sud-est de l'Europe entre le IIe millénaire et le IIIe s. av. J.-C. Outre le culte que ce peuple vouait à Dionysos, le dieu grec du vin et de la vigne originaire de la région, la légende dit qu'en 809, le roi bulgare Khan Krum, qui défit l'empereur byzantin Nicéphore Ier en une seule bataille, fit de son crâne une coupe à vin. L'âge d'or de la viticulture remonte au milieu du XIVe s., juste avant l'occupation ottomane. Il faudra attendre sa libération en 1879 pour que la Bulgarie revitalise son vignoble, mais le phylloxéra n'épargne pas son vignoble et sera éradiqué en 1938. Avant la collectivisation des terres en 1948, on comptait 143 103 hectares de vignes. Jugé inefficace par certains, le processus de restitution a commencé en 1993.

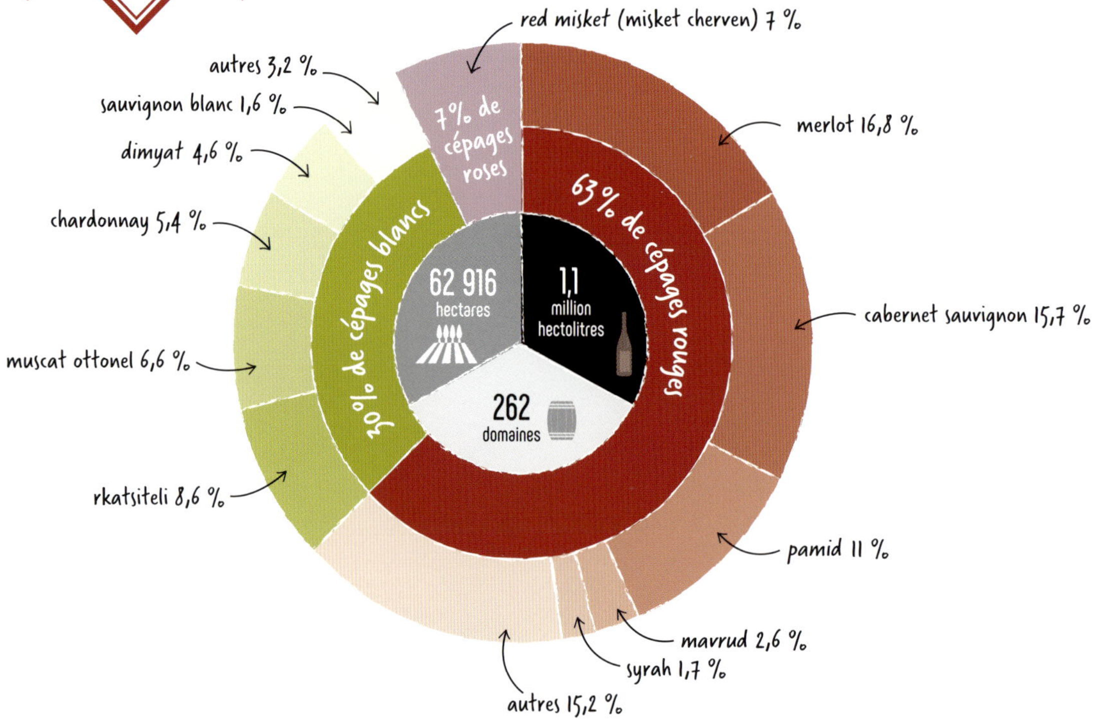

La Bulgarie compte 12 024 hectares de vignes à l'abandon contre 50 892 hectares de vignes en production. À l'exception du Grand Balkan, une chaîne de montagnes qui s'étend d'est en ouest, et des environs de Sofia, la capitale, la vigne est plantée sur tout le territoire, principalement entre 100 et 300 m d'altitude sur des terres fertiles et vallonnées. Quelques vignobles dans le sud-ouest culminent à 600 m. Le climat continental donne des étés chauds où les températures peuvent atteindre 40 °C et des hivers rigoureux où elles peuvent descendre jusqu'à – 25 ° C, obligeant certaines années à enterrer les pieds de vigne. La mer Noire a un effet modérateur sur la partie orientale du pays, tandis que la mer Égée a le même effet sur le sud. 26 % de la production est exportée, principalement à destination de la Pologne, la Suède, le Royaume-Uni et la République tchèque.

→ Vignoble de la villa Yustina, au pied du massif des Rhodopes, à 20 km environ au sud-ouest de Plovdiv.

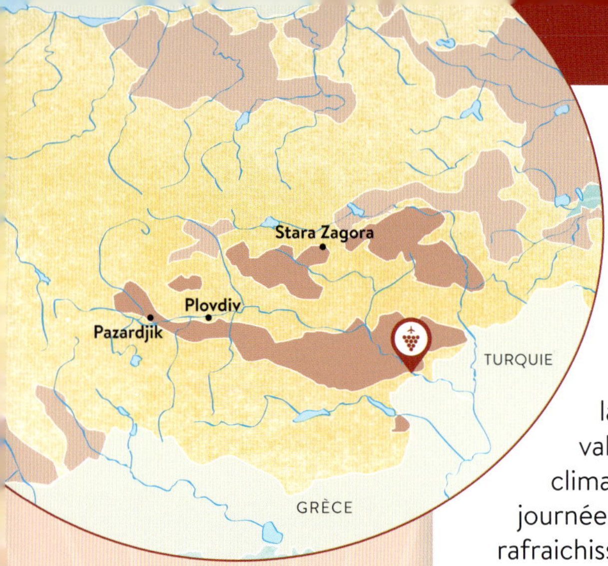

Haute-Thrace

Dans la partie méridionale du pays, la Thrace débute à l'est des montagnes dominant Sofia, la capitale, et s'étend jusqu'à la mer Noire. Elle couvre ensuite le nord-est de la Grèce et le nord-ouest de la Turquie. En Bulgarie, elle compte la plus forte concentration de vignobles avec 72 domaines. La région est en partie vallonnée. Située au sud des Balkans, le climat y est plus doux et se rapproche d'un climat méditerranéen. Les températures moyennes en hiver sont de 0 °C pendant la journée. En été, elles atteignent 35 °C. Dans le sud, la brise marine et les vents nocturnes rafraichissent les vignobles. L'enracinement des vignes est moyennement profond car les sols sont plutôt fertiles et riches en nutriments, avec une bonne rétention d'eau. La région est reconnue pour sa production de vin rouge.

POINTS-CLÉS

latitude	41°55'-42°40' N
altitude	100-300 m
climat	continental
pluviométrie	590 mm
surface totale du vignoble	11 240 hectares
production	275 000 hectolitres
type de sols	sols bruns forestiers, fertiles, avec des zones de calcaire et d'alluvions en montagne
les cinq principaux cépages	merlot 18,5 % cabernet sauvignon 14,2 % *pamid* 6,3 % muscat ottonel 4,3 % *mavrud* 3,2 %

LE SAVIEZ-VOUS ?

Le *rubin* est un cépage rouge bulgare obtenu en 1944 à l'Institut de viticulture et d'œnologie de Pleven, obtenu après croisement du nebbiolo et de la syrah. Officiellement lancé en 1961, ce cépage vigoureux et productif donne des vins de couleur noire, puissants, épicés et caractérisés par des arômes de prune et de figue.

INCONTOURNABLE

Découvrir Plovdiv ! Capitale européenne de la culture en 2019, c'est le centre viticole bulgare et l'une des plus jolies villes d'Europe, avec sa vieille ville traditionnelle à l'architecture préservée, sa multitude de petits bars à vin atypiques, sa scène gastronomique montante et son festival Vin et Gourmet au mois de mai.

Katarzyna Estate, tout proche des frontières avec la Grèce et la Turquie, est un domaine créé en 2007 et planté sur une ancienne zone militaire.

COUPS DE CŒUR

Vins rouges

- **Mavrud 2016** du domaine Katarzyna : *mavrud* 100 %, élevé 10 mois en fûts de chêne français, dont 30 % de fûts neufs, puis 1 an en bouteille. Un vin puissant, aux arômes de fruits noirs mûrs, de baies de genièvre, de réglisse et de cacao, avec des tannins amples et présents. Délicieux avec un *korma* de légumes braisés, accompagné d'une sauce au yaourt et aux épices.
- **Syrah by Enira 2015** du domaine Bessa Valley : syrah 100 %, élevé 18 mois en fûts de chêne français neufs.
  Un vin équilibré avec des arômes de café, de violette, de quetsche et de lard fumé. Beaucoup de matière en bouche, avec des tannins souples et une finale agréable. À carafer.

Vignoble du domaine Bessa Valley, près du village d'Ognyanovo, entre Plovdiv et Pazardjik.

LE POINT DE VUE WINE EXPLORERS

Le pays possède un joli terroir pour le vin, notamment au sud, mais il a encore du mal à se faire un nom. Les cépages rouge mavrud et rubin pourraient être un levier identitaire pour les vins bulgares : avec de petits rendements et un élevage léger en barrique, ils donnent des vins très plaisants.

PORTRAITS

Natalia Gadzheva
œnologue et
co-fondatrice
du domaine Dragomir
née en Bulgarie
(Septemvri) en 1968

Konstantin Stoev
œnologue et co-fondateur du domaine Dragomir
né en Bulgarie (Plovdiv) en 1963

Après leur rencontre, ils créent ensemble le domaine Dragomir en 2006, tout proche de Plovdiv, et décident de travailler principalement avec des cépages bulgares. Konstantin était l'œnologue en chef du domaine Katarzyna à sa création. Natalia a été présidente de l'association des œnologues bulgares pendant deux mandats.

« *Nous sommes convaincus du potentiel viticole de la Bulgarie. Ces dernières années, de plus en plus de domaines investissent dans les nouvelles technologies, se concentrent sur les rendements dans le vignoble et commencent à produire des vins très qualitatifs.* » (Natalia)

Il faudra encore du temps, mais notre pays mérite amplement sa place dans le paysage viticole mondial. Le rubin est un cépage très intéressant, qui donne des vins rosés frais et fruités, ainsi que des vins rouges structurés, puissants et généreux. Quant au mavrud, il fait d'excellents vins de garde.... » (Konstantin)

CAMBODGE

Battambang

80e vignoble mondial
pays producteur **86e**

Nouveau venu sur la scène viticole mondiale depuis 2004, le domaine Chan Thay Chhoeung, avec ses 13 hectares de vigne, suscite la curiosité des locaux et inscrit fièrement le Cambodge sur la liste des pays producteurs de vin.

UN PEU D'HISTOIRE

Avant 2004 et la création du domaine Chan Thay Chhoeung, aucun projet viticole n'avait été créé dans le pays. Chan Thay Chhoeung, à l'initiative du projet, commence prudemment avec 9 plants du cépage rouge black queen qu'il vinifie et fait goûter à ses amis et sa famille. Chan Thay Chhoeung était né. Dans la foulée, il plante 3 hectares de black queen et quelques pieds de syrah, un cépage qu'il affectionne tout particulièrement. Un investissement conséquent et un pari risqué : il joue toutes ses économies. En travailleur infatigable, il agrandit petit à petit son vignoble. En 2013, il achète des pieds de syrah en provenance d'Israël et plante 3 hectares supplémentaires. Aujourd'hui, son domaine compte 13 hectares.

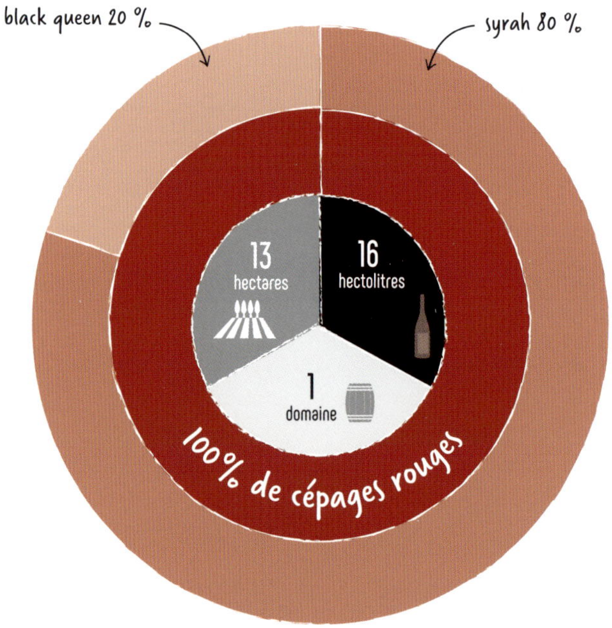

POINTS-CLÉS

latitude	13°05 N
altitude	40 m
type de sols	sols pauvres de type sablo-limoneux acides

Avec un climat tropical, une température moyenne de 27,5 °C toute l'année, une humidité constante et des précipitations concentrées en été, avoisinant les 1 300 mm par an, cultiver la vigne dans cette région frontalière de la Thaïlande relève du défi. Le vignoble y est exclusivement planté en rouge. Le black queen, un cépage hybride, croisement japonais du bailey et du golden queen, est programmé pour résister aux maladies de la vigne et à l'humidité. Il arrive chaque année à maturité et apporte au vin des arômes de fruits des bois. La syrah, plus sensible au printemps, nécessite une taille courte rigoureuse. Malgré tout, les baies restent petites et peu concentrées.

Transport des piquets en bambou pour la consolidation de la clôture du domaine Chan Thay Chhoeung.

LE POINT DE VUE ★ WINE EXPLORERS ★

Malgré le climat difficile et un manque d'accès à des équipements de pointe, on fait du vin avec le cœur et les tripes au domaine Chan Thay Chhoeung. Toute la production est vendue à la propriété et semble faire l'unanimité des touristes locaux. Et quand une partie de la récolte n'est pas jugée suffisamment qualitative, elle sert à faire du jus de raisin sucré. Comme quoi, chaque bouteille peut toujours trouver verre à sa mesure.

PORTRAIT

Chan Thay Chhoeung
fondateur du domaine
Chan Thay Chhoeung
né au Cambodge (Battambang)
en 1965

Amoureux du vin depuis ses 21 ans, il tente de faire pousser de la vigne dans son jardin. C'est un échec. Mettant son rêve de côté, il devient producteur d'oranges. Mais la compétition est forte autour de chez lui. Il se souvient alors de sa tentative infructueuse de jeunesse et l'idée lui prend de se mettre à contre-courant de la profession en faisant pousser du raisin, fait unique dans le pays. Il plante son vignoble et crée en parallèle un jardin pédagogique en face de chez lui, où les locaux peuvent venir boire un verre à l'ombre des vignes en pergola.

« *Il est important que nous éduquions les gens en leur montrant à quoi ressemble une vigne et comment pousse une grappe de raisin. Nos visiteurs commencent par boire un verre de notre jus de raisin. Certains font un pas supplémentaire en dégustant notre vin et repartent avec une bouteille ; ma plus grande fierté !* »

CANADA

35e vignoble mondial

pays producteur 30e

Bien que la viticulture ait été importée dans la province de Québec dès le XVIe s. par les colons français, la reconnaissance de sa production date seulement des années 1990. Réputé pour ses vins de glace, le Canada produit également des vins secs exceptionnels, concentrant ses vignobles dans le sud du pays.

UN PEU D'HISTOIRE

Au Canada, la vigne sauvage existait bien avant le XVIe s. puisque l'explorateur français Jacques Cartier en rapporte la découverte en 1535 sur l'*Isle de Bacchus*, qu'il renomme « île d'Orléans ». Les premiers ceps de *Vitis vinifera* sont plantés en 1608 par Samuel de Champlain, navigateur français et fondateur de la ville de Québec, mais ceux-ci ne s'adaptent pas au climat. Jusqu'au XIXe s., seuls *Vitis labrusca* (vigne-framboisier) et *Vitis riparia* (vigne des rivages) sont cultivés. Vin Villa, le premier domaine canadien, ouvre ses portes en 1871 sur l'île de Pelée dans l'Ontario. À partir de 1901, la prohibition pénalise lourdement le secteur viticole. À son abrogation en 1927, le contrôle de la production, de la distribution et de la vente de vin est confié aux administrations des provinces. Le libre-échange avec les États-Unis, le programme de remplacement du vignoble et la mise en place de la norme Vintners Quality Alliance (VQA) dans les années 1990 sont à l'origine de la reconnaissance des vins canadiens.

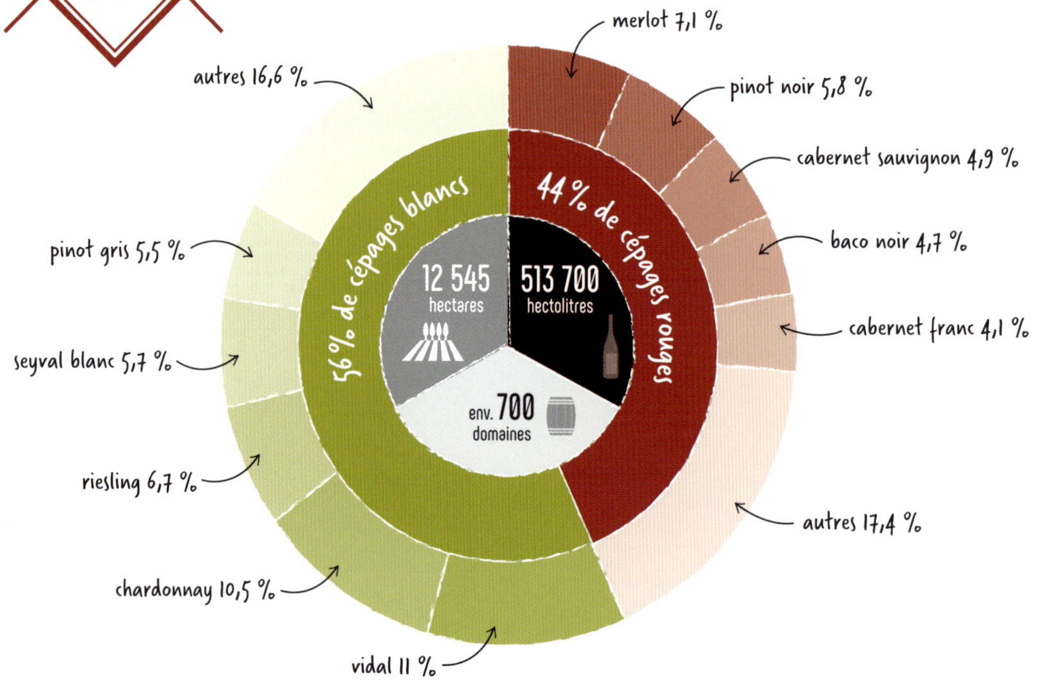

Le Canada compte 1 770 viticulteurs établis sur environ 700 domaines, répartis d'ouest en est entre 4 régions : la Colombie-Britannique (33,5 % de la surface viticole) avec un vignoble au sud, entre Victoria et Creston, l'Ontario (57,7 %), la plus grande avec des vignobles autour de la péninsule du Niagara, du lac Érié et de Prince Edward, le Québec (5,6 %), où l'on produit les vins de glace les plus fins, et la Nouvelle-Écosse (3,2 %), le plus petit vignoble, concentré autour de Wolfville. Le vin de glace, porte-drapeau des vins canadiens à travers le monde, représente environ 62 % de la valeur totale des exportations de vin pour un chiffre d'affaires de 21,8 millions d'euros. Ce produit coûtant assez cher, il ne représente pourtant que 14 % du volume des exportations de vins canadiens. L'industrie viticole génère chaque année environ 37 000 emplois directs et indirects et attire près de 3,7 millions de touristes dans les domaines viticoles.

→ Dans la vallée de l'Okanagan, en Colombie-Britannique, le vignoble du domaine Painted Rock, au sud de Penticton, plonge dans le lac Skaha.

168

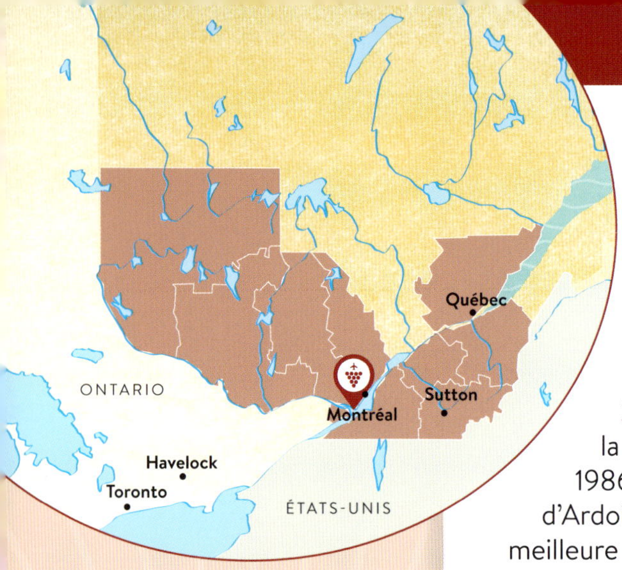

Québec

On compte 115 domaines répartis en 7 régions, dont les Cantons-de-l'Est et la Montérégie regroupent à eux deux plus de la moitié de la superficie. Sur les 700 hectares de vignes, seuls 400 ont un permis commercial. Depuis novembre 2018, l'IGP « Vin du Québec » garantit la traçabilité des vins du Québec, depuis la vendange jusqu'à la mise en bouteille. Les premiers domaines officiels datent de 1986, dont deux sont toujours en activité : le domaine de l'Orpailleur et des Côtes d'Ardoise. En 30 ans, la saison viticole s'est allongée de 20 jours, permettant ainsi une meilleure maturité des raisins avant les gels de l'automne. Plus de 90 % de l'encépagement est constitué de cépages hybrides plantés pour faire face aux hivers rigoureux, capables de résister à des températures de – 30 °C.

POINTS-CLÉS

latitude	45°04'-46°54' N
altitude	10-280 m
climat	continental humide, avec des hivers froids et des étés tempérés
pluviométrie	880 mm
surface totale du vignoble	700 hectares
production	18 750 hectolitres
type de sols	dans le sud du Québec, limons sableux (loam) et schiste en majorité avec des lambeaux sédimentaires de l'ancienne mer de Champlain qui couvrait les basses-terres du Saint-Laurent
les cinq principaux cépages	frontenac noir 12 % vidal 10,6 % frontenac blanc 9 % seyval blanc 8,4 % marquette 7,7 %

LE SAVIEZ-VOUS ?

La Société des alcools du Québec (SAQ), créée en 1921 pour modérer la consommation de boissons alcoolisées dans la province, gère le commerce de l'alcool en important et en distribuant des vins et des spiritueux du monde entier. Avec ses 404 succursales et plus de 9 300 vins référencés, elle possède l'offre de caviste la plus exhaustive au monde.

INCONTOURNABLE

Se promener sur la route des vins de Brome-Missisquoi et découvrir sur 140 km banalisés les villages pittoresques du Québec : 22 domaines totalisant 60 % de la production et une centaine d'établissements labélisés « amis de la route des vins », proposant hébergement, restauration et produits du terroir, comme la Fromagerie des Cantons.

Au sud de Sutton, sur la route des vins de Brome-Missisquoi, le vignoble Chapelle Sainte Agnès produit des vins de glace exceptionnels.

COUPS DE CŒUR

Vins blancs

🍇🍇🍇 **Vin de Glace 2002** du vignoble du Marathonien : vidal 100 %, 9,5 % d'alcool et 240 g/l de sucre résiduel.
Un vin qui allie la gourmandise et l'élégance, avec un nez aux arômes d'abricot sec, de miel et de citron confit. La bouche surprend par sa fraîcheur et sa longueur. Le temps s'arrête véritablement.

🍇🍇 **Le Couchant 2016** du domaine Les Pervenches : chardonnay 100 %, élevé 8 mois en fûts de chêne, vin bio non filtré.
L'un des rares chardonnays du Québec et probablement le plus fin d'entre eux. Élégant, avec une belle acidité et un milieu de bouche crémeux, on s'en régale avec un jambon au sirop d'érable !

Au vignoble du Marathonien, près d'Havelock dans le Haut-Saint-Laurent, les filets protègent la future récolte des attaques d'oiseaux.

LE POINT DE VUE ★ WINE EXPLORERS ★

Dans cette région froide du monde, le vidal reste une option de premier choix pour la production de vins fins. Toutefois avec des équipements de pointe et une viticulture adaptée, quelques viticulteurs téméraires et talentueux proposent aussi des vins intéressants en chardonnay et gewürztraminer, voire même en pinot noir.

PORTRAIT

Jean Joly
propriétaire
du vignoble
du Marathonien
né au Canada
(Montréal) en 1950

Ingénieur de formation et passionné de viticulture, il fonde le vignoble du Marathonien en 1989, après avoir travaillé chez Hydro-Québec. Un projet familial avant tout qui implique également Line, son épouse, et leurs enfants : Jean-Luc, Patrice, Simon et Marie-Line. Il est très impliqué au sein du Conseil des vins du Québec.

« Un jour, on m'a vendu du cabernet sauvignon pour du grenache. Après ce mauvais tour, je me suis juré que l'on ne m'y prendrait plus... et l'ironie du sort a voulu que je devienne viticulteur. Mon plus grand défi depuis ces trente dernières années a été, avec Charles-Henri de Coussergues du vignoble de l'Orpailleur, de mettre en place une certification pour encadrer la production de vin. Notre démarche a finalement abouti aux IGP « Vin de glace du Québec » en 2014 et « Vin du Québec » en 2018. Travailler avec notre climat est complexe. Il faut protéger la vigne par buttage ou toiles géotextiles, sinon elle dépérit. Dans la prochaine décennie, il y aura davantage de Vitis vinifera au Québec. Le réchauffement climatique est réel et bénéfique pour nos vignes. »

Colombie-Britannique

La Colombie-Britannique est plantée à 49 % de cépages blancs et à 51 % de cépages rouges. Son industrie viticole est passée de 17 vignobles en 1990 à plus de 280 début 2019. Elle possède 9 indications géographiques protégées (GI), dont les vallées de l'Okanagan (84 % du vignoble de la région) et de la Similkameen (6 %). Influencé par la chaîne Côtière, montagnes parallèles à l'axe Nord-Sud, son climat offre des conditions sèches et désertiques. Il combine des étés très chauds, avec des températures pouvant monter à + 40 °C, et des hivers rigoureux, où elles descendent fréquemment jusqu'à – 20 °C. Les vins sont frais, élégants et très expressifs. Depuis 1990, la norme VQA garantit aux consommateurs de boire du vin élaboré à partir de raisins cultivés exclusivement en Colombie-Britannique.

POINTS-CLÉS

latitude	48°4'-51° N
altitude	300-600 m
climat	saison de croissance courte et chaude avec des conditions similaires à celles du désert
pluviométrie	350-400 mm
surface totale du vignoble	4 249 hectares
production	187 500 hectolitres
type de sols	La région volcanique a été soumise à l'érosion glaciaire, donnant sables, graviers et limons
les cinq principaux cépages	merlot 15,2 % pinot gris 10,8 % pinot noir 10,7 % chardonnay 9,8 % cabernet sauvignon 7,3 % gewürztraminer 7,1 %

LE SAVIEZ-VOUS ?

La position du vignoble autour du 49e parallèle Nord est un grand avantage pour la maturité des raisins : les vignobles voient jusqu'à deux heures de soleil par jour de plus que dans le Bordelais par exemple, soit un jour de soleil supplémentaire chaque semaine. Résultat, le débourrement est plus tardif, mais les vendanges ont souvent lieu vers la même période qu'en France, entre septembre et octobre.

INCONTOURNABLE

Pêcher dans le lac Okanagan, entouré des montagnes et des vignobles de la région. Prendre le temps d'admirer les paysages à couper le souffle, dès le lever du soleil. Avoir la chance de prendre un saumon. Le faire griller quelques minutes à peine sur le barbecue. Déguster sa chair d'un rouge vif au goût incomparable. Lever son verre de pinot gris et savourer l'instant !

Dans la vallée de l'Okanagan, en Colombie-Britannique, le domaine Osoyoos Larose, spécialisé dans les vins d'assemblage bordelais, bénéficie d'un positionnement unique face au lac Osoyoos.

COUPS DE CŒUR

Vins rouges

- **Syrah Cuvée Violette 2012** du domaine Le Vieux Pin : syrah 97,5 %, viognier 2,5 %, élevé 14 mois en fûts de chêne français.
  Un très bel exemple de ce que peut offrir la Colombie-Britannique en rouge. Un vin racé, complexe, aérien, aux notes de prune, de poivre noir, de violette et de réglisse. En bouche, la fraîcheur est incroyable !

- **Red Icon 2016** du domaine Painted Rock : merlot 45 %, cabernet franc 24 %, malbec 11%, petit verdot 11 %, cabernet sauvignon 9 %, élevé 18 mois en fûts français avec 30 % de fûts neufs.
  Un assemblage complexe, élégant et très réussi. Sans doute l'un des meilleurs vins de la province !

À la nuit tombée, dans le domaine Painted Rock, il n'est pas rare de croiser un ours dans le vignoble : la vallée de l'Okanagan abrite une faune et une flore uniques !

LE POINT DE VUE ★ WINE EXPLORERS ★

Les vins de la Colombie-Britannique enchantent par leur fraîcheur naturelle et l'intensité de leurs arômes. Mention spéciale pour les vins issus de merlot, syrah, cabernet sauvignon et cabernet franc, dont la structure tanique leur permet une grande capacité de vieillissement.

PORTRAIT

Séverine Pinte
œnologue et viticultrice au domaine Le Vieux Pin
née en France (Lille) en 1973

Diplômée de l'École nationale supérieure agronomique de Montpellier en viticulture et en œnologie, Séverine réalise 14 récoltes dans des vignobles du monde entier avant de rejoindre Le Vieux Pin en 2010. Elle a également été responsable viticole du vignoble des 2 Terres dans le Larzac pendant 9 ans.

« *Créer une cuvée est un travail d'artiste, de funambule... S'assurer que les raisins atteignent un niveau de qualité maximum chaque année reste la partie préférée de mon travail, avec un stress parfois important. La beauté du vin c'est de ne pas avoir de recette à proprement parler. Le climat frais de la Colombie-Britannique, nichée au milieu du seul désert du Canada, rend la saison de croissance unique. Les variations extrêmes de températures diurne et nocturne donnent à nos vins une vraie typicité. La syrah trouve ici une seconde maison.* »

CAP-VERT

île de Fogo

60e vignoble mondial
pays producteur 72e

L'archipel du Cap-Vert, au large des côtes sénégalaises, abrite une production de vin depuis près de six siècles. Son vignoble, exclusivement planté sur l'île de Fogo, est principalement produit dans le cratère d'un volcan actif.

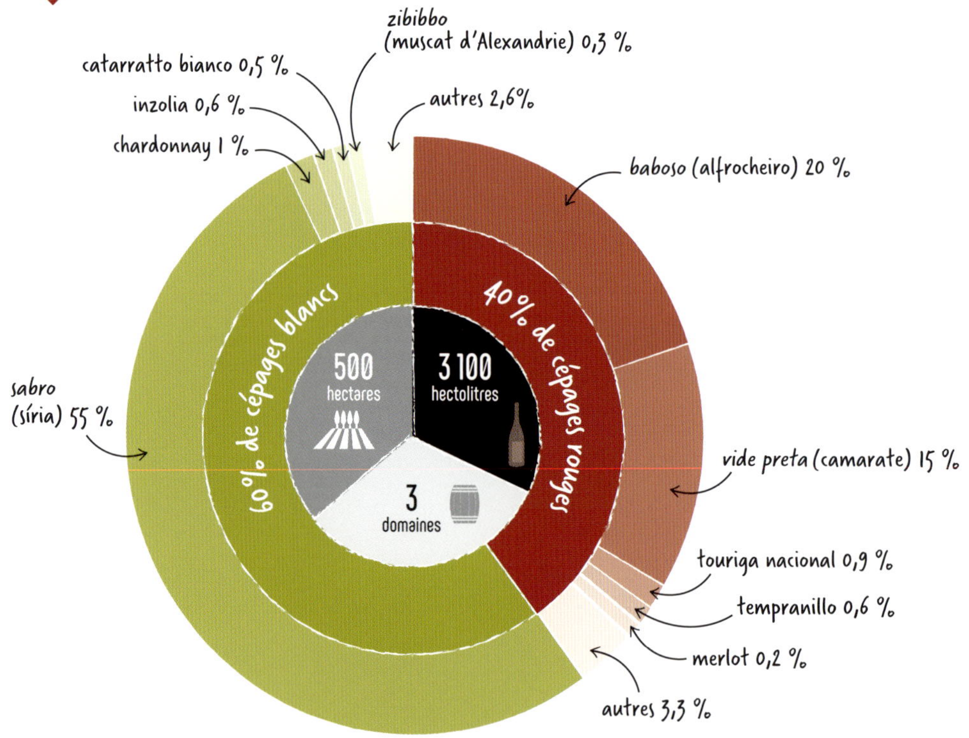

UN PEU D'HISTOIRE

La culture de la vigne est introduite au XVIe s. par les Portugais, notamment dans les îles de Santo Antão, São Nicolau, Santiago, Brava et Fogo. Elle est alors destinée aux colons. Après quelques tentatives d'export au XVIIe s., le vin capverdien est jugé trop concurrentiel et le Premier ministre portugais de l'époque, le marquis de Pombal, ordonne l'arrachage massif des vignes de l'archipel au profit de la production de la métropole. Il faut attendre le XXe s. pour que la viticulture soit relancée, à partir des quelques plants restant dans la région de Chã das Caldeiras. En 1995, l'éruption du volcan Fogo détruit un tiers du vignoble, aujourd'hui replanté. En 2003, le père Ottavio Fasano crée le domaine Vinha Maria Chaves dans le cadre de l'Associação Solidariedade e Desenvolvimento (ASDE), un projet expérimental visant à diversifier l'activité agricole locale. Depuis 2018, la dénomination d'origine (DOR) « Vinho do Fogo » est reconnue.

POINTS-CLÉS

latitude	14°93' N
altitude	570-1 800 m
type de sols	sols volcaniques fertiles avec une forte érosion et une tendance à la désertification

Passé de 200 hectares en 2005 à 500 hectares en 2018, le vignoble est en expansion progressive. À l'exception des vignes du domaine Vinha Maria Chaves, irriguées et plantées à 570 m d'altitude sur le versant Sud de l'île, la majorité du vignoble capverdien se situe dans la Chã das Caldeiras, au cœur du volcan Pico do Fogo qui est actif, à plus de 1 500 m d'altitude. Il dépend exclusivement des rares précipitations concentrées entre juillet et septembre. Les raisins y sont vendangés à la main, puis amenés au chai par les femmes qui portent des paniers de 40 kg sur la tête pendant près d'une heure, sur des chemins sinueux aux pentes abruptes allant jusqu'à 75 % d'inclinaison.

Outre la vigne, la Chã das Caldeiras abrite de nombreuses cultures : pois et haricots, pommes, pêches, coings, goyaves, noix de cajou ou encore citrons et grenades.

LE POINT DE VUE ★ WINE EXPLORERS ★

Cultiver la vigne dans la Chã das Caldeiras est une véritable prouesse et force l'admiration car l'activité volcanique y est très fréquente. En témoigne l'éruption de novembre 2014, où une coulée de lave a englouti 3 000 pieds de vigne en quelques jours et détruit deux villages.

PORTRAIT

Christine Beisch
œnologue
du domaine
Vinha Maria Chaves
née en Allemagne
(Meersburg) en 1983

Diplômée des universités d'œnologie de Geisenheim, Montpellier et Udine, Christine a travaillé dans la production, le conseil œnologique, la gestion de qualité, les achats et le commerce en France, en Nouvelle-Zélande, en Italie, en Angleterre et en Allemagne.

« *Ma venue au Cap-Vert est le fruit d'une belle coïncidence : j´ai découvert par un ami d'école qu'un poste d´œnologue était vacant à Fogo en 2018. Comme je suis toujours curieuse et que j'aime les nouveaux défis, j'ai foncé sur l'occasion. Sur l'île, l'eau est un mot magique et vaut plus que de l´or ! Le plus grand défi pour notre vignoble est la disponibilité en eau douce. Sans irrigation, il est presque impossible d´obtenir des raisins arrivant à maturation physiologique. Sur le terrain de Vinha Maria Chaves, on a trouvé deux couches aquifères, à 200 et 300 m de profondeur. Une ressource précieuse...* »

CHILI

8e vignoble mondial
pays producteur **7e**

Datant du XVIe s., le vignoble chilien s'est développé rapidement grâce à des conditions climatiques favorables. Il s'étend sur plus de 1 200 km, le long de l'océan Pacifique, entre la cordillère de la Côte et la cordillère des Andes. Ici s'épanouissent de nombreux cépages, comme le carménère et le país.

UN PEU D'HISTOIRE

Les premiers vignobles ont été plantés au milieu du XVIe s. par les missionnaires catholiques espagnols, arrivés peu de temps après la découverte du Chili en 1520. En 1641, les importations de vin chilien sont interdites en Espagne. L'industrie viticole locale est mise à mal et transforme ses surplus en *pisco* et en *aguardiente*, des eaux-de-vie à base de vin. Dans les années 1830, la Quinta Normal, une pépinière expérimentale créée par le gouvernement et contenant un large éventail de boutures de *Vitis vinifera*, permet la sauvegarde de nombreux cépages au moment des premières attaques du phylloxéra en Europe, vers 1861, l'insecte n'ayant jamais réussi à atteindre le vignoble chilien. Influencé par la viticulture française au milieu du XIXe s., en particulier bordelaise, le pays importe et plante en masse du cabernet sauvignon, du merlot, du cabernet franc, du malbec, du sauvignon blanc et du sémillon. Depuis la fin des années 1990, le Chili produit des vins très qualitatifs, parfois exceptionnels.

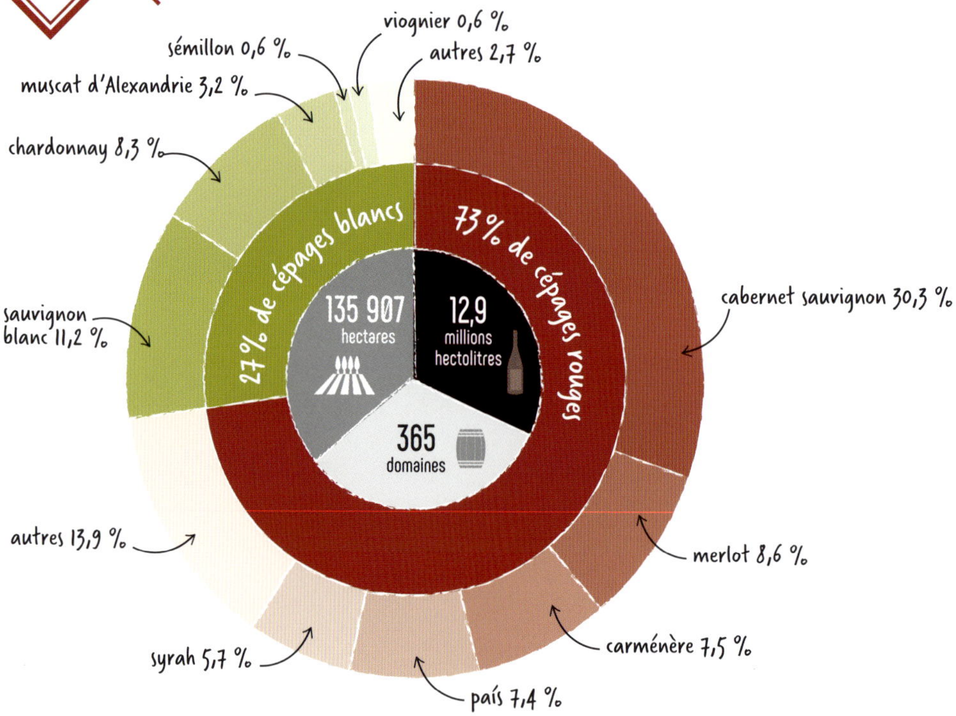

Planté entre les 29e et 38e parallèles Sud, le vignoble chilien compte 14 vallées viticoles, avec du nord au sud : Elqui, Limarí, Choapa et Aconcagua au nord de Santiago ; Maipo près de Santiago ; Casablanca et San Antonio à l'ouest de Santiago ; Cachapoal, Colchagua, Curicó, Maule, Itata, Biobío et Malleco, entre Santiago et Temuco. La vallée du Maule est la plus grande et représente à elle seule 38,7 % du vignoble chilien. Avec une production record de 12,9 millions d'hectolitres en 2018, le Chili est devenu le 7e pays producteur de vin au monde. Jusque-là, la production moyenne tournait plutôt autour de 11 millions d'hectolitres par an. Le Chili exporte plus de 73 % de sa production en volume, principalement en Chine (19 %), aux États-Unis (13 %), au Royaume-Uni (12,6 %) et au Japon (10,2 %).

→ Le domaine Villard Fine Wines, dans la vallée de Casablanca, se trouve à 30 km environ au sud-est de Valparaíso, entre la cordillère des Andes et la cordillère de la Côte.

vallée d'Itata

Moins connue que d'autres régions chiliennes pour le vin, Itata représente 7,2 % du vignoble et fut l'une des premières régions viticoles du pays ; elle a émergé vers 1551. Le cépage espagnol país s'y est fortement développé et représente un tiers de l'encépagement. Entre les deux cordillères, son vignoble s'étend sur 100 km environ, de San Carlos au nord à Florida au sud, principalement autour de Chillán et Quillón. Mais on le trouve aussi plus près de la côte pacifique, notamment autour de Coelemu. À mesure que l'on descend vers le sud, il perd en altitude, le climat devient plus frais et les précipitations plus importantes. Un contexte plus favorable à des cépages moins courants au Chili, comme le chasselas ou le cabernet franc.

POINTS-CLÉS

latitude	35°58'-36°87' S
altitude	10-400 m
climat	méditerranéen, avec une température annuelle moyenne de 15,3 °C
pluviométrie	680-800 mm
surface totale du vignoble	9 752 hectares
production	295 000 hectolitres
type de sols	sol d'origine volcanique avec argile et sous-sol constitué de granite près de la cordillère des Andes, dominante de sol d'arène granitique et argileux près de la côte
les cinq principaux cépages	muscat d'Alexandrie 36,3 % país (mission) 34,5 % cinsault 7,1 % cabernet sauvignon 6,5 % chasselas 2,2 %

LE SAVIEZ-VOUS ?

Le cépage país, arrivé au Chili au XVIe s. avec les missionnaires espagnols, avait été choisi pour sa productivité et sa résistance à la sécheresse. Il s'est d'abord développé dans le centre sud du pays, une zone aride entre Santiago et Yumbel, où l'on trouve aujourd'hui des ceps vieux de plus de 200 ans et toujours productifs. Depuis les années 2010, il suscite l'intérêt croissant des consommateurs.

INCONTOURNABLE

Déguster le pisco du domaine Waqar, établi à Tulahuén dans la vallée de Limarí, région de Coquimbo. Le *pisco* est une eau-de-vie de vin artisanale d'une finesse rare, élaborée à partir de muscat rose à petits grains et de muscat d'Alexandrie. La recette : un vin blanc sec distillé 14 heures ! 1 200 litres de vin produisent 100 litres de distillat, dont seul le cœur est gardé, soit 40 %.

Le domaine Pandolfi Price, dans la vallée d'Itata, se trouve sur le 37e parallèle Sud, à une heure de Chillán.

Coups de cœur

Vin blanc

- **Los Patricios 2009** du domaine Pandolfi Price : chardonnay 100 %, élevé 2 ans en barriques françaises neuves. Élégant, frais et complexe, avec des arômes de miel, de camomille et de vanille. Délicieux avec des filets de sardines à la braise.

Vins rouges

- **Tanagra 2015** du domaine Villard (vallée de Casablanca) : syrah 100 %, densité de 8 500 pieds par hectare, élevé 20 mois en fûts de chêne. Un grand vin chilien, avec des arômes de poivre noir, de violette et de réglisse, qui se déguste bien sur une côte de bœuf à l'os.
- **Volcánico País 2015** du domaine A los Viñateros Bravos : país 100 %, élevé 6 mois en cuve inox, vin naturel. Un vin gourmand, gorgé de fruit, frais et croquant en bouche. Parfait avec des *empanadas* farcis à la viande de bœuf.

De nombreuses vignes de país de la vallée d'Itata sont centenaires. Certaines dépassent même les 150 ans !

Le point de vue Wine Explorers

Dans la vallée d'Itata, le cinsault, le país et le cabernet sauvignon produisent de très jolis vins rouges : les deux premiers cépages donnent des vins légers, rafraîchissants et sur le fruit, le troisième des vins plus structurés. Une région encore sous-estimée mais à découvrir sans attendre !

PORTRAIT

Enzo Pandolfi Price
cogérant du domaine Pandolfi Price
né au Chili (Concepción) en 1983

Enzo grandit à Concepción et aime passer du temps à la ferme de son grand-père qui élève des vaches laitières. Ingénieur en chimie, diplômé de l'université de Concepción, il fait sa thèse sur la réduction de la quantité de soufre dans la production de vin. En 2002, sa famille achète un domaine sur lequel se trouvent 3 hectares de país, avec des vignes centenaires. Il aide son père sur les premiers millésimes, à partir de 2007, avant de le rejoindre à temps plein en 2015.

« *Itata est le berceau du vin chilien. Un vignoble chargé d'histoire où le cépage país, longtemps décrié, retrouve enfin ses lettres de noblesse. Le fait que la région ait été boudée, voire écartée par l'industrie viticole entre les années 1920 et 2010 a eu un impact positif : l'authenticité du vignoble a été préservée. Le país devrait être reconnu comme le cépage emblématique du Chili. Les vignobles sont non greffés et donnent des résultats surprenants. Ce que l'on voit aujourd'hui, ce n'est que la partie émergée de l'iceberg.* »

CHINE

10e vignoble mondial

pays producteur **10e**

Étendu d'ouest en est sur plus de 3 600 km et du nord au sud sur près de 2 700 km, le vignoble chinois s'inscrit dans un climat continental complexe nécessitant l'enterrement des vignes en hiver. Aussi énigmatique que fascinant, il reste difficile à décrypter car aucune statistique officielle n'existe à son sujet.

UN PEU D'HISTOIRE

La viticulture en Chine remonterait au IVe s. av. J.-C. Les plus anciennes traces de vin sont relatées par l'envoyé impérial Zhang Qian sous la dynastie des Han, en 119 av. J.-C. Jusqu'au début du Xe s., le vin est considéré comme un produit de luxe pour les hauts fonctionnaires et les nobles. Entre les Xe et XIXe s., l'influence progressive de l'islam prônant la tempérance, puis la popularité du *baijiu*, l'alcool blanc chinois à base de céréales, affaiblissent l'industrie viticole. À la fin du XIXe s., les missionnaires européens apportent leurs techniques de plantation de la vigne et de vinification. En 1892, le chinois Zhang Bishi crée la société viticole Changyu à Yantai, dans la province du Shandong, marquant le début de la production de vin à grande échelle. Dès 1980 et le début de son ouverture à l'Occident, l'industrie chinoise opère un virage majeur en important savoir-faire viticole et ceps par millions, notamment grâce aux partenariats avec de grands groupes français qui y investissent, tels Rémy Martin, Pernod Ricard ou Castel.

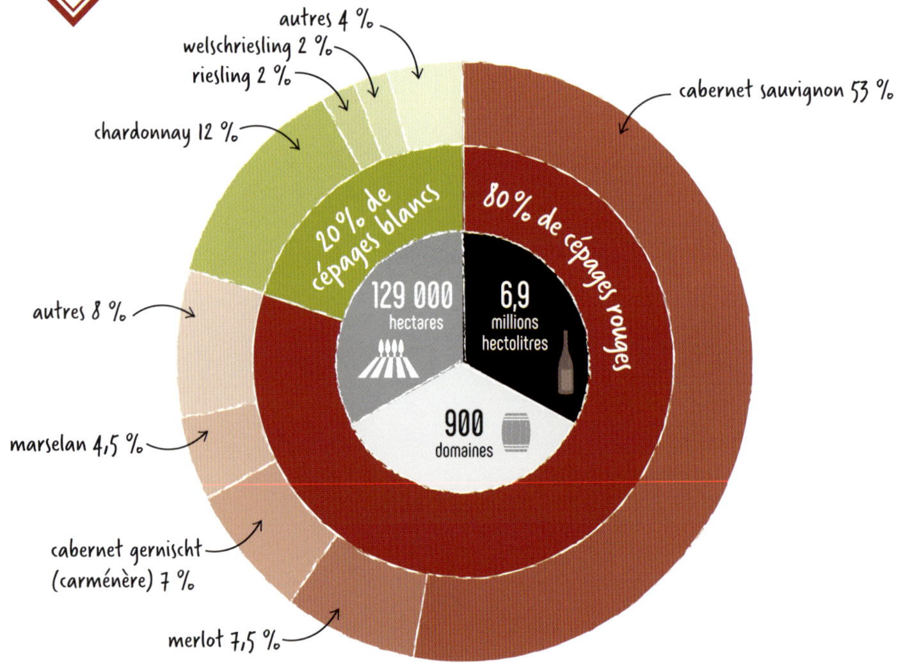

Moins de 15 % des 870 000 hectares de vignes sont destinés à la production de vin. Ils sont plantés majoritairement au nord du Yangzi Jiang, le plus long fleuve d'Asie. Certaines régions viticoles n'étant pas encore clairement définies, on parle plutôt de divisions administratives, dont 17 cultivent la vigne. Les deux tiers du vignoble se concentrent dans le Xinjiang (31 %), le Ningxia (27 %) et le Shandong (10 %). Hormis pour le Shandong bordant la mer Jaune, le Yunnan et le Sichuan dans les hautes vallées de la rivière Lancanjiang, tout le vignoble doit être enterré en hiver, les températures pouvant descendre jusqu'à – 25 °C. Le pays exporte à peine 1,4 % de sa production, principalement à Hong Kong, en France, en Australie et aux Pays-Bas.

→ Le château Huaxia Greatwall, qui appartient au groupe agroalimentaire chinois COFCO, compte 1300 hectares de vignobles dans le xian de Changli, dans la province côtière du Hebei

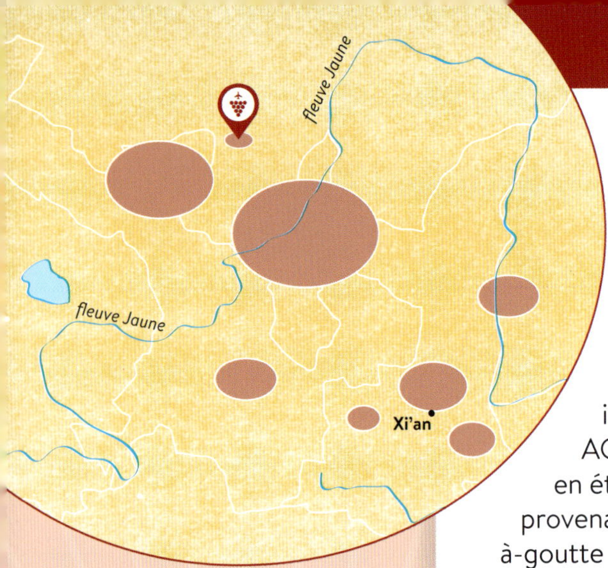

Ningxia

Avec 27 % de la surface viticole chinoise et près de 90 domaines, la région autonome du Ningxia est le second plus grand vignoble du pays. L'industrie du vin y est en plein développement depuis que les autorités ont autorisé son implantation au pied des monts Helan, y octroyant en février 2013 une première AOC. Avec moins de 200 mm de pluie par an, des pics de chaleur atteignant 40 °C en été et une évaporation des sols de 1 600 mm, de grandes quantités d'eau en provenance du Yangzi Jiang sont nécessaires pour irriguer le vignoble, en alternant goutte-à-goutte et inondation. L'avantage d'un tel climat est qu'aucune maladie de la vigne ne peut s'y développer. En hiver, la température avoisine fréquemment les –25°C, obligeant les viticulteurs à enterrer les vignes. Un travail de titan. Avec des rendements moyens inférieurs à 20 hectolitres par hectare, on y produit quelques vins de grande qualité.

POINTS-CLÉS

latitude	38°28'-38°6' N
altitude	1 100-1 300 m
climat	continental sec à tendance aride, température annuelle moyenne entre 12 et 15 °C en journée
pluviométrie	190 mm
surface totale du vignoble	35 300 hectares
production	751 000 hectolitres
type de sols	calcaire et limons sableux avec des graviers offrant un bon drainage, faible teneur en matière organique (0,5 à 2,5%) et pH de 8-9 dû à la teneur en calcaire
les cinq principaux cépages	cabernet sauvignon (plus de 50 %) merlot pinot noir syrah marselan

LE SAVIEZ-VOUS ?

Le cabernet gernischt, cépage introduit dans la région de Shandong en 1892, a longtemps été considéré comme endémique. Il est en réalité identique à un cépage originaire de Gironde, le carménère, comme l'a démontré le profilage d'ADN réalisé par le généticien suisse José Vouillamoz en 2011. En 2009, l'Inra avait fait un test de paternité montrant qu'il est le fils naturel du cabernet franc.

INSOLITE

Le plus haut vignoble du monde se trouve en Chine depuis 2012, à Cainaxiang près de Lhassa, dans la région autonome du Tibet. Planté à 3 563 m d'altitude, il appartient au groupe Rong Shun Biotechnology Development Ltd. Il totalise 11 cépages plantés sur 67 hectares, dont le *bei bing hong*, un cépage hybride noir de type *Vitis amurensis*, résistant au froid et adapté à la production de vin de glace.

Depuis le début des années 2010, un grand chantier d'implantation viticole a débuté au pied des monts Helan. Ici, future parcelle du domaine Silver Heights photographiée en juillet 2014.

COUPS DE CŒUR

Vin blanc

- **Tasya's reserve Chardonnay 2012** du domaine Grace Vineyard (Ningxia) : chardonnay 100 %, élevé 8 mois en fûts de chêne français, avec 40 % de fûts neufs.
Probablement l'un des vins blancs les plus aboutis du Ningxia. Gourmand, avec des arômes de fruits exotiques, de vanille et de chèvrefeuille.

Vin rouge

- **Emma's Reserve 2011** du domaine Silver Heights (Ningxia) : cabernet sauvignon 100 %, élevé 24 mois en fûts de chêne français neufs ; exclusivement produit en magnum.
Un très joli vin et une belle découverte !
Riche et élégant, avec des arômes de fruits noirs, de cacao et d'épices ; des tannins veloutés en bouche et une belle longueur.

Vignoble historique du domaine Silver Heights, planté en 2005 à la campagne et aujourd'hui absorbé par l'expansion urbaine de la ville d'Yinchuan.

LE POINT DE VUE ★ WINE EXPLORERS ★

La région autonome du Ningxia reste la région viticole superstar chinoise, même si les approvisionnements en eau y sont un facteur déterminant à long terme. Les domaines Grace Vineyard, Helan Qingxue ou encore Silver Heigts montrent que l'on y fait des vins délicieux.

PORTRAIT

Emma Gao Yuan
œnologue du domaine Silver Heights
née en Chine (Yinchuan) en 1978

Elle grandit à Yinchuan, dans la région autonome du Ningxia, où son père Lin fait pousser quelques raisins pour la famille. Au début des années 2000, elle part s'installer quatre ans en France, d'abord à Orange puis à Bordeaux, où elle apprend la viticulture et l'œnologie. Elle rentre en Chine en 2004, comme œnologue dans la région de Xinjiang. En 2008, elle travaille à Shanghai dans la vente de vin pour le distributeur Torres China, afin d'acquérir une approche plus globale du métier. Elle signe son premier millésime au domaine familial Silver Heights en 2007 avec son mari originaire du Bordelais, Thierry Courtade.

« *L'altitude de 1 200 m, le bon ensoleillement, le vent sec et les monts Helan qui protègent la vigne offrent un environnement très sain pour produire des raisins de qualité et faire du bon vin. L'écart de température entre le jour et la nuit, supérieur à 20 °C, est un réel avantage pour la maturation des composés phénoliques des raisins.* »

TAÏWAN

Changhua

77e
vignoble mondial

pays producteur
74e

Malgré un climat subtropical avec des moussons en été et une humidité permanente, la vigne pousse à Taïwan depuis le début du XXe s. Les pieds dans l'eau, entre les rizières et les cultures de fruits du dragon, on y fait jusqu'à trois vendanges par an.

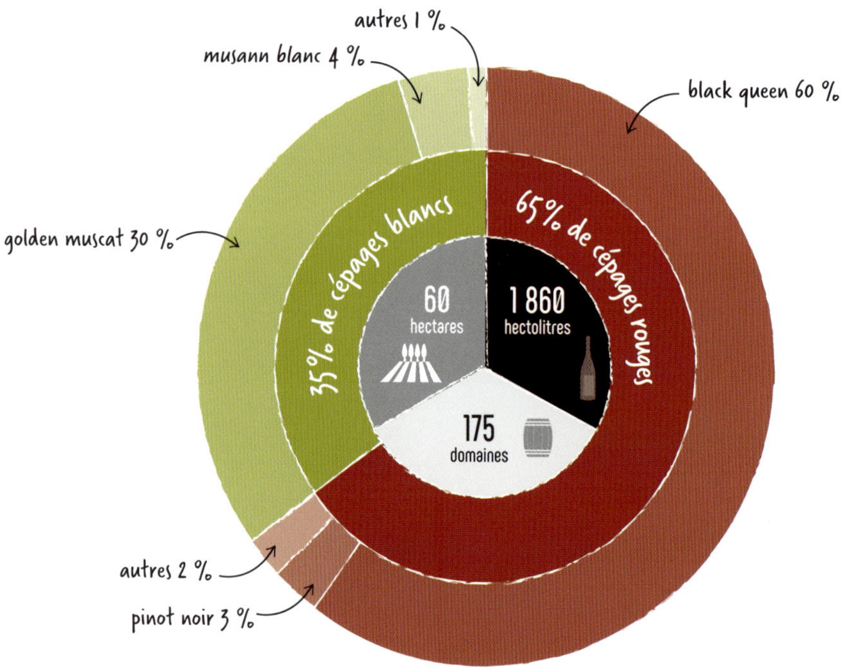

UN PEU D'HISTOIRE

Le raisin est cultivé à Taïwan à partir du début du XXe s. après avoir été introduit sur l'île par les Japonais. La Taiwan Tobacco and Liquor Corporation (TTL), une entreprise publique créée au cours de la période coloniale japonaise, produit les premiers vins taïwanais à la fin des années 1940. Jusqu'au début du XXIe s., seule la TTL avait le monopole de la production et de la commercialisation à Taïwan ; les viticulteurs n'avaient donc pas d'autre choix que de vendre leur récolte au gouvernement. En 2002, l'État adhère à l'Organisation mondiale du commerce. Il promulgue alors des lois libéralisant la gestion du tabac et des boissons alcoolisées en mettant en place une taxe spéciale, ce qui a supprimé son monopole et permis aux viticulteurs de produire leur vin librement.

POINTS-CLÉS

latitude	23°54'-24°20' N
altitude	10-480 m
type de sols	argilo-limoneux avec un peu de calcaire

La viticulture se concentre dans le comté de Changhua, au centre-ouest, entre le littoral et la chaîne montagneuse de Chungyang, également réputé pour ses fleurs, ses pomelos et ses fruits du dragon. Un climat subtropical, humide et chaud, avec une température moyenne minimale de 18 °C entre décembre et février, 2 400 mm de pluie par an et une période très pluvieuse de mai à septembre pendant la mousson d'été, oblige à planter la vigne en pergola. Ces structures permettent de protéger au mieux les baies de raisin, déjà gonflées à cause des sols détrempés.

Des sachets en papier sont parfois mis autour des grappes pour les protéger de la pluie, comme ici au domaine Croissance Profonde.

LE POINT DE VUE
WINE EXPLORERS

Taïwan, un lieu où il fait bon vivre et où chaque année l'élection de Miss Grape dans le comté de Changhua fête le raisin, produit quelques vins atypiques dans des conditions extrêmes. Une microproduction qui se consomme localement, où le cépage black queen semble donner les résultats les plus convaincants.

PORTRAIT

Hammer Huang
œnologue à Benson Winery
né à Taïwan (Taoyuan) en 1965

Spécialiste médical dans l'armée taïwanaise, Hammer a trois passions dans la vie : le vin, le sport et son chat. Homme de défis, il a toujours été intéressé par la production de vin à petite échelle et fait partie de ces rares vignerons taïwanais à produire des vins au-dessus du lot.

« *Il suffit d'être passionné, amoureux du vin, attentif en permanence et travailler sans relâche pour parvenir à produire un vin de qualité, même ici. Si tous les vignerons de l'île ont bien un point commun, c'est la passion pour le vin. Car faire du vin dans de telles conditions est un investissement personnel et financier énorme. À tel point qu'entre 2011 et 2014, dix domaines ont arrêté leur activité et ont remplacé leurs vignes par des cultures de fruits du dragon. Plus rentables et moins fatigantes !* »

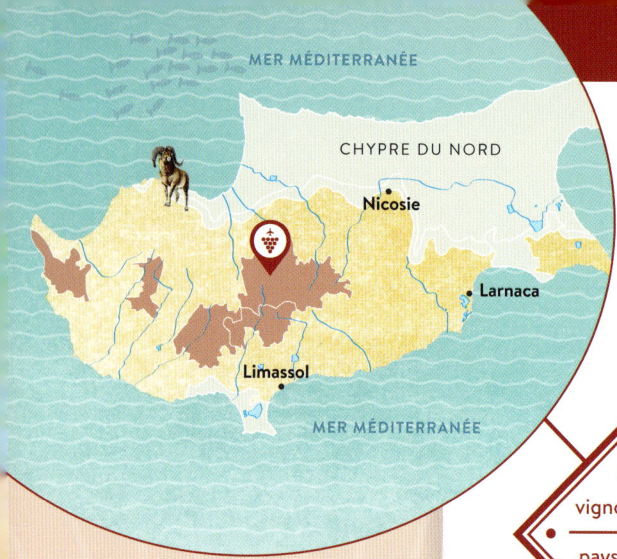

CHYPRE

40e vignoble mondial

pays producteur **51e**

Située à l'extrémité orientale de la Méditerranée, Chypre est au carrefour de l'Europe, de l'Asie et de l'Afrique. Cette position stratégique aura valu à sa viticulture, vieille d'au moins 5 000 ans, de nombreuses influences. Un vignoble peu connu, pourtant riche de cépages endémiques et abritant la plus ancienne appellation viticole au monde : le commandaria.

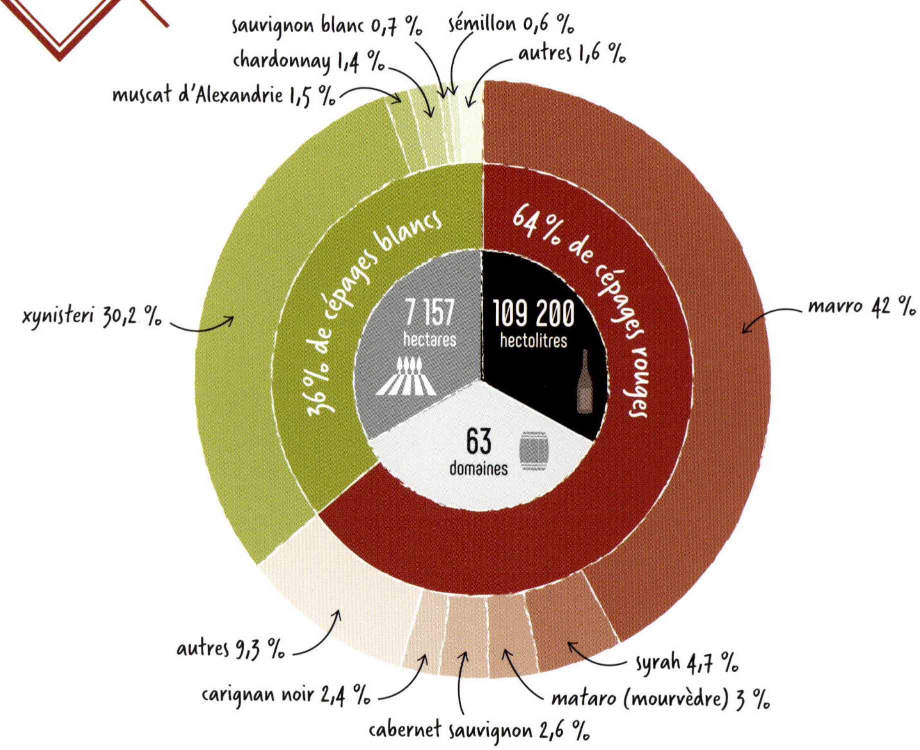

UN PEU D'HISTOIRE

L'analyse de poteries retrouvées près d'Erími atteste qu'on y consommait du vin au IVe millénaire av. J.-C. D'autres fouilles ont révélé près de Pýrgos des indices de vinification datant du IIIe millénaire av. J.-C. Ces deux sites se trouvent autour de Limassol. Au IVe s. av. J.-C., l'île est hellénisée, influence qu'elle garde encore aujourd'hui ; le célèbre carnaval de Chypre aurait pour origine des festivités en l'honneur de Dionysos ! À partir de 1192, les vins de Chypre deviennent réputés à travers l'Europe grâce à la maison de Lusignan, une dynastie noble poitevine qui la gouverne pendant trois siècles. Dès la fin du XVIe s., la domination ottomane ralentit la production de vin jusqu'à ce que l'Empire britannique prenne le contrôle de l'île en 1878 et inverse la tendance, produisant des vins fortifiés appelés *Cyprus sherry*, une mention interdite depuis 1996. Avant 1991, Chypre produisait 3 millions d'hectolitres de vin, principalement exportés vers l'URSS. En 2004, son adhésion à l'Union européenne marque un virage qualitatif.

Le vignoble se concentre au sud du massif du Troodos, où 7 routes du vin permettent de le découvrir. Dans l'ensemble, les étés sont longs et secs, sans précipitations entre la période de floraison et la vendange, obligeant de plus en plus de vignobles à irriguer, notamment les jeunes vignes. Chypre compte environ 70 cépages endémiques, dont 20 sont officiellement enregistrés. L'âge moyen des vignes est de 50 ans et de nombreuses sont centenaires. Il existe 3 types d'indications géographiques : mise en place à partir de 2007, l'appellation d'origine protégée (ΟΕΟΠ), où les vins doivent provenir de vignes situées à plus de 600 ou 750 m d'altitude en fonction des sites, âgées de plus de 5 ans et avec un rendement limité à 36 ou 45 hectolitres par hectare selon le cépage ; les vins de pays (ΕΟΓΕ), où 85 % des raisins *a minima* doivent provenir d'une même région ; le vin de table. Moins de 4 % de la production est exportée.

→ Vignoble du domaine Tsiakkas, en amont du village de Pelé́ndri, au centre du pays, à 1 000 m d'altitude.

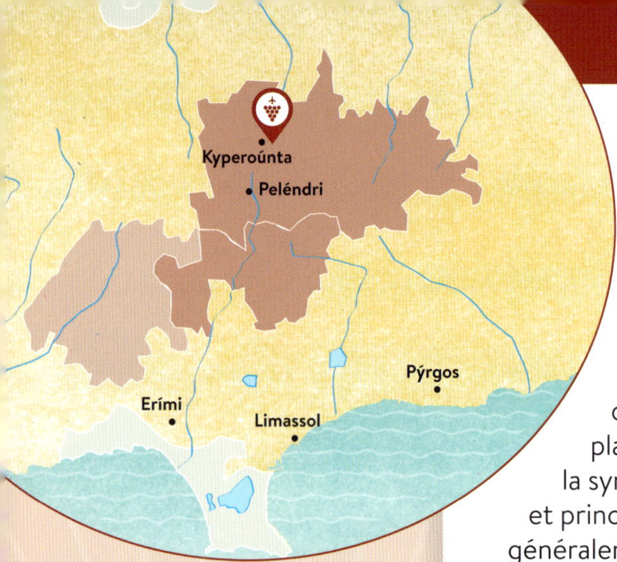

Limassol

Situés sur les versants Sud de la chaîne du Troodos, les 20 villages viticoles de la région de Limassol, appelés localement *krasochoria* pour « villages viticoles », totalisent 16 domaines et abritent la plus grande concentration de vignobles chypriotes. La plupart sont en terrasses. Bien que la région soit principalement plantée en *xynisteri* et en *mavro*, on y trouve près de 25 cépages différents, comme la syrah et le cabernet sauvignon qui donnent de bons résultats. Les pluies sont faibles et principalement réparties entre novembre et février. La période de juin à août est généralement sèche. Les vins liquoreux de commandaria sont tous élaborés dans les chais d'élevage de Limassol. Tous les ans depuis 1961, le Limassol Wine Festival est organisé en septembre. L'occasion de venir goûter les vins de la région.

POINTS-CLÉS

latitude	34°47'-34°56' N
altitude	600-1 450 m
climat	méditerranéen, chaud avec été sec
pluviométrie	390 mm
surface totale du vignoble	env. 3 100 hectares
production	43 000 hectolitres
type de sols	principalement des sols d'origine calcaire, à l'exception des vignobles au nord-est de Limassol, plantés sur une ancienne croûte océanique constituée essentiellement de basaltes sous-marins
les cinq principaux cépages	*mavro* 43 % *xynisteri* 31 % syrah 4 % mataro 3 % cabernet sauvignon 2 %

LE SAVIEZ-VOUS ?

Chypre fait partie des rares régions viticoles du monde à avoir été épargnées par le phylloxéra, une sorte de puceron qui a ravagé les vignobles entre la fin du XIXe s. et le début du XXe s. Ainsi, les vignobles chypriotes sont plantés franc de pied, c'est-à-dire qu'ils n'ont pas été greffés sur des porte-greffes, dont l'action est d'immuniser contre le parasite.

INCONTOURNABLE

Goûter au commandaria, un vin liquoreux élaboré au pied du massif du Troodos à partir de *xynisteri* ou de *mavro*, voire de leur assemblage, dont les grappes sont séchées au soleil. Le jus issu du pressage est ensuite fermenté en cuve, parfois en jarre de terre cuite, puis muté avec une eau-de-vie de vin pour atteindre 15 % d'alcool. Les vins sont ensuite vieillis 2 ans minimum en fût de chêne. C'est la plus ancienne appellation au monde, qui bénéficie aujourd'hui d'une OEOΠ.

Le vignoble de la région de Limassol est typique avec sa culture en terrasses.

COUPS DE CŒUR

Vin ambré

Commandaria 2008 du domaine Kyperounda : *xynisteri* 100 %, élevé 7 ans en fût de chêne neutre, 150 g de sucre résiduel par litre.
Jolis arômes de noix fraîche, de miel, de résine de pin et d'abricot sec. Beaucoup de matière en bouche avec un goût de noix, de fruits secs et une finale iodée. Délicieux avec une tarte aux quetsches accompagnée d'un sorbet à l'abricot.

Vin rouge

Cabernet Sauvignon 2010 du domaine Vlassides : cabernet sauvignon 100 %, élevé 12 mois en fût de chêne.
Des arômes de cassis, de feuille de tomate, de cuir et d'épices. Un vin prêt à boire. Parfait compagnon d'automne, une fois la vendange terminée.

Installation d'un système d'irrigation au goutte-à-goutte sur une nouvelle parcelle de vigne au domaine Kyperounda, près de Kyperoúnta, au centre du pays.

LE POINT DE VUE WINE EXPLORERS

Les vignobles d'altitude produisent les vins les plus intéressants, avec une certaine fraîcheur et un degré d'alcool relativement élevé mais parfaitement intégré, apportant de la matière en bouche. Les vins issus du *xynisteri* en sec comme en liquoreux, sont incontournables !

PORTRAIT

Minas Mina
œnologue
du domaine
Kyperounda
né à Chypre (Nicosie)
en 1974

Œnologue de formation et titulaire d'un master en biotechnologie alimentaire, Minas travaille dans l'industrie du vin depuis 1998 et a exercé en Grèce et en Nouvelle-Zélande.
Il est actuellement responsable des opérations viticoles du groupe Photos Photiades, actionnaire du domaine Kyperounda dont il est l'œnologue en chef. Il est également collaborateur scientifique de l'université de technologie de Chypre.

« *Avec 300 000 bouteilles produites par an, Kyperounda est considéré comme l'un des principaux domaines de la région de Limassol. Le vin est un produit simple, agricole, et pourtant il apporte à la table la culture et l'histoire de ceux qui le produisent. Chaque année, je suis toujours aussi excité et impatient de la première dégustation du moût de fermentation : on peut déjà y prédire le résultat final du vin. Le commandaria est un vin fantastique ! Produit depuis des siècles, il est la preuve vivante de l'héritage du vin chypriote.* »

COLOMBIE

57e vignoble mondial

pays producteur 61e

On trouve une petite industrie du vin dans le pays depuis les années 1980. Bien que les conditions climatiques tropicales de la Colombie rendent la viticulture difficile et qu'une majorité de la production soit peu qualitative, la région de Boyacá, avec son vignoble d'altitude, permet à quelques vignerons de cultiver des cépages nobles et de faire des vins intéressants.

UN PEU D'HISTOIRE

La vigne est importée par les jésuites au milieu du XVIe s., au moment de la colonisation espagnole, afin de produire du vin, indispensable aux cérémonies religieuses. De nos jours, on trouve encore de ces vignes poussant à l'état sauvage dans la région de Boyacá. En 1595, le Conseil des Indes interdit la plantation de vignoble et la production de vin dans l'Amérique espagnole. En effet, la production viticole dans les nouvelles colonies commençait à interférer avec les intérêts de la métropole... Il faut attendre 1982 pour que Marqués de Puntalarga, le premier domaine viticole moderne, soit créé à l'initiative de Marco Quijano Rico. Il plante 35 cépages au total, afin de voir ceux qui s'adaptent le mieux, et sélectionne le riesling, le sylvaner et le pinot noir. Depuis 2002, l'entrée en vigueur de la réforme fiscale supprimant la taxe sur les vins et les boissons alcoolisées a profité au secteur viticole et entraîné une ouverture du marché.

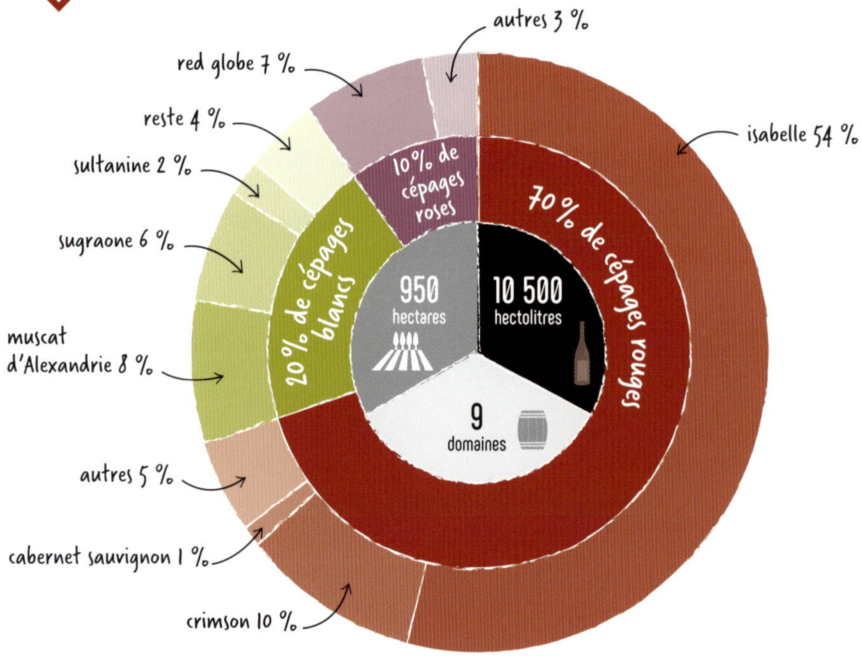

Planté entre 430 et 2 700 m d'altitude, le vignoble se répartit dans 4 départements : à l'ouest, Valle del Cauca (94 % de la surface viticole) et Antioquia (1,3 %) ; situés entre Bogota et la frontière vénézuélienne, Boyacá (3,7 %) et Santander (1 %). Avec 1,4 million de bouteilles par an, la production nationale ne suffit pas à couvrir la demande et le marché du vin colombien est dominé par les vins étrangers, notamment chiliens, argentins et espagnols. La Colombie, comme le reste des pays situés sous les tropiques, n'a pas de saisons climatiques définies et connaît une humidité élevée sur la majeure partie de son territoire. Seules les hauteurs permettent de compenser le climat, comme l'illustre Marco Quijano Rico avec son domaine culminant à 2 750 m d'altitude.

→ Les lamelles métalliques qui enguirlandent le vignoble du domaine Marqués de Puntalarga sont destinées à effrayer les oiseaux.

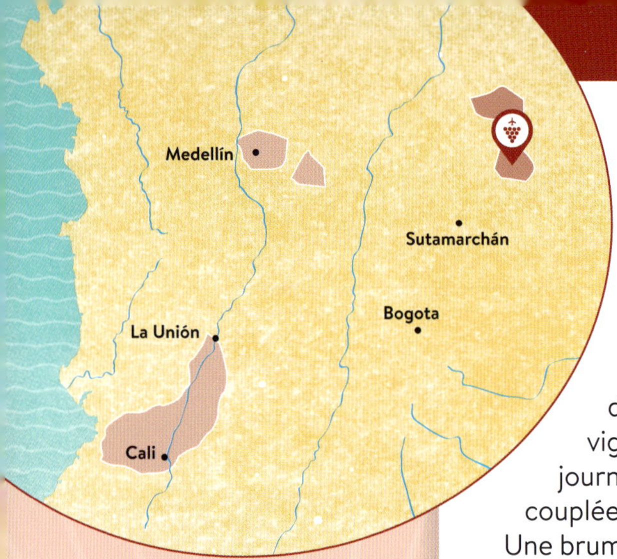

Boyacá

Boyacá représente à peine 4 % du vignoble national. On y compte 5 domaines, dont 3 possèdent également des vignes dans la Valle del Cauca, à 500 km au sud-est. Outre le domaine Marqués de Puntalarga, un second domaine produit des vins de qualité : Viñedo Aim Karim, qui a planté son vignoble en 1989 à 2 110 m d'altitude, dans la municipalité de Sutamarchán. Les journées sont ensoleillées et tempérées toute l'année, avec des maximales de 24 °C, couplées à des nuits fraîches au cours desquelles il n'est pas rare de descendre à 4 °C. Une brume matinale quotidienne maintient une certaine fraîcheur jusqu'à la mi-journée et le vent de l'après-midi assainit le vignoble. Ces conditions sont uniques pour la culture de la vigne et permettent aux variétés de *Vitis vinifera* de s'épanouir.

POINTS-CLÉS

latitude	5°63'-6°32' N
altitude	2 097-2 750 m
climat	tempéré chaud
pluviométrie	900 mm
surface totale du vignoble	35 hectares
production	310 hectolitres
type de sols	principalement composés de schiste, de grès, de limons sableux et de quartz
les cinq principaux cépages	cabernet sauvignon 24 % riesling 19,5 % sylvaner 11,5 % pinot noir 9,5 % sauvignon blanc 8,5 %

LE SAVIEZ-VOUS ?

Dans la région de Boyacá, l'intensité des radiations UV est jusqu'à six fois plus importante qu'à Bordeaux. Cela est dû à la combinaison de deux paramètres : l'altitude et la proximité avec l'équateur terrestre. Le terroir a donc un facteur additionnel : la luminosité, qui apporte dans les vins des taux de resvératrol très importants. Cette molécule est connue pour ses propriétés antioxydantes. Ici, boire un verre de vin est une cure de jouvence… et réactive le fameux paradoxe français !

INCONTOURNABLE

Le Museo de la Uva y del Vino, à La Unión, dans la Valle del Cauca, est le premier du genre en Colombie ! On y découvre le patrimoine culturel et viticole de la région. Le musée appartient aux bodegas de Vinos Casa Grajales, dont le chai se situe juste à côté. La visite, suivie d'une dégustation, s'effectue toute l'année.

Au domaine Marqués de Puntalarga, la brume matinale quotidienne maintient une certaine fraîcheur sur le vignoble.

Coups de cœur

Vins rouges

- **Pinot Noir Rubí 2015** du domaine Marqués de Puntalarga : pinot noir 100 %, élevé 6 mois en cuve inox sur lies fines.
  Jolis arômes de cerise, de cuir et de myrtille. Beaucoup de fraîcheur et des tannins fins en bouche. Un vin rouge léger et juteux, idéal avec une dorade aux amandes.

- **Cabernet Sauvignon Grand Reserve 2015** de Viñedo Aim Karim : cabernet sauvignon 100 %, élevé 12 mois en fûts de chênes américains.
  Un vin agréable, aux parfums de cerise noire, de violette, de cacao et de noix de coco, qui s'accommode bien avec un arepa au chorizo.

Réserve du domaine Marqués de Puntalarga, où quelques vins vieillissent dans des bonbonnes grand format.

Le point de vue Wine Explorers

Grâce aux travaux de Marco Quijano Rico, la région de Boyacá offre une définition inédite de la notion de terroir, en y ajoutant le paramètre de la luminosité qui, combinée à l'altitude, permet la production de très jolis vins, surtout en riesling et en pinot noir.

PORTRAIT

Marco Quijano Rico
fondateur du domaine Marqués de Puntalarga
né en Colombie (Sogamoso) en 1933

Marco est un érudit et un passionné de sciences. Docteur en chimie, il parle sept langues couramment, dont le français ! Il a passé 20 ans en Europe, avant de rentrer dans son pays natal, pour y diriger pendant 22 ans le centre de recherche de l'Institut du café de Colombie. Depuis l'enfance, il a toujours nourri le rêve de faire pousser de la vigne en Colombie.

« *Tout a démarré en 1944, lorsque mon père m'a amené à Fira Vitoba, à 15 km de mon vignoble actuel, pour me faire goûter mon premier vin. Là, devant un pied de vigne planté dans le jardin d'une des maisons du village, il m'a tendu un verre de château d'Yquem et m'a dit :* « Goûte ça mon fils, ce vin est issu d'un pied de vigne, comme celui que tu vois ici... » *Ce jour-là, une étoile s'est allumée dans mes yeux. Elle y est encore aujourd'hui. Je suis fier d'avoir pu planter sur ce terroir unique. J'y ai même banni la barrique dans l'élevage des vins car les radiations UV présentes ici ont la particularité de faire ressortir des notes de bois exotiques dans les vins.* »

CORÉE DU SUD

Yeongju

55e vignoble mondial

pays producteur 47e

Bien que situé sur les mêmes latitudes que la Grèce , ou encore que le sud de l'Espagne ou de l'Italie, le vignoble coréen, créé en 1977, ne bénéficie pas d'un climat favorable et peine à exister. Son positionnement particulier, à mi-chemin entre la mer Jaune à l'ouest et la mer du Japon à l'est, est au cœur de la région des moussons d'Asie orientale.

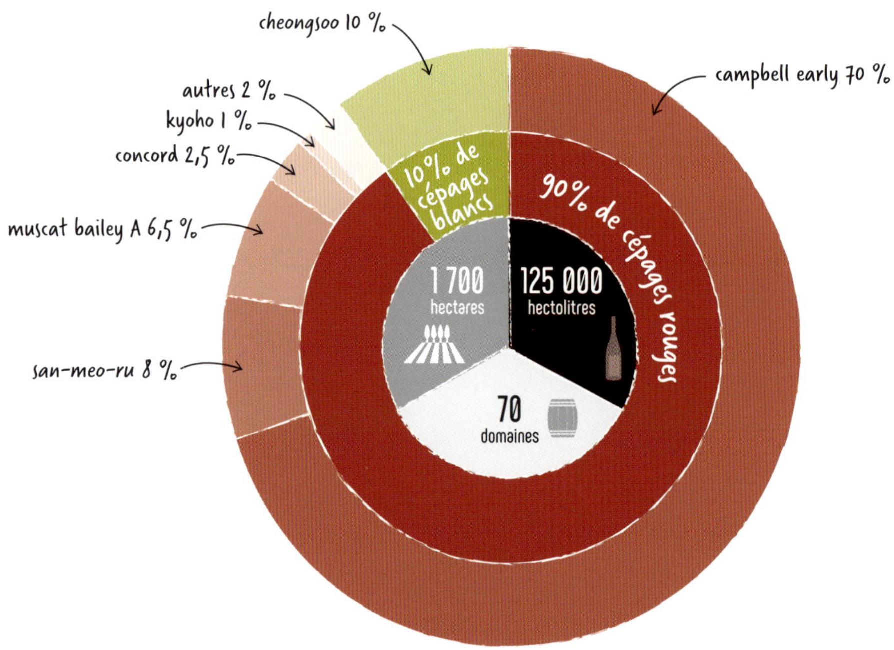

Le climat, avec ses hivers froids et rigoureux et ses étés chauds et humides, ne présente pas des conditions optimales pour une viticulture de qualité, qui de plus doit faire face aux maladies comme l'oïdium et le mildiou en été et en automne. Le vignoble se situe dans les régions d'Anseong au nord et de Gimcheon, Gyeongsan, Yeongcheon et d'Yeongdong au centre. Près des trois quarts du vignoble sont plantés en campbell early, un cépage de table hybride vinifié pour la production de vins rouges et rosés. Le *cheongsoo*, un cépage hybride blanc développé par l'Institut national d'horticulture et de science des plantes de Jeonju, gagne en popularité en raison de sa tolérance à l'humidité et aux grands froids.

UN PEU D'HISTOIRE

L'histoire de la production viticole coréenne est récente. Elle remonte à 1977, lorsque le premier vin fut produit par le groupe DooSan Baekwha dans la région de Gyeongsan, avec la marque « Majuang Wine ». Le vin sert d'abord dans le cadre religieux. En effet, un Sud-Coréen sur trois est chrétien et boit du vin de messe. Bien que la boisson alcoolisée préférée des Coréens reste le *soju*, un spiritueux traditionnellement élaboré à partir de riz, l'industrialisation et l'occidentalisation du pays au cours des dernières décennies a fortement accru son intérêt pour les importations de vins étrangers, devant les vins locaux. Depuis 1999, le Daebu Grape Festival, un événement organisé tous les deux ans à Daebudo, célèbre la viticulture. Actuellement, il n'y a pas de cépage de type *Vitis vinifera* cultivé commercialement en Corée du Sud, mais uniquement des cépages hybrides.

POINTS-CLÉS

latitude	35°85'-37°10' N
altitude	50-210 m
type de sols	fertiles, à tendance argilo-sablonneuse

Tunnels anti-pluie installés sur le vignoble du domaine Grand Coteau, à Daebudo, pour protéger les grappes de la pluie souvent très abondante.

LE POINT DE VUE WINE EXPLORERS

Les vignobles sud-coréens qui donnent les meilleurs résultats sont plantés selon un système de treillis verticaux, pour que le vent puisse sécher les raisins. Ils sont également équipés de tunnels anti-pluie pour protéger les grappes des orages d'été. Malgré toutes ces précautions, les vins locaux n'entrent pas toujours dans les standards internationaux. Toutefois, les domaines Junete et Grand Coteau semblent sur la bonne voie.

PORTRAIT

Hyang Soon Kim
propriétaire du domaine Junete à Yeongju
née en Corée du Sud (Yeongju)

Hyang Soon Kim, alias Madame Ha, grandit dans la ferme familiale de Yeongju, dans la province du Gyeongsang du Nord, au milieu des vignes de campbell early. C'est tout naturellement qu'elle décide, à son tour, de continuer à cultiver ce cépage, pour perpétuer la tradition. Son domaine est de taille modeste : à peine deux hectares. Une superficie qu'elle juge largement suffisante pour elle et son mari !

« *J'aime cultiver le campbell early, un cépage qui a su s'adapter aux conditions climatiques humides du pays. Il donne des vins légers, fruités et gourmands, aux parfums de fraise des bois, qui s'accommodent bien avec la cuisine locale : le poisson séché, le chou fermenté, ou encore la soupe froide de mûres et de radis blanc. En Corée, on fait du vin avec le cœur et c'est toujours un plaisir que d'accueillir les visiteurs pour partager avec eux le fruit de notre travail.* »

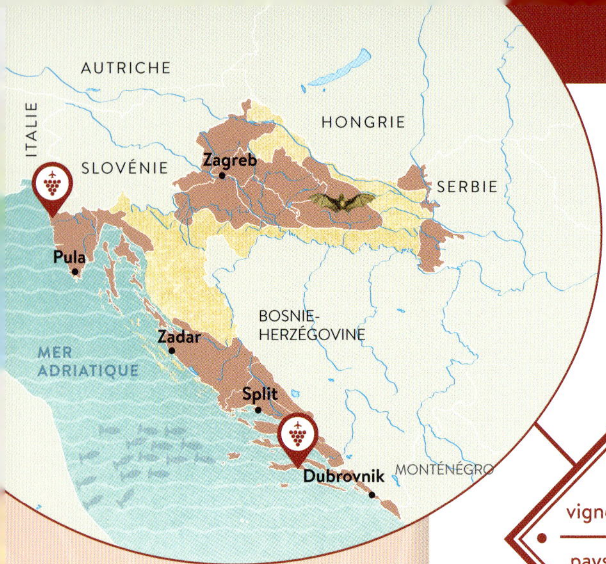

CROATIE

27e vignoble mondial

pays producteur 28e

Après l'éclatement de l'ex-Yougoslavie, la Croatie a su développer son tourisme grâce à la valorisation de ses sites naturels, de sa gastronomie et de son vignoble. Longeant la mer Adriatique à l'ouest, c'est l'un des pays viticoles les plus séduisants du monde, tant pour sa diversité de terroirs que pour ses cépages endémiques, auxquels on pardonne très facilement les noms imprononçables.

UN PEU D'HISTOIRE

La culture de la vigne remonterait au XVIIIe s. av. J.-C. en Dalmatie, d'après des découvertes archéologiques faites près de Zadar, en Dalmatie. Ensuite, la viticulture se développe réellement avec l'arrivée des Grecs au Ve s. av. J.-C. Sous la domination romaine, à partir du Ier s. av. J.-C., la production et le commerce du vin sont mieux organisés et on en exporte dans tout l'empire. Au XVe s., l'invasion du sud-est de l'Europe par les Ottomans marque un coup d'arrêt brutal de la culture du vin ; seuls les ecclésiastiques sont autorisés à fabriquer un peu de vin pour les offices religieux. Au XVIIIe s., une grande partie de la Croatie actuelle passe sous le contrôle de la monarchie de Habsbourg. La production de vin prospère alors jusqu'à l'arrivée du phylloxéra vers 1895. Sous le régime communiste de Yougoslavie, entre 1945 et 1990, la production de vin se concentre dans les caves coopératives. Depuis l'indépendance du pays en 1991, le vignoble croate a retrouvé toute sa superbe et ses vins sont primés et exportés dans le monde entier.

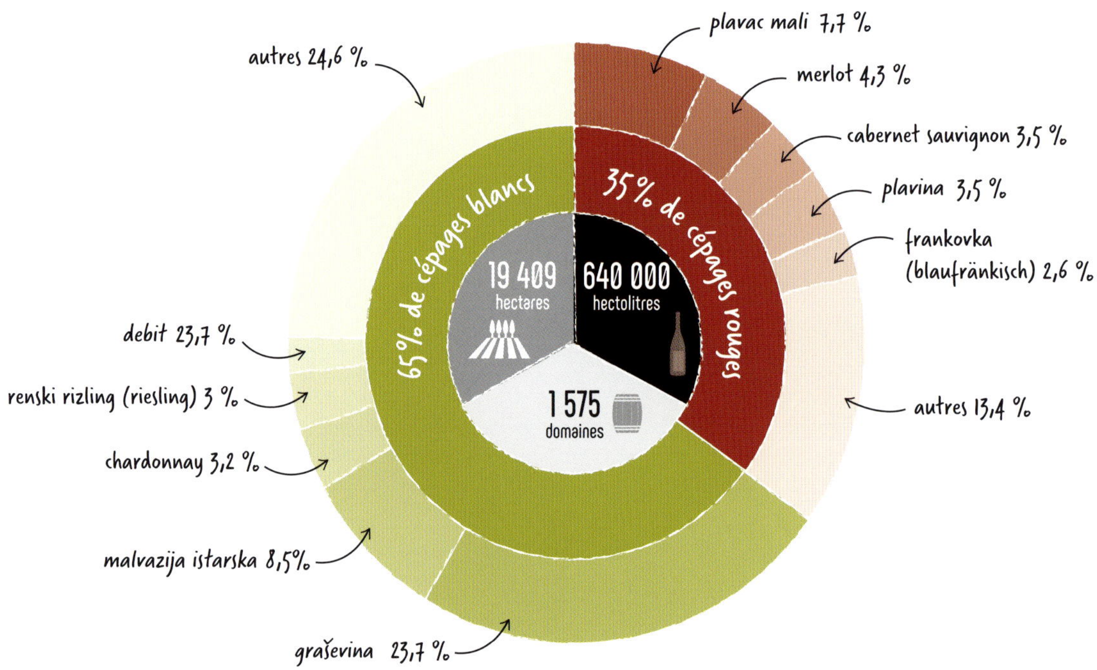

Avec 210 cépages plantés, dont 120 variétés endémiques, la Croatie possède l'un des patrimoines viticoles les plus riches au monde. Sur les 20 cépages majoritaires, 11 sont autochtones et représentent plus de 55 % de l'encépagement. Les trois variétés croates emblématiques sont la graševina et la malvazija istarska en blanc, le plavac mali en rouge. Ils représentent à eux seuls 40 % du vignoble. Celui-ci se divise en 4 régions viticoles : Istrie et Kvarner au nord-ouest (16,5 % de la surface viticole), Dalmatie au sud, le long de la mer Adriatique (32,3 %), Croatie continentale au nord (19,9 %) , Slavonie et Danube au nord-est (31,3 %).

→ Taillée dans le calcaire, cette parcelle du domaine Stina, sur l'île de Brač, culmine à 650 m et plonge dans la mer Adriatique avec des pentes à 65 %.

Istrie et Kvarner

Cette région viticole englobe la péninsule triangulaire d'Istrie, près de la frontière italienne et le golfe de Kvarner, à l'est. Son climat unique, où la chaleur méditerranéenne rencontre le froid venant des Alpes, apporte une bonne acidité dans les vins et convient bien aux cépages endémiques *malvazija istarska* en blanc et *teran* en rouge, qui à eux deux représentent près des deux tiers du vignoble. La région compte 37 % de cépages rouges pour 63 % de blancs. Le parc naturel d'Učka et le parc national de Risnjak aident à la préservation de la biodiversité. On y trouve aussi de la truffe blanche et l'une des meilleures productions d'huile d'olive au monde !

POINTS-CLÉS

latitude	45°43'-44°86' N
altitude	0-45 m
climat	méditerranéen
pluviométrie	élevée, 1500 mm par an
surface totale du vignoble	3 195 hectares
production	88 200 hectolitres
type de sols	principalement des sols rouges de terra rossa, riches en argile, et quelques sols composés de calcaire
les cinq principaux cépages	*malvazija istarska* 54 % merlot 9,5 % *teran* 8,3 % cabernet sauvignon 6,4 % chardonnay 5 %

LE SAVIEZ-VOUS ?

Le *teran*, un cépage rouge endémique de l'Istrie, est apprécié pour son acidité élevée, ses arômes de fruits noirs et de poivre moulu et son potentiel de vieillissement. Il était pourtant proche de la disparition au début des années 2000, au profit de cépages bordelais. Grâce à des vignerons visionnaires comme Moreno Coronica, il a été remis au goût du jour et c'est désormais le troisième cépage le plus planté dans la région.

INCONTOURNABLE

Vinistra, à Poreč, en Istrie, est un salon viticole de référence qui a lieu chaque année au mois de mai. L'occasion de goûter la production des vignerons d'Istrie et des autres régions croates, ainsi que de délicieux produits issus de l'agriculture locale, tels que l'huile d'olive, le miel ou encore le fromage de vache, de brebis et de chèvre !

Au domaine Coronica, on utilise le cheval pour une grande partie des travaux de la vigne.

COUPS DE CŒUR

Vin blanc

- **Malvazija Istarska 2015** du domaine Radovan : *malvazija istarska* 100 %, élevé 3 mois sur lies fines en cuve inox.
  Un vin subtil et délicat, avec des notes iodées et florales, se terminant par une jolie amertume en bouche. On s'en délecte avec un poisson grillé, généreusement arrosé d'huile d'olive d'Istrie.

Vin rouge

- **Gran Teran 2012** du domaine Coronica : *teran* 100 %, élevé 3 ans en fûts de chêne de plusieurs vins.
  Un vin racé et élégant, aux arômes de mûre, de myrtille et d'épices. Un vin de gastronomie, aux tannins fondus, avec une longueur immense en bouche, qui accompagne à merveille un plat de pâtes fraîches au fromage de brebis et à la truffe.

Le domaine Radovan se développe sur des sols rouges de terra rossa où se plaît la *malvazija istarska*.

LE POINT DE VUE WINE EXPLORERS

L'Istrie est une région de premier rang pour tout amateur de grands vins, de gastronomie et de randonnées. Avec plus de 70 domaines ouvrant leurs portes au public et une course à pied dans les vignes célébrant les vendanges en septembre (Istrian Wine Run), le dynamisme œnotouristique de la région donne un atout supplémentaire à son charme.

PORTRAIT

Moreno Coronica
vigneron au domaine Coronica
né en Croatie (Umag) en 1962

Producteur de vin emblématique du nord de l'Istrie, à Umag, il poursuit avec passion une tradition viticole vieille de trois générations sur la propriété familiale de 23 hectares. Avec son père Ottaviano, il introduit au milieu des années 1990 des technologies modernes de vinification à la cave, révolutionnant et améliorant la qualité des vins de l'époque.

« *Un bon vin est avant tout un compagnon de voyage : il nous raconte une histoire et nous fait nous évader. Je suis fier d'avoir cru dans le potentiel du teran dès la fin des années 1990, une variété presque éteinte à l'époque en Croatie et qui aujourd'hui fait la fierté de tous les viticulteurs d'Istrie. Son caractère aussi épicé que végétal et minéral, supportant très bien les élevages prolongés en barrique, en font un cépage unique. Il fait partie de notre identité !* »

Dalmatie

La Dalmatie est plantée à 60 % en rouge et les cinq cépages majoritaires sont tous endémiques ; ils représentent plus de 50 % de la surface viticole. La région se divise en trois zones. Avec son climat méditerranéen, le nord, qui s'étend de l'ile de Vir à Primošten, est favorable aux cépages rouges *babić*, *plavina* et *lasina*. Avec son climat continental plus frais, l'arrière-pays, séparé de la mer par les montagnes de Mosor et Biokovo, est favorable aux cépages blancs *debit*, *trbljan*, *ninčuša* et *kujundžuša*. Avec un climat méditerranéen doux, typique du bassin adriatique, la partie centrale et méridionale, incluant de nombreuses îles et la presqu'ile de Pelješac, est le terrain de jeu favori des cépages *pošip*, *zlatarica* et *grk* en blanc, *plavac mali* et *babić* en rouge.

POINTS-CLÉS

latitude	43°1'-44°5' N
altitude	0-600 m
climat	méditerranéen (sur la côte et les îles), tendance continentale dans l'arrière-pays ; températures moyennes entre 13 et 16,5 ° C
pluviométrie	700 à 850 mm sur la côte, 900 à 1 100 mm dans les terres
surface totale du vignoble	6 264 hectares
production	350 000 hectolitres
type de sols	mosaïque composée principalement de sables éoliens, de calcaires, de dépôts d'alluvions quaternaires et de sols anthropiques
les cinq principaux cépages	*plavac mali* 27 % *plavina* 9,2 % *debit* 6,7 % *babić* 5 % *pošip* 5 %

LE SAVIEZ-VOUS ?

Le zinfandel, cépage rouge planté majoritairement en Californie, également connu sous le nom de « primitivo » dans les Pouilles, est en réalité un cépage croate originaire de Dalmatie centrale, dont le nom d'origine est le *tribidrag*. Fait amusant, le *tribidrag* est, avec le cépage rouge *dalmate dobričić*, l'un des parents du *plavac mali*.

INCONTOURNABLE

Prendre le bateau et visiter les îles viticoles dalmates ! Sur les 1 185 îles que compte la Croatie, celles de la côte dalmate abritent parmi les plus beaux vignobles du monde, comme celles de Brač, Hvar ou encore Korčula. Après la visite des caves, le must est de savourer un bon repas dans une konoba, l'auberge traditionnelle croate.

Vignoble du domaine Bire, autour de Lumbarda, sur l'île de Korčula, berceau du cépage *grk*.

COUPS DE CŒUR

Vin blanc

Posip majstor du domaine Stina : *pošip* 100 %, élevé 10 mois sur lies fines, avec 50 % en fût de chêne et 50 % en cuve inox.
Un vin complexe, d'une grande précision et tout en retenue. Il se dévoile pleinement en bouche où il développe une tension et une minéralité très pures. Un grand blanc de gastronomie !

Vin rouge

Babić 2015 du domaine Suha Punta : *babić* 100 %, élevé 12 mois en barriques neuves.
Toute la magie du terroir de Primošten, où la pierre blanche des sols et des murets qui entourent les pieds de vignes reflètent toute l'intensité du soleil dans les baies de raisin. Un vin alliant puissance, générosité et finesse. Taillé pour la garde !

LE POINT DE VUE ★ WINE EXPLORERS ★

Les grands domaines croates, avec leurs cépages autochtones et leurs vignobles aux paysages de cartes postales, sont légion en Dalmatie. Que l'on déguste les vins de domaines viticoles situés sur le littoral ou bien sur les îles, il est facile de ressentir toute l'énergie des lieux dans chaque bouteille de vin dalmate.
Une région viticole grandiose !

La pierre blanche de l'île de Brač est prisée dans le monde entier.
Elle a même servi à la construction de la Maison-Blanche.
Dans le vignoble, comme ici au domaine Stina, elle réfléchit la lumière du soleil sur les pieds de vigne.

PORTRAIT

Frano Bire
vigneron
au domaine Bire
né en Croatie
(Dubrovnik) en 1965

Frano vit à Lumbarda, un petit village de l'est de l'île de Korčula où il habite depuis qu'il est petit. Enfant, il passe une partie de ses journées avec ses grands-parents dans le vignoble familial ; il les aide aux travaux de la vigne. Après des études en électronique, il décide de retourner à ses racines pour faire du vin au domaine Bire. Un amour pour la vigne qui ne le quittera plus jamais !

« *J'adore Korčula, car c'est la seule île de toute la Dalmatie où l'on cultive le grk. J'aime le caractère et la nature insulaire de ce cépage rare et d'une grande complexité. Vivre sur une île n'est pas compliqué, c'est plutôt un choix qui invite à la philosophie. Si la tempête se lève, il faut prendre son mal en patience, car aucun bateau ne navigue à ce moment-là. Seul le travail des sols pierreux est difficile ici.* »

DANEMARK

74e vignoble mondial

pays producteur **75e**

Officiellement reconnue depuis 2000, la viticulture danoise est l'une des plus jeunes d'Europe. Malgré le positionnement septentrional de son vignoble, la viticulture s'y est développée rapidement à partir du début des années 1990 grâce au réchauffement climatique et à un encépagement tourné vers les cépages hybrides résistants. On y compte désormais une centaine de domaines commerciaux

UN PEU D'HISTOIRE

La viticulture danoise apparaît au début des années 1990, lorsqu'un petit groupe d'amateurs enthousiastes commence à planter du raisin à titre expérimental. Très vite, ils s'associent pour partager leur expérience et unir leurs forces. Ils créent en juin 1993 une association qui compte alors huit membres : Foreningen af Danske Vinavlere (FDV, pour « association des viticulteurs danois »). Le succès de ces nouveaux vignerons suscite de nouvelles vocations et les vignobles se multiplient rapidement dans le pays. Depuis juin 2000, la production commerciale de vin au Danemark est soumise à la législation européenne sur la viticulture et la vinification. La FDV, qui a été rebaptisée Foreningen Dansk Vin (pour « association du vin danois ») au printemps 2017 lors de l'assemblée générale annuelle, compte aujourd'hui près de 1 400 membres, dont 104 sont des domaines commerciaux ; les autres sont des amateurs passionnés.

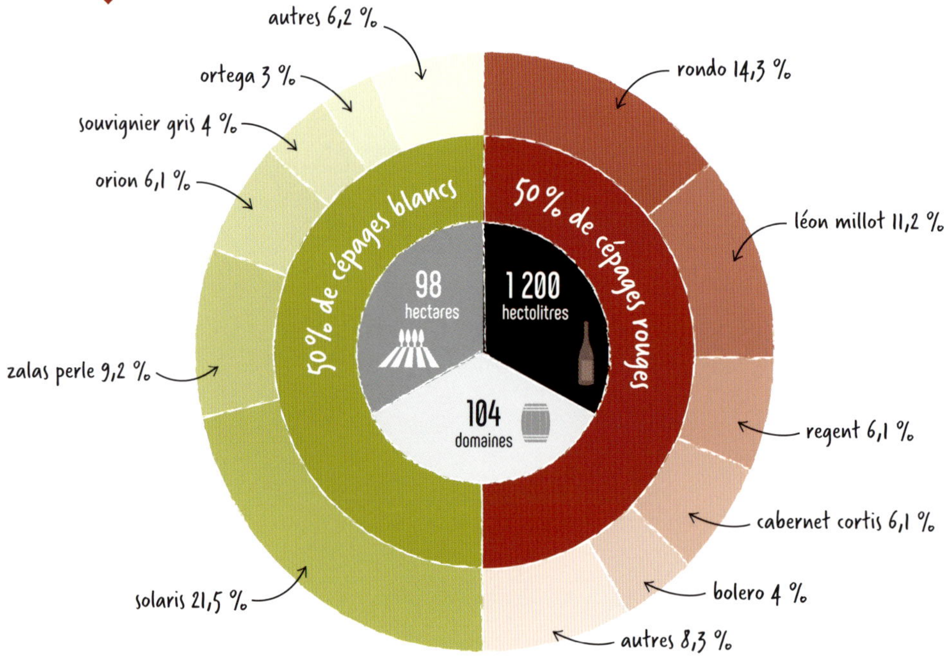

Entre 5 et 10 hectares chacun, les 10 principaux domaines totalisent 52 % du vignoble. Les autres producteurs ont entre 500 et 2 000 pieds de vigne chacun, soit environ 0,25 à 0,5 hectare. Les vignobles sont principalement répartis sur le littoral où, avec des vents d'ouest prédominants, le climat tempéré offre une protection contre les gelées nocturnes du début de l'automne. Il y a 4 régions viticoles principales : à l'ouest, la partie continentale du pays avec la péninsule de Jutland et ses 34 domaines ; au centre, l'île de Fionie avec 15 domaines ; vers l'est, l'île de Seeland avec 37 domaines ; au sud-est, les îles de Lolland et de Falster avec 9 domaines. Un vignoble se trouve également sur l'île de Bornholm, isolée à l'est du pays. Entre les 54e et 57e parallèles Nord, cette viticulture nordique oblige les vignerons à planter plus de 90 % de cépages hybrides.

→ Vignoble de Skærsøgaard, fondé par Sven Moesgaard sur la péninsule de Jutland. L'un des plus beaux domaines viticoles danois.

île de Seeland

Principale île du Danemark, c'est aussi la région productrice la plus importante du pays. Avec les précipitations les plus faibles et le climat le plus ensoleillé du pays, l'île de Seeland bénéficie des conditions de croissance les plus favorables pour la viticulture, notamment à l'ouest, le long du détroit du Grand Belt, où les vignobles sont plantés sur de belles pentes exposées sud. Les températures moyennes sont comprises entre 0 °C en hiver et 15 °C en été. De plus, avoir un vignoble autour du 55e parallèle Nord permet un ensoleillement maximal en été, la nuit ne tombant pas avant 23 h. Au cours des dernières décennies, le réchauffement climatique a permis de prolonger la période végétative de trois semaines.

POINTS-CLÉS

latitude	55°02'-56°08' N
altitude	inférieure à 100 m, topographie relativement plate
climat	océanique
pluviométrie	650 mm
surface totale du vignoble	53 hectares
production	650 hectolitres
type de sols	argile et sable majoritairement
les cinq principaux cépages	rondo 25 % solaris 20 % phoenix 10 % léon millot 8 % regent 8 %

LE SAVIEZ-VOUS ?

Créé en 2008, le domaine Dyrehøj est le plus grand producteur de vin au Danemark. Situé à Kalundborg, sur une péninsule au nord-ouest de l'île de Seeland, le vignoble fait face au fjord de Kalundborg. On y compte environ 30 000 pieds de vigne sur 10 hectares de vignoble, principalement plantés en blanc : solaris, muscaris, johanniter et souvignier gris, avec un peu de cabernet cantor en rouge.

INCONTOURNABLE

Visiter le domaine Kelleris, situé dans le nord de l'île de Seeland, près de la côte de l'Øresund. L'occasion de découvrir l'un des domaines danois les plus prometteurs, d'admirer la maison avec ses deux tours et le chai voûté, tous deux d'inspiration bordelaise. Puis rencontrer Susanne et Søren Hartvig Jensen, un couple de vignerons adorables ! Sur rendez-vous uniquement.

Le domaine Kelleris, à Kvistgård, est l'un des rares spécialisés dans la production de vins rouges au Danemark.

COUP DE CŒUR

Vin rouge

- **Utopia Rondo 2006** du domaine Kelleris : rondo 100 %, non filtré, élevé 9 mois en barriques hongroises neuves.
  De jolis arômes de fruits noirs, d'épices, de feuille de tomate et de paprika. Un vin surprenant par sa fraîcheur, facile à boire, aux tannins bien intégrés. Délicieux avec un poulet rôti au persil et des pommes de terre sautées à l'ail ! Un vin qui semble faire l'unanimité dans les concours de dégustations, à en juger par le nombre de médailles qui ornent fièrement cette bouteille…

Vignoble du domaine Dyrehøj, planté au nord-ouest de l'île de Seeland.

LE POINT DE VUE WINE EXPLORERS

Bien que les vins soient vendus entre 15 et 30 euros, un prix élevé en raison d'investissements fonciers importants, ils suscitent un intérêt certain auprès des consommateurs. Leur fraîcheur et leur originalité, avec des cépages que l'on n'a pas l'habitude de déguster, leur donne un certain charme.

PORTRAIT

Søren Hartvig Jensen
propriétaire
du domaine Kelleris
né au Danemark
(Copenhague) en 1965

Il grandit dans une ferme à la campagne. Passionné par la mécanique et l'agriculture, il suit une formation d'ingénieur puis rejoint l'entreprise familiale, spécialisée dans la vente de machines agricoles. Son travail l'amène à voyager dans le monde entier. Il découvre la magie de la viticulture en Australie, au Canada, en Italie, en France, en Espagne et aux États-Unis. En 2001, il se lance dans l'aventure et crée son propre vignoble au Danemark.

« *De simple hobby au départ, le domaine Kelleris est rapidement devenu un projet de vie à temps plein, avec un premier millésime commercial en 2005. Être vigneron au Danemark symbolise une viticulture à la limite du possible. C'est une équation complexe, surtout dans le choix des cépages. Certaines années, le temps froid et humide du début de l'été nuit à la pollinisation et réduit considérablement la fructification, offrant de petites récoltes et un réel manque à gagner.* »

ÉGYPTE

Beheira

62e vignoble mondial

pays producteur 56e

À mi-chemin entre le delta du Nil et le désert, deux domaines viticoles s'évertuent à cultiver la vigne et à produire des vins corrects, dans des conditions climatiques extrêmes, où les températures caniculaires et la salinité des sols sont en permanence au cœur de l'équation.

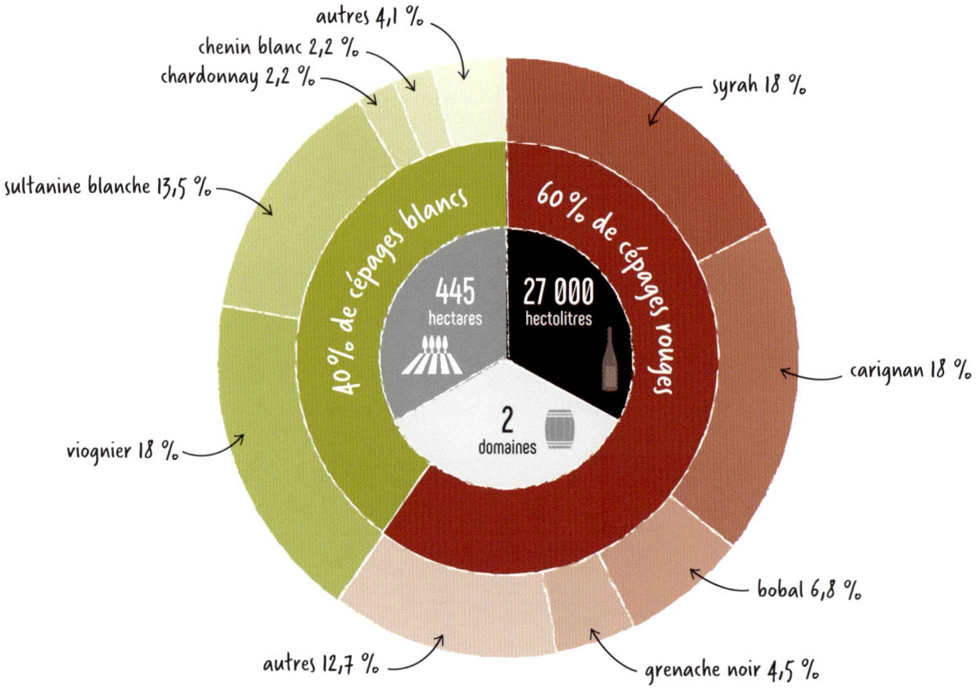

UN PEU D'HISTOIRE

L'Égypte consomme du vin depuis plus de 6 000 ans, comme en attestent les jarres contenant des vins résinés retrouvées dans la tombe de Scorpion Ier, roi qui régna vers 3200 av. J.-C. Toutefois, la vigne n'a jamais poussé à l'état sauvage dans le pays. C'est vers 2500 av. J.-C., sous le règne de Djéser, premier roi de la IIIe dynastie, que la première mention d'une élaboration indigène de vin est faite, avec des vignes que l'on présume provenir du Moyen-Orient. Bien plus tard, entre les VIIe et XIIe s., la conquête musulmane marque l'arrêt de la viticulture. Il faut attendre 1882 pour voir la production viticole relancée par Nestor Gianaclis, un marchand de tabac gréco-égyptien, qui fonde le domaine de Gianaclis, le premier vignoble moderne du pays.

POINTS-CLÉS

latitude	autour du 30° N
altitude	0-100 m
type de sols	sols sableux très pauvres, enrichis en matière organique pour apporter à la vigne les nutriments nécessaires à sa croissance

Un climat méditerranéen à tendance désertique, des températures estivales dépassant fréquemment les 50 °C en été, pendant la période de croissance des raisins, et des précipitations annuelles quasi négligeables (50 à 100 mm) imposent l'irrigation des vignes. Pour cela, des forages sont effectués entre 100 et 300 m de profondeur pour trouver de l'eau douce. Des solutions innovantes, telles que la plantation de palmiers entre les parcelles pour les protéger du vent, ainsi que le transport de la récolte dans des camions frigorifiques, permettent un travail qualitatif. Plus de 70 % de la production est absorbée par le tourisme et l'export est insignifiant. Plus de la moitié du vin produit et embouteillé dans le pays provient de raisins importés, notamment de France et d'Afrique du Sud.

Au domaine de Gianaclis, à 30 km environ au sud d'Alexandrie, des travailleurs à la tâche. À l'arrière-plan, un tube au sol pour l'irrigation et de la vigne conduite en lyre.

LE POINT DE VUE
WINE EXPLORERS

On peut déguster aujourd'hui en Égypte quelques vins qualitativement bons, agréables et frais, au prix d'un travail acharné à la vigne pour amener les raisins à maturité et d'une grande précision au chai pour réussir à garder de la fraîcheur dans les vins. Toutefois, les ressources limitées en eau douce pourraient manquer à court terme.

PORTRAIT

Sébastien Boudry
Ingénieur agronome et œnologue
au domaine de Gianaclis
né en France en 1973

Diplômé d'agronomie et d'œnologie, il fait ses premiers stages dans le Médoc, au château Lafite Rothschild, pour le groupe Ginestet, et à l'Union de producteurs de Saint-Émilion, avant de rejoindre le domaine de Gianaclis de 1999 à 2004, puis à partir de 2007. De 2005 à 2007, il a été directeur technique du château Laffitte Carcasset à Saint-Estèphe.

« *Notre plus gros défi sont les vagues de chaleur en été lorsque la température peut atteindre 50 °C et que la vigne doit survivre avant de produire des sucres. Nous devons aussi composer avec la salinité de l'eau dans les sols. Après plusieurs essais de treillage, c'est la taille en cordon avec des vignes à 50 cm au-dessus du sol qui a été retenue, pour éviter les coups de soleil sur les raisins, qui restent davantage à l'intérieur des feuilles. Tous ces efforts nous permettent de rentrer au chai une vendange saine.* »

ÉQUATEUR

79e vignoble mondial

pays producteur **70e**

En Équateur, pays proche de la latitude zéro au climat chaud et humide, l'impensable a été réalisé, repoussant toujours plus loin les limites de la viticulture moderne en milieu extrême : récolter des raisins de qualité issus de cépages internationaux – comme le cabernet sauvignon, le merlot ou encore le chardonnay – et produire de bons vins.

UN PEU D'HISTOIRE

Les premières vignes sont plantées par les conquistadores espagnols en 1544 à Pomasqui, près de Quito, sous la supervision du capitaine Rodrigo de Ocampo. En 1595, comme dans les autres pays d'Amérique colonisés par l'Espagne, le Conseil des Indes interdit la plantation de vignoble et la production de vin, car celle-ci interfère avec la production de la métropole. En 1866, la viticulture est relancée à Ambato par Nicolás Martínez Vásconez, gouverneur de la province de Tungurahua. En 1881, il envoie en France son fils Anacarsis qui revient avec de nouveaux cépages et de l'équipement moderne pour la vinification. La production de vin s'arrête en 1930, à la mort d'Anacarsis. Au cours du xxe s., d'autres essais de plantation sont entrepris dans la même région, sans réel succès. Il faut attendre les années 1990 pour que deux domaines, Chaupi Estancia près de Quito au nord puis Dos Hemisferios à Playas au sud, inscrivent définitivement le pays sur la carte viticole mondiale.

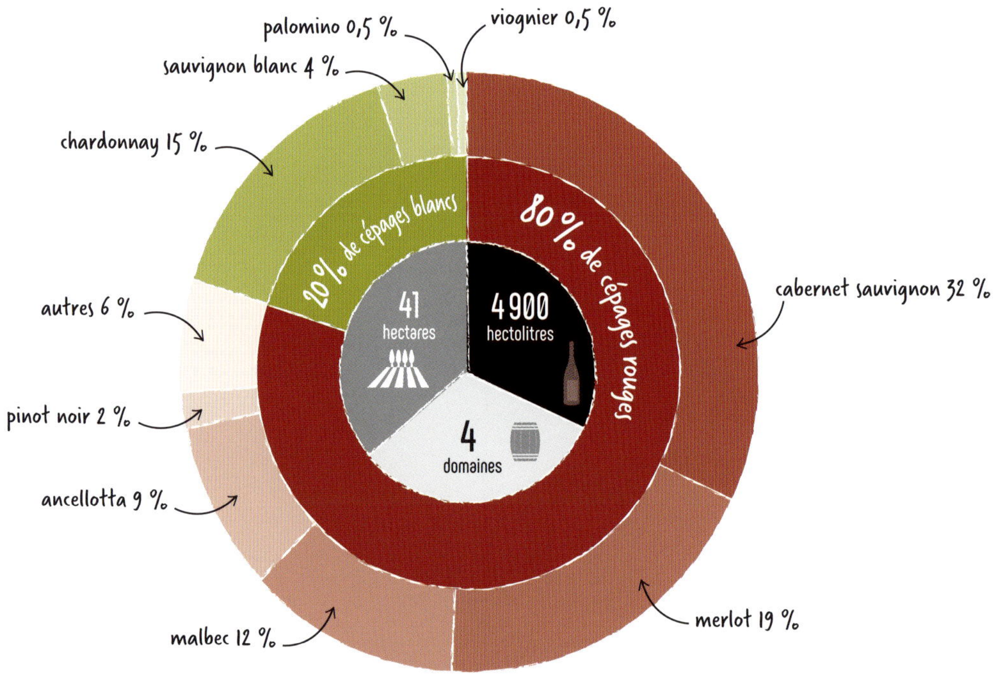

Avec à peine 40 hectares plantés, l'Équateur possède l'un des plus petits vignobles au monde. Le climat équatorial du pays – températures comprises entre 20 à 30 °C pour 70 à 95 % d'humidité – permet jusqu'à deux vendanges par an. Bien que la consommation de vin ne soit que d'un litre et demi par habitant et par an, ce sont près de 95 % de la production viticole qui sont consommés localement.

→ Le Caracara du Nord domine majestueusement la vigne du domaine Dos Hemisferios.

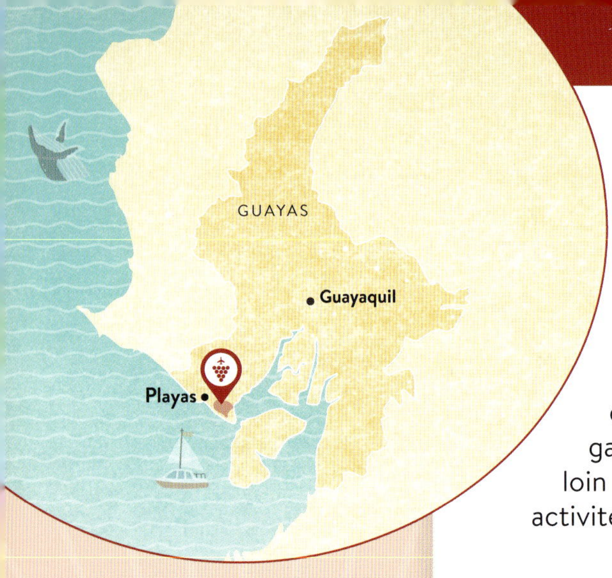

Playas

C'est à Playas, au sud, que se concentrent 90 % de la viticulture équatorienne, rendue possible grâce au courant de Humboldt, un courant marin de surface parcourant l'océan Pacifique. Celui-ci est constant et rafraîchit les vignobles la nuit, permettant aux raisins de gagner en concentration et en fraîcheur. Ici, les vignes sont plantées non loin des champs de bananiers et des plantations de cacaoyers, les principales activités agricoles de la région.

POINTS-CLÉS

latitude	2°6' S
altitude	10-50 m
climat	équatorial
pluviométrie	260 mm
hygrométrie moyenne	80-85 %
surface totale du vignoble	37 hectares
production	4 200 hectolitres
type de sols	sols sablonneux avec une forte proportion d'argile et un sous-sol à tendance calcaire
les cinq principaux cépages	cabernet sauvignon 35 % merlot 20 % chardonnay 15 % malbec 12 % ancellotta 9 %

LE SAVIEZ-VOUS ?

Il arrive parfois qu'au moment de la vinification, après la fermentation alcoolique, la teneur naturelle en sucre dans le moût soit insuffisante. C'est le cas en Équateur, dont les moûts titrent entre 10 et 11 °. Il faut donc chaptaliser les vins, c'est-à-dire ajouter du sucre pour augmenter le taux d'alcool. Dix-sept grammes de sucre par litre de moût entraînent la formation d'un degré supplémentaire d'alcool.

INSOLITE

Du fait de la proximité avec l'équateur terrestre, les radiations UV dégagées par le soleil sont très importantes dans le pays. Les travailleurs de la vigne sont donc obligés de protéger intégralement leur corps, en mettant au minimum un pantalon, des manches longues et un foulard sur le visage, malgré les températures élevées et la forte humidité dans l'air.

Taille de la vigne au domaine Dos Hemisferios.

COUP DE CŒUR

Vin rouge

- **Paradoja 2015** du domaine Dos Hemisferios : malbec 50 %, cabernet sauvignon 50 %, élevé 18 mois en barriques neuves, puis 6 mois en bouteille.
  Servi légèrement frais (15 °C) car bu sous un soleil de plomb et par 90 % d'humidité, ce vin rouge surprend par la finesse de ses tannins et sa complexité aromatique. Il accompagne très bien la *fritada*, plat local composé de viande de porc, de banane *maduro* et de maïs grillé.

Dégustation avec Abel Furlan, l'œnologue de Dos Hemisferios, à l'ombre des vignes d'ancellotta, plantées en pergola.

LE POINT DE VUE WINE EXPLORERS

Le chai du domaine Dos Hemisferios est construit sur le principe d'une chambre froide géante pour l'élaboration des vins. Grâce à cet équipement de pointe, la vinification se fait avec succès et, contre toute attente, avec des cépages internationaux. Un véritable exploit !

PORTRAIT

Guillermo Wright
fondateur
de Dos Hemisferios
né en Équateur (Quito)
en 1953

Ancien vice-président de la Corporación Favorita, la plus grande entreprise privée d'Équateur, où il a travaillé pendant trente ans, Guillermo se lance dans la vigne pour sa retraite en 1999, avec 6 hectares. Voyant que ce qu'il considère au début comme un passe-temps s'avère concluant, il décide de transformer cette activité en un domaine viticole commercial, plantant 31 hectares supplémentaires et construisant une cave de 3 300 m², d'une capacité de 500 000 litres. Guillermo voit grand et rêve de planter 100 hectares d'ici 2025 !

« *J'essaie de transmettre à mes employés ma passion pour la viticulture. Je suis fier d'avoir réussi à produire des vins qualitativement reconnus, là où tous les experts prévoyaient le contraire. Ce paradigme largement répandu dans le monde entier a été brisé.* »

ESPAGNE

1er vignoble mondial
pays producteur 3e

Premier vignoble mondial, l'Espagne séduit par ses cépages autochtones, ses vins singuliers, son mode de vie décalé et festif, et la diversité de son terroir. Celui-ci s'étend sur toute la péninsule, mais aussi dans les îles Baléares au cœur de la Méditerranée ou les Canaries, dans l'Atlantique, au large du Maroc.

UN PEU D'HISTOIRE

Les vignobles de la région de Jerez en Andalousie sont plantés au IXe s. av. J.-C., lorsque les Phéniciens fondent le poste de commerce de Gádir (actuelle Cadix). À l'arrivée des Romains au IIIe s., la péninsule prend le nom d'Hispanie. L'invasion germanique au début du Ve s., puis la conquête musulmane entre 711 et 1492 réduisent considérablement la viticulture, bien qu'elle reste tolérée. À partir de 1492, une partie de la production est destinée aux conquistadores, qui dépensent plus d'argent en vin pour leur équipage qu'en armement. Le secteur viticole entame sa modernisation au XIXe s. On s'inspire alors du Bordelais dans la région de la Rioja en introduisant du cabernet sauvignon et du merlot, et de la Champagne en Catalogne où Josep Raventós i Fatjó produit le premier cava en 1872. Le phylloxéra envahit le pays à partir de 1877. Sous l'Espagne franquiste, l'industrie tourne à plein régime. Les appellations d'origine (DO) sont mises en place à partir de 1970. En 1980, on comptait 1 642 622 hectares de vignes !

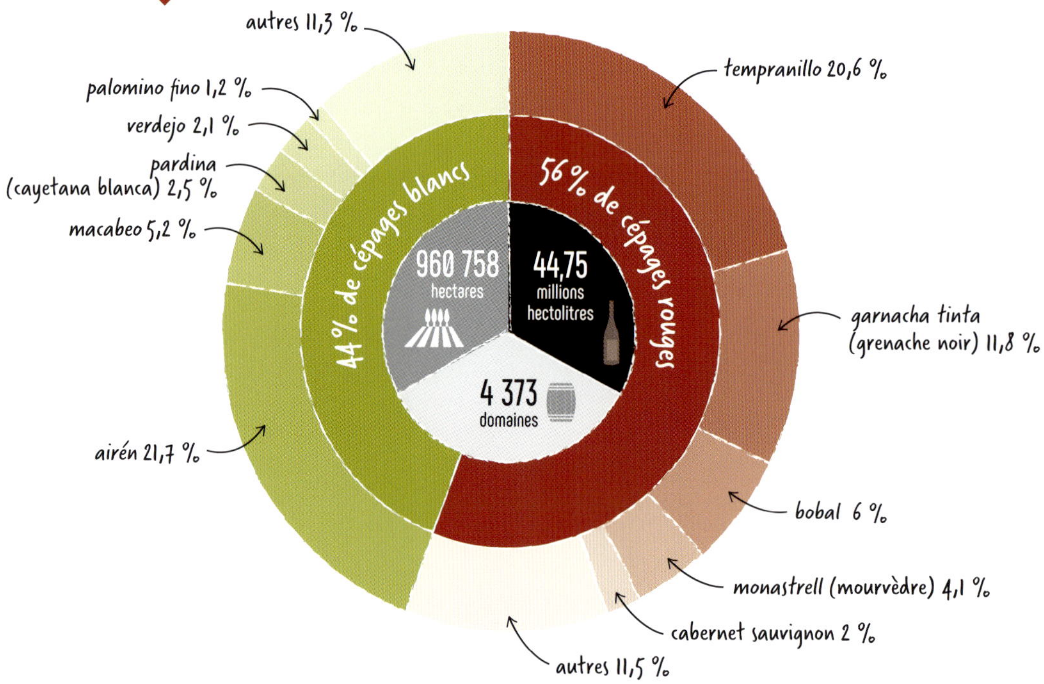

Malgré plus de 400 cépages plantés sur tout le territoire, 80 % de la production proviennent d'une vingtaine de variétés seulement. Chacune des 17 communautés autonomes espagnoles et des 50 provinces qui les composent produit du vin. Les principales régions viticoles sont la Castille-La Manche au centre, de loin la plus grande avec 49,3 % du vignoble, viennent ensuite l'Estrémadure (9 %), la Castille-et-León (7,1 %), Valence (6,4 %), la Catalogne (5,8 %) et la Rioja (5,5 %). Les 11 autres divisions administratives se partagent un peu moins de 17 % du vignoble. Le pays exporte plus de 22 millions d'hectolitres de vin par an, valorisés à environ 2,8 milliards d'euros, principalement à destination de la France (24,3 % des volumes), de l'Allemagne (16,23 %), du Portugal (7,30 %), de la Chine (6,17 %) et du Royaume-Uni (6,16 %).

→ Vignoble de Bodegas Moraza, au pied du mont Toloño, dans la Rioja Alta.

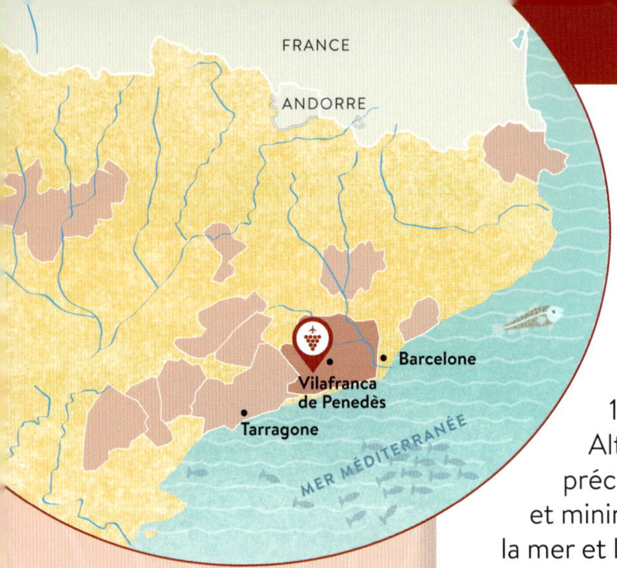

Penedès

Le Penedès se situe au nord-est de l'Espagne, au cœur de la dépression catalane, entre les montagnes intérieures et les petites plaines de la côte méditerranéenne. Il représente à peine 1,9 % du vignoble espagnol, et compte 137 domaines. On y trouve 3 aires distinctes : le Penedès supérieur (Alt Penedès, Alt Camp, Anoia et Baix Llobregat) près des montagnes intérieures, où les précipitations sont plus fréquentes et le contraste entre les températures maximales et minimales plus important ; le Penedès maritime (Baix Penedès et Garraf), entre la mer et les collines côtières, plus tempéré par l'influence et la proximité de la mer ; le Penedès central constitué par la plaine entre ces deux régions, qui combine leurs deux microclimats.

POINTS-CLÉS

latitude	41°16'-41°58' N
altitude	0-800 m
climat	méditerranéen
pluviométrie	610 mm
surface totale du vignoble	17 894 hectares
production	145 200 hectolitres
type de sols	sols pauvres en matière organique, principalement sablonneux, argileux et perméables, avec une bonne rétention d'eau
les cinq principaux cépages	*xarello* 29,3 % *macabeo* 15,9 % merlot 11,2 % *parellada* 10,1 % chardonnay 7,6 %

LE SAVIEZ-VOUS ?

La DO Penedès est la première appellation de vin effervescent 100 % bio du monde. Depuis 2014, le label « Clàssic Penedès » qui garantit au consommateur un vin effervescent élevé en méthode traditionnelle avec un élevage minimum de 15 mois sur lies en cave, des raisins issus exclusivement de la région et cultivés en bio !

INCONTOURNABLE

Visiter Parès Balta, à Pacs del Penedès, à 15 minutes au nord-ouest de Vilafranca del Penedès. Un domaine familial datant de 1790, où la vigne est cultivée en biodynamie et où les vins sont vinifiés par Elena Jiménez et Marta Casas, deux œnologues passionnées. On y découvre toute la richesse du terroir du Penedès, en vins tranquilles comme en vins effervescents.

Domaine Raventós i Blanc, près de Sant Sadurní d'Anoia, où l'on produit des vins effervescents d'une grande finesse.

COUPS DE CŒUR

Vin effervescent

De la Finca 2014 du domaine Raventós i Blanc : *xarello* 50 %, *macabeo* 40 %, *parellada* 10 %, élevé 18 mois sur lies fines, bio.
Un vin aux arômes de noisette, de fleurs blanches et de granite, avec une bulle très fine et une finale saline. Magnifique !

Vin blanc

Espenyalluchs 2015 du domaine Enric Soler : *xarello* 100 %, élevé 9 mois en fûts de chêne français, bio.
Ce vin apporte la preuve irréfutable que le *xarello* peut produire des crus exceptionnels en monocépage, lorsqu'il est vinifié avec beaucoup d'amour… Difficile de mettre des mots devant tant de finesse.

Vin rouge

El Missatger 2016 du domaine Pujol Cargol (DO Empordà) : *samsó* 100 %, élevé 12 mois en cuve béton. Ce vin d'une autre appellation de Catalogne est profond, avec des arômes de prune, de réglisse et de mûre. La bouche garde beaucoup de fraîcheur, de mâche et une grande longueur. Gagne à être carafé.

Les ceps de *xarello* du domaine Enric Soler, comme ceux de nombreuses vignes de la région, dépassent souvent les 70 ans.

LE POINT DE VUE ★ WINE EXPLORERS ★

Parmi les vignobles les plus au nord de l'Espagne donnant sur la Méditerranée, le Penedès a les atouts pour produire des vins blancs de caractère, aussi bien en assemblage qu'en monocépage. Ses vins effervescents sont tendus et délicats. Avec de petits rendements, le *xarello*, cépage autochtone de la région, donne des blancs complexes.

PORTRAIT

Enric Soler
fondateur du domaine Enric Soler
né en Espagne (Vilafranca del Penedès) en 1966

Enric étudie la sommellerie à Barcelone, puis se perfectionne dans la dégustation à l'université de Bordeaux. Il travaille quelques années comme sommelier et remporte le concours du meilleur sommelier d'Espagne en 1997. En 2004, il crée son domaine dans le Penedès et cultive en bio des vignes de *xarello*. Il enseigne également l'œnologie et la dégustation à l'université de Barcelone.

« *J'ai toujours été passionné par le vin, avec une admiration toute particulière pour les grands blancs de Bourgogne. Rien ne me procure plus de joie que de boire un bon vin en bonne compagnie. À la mort de mon grand-père, j'ai eu l'opportunité de reprendre son petit vignoble, avec des ceps de xarello de 70 ans ! Je suis fier de sensibiliser les gens sur le potentiel de ce cépage, qui encore aujourd'hui n'est pas apprécié à sa juste valeur.* »

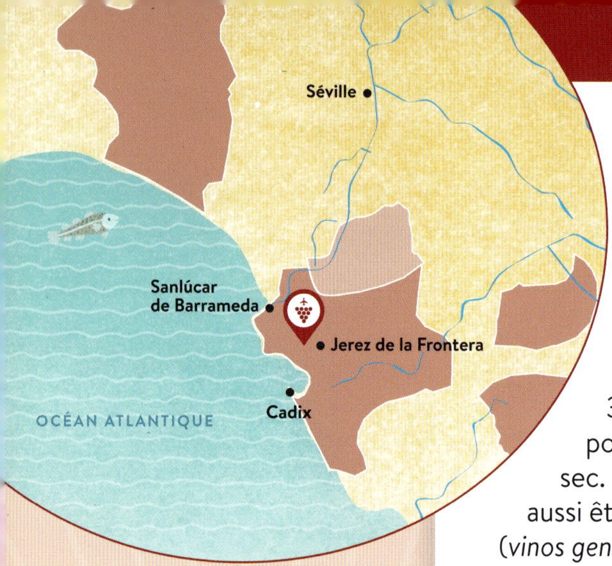

Marco de Jerez

Au nord-est de Cadix, la région compte 81 domaines pour 0,7 % du vignoble espagnol pour produire les fameux vins de xérès, aussi appelés sherry. Seuls 3 cépages blancs y sont autorisés et l'irrigation est interdite. Climat unique avec 3 100 heures de soleil par an et deux vents dominants au printemps et en été : le ponant venant de l'ouest, froid et humide, et le levant venant du sud-est, chaud et sec. Bien que la majorité des vins de xérès soient secs (*vinos generosos*), ils peuvent aussi être naturellement doux (*vinos dulces naturales*) ou encore sucrés par assemblage (*vinos generosos de licor*). Deux dénominations d'origine existent depuis 2010. La DO Jerez-Xérès-Sherry concerne les catégories *fino*, *amontillado*, *oloroso*, *palo cortado*, *dry*, *pale cream*, *medium*, *cream*, *moscatel*, *pedro ximénez* et *dulce*. La DO Manzanilla-Sanlúcar de Barrameda, pour la catégorie *manzanilla*.

POINTS-CLÉS

latitude	36°34'-36°82' N
altitude	18-133 m
climat	tempéré chaud, avec des hivers très doux.
pluviométrie	600 mm, principalement en automne et en hiver
surface totale du vignoble	7 184 hectares
production	506 690 hectolitres
type de sols	l'*albariza*, sol de craie, avec du calcaire et de l'argile, absorbe bien l'eau de pluie et la libère lentement pendant les mois d'été
Les trois principaux cépages	*palomino* 97 % *pedro ximénez* 2 % *moscatel* 1 %

LE SAVIEZ-VOUS ?

Il existe deux types principaux de xérès secs : ceux vieillis biologiquement sous un voile de levures appelée la « fleur » (*fino* et *manzanilla*) et ceux vieillis par oxydation (*oloroso*). Il y a aussi deux types intermédiaires, *amontillado* et *palo cortado*, qui commencent leur vieillissement biologiquement mais perdent leur voile à un moment donné et le continuent par oxydation. Les xérès secs sont issus du cépage *palomino*.

INCONTOURNABLE

Visiter les caves de Sanlúcar de Barrameda et découvrir le système d'élevage en *criadera*, un empilement de barriques sur plusieurs hauteurs. Le premier niveau, sur le sol, est nommé *solera*. Les deux ou trois autres sont nommés *primera* ou *segunda criadera*... Le vin en fin d'élevage, destiné à être conditionné, est tiré de la *solera*. La quantité enlevée est remplacée par celle des barriques du dessus. On dit que « le vin vieux éduque le jeune ».

Bodegas Hidalgo La Gitana a été fondé en 1792 par José Pantoja Hidalgo. C'est un domaine incontournable de Sanlúcar de Barrameda.

COUPS DE CŒUR

Vins blancs

- **Fermentación Lenta 2015** du domaine Ximénez-Spínola : *pedro ximénez* 100 %, fermentation en barriques françaises de 300 litres, élevé 6 mois en fûts de chêne. Des arômes de beurre, de raisins secs et de prune séchée. Une bouche ample avec beaucoup de gras et une très belle longueur. À carafer.

- **Manzanilla Pastrana** du domaine Bodegas Hidalgo La Gitana : *palomino* 100 %, *fino*, élevé 12 ans en *solera*.
  Arômes de foin, de fenouil, de camomille et de terre mouillée. En bouche, l'acidité et la salinité du vin saisissent les papilles. Viennent ensuite un joli gras et un goût de noix irrésistible.

Le domaine Ximénez-Spínola a introduit un style de vin nouveau pour la région : un vin blanc sec 100 % *pedro ximénez*, élevé en fûts de chênes neufs.

LE POINT DE VUE WINE EXPLORERS

C'est sans aucun doute la région viticole la plus complexe au monde à comprendre, et l'une des plus intéressantes aussi. Si vous deviez n'emmener qu'un seul vin sur une île déserte pour le restant de vos jours, ce serait peut-être un *manzanilla*, pour ses arômes de noix fraîche et sa salinité incomparable.

PORTRAIT

José Antonio Zarzana
propriétaire
du domaine
Ximénez-Spínola
né en Espagne
(Jerez de la Frontera) en 1976

À l'âge de 12 ans, les week-ends, José aide un tonnelier à contrôler les vieilles barriques à Jerez où il est né. Il travaille aussi à la vigne, où il apprend beaucoup auprès de Juan Fuentes Romero, le viticulteur du domaine familial. Il étudie le droit et la communication internationale, puis travaille auprès du conseil de réglementation des vins de Jerez et exerce ensuite pendant 3 ans le métier. À 28 ans, il revient à ses racines et prend la direction de Ximénez-Spínola

« *La première maison dans laquelle je vivais était un ancien pressoir à vin familial transformé par mes grands-parents... J'aime imaginer le moment où mes vins seront bus. Pour un premier rendez-vous d'amoureux, les retrouvailles de deux frères, la célébration d'une naissance... Ils doivent être à la hauteur de chaque occasion. Penser, rêver et créer font partie du métier. Je suis fier de prouver qu'avec un travail minutieux à la vigne, on peut faire de grands vins de pedro ximénez en sec. Je me sens pleinement Jerezano !* »

ÉTATS-UNIS

4e vignoble mondial

pays producteur 4e

Mondialement connus pour leurs vins californiens, les États-Unis d'Amérique produisent également du vin dans chacun des 49 autres États. Pionniers de l'œnotourisme, dont la success-story de la Napa Valley en Californie reste à ce jour une référence, le pays est le leader viticole des deux continents américains en superficie et en production. Il se place aussi au pied du podium mondial !

UN PEU D'HISTOIRE

Le premier vin est produit par les huguenots, protestants venus de France, en 1564 près de Jacksonville, en Floride. Il est fabriqué à partir du *scuppernong*, un cépage blanc indigène. Ces vins ne sont pas au goût des colons, qui importent en 1619 en Virginie des cépages français qui ne résistent pas aux maladies de la vigne. L'alexander, le premier cépage hybride américain, apparaît vers 1740 : c'est un croisement spontané de *Vitis labrusca* (vigne-framboisier) et de *Vitis vinifera*. Peter Legaux, qui fonde son vignoble en Pennsylvanie en 1787, réussit la première plantation durable de *Vitis vinifera*. Dans les années 1870, les viticulteurs du Missouri sauvent le vignoble européen alors contaminé par le phylloxéra, en expédiant outre-Atlantique des millions de boutures américaines. De 1851 à 1933, la prohibition limite les ventes de boissons alcoolisées, ce qui impacte le secteur. LeJugement de Paris, concours organisé en 1976, a fortement contribué à la renommée mondiale des vins californiens, et américains par extension.

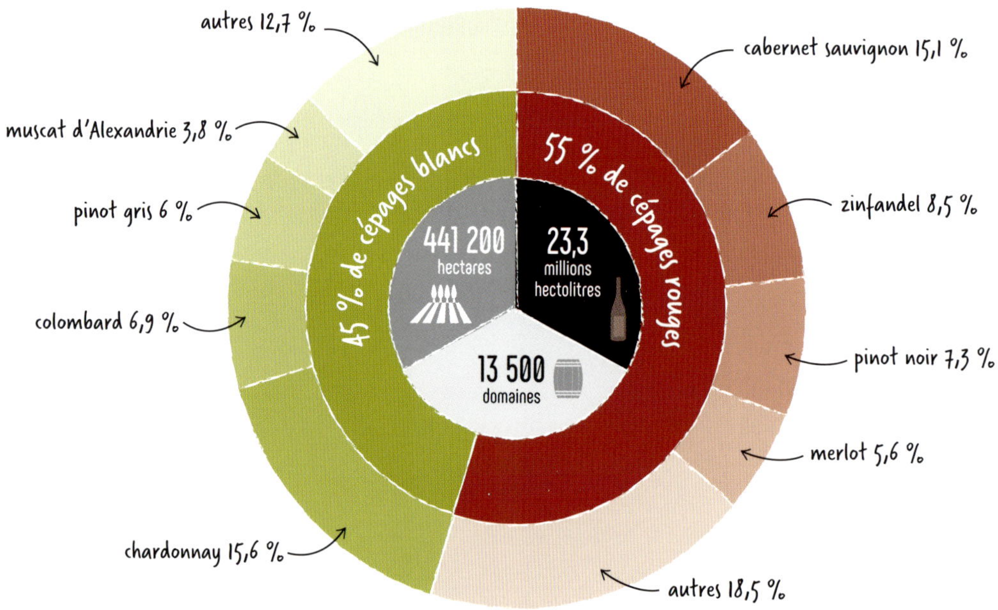

Bien que l'on trouve du vin dans chacun des 50 États, deux microproductions commerciales existant aussi en Alaska et sur Hawaï, plus de 90 % du vignoble se répartit entre quatre États côtiers, dont trois à l'ouest. La Californie (80,1 %) est le leader incontesté, la région de Sonoma totalisant à elle seule environ 24 300 hectares. Toujours à l'ouest, Washington (4,6 %) et l'Oregon (2,7 %), à l'est l'État de New York (3,4 %). Une pratique courante et légale pour les États de faible superficie consiste à assembler entre 15 et 25 % de raisins provenant des principaux États, ce qui leur permet d'augmenter la production. Depuis 1980, la mention AVA (American Viticultural Area) permet de réguler cet usage : un vin avec la mention AVA sur l'étiquette doit au moins contenir 85 % de ses raisins issus de son territoire.

→ Vignoble de Round Mountain, à l'est de Moab dans l'Utah, où la viticulture et la production de vin sont rendus très difficiles par la présence de la communauté mormone.

Washington

L'État de Washington, avec ses 950 établissements viticoles et 350 viticulteurs indépendants, est le deuxième producteur du pays. Bien que le vignoble soit réparti sur 14 régions, 99 % de sa surface se concentrent dans la Columbia Valley, le long de la chaîne des Cascades à l'est. Ici, l'irrigation est obligatoire et permise grâce aux fleuves et rivières qui parcourent le territoire en modulant les températures, principalement le Columbia et ses affluents : la Walla Walla, la Yakima ou encore le Snake... En été, un courant d'air frais et humide monte des cours d'eau et se mêle à l'air sec du désert pour rafraîchir l'atmosphère et refroidir les vignes. En hiver, lorsque les températures nocturnes peuvent chuter jusqu'à – 26 °C, les mêmes cours d'eau assurent la circulation de l'air et aident à tempérer le froid. Les 17 heures de soleil par jour en moyenne pendant la saison de croissance, combinées aux variations de température entre le jour et la nuit, apportent une maturité optimale et une bonne acidité dans les raisins.

POINTS-CLÉS

latitude	45°72'-47°95' N
altitude	5-640 m
climat	méditerranéen chaud à l'Ouest ; continental chaud à l'Est
pluviométrie	150 à 300 mm à l'est des Cascades, irrigation obligatoire ; 500 à 750 mm à l'ouest
surface totale du vignoble	22 500 hectares
production	945 000 hectolitres
type de sols	à l'est des Cascades : galets, sable, limons et basalte ; à l'ouest : sable, limon et argile
les cinq principaux cépages	cabernet sauvignon 33,5 % merlot 16,3 % chardonnay 14 % riesling 12 % syrah 8,2 %

LE SAVIEZ-VOUS ?

La chaîne des Cascades, dont le plus haut sommet culmine à 4 392 m, définit la géographie entre l'est et l'ouest de la région en agissant comme une barrière naturelle. Les montagnes bloquent la plupart des précipitations à l'ouest, créant deux zones climatiques distinctes de part et d'autre. Ainsi, l'ouest est plus propice à la viticulture mais il doit être irrigué.

INCONTOURNABLE

Visiter dans le sud-est de l'État de Washington les 1150 hectares de vignobles de la Walla Walla Valley et quelques-uns de ses 120 domaines. Cette région viticole est l'une des plus belles du pays. Chaque année, à la mi-juin, plusieurs dizaines de producteurs se rassemblent lors du festival Celebrate Walla Walla Valley Wine. Pendant trois jours, le cabernet sauvignon y est le roi incontesté.

Les vignobles de la Walla Walla Valley sont plantés en face du complexe nucléaire de Hanford où fut produit le plutonium qui servit à la bombe atomique larguée sur Nagasaki le 9 août 1945. Sur ce site vivaient les indiens Wanapum qui ont été expulsés.

COUPS DE CŒUR

Vins rouges

- **Pedestral 2010** du domaine Long Shadows : merlot 75 %, cabernet sauvignon 15 %, petit verdot 10 %, élevé 22 mois en fûts de chêne français, avec 85 % de fûts neufs.
  Un vin solaire, puissant, avec des arômes de cerise noire, de mûre, de café et d'épices. Une bouche avec des tannins présents et fondus. À carafer deux heures avant le barbecue !

- **Emmy 2011** du domaine Efeste : mourvèdre 71 %, grenache 16 %, syrah 13 %, élevé 10 mois en fûts de chêne français.
  Nez charmeur avec des arômes de violette, de cerise griotte, d'épices et de lavande. Très belle acidité en bouche, qui apporte de la fraîcheur. Délicieux avec un onglet de bœuf et sa sauce au poivre.

Le vignoble du domaine Long Shadows, à l'ouest de Walla Walla, s'étend le long du fleuve Columbia.

LE POINT DE VUE WINE EXPLORERS

Les vins produits dans la Columbia Valley, à l'est de la chaîne des Cascades donnent des vins charpentés et gorgés de soleil. Les rouges issus des cépages cabernet sauvignon et syrah offrent généralement les meilleurs résultats. Pour les blancs, ne pas hésiter à aller plus au sud, vers les gorges du Columbia, où les cépages gewürztraminer, chardonnay et riesling se développent dans le plus beau des écrins.

PORTRAIT

Gilles Nicault
directeur de la vinification au domaine Long Shadows
né en France (Saint-Germain-en-Laye) en 1972

Après quatre années d'études en viticulture et en œnologie à Avignon, Gilles décide d'aller explorer les États-Unis et débarque en 1994 dans l'État de Washington avec la ferme envie de découvrir l'industrie du vin locale. Il tombe littéralement amoureux de la région de Walla Walla et de son terroir unique. Il décide alors de s'y établir avec la conviction que l'on peut y faire de grands vins. Il s'épanouit d'abord au domaine Woodward Canyon, spécialisé dans le barbera, et depuis 2003 à Long Shadows Vintners.

« Le vin commence par le travail de la terre pour nous amener jusqu'aux plaisirs de la table. C'est le produit de partage par excellence. Ce qui est exceptionnel dans cette région, ce sont les conditions climatiques favorables, avec des journées chaudes et des nuits fraîches, la faible pression des maladies de la vigne avec le climat très sec, et l'absence de phylloxera qui permet aux vignobles d'être plantés franc de pied. »

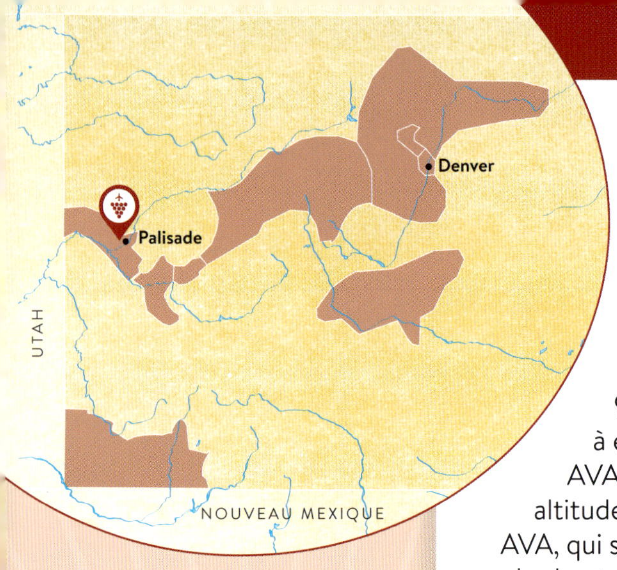

Colorado

Avec un vignoble planté entre 1 320 et 2 200 m d'altitude, à 60 % en rouge et 40 % en blanc, le Colorado possède la plus haute viticulture d'Amérique du Nord. On y compte environ 160 domaines, répartis sur 9 régions viticoles, dont deux AVA : Grand Valley et West Elks, regroupant à elles seules plus des trois quarts des vignobles de l'État. La Grand Valley AVA, qui s'étend de Fruita à Palisade, possède un microclimat idéal avec une altitude moyenne de 1 430 m et près de 300 jours de soleil par an. La West Elks AVA, qui s'étend à travers le comté de Delta et les montagnes Rocheuses, abrite les plus hauts vignobles et produit les vins blancs les plus fins de la région, notamment en riesling, gewürztraminer, pinot gris et chardonnay.

POINTS-CLÉS

latitude	37°03'-40°98' N
altitude	1 320-2 200 m
climat	continental chaud, sans saison sèche à l'ouest ; océanique chaud, sans saison sèche à l'est
pluviométrie	230 mm à l'ouest, 350 mm à l'est
surface totale du vignoble	400 hectares
production	15 000 hectolitres
type de sols	principalement argilo-limoneux
les cinq principaux cépages	cabernet sauvignon 15 % merlot 12.5 % riesling 10 % cabernet franc 10 % syrah 5 %

LE SAVIEZ-VOUS ?

En 1882, un premier canal par gravité est créé pour irriguer la région désertique de Grand Valley, dans l'ouest du Colorado. Un barrage est alors construit à l'embouchure de De Beque Canyon, près de Palisade, pour dévier l'eau du fleuve Colorado. Cela permet, dès 1883, l'introduction de cultures fruitières dans la région, dont des vignes qui y ont trouvé des conditions idéales de croissance.

INCONTOURNABLE

Participer au Colorado Mountain Winefest, le plus grand festival du vin de l'État ! Chaque année en septembre, près de 60 domaines font découvrir leurs vins à Palisade. Cerise sur le gâteau, les profits de l'événement sont reversés à la Colorado Association for Viticulture & Enology, créée pour l'amélioration de la vinification et de la viticulture dans l'État.

Vignoble de Mesa Park Vineyards, entre Grand Junction et Palisade, dans le comté de Mesa, Colorado.

COUPS DE CŒUR

Vins rouges

- **Cabernet Sauvignon Reserve 2011** du domaine Maison La Belle Vie : cabernet sauvignon 100 %, élevé 30 mois en fûts de chêne français.
Un vin charmeur et complexe aux arômes de quetsche, de cacao et de clou de girofle, qui séduit par la finesse de ses tannins et sa fraîcheur en milieu de bouche. Parfait avec un burger végan aux lentilles corail !

- **Whitewater Syrah 2016** du domaine Monkshood Cellars : syrah 100 %, élevé 13 mois en fûts de chêne, avec 30 % de fûts neufs.
Très joli nez sur la figue, la réglisse et la prune, avec une bouche souple et des beaux tannins. Très belle longueur. Délicieux avec des lasagnes aux aubergines.

LE POINT DE VUE WINE EXPLORERS

Grâce à l'altitude, le Colorado produit de jolis vins, notamment en cabernet sauvignon, syrah et petit verdot. Toutefois, la plupart des domaines sont gérés à temps partiel par des familles dépendantes d'autres revenus. Il manque encore à ce petit vignoble, qui représente un millième de la superficie nationale, une véritable reconnaissance.

Vignoble du domaine Maison La Belle Vie, fondé en 2004 à Palisade.

PORTRAIT

John Barbier
fondateur
du domaine Maison
La Belle Vie
né en France
(Arpajon) en 1972

Après avoir étudié dans la restauration, il part dans l'armée comme maître d'hôtel à Bourges. Après quoi, il prend son sac à dos pour explorer la planète : serveur à Adélaïde, en Australie, cuisinier dans la brousse africaine ou encore serveur sur un bateau de croisière dans les Caraïbes et les Bermudes. Il arrive aux États-Unis en 1996 et travaille dans une station de ski à Aspen, dans le Colorado. Il ne quittera plus jamais cet État, où il fonde son domaine en 2004.

« *Le Colorado a fait beaucoup de progrès depuis le début des années 2000 et ses vins, surtout en rouge, sont souvent délicieux. L'œnotourisme, c'est-à-dire tous ces petits plus que l'on ajoute autour de la dégustation du vin, est essentiel aujourd'hui pour se différencier dans un marché très concurrentiel. Mon vignoble est petit, avec à peine deux hectares, mais très chaleureux. Nos clients se sentent comme à la maison !* »

ÉTHIOPIE

63e
vignoble mondial
pays producteur
58e

L'Éthiopie, qui a longtemps fait du vin résineux à base de raisins secs importés, produit du vin depuis les années 2010 sur les hauts plateaux de la vallée du Grand Rift, entre 1 200 et 1 650 m d'altitude. On y compte deux domaines, où les fouettards chassent les oiseaux avant la vendange et où les hippopotames souhaiteraient s'inviter.

UN PEU D'HISTOIRE

Dès 1520, la viticulture aurait été présente au monastère de Debré Libanos, au nord d'Addis-Abeba, d'où le prêtre portugais Francisco Alvarez déclare avoir reçu « *un plateau de raisins et une jarre de très bon vin* ». Plus tard, en 1769, la mention d'une production de vin est faite, par l'explorateur écossais James Bruce, au sud-ouest de Gondar, qui le décrit comme « *très fort et approchant du vin de France connu sous le nom de Côte Rôtie* ». Il faut attendre 1943 pour que deux familles grecque et italienne s'associent pour créer Awash Wine, une société qui fabrique du vin à partir de raisins secs importés et réhydratés jusqu'en 2012. Un breuvage ancestral aux arômes et au goût de résine, encore populaire aujourd'hui. Racheté en 2013 par Mulugeta Tesfakiros, un promoteur immobilier éthiopien, et le musicien irlandais Bob Geldof, Awash Wine a désormais son propre vignoble. La Ziway Farm, le second domaine éthiopien, a été créé en 2011 à l'initiative du Bordelais Pierre Castel.

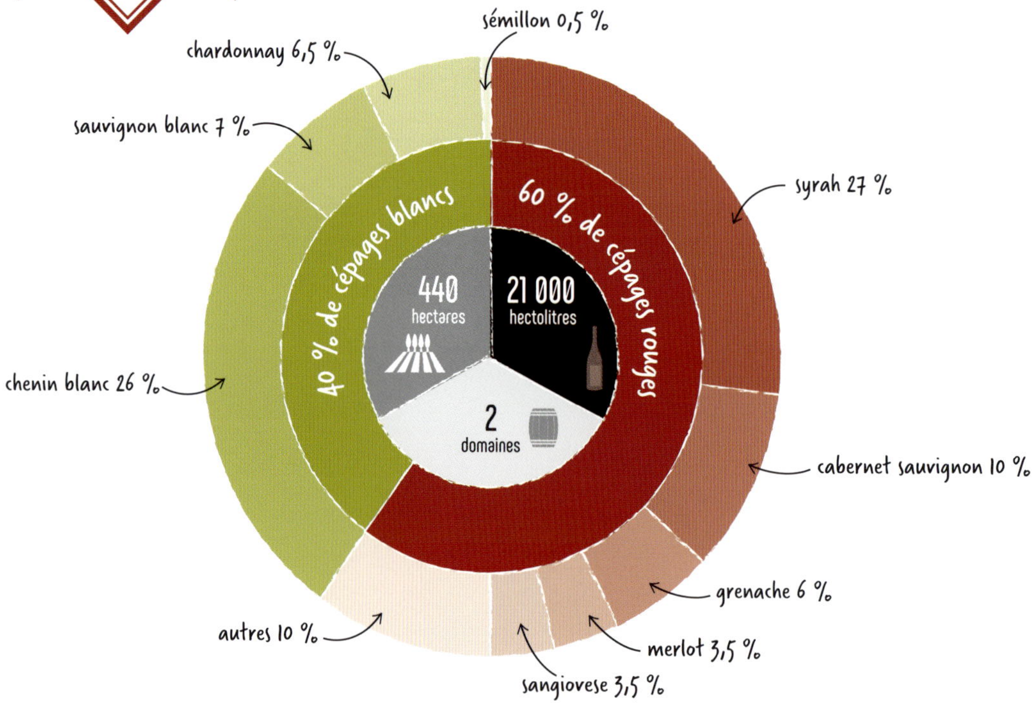

Deux domaines viticoles se partagent 440 hectares de vignes : la Ziway Farm, dans la région d'Oromia au sud d'Addis-Abeba, appartient au groupe Castel ; Awash Wines, toujours dans la région d'Oromia mais à l'est d'Addis-Abeba, se trouve sur la route de Djibouti. 190 km les séparent. Située entre les 7e et 8e parallèles Nord, la vigne a deux cycles végétatifs, avec une vendange en décembre-janvier (saison sèche) et une en juin-juillet (saison des pluies). Les raisins d'Awash Wines sont vinifiés dans la capitale Addis-Abeba et transportés en camion depuis le vignoble après trois heures de route. La construction d'une cave proche du vignoble est prévue. Dans la région de Merti, les vignes sont cultivées sur un terroir volcanique, où l'altitude (1 200 m) combinée à la proximité de l'équateur terrestre s'équilibrent pour donner un climat tempéré de type méditerranéen.

→ Dans l'Oromia, un fouettard effraie les oiseaux pour protéger la récolte du vignoble de la Ziway Farm.

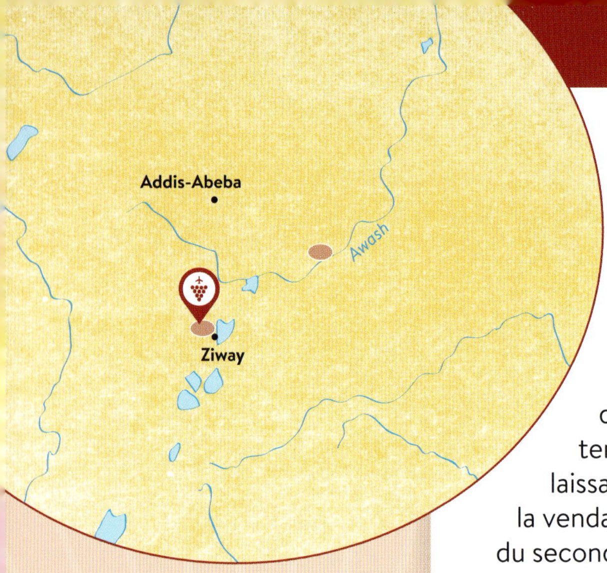

Oromia

Cette région où a été créée la Ziway Farm représente 56 % de la surface viticole du pays, avec un encépagement en rouge à 53 % et en blanc à 47 %. Dans ce domaine qui date de 2011, le chai a été construit à côté du vignoble. La région d'Oromia est une zone volcanique qui était encore active durant l'Antiquité. Le terroir est composé d'une roche mère basaltique recouverte par des calcaires, laissant apparaître une terre noire riche en lombrics et en matière organique. Ici, seule la vendange de décembre-janvier est récoltée. Vers le mois d'avril, on coupe les raisins du second cycle végétatif, juste avant la véraison, avant qu'ils ne changent de couleur. La sève retourne ainsi à la plante pour lui permettre de se reposer. Avec des températures moyennes de 25 °C toute l'année, seule l'altitude, grâce à la fraîcheur des nuits, permet d'apporter de l'acidité dans les raisins et de la fraîcheur dans les vins.

POINTS-CLÉS

latitude	autour de 7°53' N
altitude	1 650 m
climat	tempéré chaud
pluviométrie	850 mm
surface totale du vignoble	248 hectares
production	12 500 hectolitres
type de sols	sablo-limoneux, dépôt lacustre sur roche mère basaltique
les cinq principaux cépages	syrah 25 % chenin blanc 21,7 % sauvignon blanc 12,5 % chardonnay 11,80 % malbec 4,45 %

LE SAVIEZ-VOUS ?

Pour prévenir de l'intrusion des hippopotames à la Ziway Farm, on a fait creuser des fossés tout autour du domaine, le long de la rivière Awash. Derrière leurs airs de pachydermes inoffensifs, ces mammifères principalement herbivores pourraient aisément saccager la vigne par gourmandise, juste avant la récolte !

INSOLITE

Fouettard ! Un métier découvert en Éthiopie… Imaginez des hommes répartis tous les trente mètres autour du vignoble, en poste sur leur piédestal en bois, claquant énergiquement leur fouet dans l'air pour faire fuir les oiseaux durant les quelques semaines qui précèdent la vendange. Une technique spectaculaire et apparemment efficace, rendue possible grâce à une main d'œuvre bon marché.

Afin d'empêcher les hippopotames d'accéder au vignoble de la Ziway Farm, des fossés sont creusés tout autour du domaine…

COUP DE CŒUR

Vin rouge

- **Rift Valley Syrah 2013** du domaine Castel (Ziway Farm) : syrah 100 %, élevé 6 mois en cuves inox avec ajout de copeaux de bois en cours d'élevage.
Un vin simple mais équilibré et plaisant, avec des arômes de poivre noir, de violette, de prune et de cacao. La bouche est courte mais efficace, avec beaucoup de fraîcheur et un fruit croquant. Accompagne aussi bien l'*azifa*, écrasé de lentilles finement épicé, que le *kik alicha*, mijoté de pois cassés aux oignons, ail, curcuma et gingembre. Il est recommandé de déguster ces plats traditionnels assis en tailleur sur un tapis, en les enveloppant de sa main dans une *injera*, galette éthiopienne à base de farine de teff.

Dans les vignobles d'Awash Wine, dans la haute vallée de l'Awash à 180 km au sud-est d'Addis-Abeba, la vendange de janvier s'annonce bonne et l'ambiance est au beau fixe !

LE POINT DE VUE WINE EXPLORERS

Dans ce climat extrême pour la vigne, aucun vin digne de ce nom ne pourrait être produit à faible altitude. L'altitude des plateaux formés le long de la vallée du Grand Rift permettent toutefois de produire quelques vins simples et sur le fruit, notamment en syrah et en cabernet sauvignon.

PORTRAIT

Olivier Spillebout
directeur et œnologue du domaine Castel (Ziway Farm)
né en France (Reims) en 1967

Après un CAP de menuiserie, il se lance dans un Deug de biologie-géologie puis dans des études d'œnologie à l'université de Reims, dont il sort diplômé en 2000. Après avoir travaillé pour les champagnes Moët & Chandon, il part 4 ans au Maroc pour le groupe Castel où il développe notamment la marque Boulaouane, 5 ans en Tunisie où il lance les marques Shadrapa et Phénicia, puis 8 ans en Éthiopie où il met sur pied la Ziway Farm, toujours pour le groupe Castel.

« *J'aime les défis, me renouveler, lancer de nouvelles gammes, montrer que l'on peut faire de bons vins dans des destinations inattendues. Ma philosophie est de simplifier au maximum le travail pour rendre le vin le plus proche possible de son terroir. Je suis fier en tant que vigneron d'avoir su adapter un cycle végétatif au vignoble éthiopien en observant la nature locale. Car n'oublions pas que nous sommes dans un climat sans grande différence de température entre le jour et la nuit et sans réelle saisonnalité.* »

FRANCE

2e vignoble mondial

pays producteur 2e

Avec 375 AOC, 210 cépages autorisés et 17 régions viticoles, la France séduit les amateurs du monde entier mais ses vins restent souvent difficiles à déchiffrer. Son vignoble s'étend sur tout le territoire, depuis Haillicourt au nord jusqu'à Figari au sud de la Corse, sans oublier quelques vignes sur l'île de la Réunion et à Tahiti. Il était donc tentant de s'aventurer hors des sentiers battus, toujours à la recherche de quelques pépites !

UN PEU D'HISTOIRE

Entre le VIIe et le VIe s. av. J.-C, les Phocéens installent les premiers comptoirs grecs de la côte méditerranéenne et y apportent la viticulture. Avec l'avancée des Romains au IIe s. av. J.-C., celle-ci évolue vers le nord par la vallée du Rhône et vers l'ouest jusqu'au Languedoc. En 276, l'empereur Probus autorise la plantation de nouvelles vignes en Gaule, annulant ainsi l'édit de Domitien qui l'avait interdite en 92 pour bloquer la concurrence avec les vins romains : les vignobles bordelais, languedocien, rhodanien et francilien peuvent enfin se développer. Au Ve s., alors que l'Empire romain se disloque usé par les invasions barbares, le christianisme s'affirme et contribue à l'essor de la viticulture. Le phylloxéra apparaît en France en 1868 et affecte une grande partie du vignoble. Avec la loi du 17 juillet 1880 libéralisant les débits de boisson, la consommation de vin se démocratise. Les appellations d'origine voient le jour en 1905.

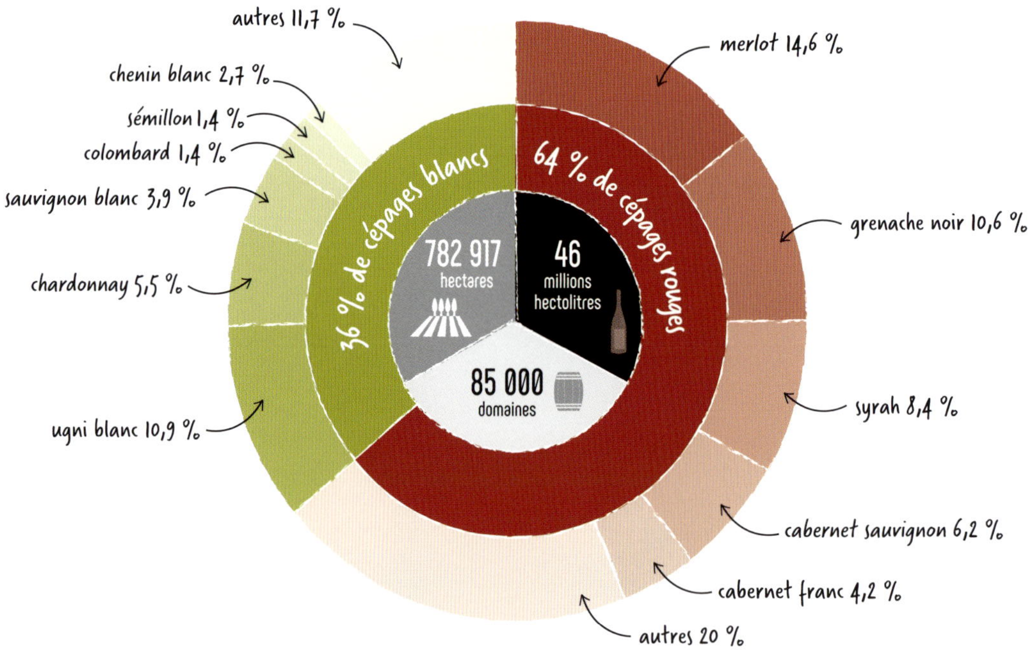

17 % de la production mondiale provient du vignoble français, vinifiée à 57 % par 83 500 caves particulières et à 43 % par 1 500 négociants vinificateurs et coopératives. La viticulture est le premier secteur agricole français en valeur, avec un chiffre d'affaires estimé à 31 milliards d'euros : 75 % de la production sont des vins tranquilles, 8 % sont des effervescents et 17 % sont destinés aux eaux-de-vie. 47 % des vins français bénéficient d'une appellation d'origine contrôlée (AOC) et 28 % d'une indication géographique protégée (IGP). Avec 11,7 milliards d'euros générés par l'export, les vins et spiritueux sont les deuxièmes contributeurs à la balance commerciale, derrière l'aéronautique et devant les cosmétiques ; ils génèrent près de 500 000 emplois directs et indirects.

→ Le vignoble du domaine de La Luolle est cultivé en bio au lieu-dit Le Cloux, à Moroges, en côte chalonnaise.

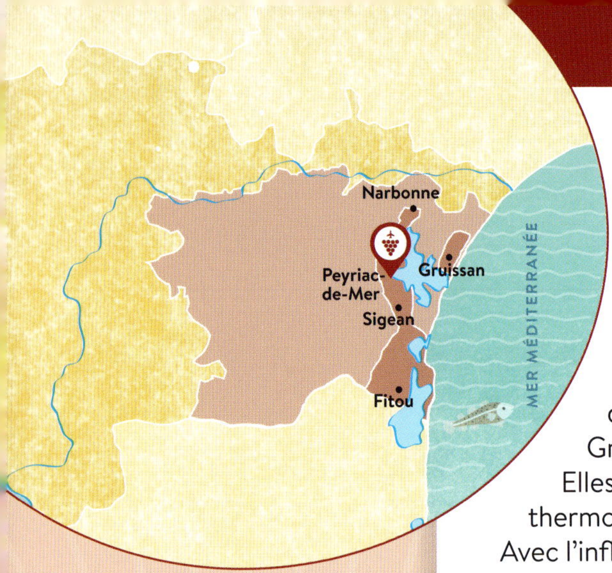

Corbières maritimes

Dans l'Aude, les Corbières maritimes constituent la façade orientale des Corbières. Elles représentent 18,5 % du volume de vin produit dans cette AOC, pour 17,5 % de sa surface. Reconnues depuis les années 2000 pour la singularité de leur terroir, elles s'étendent d'est en ouest sur 40 km et du nord au sud entre Gruissan et Fitou ; elles comptent 37 caves particulières et 7 caves coopératives. Elles se différencient du reste des Corbières par un climat chaud et sec, de type thermoméditerranéen, avec une température moyenne comprise entre 17 et 20 °C. Avec l'influence de la tramontane, c'est une des zones les plus venteuses de France. Sur le littoral, les cépages qui mûrissent le mieux restent le grenache noir, le carignan et la syrah en rouge, le grenache blanc et le vermentino en blanc.

POINTS-CLÉS

latitude	42°88'-43°13' N
altitude	0-100 m
climat	méditerranéen à tendance semi-aride, avec des hivers doux (peu d'amplitude entre le jour et la nuit) et de la brise maritime toute l'année
pluviométrie	320 mm
surface totale du vignoble	1 790 hectares
production	68 000 hectolitres
type de sols	sols pauvres, principalement composés de calcaires, d'argilo-calcaires et d'alluvions
les cinq principaux cépages	carignan 26,5 % grenache noir 25,8 % syrah 23,7 % mourvèdre 14,5 % grenache blanc 3,3 %

LE SAVIEZ-VOUS ?

L'agriculture biologique se développe de plus en plus dans l'AOC Corbières qui, en 2017, totalisait 1 245 hectares de vignes converties et 407 hectares en conversion, pour 66 vignerons en bio et 16 autres en conversion. Elle représente à elle seule une production d'environ 32 700 hectolitres, évaluée à 120 millions d'euros, soit 15 % du chiffre d'affaire des Corbières.

INCONTOURNABLE

La route des Étangs et de la Mer, entre Gruissan et Fitou, où l'on se promène le long du littoral sur 75 km, de domaines viticoles en villages pittoresques, à la découverte du riche patrimoine naturel de la région. L'occasion de goûter aux produits locaux : les huîtres bien sûr, mais aussi les *tenilles*, ses petits coquillages souvent servis en persillade, les anguilles et toutes sortes de produits de la mer et des étangs.

Au lieu-dit de L'Oustal-Nau, dans la commune de Peyriac-de-Mer, le domaine du château Fabre Cordon est l'un des plus prometteurs des Corbières maritimes.

COUPS DE CŒUR

Vin blanc

🍇🍇 **Cuvée Saint Jacques 2017** du château Montfin : roussanne 70 % (vignes de 35 ans) élevé 5 mois en fûts de 300 litres à 50 % neufs, grenache blanc 30 % (vignes de 30 ans) élevé 6 mois en cuve inox. Un vin bio charmeur, aux arômes de poire, d'abricot et de pêche blanche, à la bouche ample, soulignée par un joli gras et une finale iodée. Magnifique avec un chapon du Lauragais aux champignons.

Vin rouge

🍇🍇🍇 **Qui m'aime me suive ! 2015** du château Fabre Cordon : carignan 40 %, syrah 30 %, grenache 30 %, élevé 28 mois en cuves en fibre de verre. Un vin bio gorgé de soleil, aux parfums de réglisse, de fruits noirs et de garrigue. Une bouche gourmande et pleine de fraîcheur, avec une légère salinité et d'une longueur incroyable. Tout simplement divin !

Une partie du vignoble des Corbières maritimes fait face à l'ancienne saline de Peyriac-de-Mer et à l'étang du Doul.

LE POINT DE VUE
WINE EXPLORERS

Les vins des Corbières maritimes sont caractérisés par une fraîcheur et une certaine salinité qui enchantent les papilles. Ils sont à la fois profonds, intenses et aériens, notamment en carignan, grenache noir et grenache blanc… Baigné toute l'année par une influence maritime directe, l'ensemble du vignoble pourrait assez facilement être cultivé en bio !

PORTRAIT

Amandine Fabre
œnologue du château Fabre Cordon
née en France (Narbonne) en 1985

Fille de vignerons, bercée par les embruns marins, le rythme des vendanges et les parfums de garrigue, Amandine se sent profondément enracinée dans ses Corbières maritimes, sur les terres de ses aïeux. En 2011, c'est tout naturellement que cette ingénieure œnologue rejoint le domaine familial qu'elle dirige désormais.

« *Je suis particulièrement fière d'être « une jeune qui reprend » un domaine viticole de la région, à l'heure où l'âge moyen des exploitants en Corbières est de 54 ans et dans un milieu où la place de la femme n'est pas encore légitime. Fière enfin de travailler en bio, un bio aux influences d'agroécologie et de biodynamie, mais consciente qu'il nous faut immanquablement aller plus loin encore dans la démarche, avec un minimum d'intervention, dans un esprit d'accompagnement plutôt, à la vigne comme au chai.* »

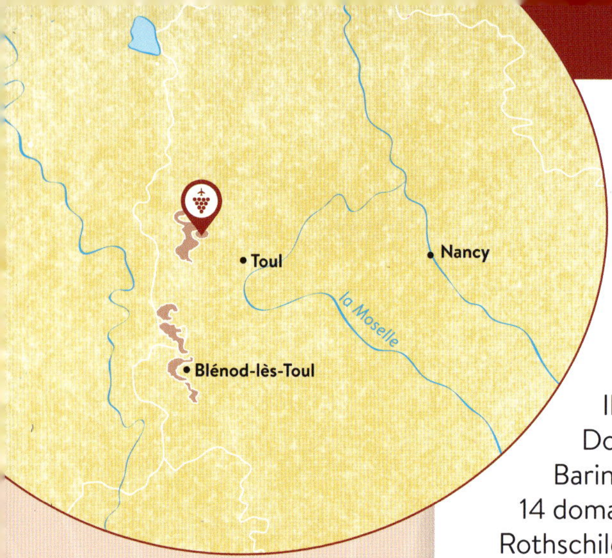

Côtes de Toul

L'AOC Côtes de Toul s'étend au cœur de la Lorraine sur un axe Nord-Sud de 20 km, situé à l'ouest de la ville de Toul. Son vignoble surplombe la Moselle. Orienté vers l'est et le sud, il est ainsi protégé des vents d'ouest dominants. Il se répartit sur 8 communes : Blénod-lès-Toul, Bulligny, Charmes-la-Côte, Domgermain et Mont-le-Vignoble au sud-ouest ; Bruley, Lucey et Pagney-derrière-Barine au nord-ouest. Il est confidentiel avec ses 120 hectares de vigne cultivés par 14 domaines ; à titre de comparaison, c'est l'équivalent du vignoble du château Lafite Rothschild à Pauillac qui compte 114 hectares en exploitation. Il est atypique aussi avec une production tournée vers quatre types de vin : blanc (55,4 %), gris (25 %), effervescent (10,9 %) et rouge (8,7 %).

POINTS-CLÉS

latitude	autour du 48°7' N
altitude	250-300 m
climat	semi-continental avec influence océanique
pluviométrie	690 mm
surface totale du vignoble	120 hectares
production	9 200 hectolitres
type de sols	sols pauvres composés principalement d'argile (33 %), de sable (26 %), de limons fins (26 %) et grossiers (13 %), avec un pH de 8,2 et une composition calcaire avoisinant 25 %
Les trois cépages	*gamay noir* 60 % *pinot noir* 25 % *auxerrois* 15 %

LE SAVIEZ-VOUS ?

Les vignes des Côtes de Toul, qui existaient déjà au VIIIe s. sous le règne des Carolingiens et qui se sont développées entre les Xe et XVIIIe s. sous l'impulsion des ducs de Lorraine et des évêques de Toul, ont atteint leur apogée au XIXe s. avec 6 000 hectares en culture. Cependant, entre 1870 et 1945, elles ont bien failli disparaître avec l'industrialisation de la Lorraine, la crise du phylloxéra et les guerres franco-allemandes.

INCONTOURNABLE

Goûter un gris de Toul ! Élaboré à partir de gamay noir (85 % maximum), pinot noir (10 % minimum) et auxerrois (5 %), ce vin à la robe rose cristalline est sans doute le plus connu du terroir lorrain. Longtemps considéré comme un vin d'entrée de gamme, il regagne toutes ses lettres de noblesse depuis le début des années 2010 grâce au domaine Regina, qui le décline en plusieurs cuvées: vieilles vignes et issu de levures indigènes.

Le vignoble du domaine Regina s'étend sur 15,5 hectares autour de la commune de Bruley.

COUPS DE CŒUR

Vin gris

- **Gris de Toul Vieilles Vignes 2016** du domaine Regina : gamay noir 85 %, pinot noir 10 %, auxerrois 5 %, vignes de 40 ans, élevé 3 mois en cuve inox sur lies fines.
Un vin délicieux aux arômes de fruits rouges et de tarte à la rhubarbe. Frais et suave en bouche, avec une certaine longueur, c'est une très belle découverte !

Vin blanc

- **Cuvée Émotions 2016** du domaine Regina : auxerrois 100 %, élevé 1 an en fûts de chêne français (de 1 à 5 vins).
Le nez est flatteur, avec ses parfums de mirabelle, de fleurs blanches et de fruits exotiques. Un régal en dessert, avec une tarte aux mirabelles ou aux quetsches de Lorraine.

Bruley, avec son vignoble planté en pente douce, bénéficie d'un excellent drainage.

LE POINT DE VUE WINE EXPLORERS

Avec de faibles précipitations en été et des températures moyennes de 20 °C entre juin et septembre, de superbes sols et une bonne exposition, le vignoble des Côtes de Toul a tous les atouts pour produire des vins élégants, frais et tendus, surtout en blanc et en gris. Grâce notamment au domaine Regina, les vins de l'AOC dévoilent désormais tout leur potentiel depuis la fin des années 1990.

PORTRAIT

Isabelle Mangeot
propriétaire
du domaine Regina
née en France (Dijon)
en 1964

En 1997, elle loue avec son mari Jean-Michel, 1,76 hectare de vigne à Bruley, dont ils s'occupent en autodidactes parallèlement à leurs emplois d'informaticiens. En 2002, à la naissance de leurs jumeaux, ils achètent des vignes, plantent et endossent la casquette de vignerons, produisant dès le départ 17 cuvées différentes chaque année. En juillet 2015, au décès de Jean-Michel, Isabelle reprend seule les rênes du domaine et continue le travail entrepris par son mari : hisser l'appellation vers les sommets.

« *J'aime beaucoup être au chai pour voir naître un nouveau millésime mais j'aime aussi être dans les vignes pour être au plus proche de la nature. Ce qui me rend le plus fière, c'est de transmettre le fruit de mon travail à ma fille Lorraine. Mon plus gros défi a été de poursuivre le travail de mon mari après sa disparition en 2015. N'ayant jamais vinifié avant cette date, j'ai dû tout apprendre. Avant de rencontrer Jean-Michel en 1995, je ne buvais que de l'eau !* »

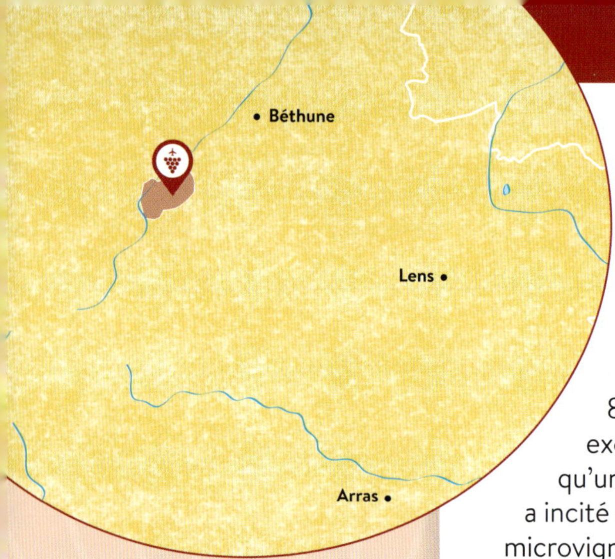

Pas-de-Calais

En 2011 naît un projet unique, initié par deux vignerons charentais, Henri Jammet et Olivier Pucek, épaulés par quatre associés : le premier vignoble sur un terril ! Grâce à une exposition plein sud sur un coteau en pente allant jusqu'à 80 % d'inclinaison et des sols de schiste retenant la chaleur, ce vignoble planté exclusivement en chardonnay au niveau de la fosse n°2 bis d'Haillicourt démontre qu'une viticulture de qualité est possible dans le nord de la France. Le succès de ce vin a incité d'autres particuliers à se lancer, puisque l'on compte aujourd'hui quatre autres microvignobles associatifs à Liévin, Arras, Givenchy-en-Gohelle et Boulogne-sur-Mer, qui totalisent 2 500 ceps, soit 0,5 hectare ; cette production n'est pas commercialisée.

POINTS-CLÉS

latitude	50°28' N
altitude	120-136 m
climat	océanique tempéré, avec température annuelle moyenne de 12,3 °C
pluviométrie	710 mm
surface totale du vignoble	1 hectare
production	12 hectolitres (dont 6 sont commercialisés)
type de sols	les terrils sont composés de schistes et de grès houillers sombres extrêmement poreux, permettant le réchauffement rapide des sols ainsi formés
Les deux cépages	chardonnay 75 % pinot noir 25 %

LE SAVIEZ-VOUS ?

Les 339 terrils recensés dans le bassin minier du Nord et du Pas-de-Calais résultent de deux siècles et demi d'exploitation du charbon, entre 1720 à Fresnes-sur-Escaut et 1990 avec la remontée de la dernière gaillette à Oignies. Au total, ce sont 600 puits qui ont permis, grâce à 100 000 km de galeries souterraines, l'extraction de 2 milliards de tonnes de charbon dont les résidus entassés ont formé les terrils.

INSOLITE

Avant le millésime 2018, le vignoble du Pas-de-Calais n'était pas reconnu par l'administration française et ne pouvait pas être commercialisé. Seuls les adhérents de l'association recevaient une bouteille en échange de leur cotisation. Depuis septembre 2019, il est possible à une poignée d'amateurs chanceux d'acheter une bouteille chez quelques cavistes sélectionnés.

« Le vignoble a été planté à la barre à mine et ses escaliers façonnés avec d'anciens rails de chemin de fer » explique Yves Lepers (à droite), l'un des six associés.

COUP DE CŒUR

Vin blanc

🍇🍇 **Charbonnay 2017**, produit par l'association Les Vins Audacieux, en partenariat avec la ville d'Haillicourt : chardonnay 100 %, élevé 12 mois en fûts bourguignons.
Un vin aux notes subtiles de badiane, de vanille et de fruits blancs, avec une finale légèrement fumée. En bouche, le temps s'arrête : on se laisse caresser par la minéralité tranchante du vin sur le palais, qui n'en finit pas de s'exprimer…

LE POINT DE VUE WINE EXPLORERS

Si la cuvée Charbonnay, et la production des vins tranquilles en général, reste limitée dans le nord de la France, c'est parce qu'elle nécessite des terroirs particulièrement choisis, afin de pallier les carences climatiques, notamment le faible ensoleillement. L'emplacement stratégique du vignoble d'Haillicourt offre un vin extraordinaire.

Le vignoble d'Haillicourt, exposé plein sud sur un coteau en pente raide, nécessite une viticulture manuelle et une bonne condition physique !

PORTRAIT

Henri Jammet
viticulteur et cofondateur du vignoble d'Haillicourt
né en France (Limoux) en 1958

Diplômé en philosophie puis en viticulture, il travaille à la chambre d'agriculture de la Charente à partir de 1987, puis à la cave coopérative de Saint-Sornin qu'il préside de 1995 à 2009. Homme de défi, visionnaire et viticulteur très talentueux, il crée le Guimbelot à Saint-Sornin en 1998, planté à raison de 10 000 pieds par hectare ! Ce vignoble devenu iconique, il passe la main en 2018 après ses dernières vendanges. Depuis 2011, il aide au développement du vignoble d'Haillicourt.

« *Lorsque Olivier Pucek m'a proposé d'installer un vignoble dans le Pas-de-Calais, cela m'a paru de prime abord aussi farfelu qu'osé. Et lorsque j'ai grimpé pour la première fois sur le terril d'Haillicourt, j'étais sur une autre planète et subjugué par les potentialités viticoles du sol. J'ai dit chiche par intuition, sans vraiment savoir où je mettais les pieds. Dès la première vendange j'ai su que l'on tenait la bonne pioche. Aujourd'hui, il s'agit de pérenniser cette expérience, notamment en agrandissant la surface de production.* »

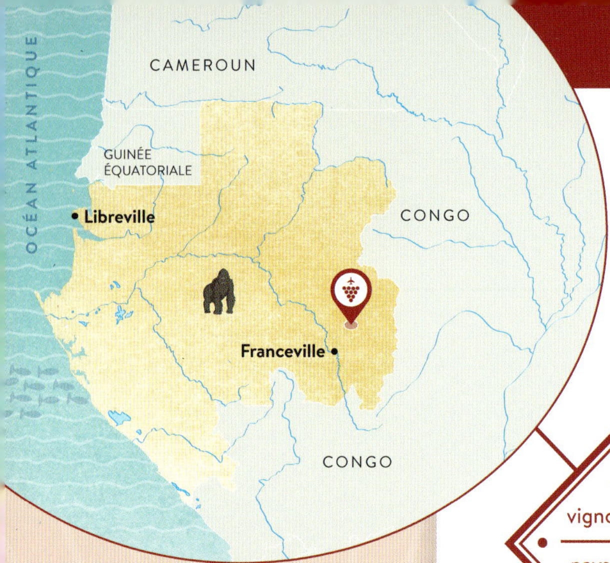

GABON

plateaux Batéké

85e vignoble mondial

pays producteur 85e

À l'est du Gabon, à quelques kilomètres au nord de Franceville, non loin de la frontière avec la République du Congo et à seulement 300 km au sud de l'équateur terrestre, se trouve le domaine d'Assiami, seul et unique vignoble du Gabon.

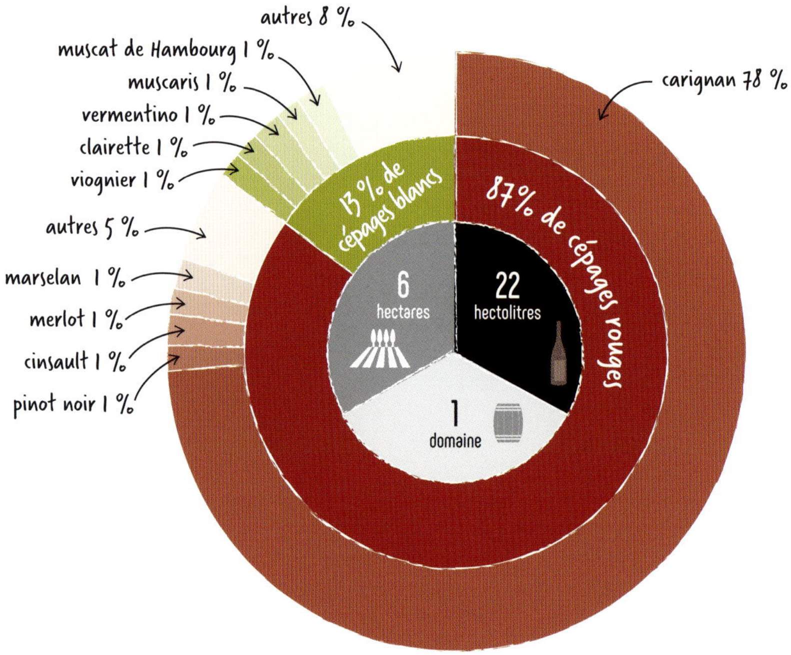

UN PEU D'HISTOIRE

La viticulture au Gabon remonte à la création du domaine d'Assiami. Ce projet a été imaginé en 2003 par feu le président Omar Bongo Ondimba dans sa région natale après sa rencontre avec le français Dominique Auroy, fondateur du vignoble de Tahiti. Les premiers ceps sont plantés en 2008 sur les plateaux Batéké, dans le village d'Assiami. Depuis le décès d'Omar Bongo en 2009, sa famille, sensible à la pérennité du domaine, en assure la gestion. Un virage qualitatif est à noter depuis 2017 avec l'arrivée de Cédric Pabou qui insuffle une nouvelle dynamique au domaine : renforcement du vignoble existant, formation des équipes et modernisation du packaging de la bouteille. En 2019, 6 000 vignes supplémentaires sont plantées avec des essais sur une vingtaine de cépages blancs.

POINTS-CLÉS

latitude	1°26' S
altitude	494-528 m
type de sols	sols pauvres majoritairement composés de sable (97 %) avec un peu d'argile (2 %) et de limon (1 %), de type acide (pH<5)

Sur les plateaux Batéké de la province du Haut-Ogooué, le vignoble d'Assiami est planté sur des sols majoritairement sableux, aux quatre cinquièmes en carignan, le cépage historique du domaine. Le reste du vignoble sert aux expérimentations, pour voir quels cépages s'adaptent le mieux au climat tropical. Ce dernier, chaud et humide, enregistre 1 900 mm de pluie par an en moyenne. Afin d'obtenir une qualité de raisins optimale, le cycle de la vigne est défini de façon à éviter la floraison lors des fortes pluies en mars, avril, octobre et novembre. Le but est de caler la phase de maturation en saison sèche, entre juin et septembre, quand il tombe généralement moins de 150 mm de pluie.

Vignoble d'Assiami, en bordure de la zone forestière du Haut-Ogooué, sur les plateaux Batéké.

LE POINT DE VUE ★ WINE EXPLORERS ★

Dans un pays proche de l'équateur, où l'humidité moyenne est de 90 % et où la vigne peut produire au minimum deux fois par an, lui faire produire du raisin est un véritable défi que le domaine d'Assiami relève avec courage et talent !

PORTRAIT

Cédric Pabou
directeur et œnologue du domaine d'Assiami
né en France (Nantes) en 1979

Après des études d'œnologie et de commerce, Cédric travaille chez les négociants du vignoble nantais comme maître de chai, puis comme commercial en CHR (cafés, hôtels, restaurants), avant de créer avec son meilleur ami une société de maintenance de matériel viticole. En 2011, il visite le Gabon pour la première fois et y rencontre sa femme. En 2017, il rejoint le domaine d'Assiami.

« Il faut du temps pour comprendre la vigne dans un climat équatorial. Un défi d'autant plus difficile qu'une fois le fruit développé, il suffit parfois d'une nuit pour qu'une pluie ou encore une attaque d'animaux détruisent six mois de travail. Le rosé que nous produisons est frais et s'agrémente bien avec une viande de brousse, comme un python parfumé aux épices ou un porc-épic en sauce avec du manioc, par exemple. Cette année, la qualité des raisins va nous permettre de produire une cuvée en rouge. »

GÉORGIE

19e
vignoble mondial

pays producteur
22e

La Géorgie abrite l'une des plus anciennes viticultures du monde. Elle s'étend d'est en ouest dans les vallées fertiles et sur les versants protecteurs du Caucase du Sud. Un vignoble ancré dans la tradition et centré sur ses cépages autochtones, cultivé par les vignerons les plus hospitaliers qui soient et pour qui l'étranger qui frappe à la porte est un cadeau de Dieu. Ici, la vigne pousse dans chaque village.

UN PEU D'HISTOIRE

La découverte de résidus d'acide tartrique vieux de 8 000 ans sur des fragments de poterie, lors de fouilles réalisées à 50 km au sud de Tbilissi, est un marqueur convaincant de la présence de vin et place la Géorgie comme l'un des berceaux de la viticulture mondiale. Au IVe s. la viticulture s'y développe fortement avec le christianisme. La région résiste aux invasions arabes du VIIe s., notamment en s'unifiant. Ainsi, la viticulture et le commerce du vin prospèrent au fil des siècles, dans une paix relative, jusqu'à l'arrivée du phylloxéra et du mildiou à la fin du XIXe s. Le siècle suivant, la Géorgie devient le principal pays producteur de vin de l'URSS. Entre 1950 et 1985, son vignoble passe de 58 000 à 128 000 hectares. Cependant, la campagne de prohibition menée par Mikhaïl Gorbatchev à partir de 1985 provoque l'arrachage de milliers d'hectares de vignes. L'embargo russe de 2006 sur les importations de vin géorgien, levé en 2013, a encouragé une production de qualité et l'ouverture à de nouveaux marchés.

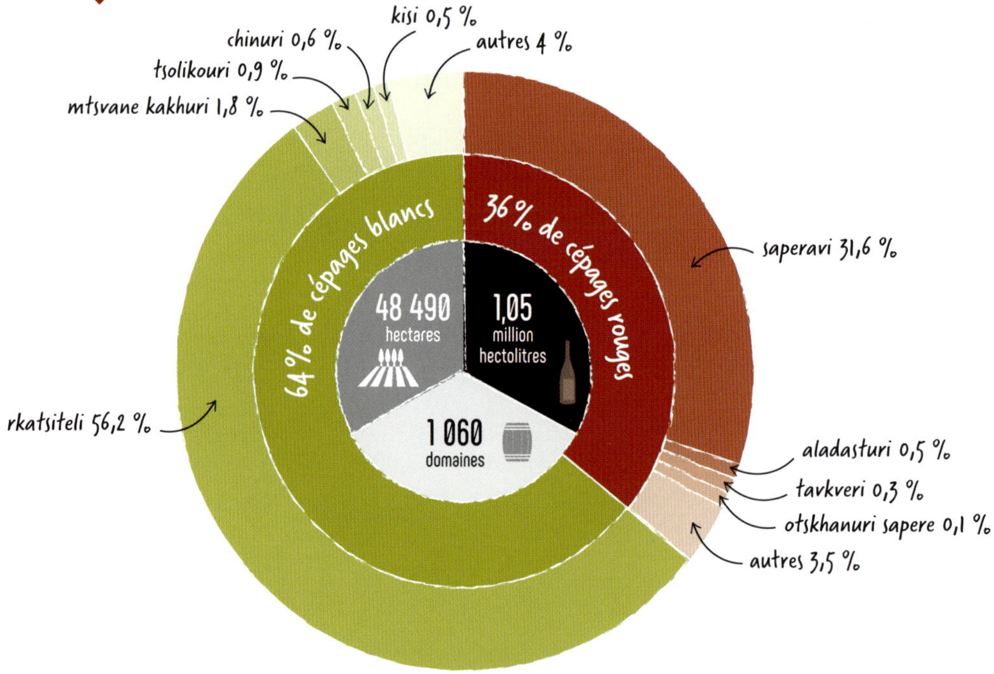

Plus de 500 cépages endémiques composent le patrimoine viticole géorgien, dont une quarantaine sont en production et deux représentent près de 88 % du vignoble : le *rkatsiteli* et le *saperavi*. Il y a 9 régions viticoles, dont 4 totalisent plus de 97 % de la surface cultivée : la Kakhétie (72,4 %), région emblématique située à l'est, l'Iméréthie (15,1 %), au centre-ouest, la Kartlie (7,4 %), autour de la capitale Tbilissi, et la Ratcha-Letchkhoumie (2,3 %), au nord. Les 5 régions restantes, la Meskhétie, la Gourie, l'Adjarie, la Mingrélie (Samegrelo) et l'Abkhazie, se partagent 2,8 % du vignoble. Contrairement aux idées reçues, seuls 5 % des vins géorgiens sont produits en *qvevri*, la jarre traditionnelle en terre cuite. Il existe 19 appellations d'origine protégée (PDO), dont 15 sont en Kakhétie. La Géorgie exporte environ un tiers de sa production.

→ En Géorgie, on dit que chaque village, chaque famille, chaque maison a toujours produit et consommé son vin. Pour ne pas rompre avec la tradition, la parcelle de vigne de Simon Chkheidze, à Meore Obcha, est toute petite et collée à sa maison.

Iméréthie

Bordée à l'est par la chaîne montagneuse du Likhi, à l'ouest par la rivière Tskhenistskali, au nord par la chaîne du Caucase et au sud par les montagnes de la Meskhétie, l'Iméréthie se trouve dans un véritable écrin. Les hivers y sont doux et les étés chauds, la température moyenne annuelle de 15 °C et des pluies régulières l'arrosent tout au long de l'année. C'est l'une des régions les plus riches en cépages endémiques, comme le *krakhuna* en blanc ou l'*otskhanuri sapere* en rouge. Bien qu'elle soit moins développée que la Kakhétie et que les vins y soient encore majoritairement produits artisanalement, l'Iméréthie est en pleine révolution viticole. La région possède la PDO Sviri, un vin blanc sec élaboré à partir de *tsolikouri* et de *tsitska*. Ici, la jarre de terre cuite n'est pas appelée *qvevri* mais *churi*.

LE SAVIEZ-VOUS ?

Au IVe millénaire av. J.-C. en Géorgie, le jus de raisin était déjà placé dans des jarres d'argile. Celles-ci étaient enterrées durant l'hiver pour que le jus fermente naturellement et donne naissance à un vin au printemps. Cette méthode de vinification est inscrite depuis 2013 par l'Unesco sur la Liste représentative du patrimoine culturel immatériel de l'humanité et les *qvevris* sont encore fabriqués aujourd'hui.

INCONTOURNABLE

La découverte du Marani Ruispiri, un petit paradis perdu au pied du Caucase dans le village de Ruispiri, près de Telavi, en Kakhétie... On y découvre la production de Giorgi Aladashvili, un fondu de biodynamie et le pionnier de la discipline en Géorgie. Son chai et sa salle de dégustation ont été construits exclusivement avec de la chaux, de la pierre et des bois de récupération.

POINTS-CLÉS

latitude	41°50'-42°36' N
altitude	200-900 m
climat	subtropical humide, chaud sans saison sèche
pluviométrie	1 150 mm
surface totale du vignoble	4 981 hectares
production	60 000 hectolitres
type de sols	sols à tendance calcaire
les cinq principaux cépages	*tsolikouri* *tsitska* *otskhanuri sapere* *krakhuna* *dzelshavi*

La fabrication des jarres requiert un savoir-faire ancestral, que seuls les maîtres artisans se transmettent oralement, de génération en génération. Le *qvevri* contient de 100 à 3 500 litres, en fonction de la demande.

COUPS DE CŒUR

Vins ambrés

- **Kakhuri Mtsuané 2017** du domaine Marani Ruispiri (Kakhétie) : *kakhuri mtsuané* 100 %, vin ambré, non filtré, élevé 6 mois en *qvevri* avec les peaux. Un vin tout en retenue et en finesse, avec des arômes de zeste d'orange et de fleurs séchées. Superbes tannins en bouche, avec une légère salinité en finale.
- **Tsolikouri 2017** du domaine Baia's Wine : *tsolikouri* 100 %, vin ambré, non filtré, élevé 3 mois en *qvevri* avec les peaux. Un vin aux arômes de coing, de fleurs blanches et de mandarine, avec une acidité modérée et beaucoup de mâche en bouche. Évolue en permanence dans le verre…

Vin rouge

- **Koloshi 2017** du domaine Obene (Samegrelo) : *koloshi* 100 %, non filtré, élevé 6 mois avec les peaux en *qvevri*. Nez expressif, avec des arômes de rose, de myrtille et de jasmin. La bouche est délicieuse, avec des tannins veloutés et une finale très fraîche.

À Meore Obcha, les frères Gachechiladze coupent des sarments pour leur nouvelle vigne de tsolikouri. Entaillés et emboîtés par deux, ces bouts de bois serviront à la fois de greffons et de porte-greffes. La greffe rend la vigne plus résistante au phylloxéra.

LE POINT DE VUE ★ WINE EXPLORERS ★

Le vin ambré, élaboré à partir de raisins dont les peaux sont laissées avec le jus pendant des semaines voire des mois, est la signature de la vinification géorgienne par excellence. Il surprend la première fois qu'on y goûte, tant la concentration en tannins est importante. Ses arômes de peau d'orange et sa texture en bouche en font un vin à part… et exceptionnel !

PORTRAIT

Baia Abuladze
PDG de Baia's Wine
née en Géorgie (Baghdati) en 1993

Baia habite dans le village de Meore Obcha, en Iméréthie. Avec sa sœur Gvantsa et son frère Giorgi, ils sont la quatrième génération de viticulteurs de la famille. Baia est une autodidacte dans la vinification et une surdouée. Adepte des traditions viticoles géorgiennes, elle devient à 22 ans la première femme vigneronne de son pays et fonde son domaine en 2015. Élue femme géorgienne de l'année en 2017, elle ouvre la voie à de nombreuses vocations. La renommée de son domaine a fortement contribué à faire connaître la région viticole d'Iméréthie.

“ *J'aime la combinaison des méthodes de vinifications traditionnelle et moderne. La première, avec le qvevri, apporte une certaine oxygénation et une âme dans les vins ; la seconde, avec l'utilisation de cuves, voire de barriques, offre de nouvelles perspectives de goûts, de textures et de styles de vins. J'aime préserver le goût du raisin, que le vin soit le plus naturel possible. Notre travail consiste simplement à connecter l'homme à la nature. Je suis particulièrement fière de continuer la vinification traditionnelle avec ma famille.* ”

GRÈCE

18e vignoble mondial

pays producteur **17e**

Terre viticole bénie des dieux selon la légende, la Grèce antique donna son origine au concept de grand cru. Formant la limite Sud des Balkans, cette terre incontournable est riche d'un patrimoine rare avec ses quelques 200 cépages endémiques. Les cuisines régionales, dont le fameux régime crétois, ont toujours été accompagnées d'un verre de vin. Même le jeûne religieux n'est pas épargné !

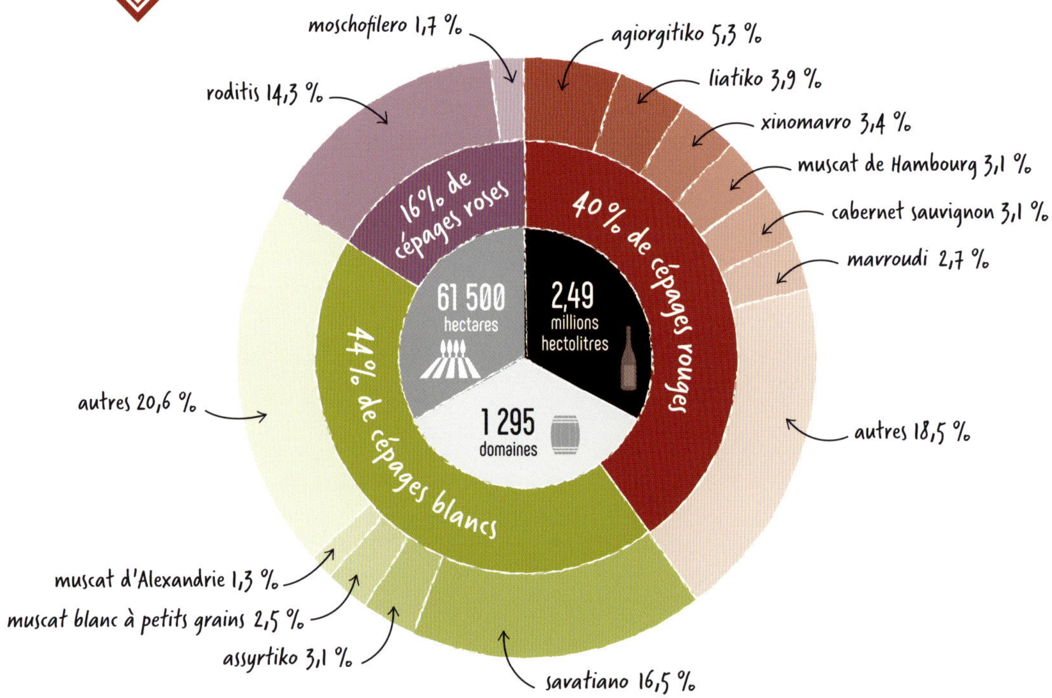

UN PEU D'HISTOIRE

Les fouilles du site de Dikili Tash, dans la plaine de Dráma, ont révélé que l'on vinifiait et que l'on buvait du vin rouge dans le nord de la Grèce vers 4 300 av. J.-C. La viticulture se serait développée au IIIe millénaire av. J.-C. par la Crète, en contact avec la Mésopotamie. Plus tard, la Grèce antique voue un culte à Dionysos, le dieu de la vigne et du vin. Les Romains, qui la conquièrent à partir de 146 av. J.-C., récupèrent le mythe sous le nom de Bacchus, qu'ils fêtent au cours des fameuses bacchanales et leurs débordements orgiaques. Cependant, ils reconnaissent aussi un savoir-faire, à l'instar du poète Virgile qui fait l'éloge des crus grecs dans ses *Géorgiques*. Pendant la période byzantine, entre le Ve et le XVe s., nombre de vignobles sont transférés aux monastères qui font évoluer plants et techniques de vinification. Sous la domination ottomane, pas d'interdiction mais, dans les années 1820, la guerre d'indépendance fait des ravages dans le vignoble. La viticulture se modernise à la fin des années 1970.

Avec plus de 180 000 viticulteurs cultivant généralement entre 0,5 et 1 hectare de vigne, le vin est présent partout en Grèce. Le vignoble est divisé en 7 zones, du nord au sud : la Macédoine et la Thrace (14,8 % de la surface), l'Épire et la Thessalie (8,3 %), l'Attique et la Grèce-Centrale (20,2 %), les îles Ioniennes (4,8 %), la péninsule du Péloponnèse (29,3 %), les îles Égéennes (10,7 %) et la Crète (11,9 %). On compte environ 200 cépages endémiques, représentant 90 % de l'encépagement national. Chaque année, 12 % de la production sont exportés, principalement à destination de l'Allemagne (39,7 %), des États-Unis (14,7 %), de la France (8,3 %), de Chypre (6,7 %) et du Canada (6,1 %), pour un chiffre d'affaires estimé à 73,7 millions d'euros.

→ Près d'Epanomi, au sud de Thessalonique, une vingtaine de sculptures contemporaines sont disséminées dans tout le domaine Gerovassiliou. Ici, en plein milieu du vignoble, certains pourraient voir dans cette œuvre de l'artiste George Lappas, représentant un homme faisant balancier, une manière élégante d'épouvanter les oiseaux.

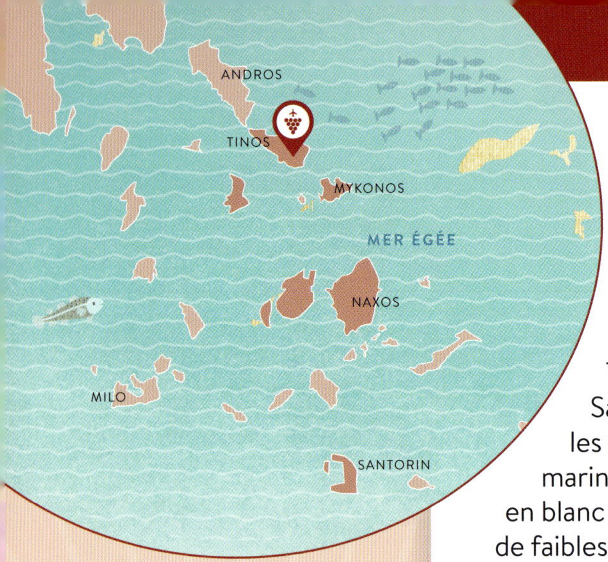

archipel des Cyclades

Au sud de la mer Égée, les Cyclades représentent à peine 4,3 % du vignoble grec pour 0,8 % de la production. Les principales îles viticoles sont Santorin, Paros, Tinos, Mykonos, Naxos et Syros. On compte 3 AOC : Paros, Malvasia Paros et Santorin. Rares sont les endroits dans le monde pour lesquels la nature façonne les vins de manière aussi significative : un mélange subtil de cépages rares, des vents marins violents et une matrice de sols complexe, où les cépages *assyrtiko* et *monemvasia* en blanc et *mandilaria* en rouge s'épanouissent pleinement. Avec un terrain accidenté et de faibles ressources en eau, les rendements y sont très faibles : 7,6 hectolitres par hectare en moyenne. La viticulture y est principalement traditionnelle et rarement mécanisée. Les viticulteurs privilégient un système de taille courte : la taille en gobelet.

POINTS-CLÉS

latitude	36°10'-39°98' N
altitude	0-900 m
climat	méditerranéen, chaud avec étés secs
pluviométrie	590 mm au nord, 370 mm au sud ; il pleut principalement en automne et en hiver
surface totale du vignoble	2 635 hectares
production	20 000 hectolitres
type de sols	volcaniques à Santorin, granitiques à Tinos et carbonatés à Paros (connue pour ses marbres)
les cinq principaux cépages	*assyrtiko* 47,9 % *monemvassia* 13 % *mandilaria* 12 % *potamissi* 6,6 % *savatiano* 4,6 %

LE SAVIEZ-VOUS ?

Sur les terrains accidentés des îles Égéennes, souvent peu propices à la culture, l'architecture en pezoules, ces terrasses à étages avec des murs de soutènement en pierre sèche que l'on nomme « restanques » en Provence, a un double effet bénéfique pour la vigne : elle évite l'érosion des sols et retient les rares eaux de pluie, précieuses pour le développement de la plante.

INCONTOURNABLE

L'île de Tinos, située au nord des Cyclades, est l'une des régions viticoles émergentes du pays. Un lieu aux paysages lunaires, où d'énormes blocs de granite, appelés *volax* dans la région, émergent dans certains vignobles. Ces sols apportent un caractère minéral et une tension superbe dans les vins. Comme au domaine T-Oinos qui, avec une densité de 10 000 pieds par hectare, produit des vins de classe mondiale.

Les blocs de granite géants que l'on trouve au sommet de l'île de Tinos font partie du patrimoine. Au domaine T-Oinos, la vigne a été plantée en respectant les contours de ces monstres de pierre.

COUPS DE CŒUR

Vins blancs

🍇🍇🍇 **Clos Stegasta Asyrtiko 2017** du domaine T-Oinos (Tinos) : *assyrtiko* 100 %, élevé 8 mois sur lies avec 50 % en amphores de 500 litres et 50 % en fûts de chênes français neufs de 600 litres.
On retrouve le terroir de Tinos dans le verre : des arômes subtils de pierre granitique, d'iode et de fleurs séchées. En bouche, le vin est aussi affûté qu'une lame de rasoir. La minéralité est immense. À carafer ou à garder 10 ans en cave…

🍇🍇 **Kavalieros 2016** du domaine Sigalas (Santorin) : *assyrtiko* 100 %, vignes de 50 ans, élevé 18 mois sur lies en cuve inox.
Un vin racé, avec des notes d'agrumes, de fleurs blanches, d'herbe et de pétrole. Bouche avec de la matière, une belle salinité et de la longueur. Délicieux avec un poulpe grillé.

Au sommet de l'île de Tinos, le vignoble du domaine T-Oinos se trouve sur l'un des plus beaux terroirs des Cyclades.

LE POINT DE VUE WINE EXPLORERS

Bien que le climat des Cyclades soit sec, on trouve parmi les plus grands vins blancs grecs issus du cépage *assyrtiko* sur les îles de Paros, Santorin et Tinos. Ici, quelques producteurs consciencieux réussissent à réinterpréter le terroir dans la bouteille de façon spectaculaire !

PORTRAIT

Michalis Tzanoulinos
viticulteur en chef du domaine T-Oinos
né en Grèce (Falatados) en 1958

Né à Tinos, Michalis s'est toujours plu sur son île et ne se verrait vivre nulle part ailleurs. Il a consacré sa vie entière à sa passion du vignoble. Issu d'une famille à l'esprit artistique, son frère étant un sculpteur célèbre, et profondément ancrée dans une philosophie de préservation de l'environnement, son objectif est de faire revivre l'un des plus vieux vignobles du monde au domaine T-Oinos.

« *Les conditions météorologiques difficiles, en particulier les vents violents qui sévissent ici, constituent un défi constant pour la survie de la vigne. Lorsqu'elles sont taillées avec soin, amour et dans le respect d'un savoir-faire traditionnel précis, les vignes du clos Stegasta ont tout pour produire des vins exceptionnels et d'une rare finesse. Tinos est l'île de mon cœur, je suis né et j'ai grandi ici, dans un environnement sauvage et préservé, un lieu très spirituel. Tinos, l'île du dieu Éole, est le pays du vent et de la pierre !* »

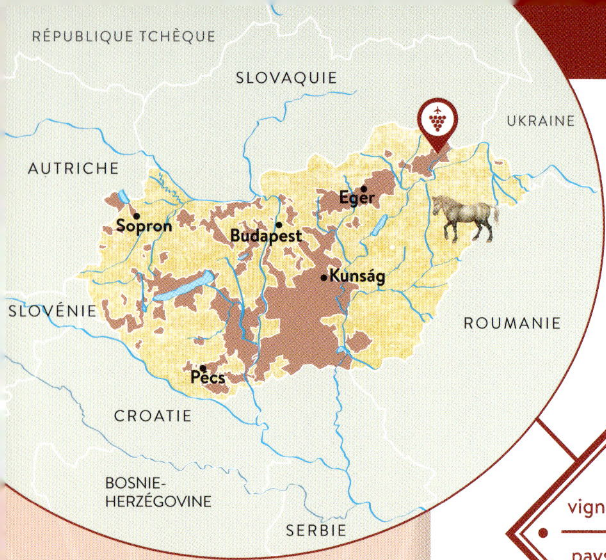

HONGRIE

16e vignoble mondial

pays producteur **14e**

Au cœur de l'Europe centrale, enclavée entre sept pays producteurs de vin, la Hongrie a une culture viticole forte. Chaque village possède au moins une cave de vinification. Ici, la viticulture est symbole de tradition et de royauté ; elle est célébrée dans le monde entier pour ses vins liquoreux de Tokaj.

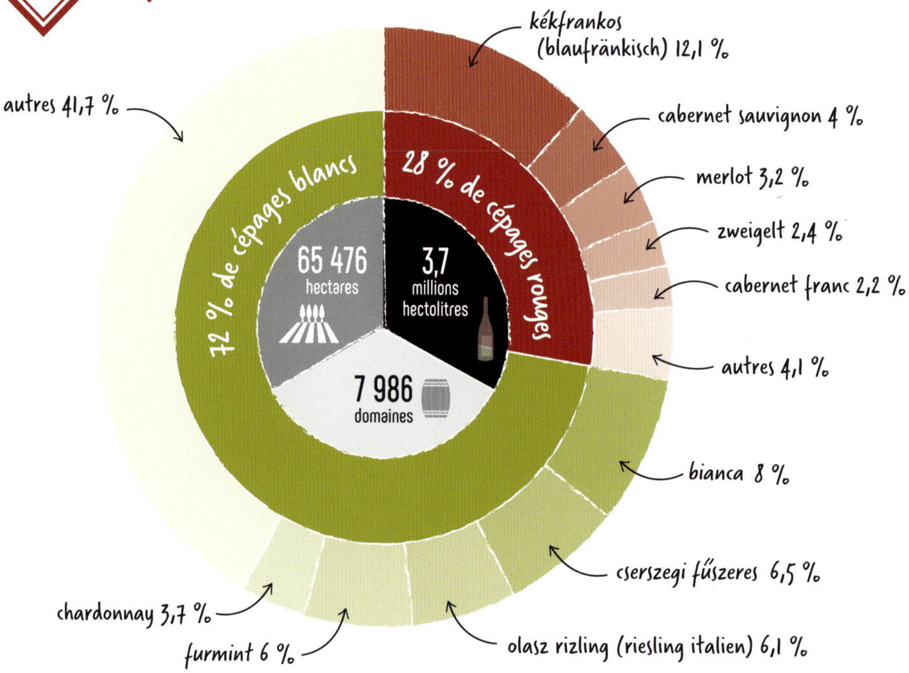

UN PEU D'HISTOIRE

La viticulture et la vinification sont pratiquées en Hongrie depuis au moins le Ier s., quand la Pannonie alors aux mains des Illyriens devient province romaine. Après l'invasion tatare de 1241, le roi Béla IV reconstruisit le pays et décréta la production de vin prioritaire. En 1570, la pourriture noble, apportée par le développement du champignon *Botrytis cinerea* sur les baies de raisin, est officiellement reconnue. Entre le milieu du XVIe s. et la fin du XVIIe s., le sud-est du pays est sous domination ottomane et la production de vin décline. En 1700, les vignobles de Tokaj sont parmi les premiers à être classés. Entre 1707 et 1708, ils sont suivis par une classification nationale. Le phylloxéra touche l'Autriche-Hongrie dans les années 1870, dévastant les vignobles de Pancsova (aujourd'hui en Serbie) au sud et de Tokaj-Hegyalja au nord. Entre 1949 et 1989, sous influence de l'Union soviétique, la République populaire de Hongrie nationalise son vignoble. Depuis le début du XXIe s., il est de nouveau privatisé ; équipé en technologies de pointe, il n'a jamais été aussi qualitatif.

Avec une trentaine de cépages endémiques qui ne poussent nulle part ailleurs, la Hongrie compte 22 régions viticoles qui se répartissent sur l'ensemble du territoire : Zala (1,3 %), Balatonfelvidék (1,3 %), Badacsony (2,1 %), Balatonfüred-Csopak (3,1 %) et Balatonboglár (5,4 %) à l'ouest ; Sopron (2,5 %) et Nagy-Somló (0,9 %) au nord-ouest ; Pannonhalma (1 %), Mór (0,8 %), Neszmély (1,7 %), Etyek-Buda (2,5 %), Mátra (10 %) et Eger (8,7 %) au nord ; Bükk (1,5 %) et Tokaj (8,8 %) au nord-est ; Tolna (3,8 %), Villány (3,8 %), Pécs (1 %), Szekszárd (3,4 %), Hajós-Baja (2,8 %), Csongrád (1,6 %) et Kunság (32 %) au sud. Cette dernière est la plus importante et produit plutôt des vins légers. Protégée du vent froid venant de Russie par les Carpates, la Hongrie bénéficie d'un climat continental modéré, avec une tendance plutôt méditerranéenne vers le sud.

→ Vignoble de Tokaj en automne, après la vendange.

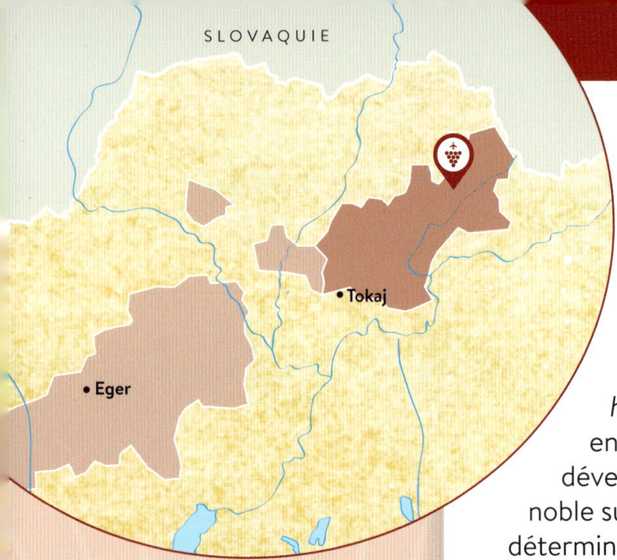

Tokaj-Hegyalja

Située dans le nord-est de la Hongrie, la région compte 627 domaines répartis sur 28 villages. 90 % des vins produits ici bénéficient de l'appellation d'origine Tokaj PDO et 10 % des vins de l'indication géographique Zemplén IGP. Le terme *hegyalja* signifie « piémont » en hongrois et Tokaj en est la ville principale. Planté entre les rivières Tisza et Bodrog, le vignoble bénéficie de conditions idéales pour le développement du fameux champignon *Botrytis cinerea*, qui développe sa pourriture noble sur les grappes, donnant les fameux grains d'aszú. Ces derniers, récoltés un à un, déterminent la quantité de sucre des vins liquoreux de Tokaj, classés de *szamorodni* (0 à 10 g/l) à *eszencia* (250 g/l minimum). Seuls 6 cépages blancs permettent la désignation Tokaj : *furmint*, *hárslevelű*, muscat blanc à petits grains, *zéta*, kövérszőlő et *kabar*.

POINTS-CLÉS

latitude	48°07'-48°23' N
altitude	95-373 m
climat	continental humide, avec une température annuelle moyenne de 10°C
pluviométrie	540 mm
surface totale du vignoble	5 775 hectares
production	221 500 hectolitres
type de sols	lœss et sols sédimentaires sur le substrat rocheux, argiles volcaniques au sommet des collines, et sableux près des rives du Bodrog, en particulier autour de la ville de Tokaj
les six principaux cépages	*furmint* 65,2 % *hárslevelű* 19,4 % sárga muskotály (muscat blanc à petits grains) 9,8 % *zéta* 2 % kövérszőlő 0,9 % *kabar* 0,5 %

LE SAVIEZ-VOUS ?

À Tokaj, les caves jouent un rôle prédominant : les vins sont vieillis au moins trois ans dans des caves traditionnelles, où la température constante autour de 12 °C et 90 % d'humidité aident au développement du *Cladosporium cellare*. Ce champignon pousse sur les murs des caves et est essentiel à la construction des arômes du vin.

INCONTOURNABLE

Goûter à l'*eszencia*, un nectar liquoreux rare aux parfums de fruits confits. Imaginez un sirop de raisin, issu des meilleurs grains botrytisés de Tokaj, vendangés un par un, fermentant parfois plus de vingt ans en bonbonne de verre et contenant parfois jusqu'à 600 g de sucre pour moins de 3° d'alcool et 17 g d'acidité totale...

Le *Cladosporium cellare* recouvre entièrement les murs des caves de Tokaj, où vieillit le vin pendant au moins trois ans avant la mise en bouteille, comme ici au château Dereszla.

COUPS DE CŒUR

Vins blancs

🍇🍇🍇 **Tokaji Szamorodni Sec 2007** du domaine Samuel Tinon : *furmint* 90 %, *hárslevelű* 10 %, issu de raisins botrytisés, élevé sous un voile de levure.
Un vin sec rare, avec une longueur en bouche immense, dont les arômes au nez évoluent sans cesse dans le verre et invitent au voyage. Une expérience sensorielle pour amateurs avertis.

🍇🍇 **Tokaji Muskotaly Réserve 2003** du château Dereszla : muscat blanc à petits grains 100 %, élevé 6 mois en cuve inox.
Ce grand vin liquoreux, qui affiche 260 g de sucre résiduel par litre, est d'une gourmandise absolue. Un régal avec un poulet braisé aux morilles et des haricots verts.

Samuel Tinon, vigneron star de Tokaj, vérifiant au-dessus de ses cuves le développement des levures après la fermentation alcoolique. Celles-ci vont former un voile à la surface du vin, lui conférant ses arômes si particuliers.

LE POINT DE VUE ★ WINE EXPLORERS ★

Les vins liquoreux de Tokaj fascinent. Légendaires, envoûtants… les superlatifs ne manquent pas ! Pourtant, on en consomme de moins en moins. Pour pallier cette tendance, les vignerons produisent de plus en plus de vins secs à la minéralité exceptionnelle. À découvrir d'urgence !

PORTRAIT

Vivien Ujvari
œnologue
du domaine Barta
née en Hongrie
(Tapolca) en 1986

Diplômée en gestion de vignobles et en œnologie, elle fait ses premières expériences professionnelles en Californie, dans la Napa Valley. Puis elle part vinifier en Nouvelle-Zélande et en Australie, avant de rentrer s'installer en Hongrie comme viticultrice et œnologue dans la région de Tokaj en 2013, pour le domaine Grof Degenfeld jusqu'en 2016 puis pour le domaine Barta.

« *J'ai toujours eu envie de travailler à Tokaj, une région viticole au potentiel fabuleux et l'un des vignobles les plus originaux du monde.*
Au domaine Barta, j'ai découvert le caractère unique des vignobles Öreg Király et Kővágó, avec leurs vignes plantées sur des reliefs escarpés, produisant des vins tendus et minéraux. À Tokaj, j'aime le respect des traditions, avec cette petite touche de modernité en plus, pour être en phase avec son temps. »

INDE

51e vignoble mondial

pays producteur **42e**

Entre les terres agricoles appartenant à certaines castes, obligeant les producteurs à sous-louer des terrains pour étendre leur vignoble, la prohibition de l'alcool dans de nombreux États et l'interdiction de la publicité sur le vin, l'industrie viticole indienne est livrée à elle-même. Cependant, quelques vignerons passionnés y produisent des vins intéressants depuis la fin des années 1990.

UN PEU D'HISTOIRE

Au IIIe millénaire av. J.-C., la civilisation de la vallée de l'Indus entretenait des liens commerciaux avec l'actuelle Iran et la Mésopotamie. La viticulture aurait été introduite dans le nord de l'Inde, au Pendjab et au Rajasthan, à cette époque. Toutefois, la première mention d'une production viticole date du XIIe s. av. J.-C. Le vin aurait alors servi lors des rituels religieux. Au début du VIIIe s., la conquête omeyyade débute par le nord et se répand pour donner naissance à l'Empire moghol qui persiste jusqu'au XVIIIe s. Pendant cette période d'expansion musulmane, l'industrie du vin décline. Au XVIe s., les Portugais encouragent la culture de la vigne dans la région de Goa, suivis des Britanniques au XVIIIe s. dans les régions de Pune, du Cachemire et de Surat. Château Indage et Grover, les deux premiers domaines modernes, sont créés en 1986 et en 1996 par deux hommes d'affaire indiens. En 1999, Rajeev Samant crée Sula Vineyards, dans la région de Nashik, qui détient aujourd'hui 60 % des parts de marché ; domaine *leader* du pays, il accueille chaque année plus de 250 000 touristes. Au début des années 2000, 35 nouveaux domaines ont vu le jour.

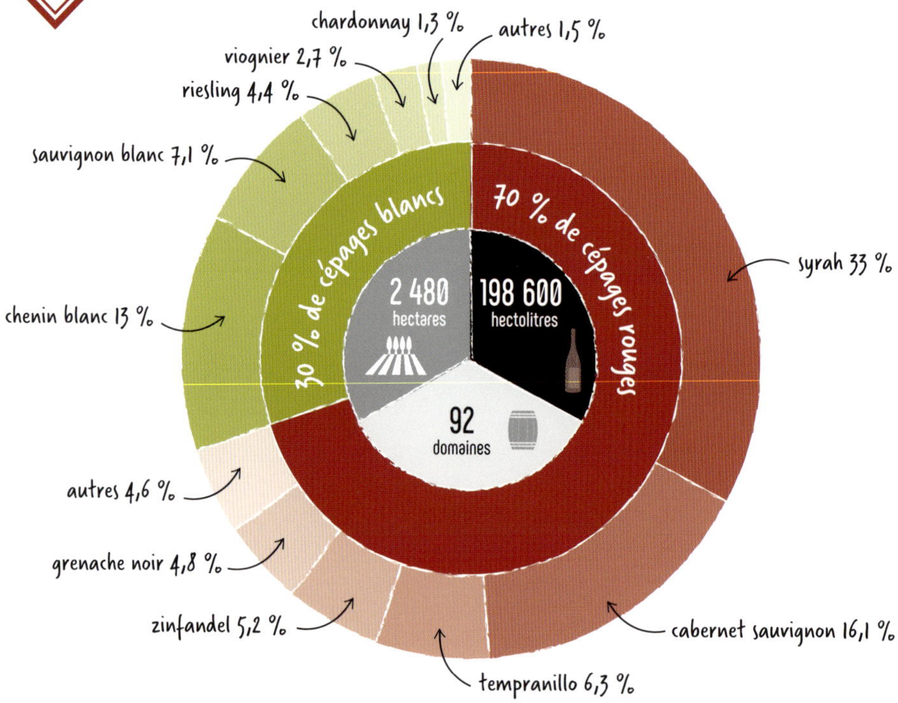

On compte environ 50 000 hectares de vignes, dont moins de 5 % servent à la production de vin et se concentre dans 4 régions viticoles : Nashik et Pune, sur la côte Ouest, dans le Maharashtra, totalisent à elles seules 78 % du vignoble ; plus au sud, dans le Karnataka, Bijapur (4 %) et Bangalore (12 %). Le reste se répartit au centre dans le Madhya Pradesh, près du Rajasthan, et au sud, près de Cumbum et de Coimbatore. L'État de Goa produit un peu de vin mais ne possède pas de vignoble. Le climat est marqué par la mousson, avec un été de mars à juin où les températures peuvent aisément atteindre 40 °C à l'intérieur du pays, et une saison des pluies de juin à septembre où le cycle végétatif de la vigne est mis à rude épreuve. Ces conditions permettent toutefois deux vendanges par an ; la plus qualitative étant celle d'avril, lorsqu'il ne pleut pas.

→ Au nord de Bangalore, le vignoble du domaine Grover Zampa, résultat de la fusion de Grover et Vallée de Vin en 2012, est planté avec des piquets en béton, pour leur durée de vie supérieure aux piquets traditionnels en bois.

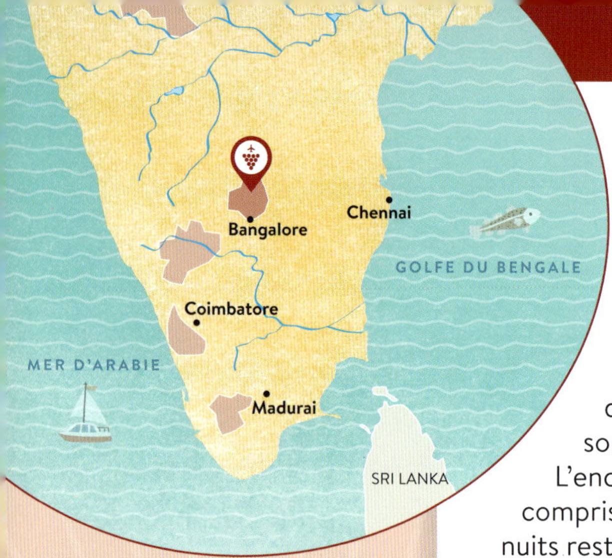

Bangalore

La région viticole de Bangalore, située dans l'État de Karnataka, dans le sud du pays, compte 11 domaines totalisant environ 12 % de la surface viticole nationale pour un peu plus de 8 % de la production. Son développement date des années 1990, avec l'arrivée de Grover Zampa. La majorité des vignobles sont à une cinquantaine de kilomètres au nord de Bangalore, la capitale de l'État. L'encépagement est rouge à 68 %. Les températures minimales annuelles sont comprises entre 10 et 16 °C, les maximales entre 33 et 36 °C. Grâce à l'altitude, les nuits restent fraîches, permettant aux raisins de mûrir plus lentement et de gagner en complexité. Combiné à des sols relativement pauvres, le terroir permet de produire des vins aromatiques et agréables. Les travaux de la vigne sont réalisés à 70 % par des femmes, jugées plus méticuleuses et certainement meilleur marché que les hommes.

POINTS-CLÉS

latitude	autour du 13°10' N
altitude	457-893 m
climat	à la limite d'un climat semi-aride et d'un climat tropical, avec des hivers secs
pluviométrie	930 mm
surface totale du vignoble	290 hectares
production	16 100 hectolitres
type de sols	sols argilo-limoneux rouges bien drainés, riches en quartz et en basalte
les cinq principaux cépages	syrah 34 % chenin blanc 16 % cabernet sauvignon 13 % sauvignon blanc 10,5 % bangalore blue 7 %

LE SAVIEZ-VOUS ?

Le bangalore blue, un cépage américain de type *Vitis labrusca* (vigne-framboisier), bénéficie d'une indication géographique depuis 2013 en Inde. Dans l'État du Karnataka, il est cultivé depuis plus de 150 ans dans les districts de Bangalore Urban, Chikkaballapur et Kolar. Longtemps considéré comme endémique, il s'agit en réalité du cépage isabelle.

INCONTOURNABLE

Le Sulafest est un festival de musique à la programmation internationale qui a lieu chaque année en février pendant deux jours. Il se déroule depuis 2007 au sein même du domaine Sula, dans l'ouest de l'Inde, près de Nashik. Un week-end de musique, de gastronomie et de vin où il est proposé aux festivaliers de camper sur place, à la belle étoile !

Sula, dans la région de Nashik, est le domaine qui domine la viticulture indienne.

COUPS DE CŒUR

Vin effervescent

- **Sparkling Cuvée** du domaine York (Nashik) : chenin blanc 100 %, non millésimé, élevé 16 mois sur lies fines.
  Ce vin est une belle surprise, avec ses arômes de pain grillé, de fruits blancs, une bulle fine et une belle tension en bouche. Parfait avec un poulet tandoori.

Vin blanc

- **Réserve Collection Viognier 2014** du domaine Grover Zampa (Bangalore) : viognier 100 %, élevé 4 mois en fûts de chêne français neufs.
  Un vin gourmand, aux parfums de fruits exotiques, très précis et complexe, qui montre que la région de Bangalore produit de très jolis blancs.

Après la vendange des vignes du domaine Grover Zampa, les travailleuses écartent les grains jugés moins qualitatifs sur la table de tri.

LE POINT DE VUE WINE EXPLORERS

Grâce à l'altitude, les vins de Bangalore ont dans l'ensemble plus de fraîcheur et de concentration que dans les autres régions. La syrah et le viognier donnent de jolis résultats. Mention spéciale pour le domaine Grover Zampa, conseillé par les œnologues français Michel Rolland et Mathias Pellissard.

PORTRAIT

Kailash Gurnani
Œnologue et directeur du domaine York né en Inde (Nashik) en 1988

Après avoir étudié l'œnologie à l'université d'Adélaïde, il fait ses armes dans des domaines viticoles en Australie, à Chypre et en Bulgarie, avant de rentrer en Inde, dans la région de Nashik, pour faire du vin au domaine familial qu'il dirige désormais. Sa passion pour la vinification et son souci de la qualité ont valu à ses vins de nombreuses distinctions en Inde et à l'étranger.

« *L'Inde est un jeune pays viticole et manque encore de repères. À la vigne comme au chai, je préfère essayer et échouer, plutôt que de ne pas essayer du tout. Le vin peut vous emmener dans des voyages incroyables, spirituellement et émotionnellement. Je trouve ça très excitant. En tant que viticulteur, j'aime cette occasion qui m'est offerte chaque année de raconter une nouvelle histoire. Peu de professions vous en donnent l'occasion.* »

INDONÉSIE

65e vignoble mondial
pays producteur 63e

Depuis 1994, l'Indonésie fait officiellement partie du cercle très privé des pays producteurs de vin de la planète. L'île de Bali, célèbre pour ses volcans, ses rizières et ses plages, abrite le seul et unique vignoble du pays, où 400 hectares poussent le long du 8e parallèle Sud dans un climat équatorial avec des chaleurs et une humidité extrêmes.

UN PEU D'HISTOIRE

La viticulture indonésienne débute en 1994 à Bali avec la création de Hatten Wines, à l'initiative de la famille Budarsa, originaire de Sanur, station balnéaire du sud de l'île. Avec les touristes, celle-ci comprend qu'il y a un marché pour les vins locaux. En 2001, après s'être concentré sur la production d'un unique vin rosé, le domaine met sur le marché un vin blanc sec, un vin effervescent brut élevé en méthode traditionnelle, un vin rouge et un vin fortifié inspiré du pineau des Charentes. Sababay Winery, le deuxième acteur viticole majeur du pays, est créé en 2009. Depuis 2012, Hatten Wines a confié les clés de la vinification à l'œnologue australien James Kalleske. En 2013, son propriétaire Ida Bagus Rai Budarsa cofonde l'Asian Wine Producers Association (AWPA) à laquelle adhère naturellement son domaine. Cette association qu'il préside a été créée en marge de l'International Wine & Spirits Fair de Hong Kong et aide notamment à la promotion des vins des domaines asiatiques qui en sont membres.

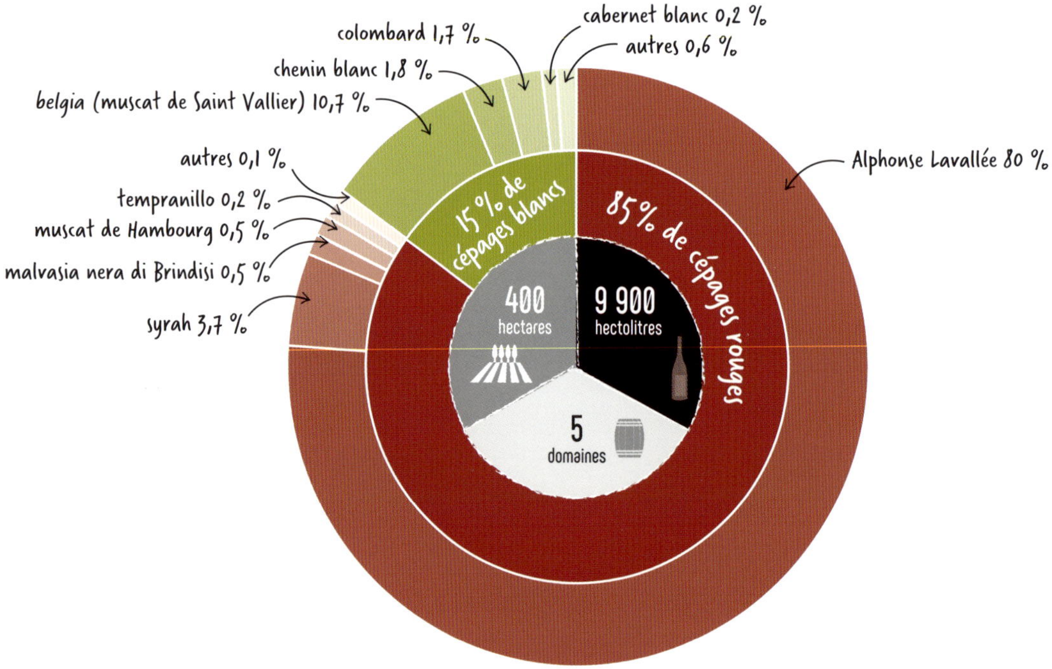

Bali est la seule région viticole d'Indonésie. On y compte environ 400 hectares de vigne dédiés à la production de vin, dont 32 hectares sont des raisins de cuve. Ici, les raisins de table sont aussi vinifiés. Sur les 5 domaines de l'île, 2 produisent uniquement des vins à partir de jus de raisin concentré importé ; leurs volumes ne sont donc pas intégrés dans la production totale. Le climat équatorial de Bali rend extrême la viticulture. Il comporte une saison des pluies entre novembre et avril, où les moussons sont fréquentes, et une saison sèche entre juillet et septembre, avec de petites pluies éparses ; c'est la période la plus propice pour faire mûrir les raisins. Toute l'année, les températures sont comprises entre 20 et 33 °C. L'humidité dans l'air est constante.

→ Vendange de bon matin au domaine Sababay sous 27,5 °C et 92 % d'humidité.

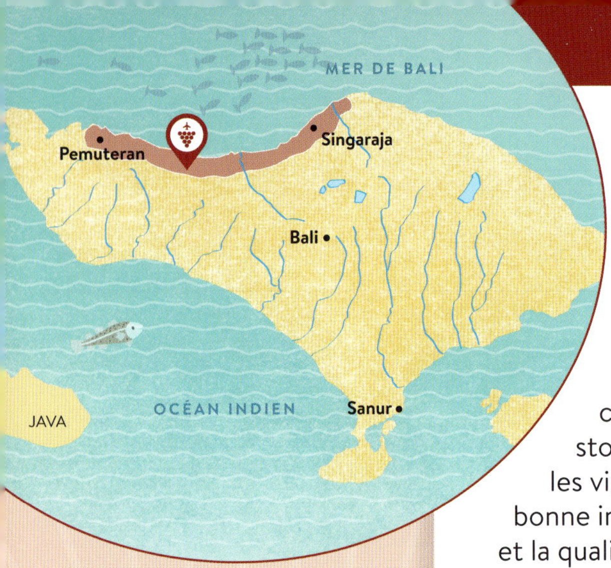

Bali

Les vignobles sont situés sur la côte Nord entre Singaraja et Pemuteran. Constitués de dépôts alluviaux avec du sable, de l'argile et du terreau, les sols de ce secteur de Bali sont assez homogènes. Cette composition leur confère une fertilité élevée et un bon potentiel pour stocker les eaux de pluie. Les nappes phréatiques servent ensuite à irriguer les vignes pendant la saison sèche. Ces sols permettent également une très bonne implantation du système racinaire, essentiel pour la nutrition de la plante et la qualité du raisin. Le climat balinais est extrême mais permet de vendanger jusqu'à trois fois par an. Le vignoble n'a pas de période de dormance et la vigne ne vit pas plus de 12 ans, à cause d'un labeur incessant.

POINTS-CLÉS

latitude	8°-8°6 S
altitude	0-10 m
climat	équatorial
pluviométrie	2 630 mm
surface totale du vignoble	400 hectares
production	10 000 hectolitres
type de sols	alluvions d'origine volcanique avec de l'argile et du sable ; sols très fertiles
les cinq principaux cépages	Alphonse Lavallée 80 % muscat de Saint Vallier 10,7 % syrah 3,7 % chenin blanc 1,8 % colombard 1,7 %

LE SAVIEZ-VOUS ?

Bien que 80 % des Balinais pratiquent l'hindouisme, la majorité des viticulteurs de l'île sont musulmans et ne boivent pas d'alcool. Ainsi, ils goûtent régulièrement des grains de raisin sur différentes zones, afin d'avoir une idée homogène de la qualité de leur future production. Ils ne vinifient pas les raisins eux-mêmes et ne goûtent jamais au produit fini !

INSOLITE

Célébrer Nyepi, le nouvel an balinais, généralement courant mars selon le calendrier Saka. Il est précédé la veille par les processions des Ogoh-ogoh, immenses statues représentant les esprits maléfiques de l'île. Après avoir fait la fête et bu beaucoup de vin, chacun est invité à rester chez soi pour une journée de silence, de jeûne et de méditation. Ambiance mystique garantie !

Les vignes de l'île sont plantées en pergola pour offrir une meilleure protection des grappes contre les radiations UV, grâce à l'ombre générée par le feuillage, ici au domaine Sababay.

COUPS DE CŒUR

Vin effervescent

- **Moscato d'Bali** du domaine Sababay : muscat de Saint Vallier 100 %, ajout de gaz carbonique, 70 g de sucre résiduel par litre.
Une gourmandise effervescente et festive, aux arômes de muscat et d'abricot sec. Parfait à l'apéritif, avec quelques glaçons !

Vin blanc

- **Aga White** du domaine Hatten Wines : belgia 100 %, non millésimé, élevé 4 mois en cuve inox. Nez charmeur, très aromatique, sur les fruits exotiques et les fleurs blanches. La bouche est agréable, avec un peu de gras et une jolie amertume. Délicieux avec un *betutu*, volaille cuite à l'étouffée et aux épices.

Les divinités hindoues veillent sur la vigne du domaine Hatten Wines.

LE POINT DE VUE ★ WINE EXPLORERS ★

Grâce à une rotation entre les parcelles pour permettre une période de repos à la vigne, des viticulteurs consciencieux, une technologie de pointe et des œnologues talentueux, Bali réussit à produire des vins techniquement bien faits, voire bons. Il s'agit plutôt là d'une question d'acceptation du goût, les cépages n'étant pas tous habituels pour nos palais.

PORTRAIT

Evy Gozali
PDG du domaine Sababay
née en Indonésie (Jakarta) en 1980

Titulaire d'une maîtrise en ingénierie financière de l'université de Cornell, aux États-Unis, Evy est adepte de voyages, d'architecture, de design, de yoga et d'une pensée holistique. De retour en Indonésie, elle souhaite créer des produits à valeur ajoutée, tout en participant au développement social de travailleurs locaux. C'est là que lui vient l'idée du vin. En 2009, elle cofonde le domaine Sababay avec ses parents. Le début d'une belle aventure…

« *Je prends autant de plaisir à voir l'épanouissement social de nos équipes, que d'écouter les commentaires de nouveaux consommateurs. Bali est une île magnifique, avec une culture unique, et je suis fière que la production de vin y réussisse. Voir les touristes apprécier nos bouteilles avec la cuisine locale est une vraie victoire. Nous menons des recherches sur de nouvelles variétés, comme le tempranillo, avec le défi de trouver la meilleure maturité possible pour ces cépages.* »

IRLANDE

Kinsale

87e vignoble mondial

pays producteur **84e**

Réputée pour son whisky, sa bière ou encore son gin, l'Irlande abrite un unique vignoble commercial d'à peine un hectare, exclusivement planté en rondo. Une microproduction qui a le mérite d'exister, plaçant de surcroît le pays sur la carte viticole mondiale.

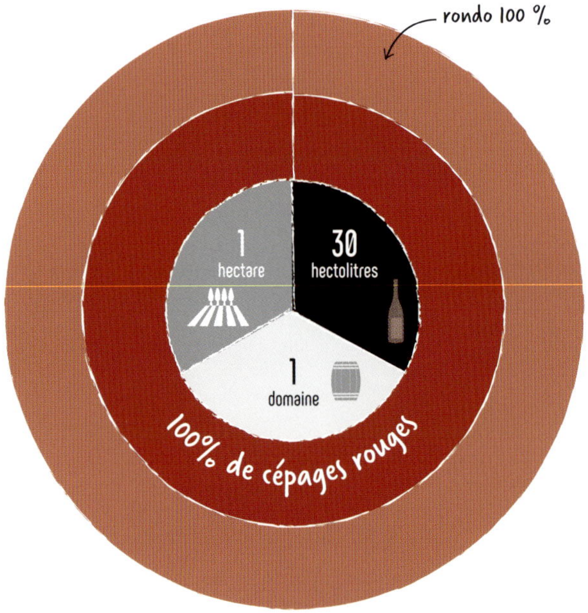

UN PEU D'HISTOIRE

Bien que les débuts de son histoire viticole restent flous, des traces de vin trouvées sur des poteries datant du Ve s. av. J.-C. dans le sud de l'Irlande témoigneraient que le vin y était populaire à cette époque. En se rendant à l'International Museum of Wine de Kinsale, on y apprend que les moines cisterciens de Kilkenny ont planté de la vigne au Ve s., pour la production du vin de messe. Il faut toutefois attendre les années 1980 pour que Thomas Walk, un Allemand épris du pays, crée le premier domaine commercial. Après des essais sur 17 cépages, il ne retiendra que le rondo, jugé le mieux adapté au climat froid du pays. Il produit son premier millésime en 1984. Le second domaine, Blackwater Valley Vineyard, créé dans les années 1980 à Mallow, a fermé ses portes en 2006.

POINTS-CLÉS

latitude	51°7' N
altitude	20 m
type de sols	sablo-limoneux avec un substrat de schiste et d'ardoise

L'Irlande compte un seul domaine commercial, Thomas Walk Vineyard, à Kinsale, dans le comté de Cork, à moins d'un kilomètre de la mer Celtique. Son vignoble est exclusivement planté en rondo, un croisement entre les variétés zarya severa et saint-laurent. Kinsale bénéficie d'un climat océanique tempéré, avec une température moyenne de 9,7 °C à l'année. Bien que la pluviométrie y avoisine les 1 200 mm par an, le vent en provenance de l'océan et l'exposition plein sud du vignoble permettent aux raisins de mûrir chaque année, pour être vendangés mi-septembre. Dispersés dans le sud du pays, trois domaines expérimentaux font chacun pousser quelques ares de vigne, principalement sous serre.

Vignoble du domaine de Thomas Walk, à Kinsale, face à la mer…

LE POINT DE VUE WINE EXPLORERS

Même si le climat irlandais est peu propice à la viticulture, Thomas Walk prouve que l'utilisation d'un cépage interspécifique comme le rondo permet la production d'un vin de qualité, facile à boire. Attention, les propriétaires aimant leur tranquillité, le domaine ne se visite pas.

PORTRAIT

Thomas Walk
fondateur de Thomas Walk Vineyard
né en Allemagne (Wurtzbourg) en 1947

Thomas a travaillé dans le textile pendant plus de 35 ans en Allemagne. Reconverti dans la fabrication de clubs de golf depuis le début des années 2000, il tombe amoureux de l'Irlande après de nombreux déplacements en Europe du Nord et y achète une maison d'été. Il plante un hectare de vigne en 1984 sur sa propriété et apprend à faire du vin en autodidacte, dans son garage. Au début simple hobby, la demande croît auprès de ses amis et le jeune vigneron vend désormais l'ensemble de sa production en Allemagne, via le site web de son domaine.

« *Je suis ravi d'avoir été le premier vigneron moderne à planter en Irlande. Grâce au cépage rondo, résistant aux maladies de la vigne, je réussis à produire des vins bio ; c'est ma grande fierté. Les vins rouges que je préfère boire sont ceux que je produis, car je sais ce que je mets dedans ! Deux verres de rondo par jour, c'est mon secret de longévité !* »

ISRAËL

43e vignoble mondial

pays producteur **35e**

Bien que millénaire, la viticulture israélienne ne s'est véritablement développée qu'à partir de 1882. Le pays produit des vins de renommée mondiale depuis la fin des années 1990. Son vignoble s'étend du nord au sud sur tout le territoire, où quelques terroirs d'altitude subliment les cépages bordelais, rhodaniens et bourguignons.

UN PEU D'HISTOIRE

Pendant l'Exode, Moïse envoya deux éclaireurs en terre de Canaan qui revinrent avec du raisin. La viticulture serait arrivée du Caucase par la Mésopotamie au Ve millénaire av. J.-C. On a retrouvé dans le désert de Judée, sur papyrus du VIIe s. av. J.-C., un bordereau de livraison de vin pour Jérusalem. Pendant l'Antiquité, le vin de la région s'exporte dans tout l'Empire romain. À partir de son annexion par le calife Omar en 638, les vignobles sont arrachés et une grande partie des cépages endémiques perdus. En 1882, en soutien au sionisme, le banquier Edmond de Rothschild achète des terres en Palestine et relance la viticulture. Il aide notamment des Juifs échappés des pogroms russes à développer leurs propres vignobles autour du mont Carmel (littéralement, « vignoble de Dieu ») : c'est la naissance de Carmel Winery, le plus ancien domaine viticole du pays. Après la création de l'État d'Israël en 1948, l'activité se modernise avec l'arrivée de viticulteurs européens, mais aussi australiens et californiens dans les années 1960.

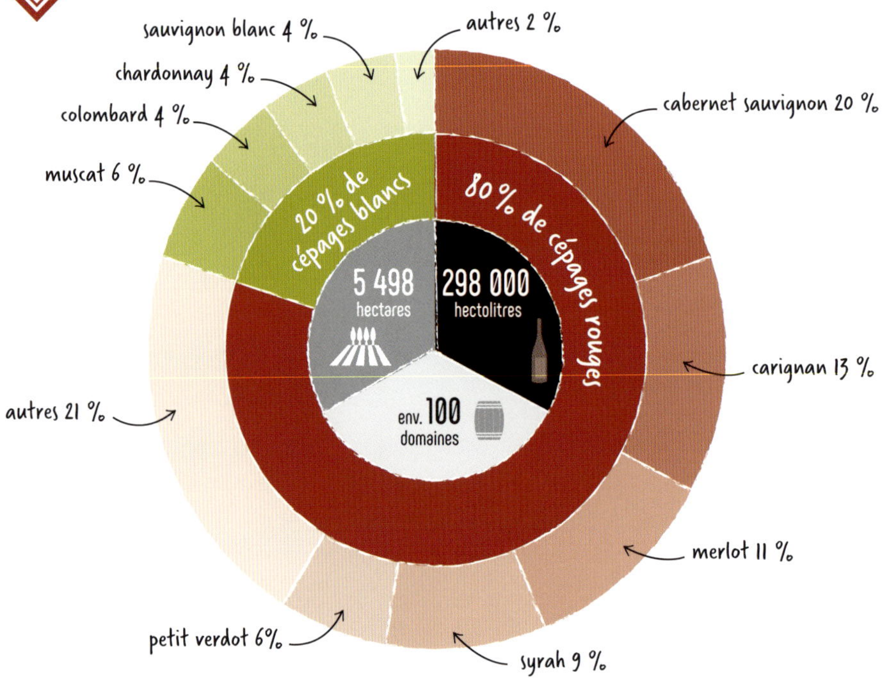

On compte environ 250 domaines, dont une centaine sont commerciaux. Le climat méditerranéen se caractérise par des étés chauds et secs, suivis d'hivers courts et pluvieux. Il nécessite une irrigation par goutte-à-goutte durant le cycle de croissance de la vigne. Au nord, deux régions se partagent plus de 40 % de la surface viticole : le Golan, un plateau volcanique qui s'élève depuis le Jourdain jusqu'à la frontière syrienne, et la Galilée, à l'ouest du Jourdain, où les meilleurs sites se trouvent sur les hauts plateaux qui bordent le Liban, à environ 1 200 m d'altitude. Viennent ensuite les monts de Judée (20 %) et la plaine côtière de Samson (20 %), où les meilleurs vins sont produits dans les régions intérieures, sur des sols calcaires. Une petite viticulture se trouve également dans la région désertique du Néguev, au sud du pays.

→ Près de Bet Shemesh, le vignoble du domaine Tzora s'étend dans les collines de Judée, à environ 15 km à l'ouest de Jérusalem.

40

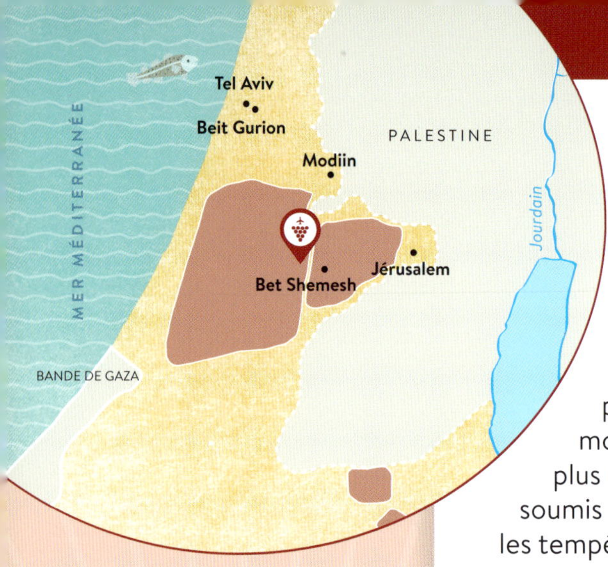

monts de Judée

La région s'étend des collines situées à l'ouest de Jérusalem jusqu'à la frontière du désert du Néguev. Elle compte une trentaine de domaines dont les vignobles se trouvent pour la plupart dans des réserves naturelles protégées, parsemées de forêts, principalement de pins mais aussi de chênes. L'altitude moyenne contribue à des températures plus fraîches et à une saison de croissance plus longue. Les vignobles, situés entre 40 et 50 km de la mer Méditerranée, sont soumis à des vents constants venant de l'ouest. Ceux-ci réduisent l'humidité et abaissent les températures. La nuit, l'air frais des montagnes refroidit les vignobles de manière surprenante. La température peut ainsi tomber à 15 °C pendant l'été, ce qui est propice à la culture de cépages blancs. Les brumes matinales protègent également les raisins de la chaleur. En été, les maximales dépassent rarement 30 °C.

POINTS-CLÉS

latitude	31°19'-31°50' N
altitude	400-800 m
climat	méditerranéen
pluviométrie	550 mm
surface totale du vignoble	250 hectares
production	15 200 hectolitres
type de sols	sols de terra rossa peu profonds sur sous-sol calcaire, bien drainés et riches en minéraux
les cinq principaux cépages	cabernet sauvignon merlot syrah chardonnay sauvignon blanc

LE SAVIEZ-VOUS ?

Contrairement aux idées reçues, tous les vins casher ne sont pas fabriqués en Israël et tous les vins israéliens ne sont pas casher ! Consommé pour la bénédiction du shabbat et durant les fêtes religieuses, le vin est inscrit dans la tradition juive. Pour qu'il soit casher, il faut que les produits utilisés dans le processus de vinification soient casher et que toutes les étapes de sa fabrication, depuis la vendange jusqu'à la mise en bouteille, impliquent un rabbin ou ses disciples.

INCONTOURNABLE

Visiter le centre viticole et culturel de Carmel Winery, à Zichron Yaakov, sur le mont Carmel. L'occasion de découvrir l'histoire fascinante de ce domaine, fondé en 1882 par le baron Edmond de Rothschild, et qui révolutionna l'industrie viticole moderne d'Israël, de visiter les chais et de conclure par une dégustation de ses vins. Sur réservation uniquement.

Sur le mont Carmel, à 15 km au sud de Haïfa, Carmel Winery représente à lui seul près de la moitié de la production du vin israélien.

COUPS DE CŒUR

Vin blanc

Shoresh 2016 du domaine Tzora : sauvignon blanc 100 %, élevé 9 mois sur lies en fûts de chêne français.
Un vin tout en finesse, avec des arômes d'agrumes, d'herbe coupée et d'asperge verte. Le milieu de bouche est superbe et la longueur impressionnante. Délicieux avec un caviar d'aubergine !

Vin rouge

Shiraz Reserve 2015 du domaine Recanati (Haute Galilée) : syrah 100 %, élevé 8 mois en fûts de chêne français avec 30 % de fûts neufs. Arômes de fruits noirs mûrs, de cèdre et de cacao. Bouche puissante, avec une matière tannique importante et une finale sur la réglisse et le poivre noir.

Le domaine Recanati a planté cette parcelle de 3 hectares avec les cépages *argaman* et *marawi* en 2016 dans le nord du pays, près de Menara, à moins d'1 km de la frontière libanaise et à seulement 20 km de la mer.

LE POINT DE VUE WINE EXPLORERS

Bien que la tradition viticole d'Israël soit ancienne, l'industrie actuelle est encore jeune. Quelques domaines commencent à produire des vins de classe mondiale, notamment dans les monts de Judée, où l'on trouve les sauvignons blancs, les chardonnays et les cabernets sauvignons les plus fins.

PORTRAIT

Eran Pick
DG et œnologue du domaine Tzora
né en Israël (Kfar Saba) en 1974

Pilote dans l'armée de l'air au début de sa carrière, Eran a toujours été passionné par le vin. Entre 2004 et 2006, il voyage entre la Napa et la Sonoma en Californie, la vallée de la Barossa en Australie et le Bordelais pour apprendre à vinifier. En 2006, après avoir obtenu son diplôme en viticulture et œnologie à l'université californienne UC Davis, il rejoint le domaine Tzora. Master of Wine depuis 2016, marié et père de trois enfants, il vit à Tel Aviv.

« *J'ai toujours été féru des vins de Bordeaux, de Champagne et du nord de la vallée du Rhône. Un vin devrait toujours refléter le terroir dont il est originaire et c'est pourquoi j'essaie de m'inspirer du caractère unique des monts de Judée pour élaborer mes cuvées. Mon mentor est Jean-Claude Berrouet, qui croit en l'extraction douce et aux vins légers. Ses conseils dans l'élaboration des vins du domaine Tzora sont une réelle source d'inspiration.* »

ITALIE

3e
vignoble mondial

pays producteur
1er

Au cœur de la culture italienne depuis au moins 28 siècles, le vin est produit des Alpes au nord jusqu'à la Sicile au sud, sur près de 1 400 km, dans chacune des vingt régions qui constituent le pays. Bien que le phylloxéra soit passé par là à partir de 1879, son ampélographie reste unique avec 377 cépages autorisés et plus de 500 autres plantés.

UN PEU D'HISTOIRE

La viticulture aurait été apportée par les Grecs sur les côtes méridionales de l'Italie entre les VIIIe et VIe s. av. J.-C. Cette zone géographique, allant de la Sicile aux Pouilles, est nommée Œnotria pendant l'Antiquité, ce qui signifie la « terre du vin ». Au IIe s. av. J.-C., l'Empire romain défait la cité de Carthage. Le savoir-faire reconnu des maîtres vinificateurs carthaginois est alors récupéré par les Romains et permet à la production de vins italiens de prospérer. La viticulture prend une telle ampleur qu'en 92, l'empereur Domitien décide de détruire un grand nombre de vignobles afin de libérer des terres fertiles au profit d'autres productions agricoles. Le premier système italien de classification des vins est mis en place en 1963. La première dénomination d'origine contrôlée (DOC), Vernaccia di San Gimingnano, date de 1966. En 1992, une loi est adoptée pour préciser notamment les rendements maximums autorisés par appellation.

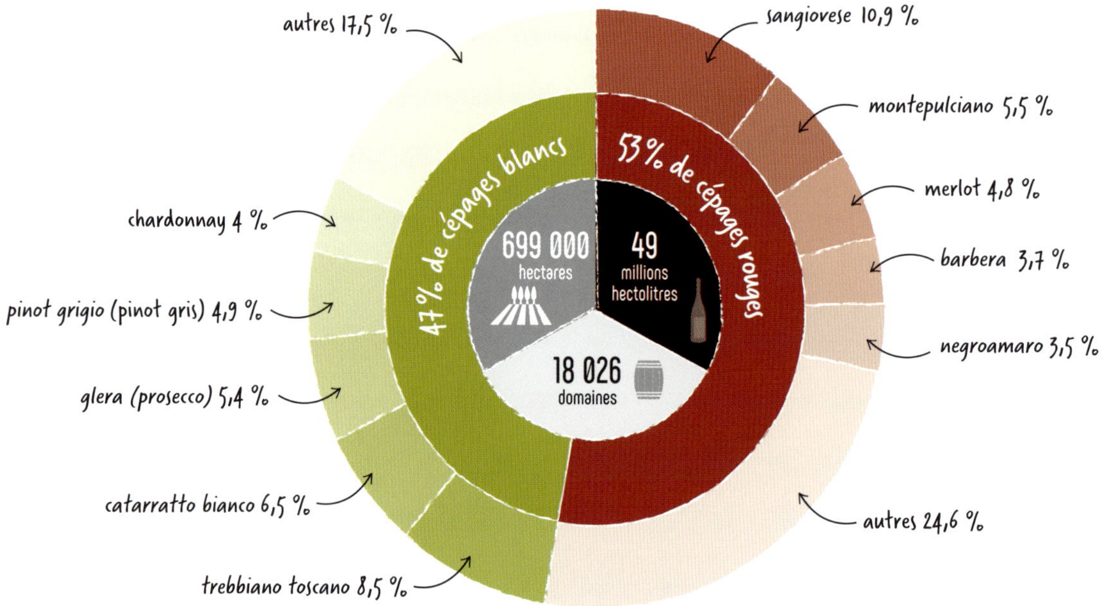

Les deux tiers de la production nationale émanent de 5 régions : au nord, la Vénétie (25,1 %) et l'Émilie-Romagne (12,8 %) ; au centre, la Toscane (8,9 %) ; au sud, les Pouilles (11 %) et la Sicile (7,7 %). La moitié du vignoble se répartit entre 4 régions : la Sicile (15,2 %), la Vénétie (13,7 %), les Pouilles (13,4 %) et la Toscane (9,1 %). Le nord de l'Italie, bordé par les Alpes, est traversé par un climat subtropical humide avec des hivers froids, des étés très chauds et des précipitations plus abondantes qu'ailleurs sur la péninsule. Plus au sud et dans les îles, le climat est méditerranéen. Plus on va vers le sud, plus les étés sont longs et secs. En 2017, l'Italie a exporté 44 % de sa production pour une valeur totale de 5,97 milliards d'euros.

→ Les Cinque Terre, avec leurs vignobles en terrasses classés au patrimoine mondial de l'Unesco.

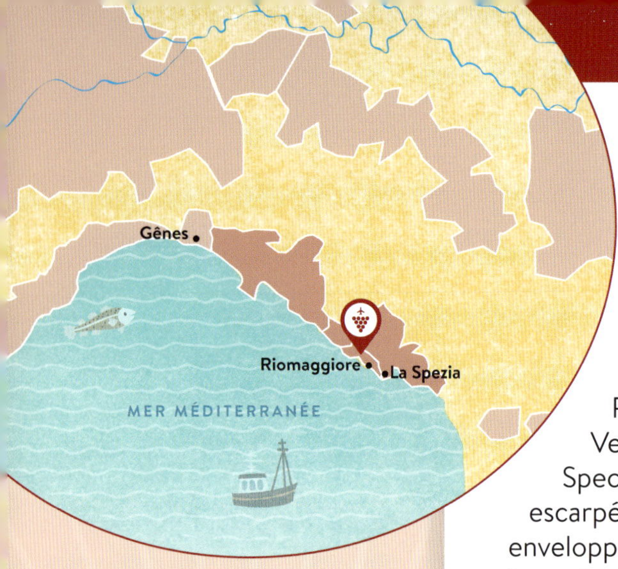

Cinque Terre

Répartis sur 15 km le long du littoral de la Riviera italienne, en Ligurie, 24 domaines se partageant très exactement 84,62 hectares situés sur cinq municipalités : 4,45 ha à La Spezia (incluant Tramonti et Campiglia), 42,44 ha à Riomaggiore (incluant Manarola, Montenero, Groppo et Volastra), 27,84 ha entre Vernazza et Corniglia (incluant San Bernardino et Porciana) et 9,89 ha à Monterosso.

Spectaculaire, le vignoble des Cinque Terre est planté sur des pentes dangereusement escarpées, dont certaines sont si proches de la mer que les embruns méditerranéens les enveloppent d'une fine brume. Construit en terrasses essentiellement au XIIe s., après les incursions sarrasines par la mer, il nécessite une gestion manuelle fastidieuse, assistée par des monorails permettant de transporter les outils agricoles tout au long de l'année.

POINTS-CLÉS

latitude	44°06'-44°08' N
altitude	50-500 m
climat	méditerranéen, avec des étés secs, des printemps et des automnes humides ; pas de gelée en hiver
pluviométrie	890 mm
surface totale du vignoble	85 hectares
production	2 650 hectolitres
type de sols	pierreux et sablonneux, sols pauvres issus de deux types de grès en sous-sol, le macigno (grès grossier avec feldspaths et débris de roches métamorphiques soudés par un ciment calcaire) et l'arenaria (grès avec feldspaths, quartz et micas dans un ciment argileux), bénéficiant d'un bon drainage
les cinq principaux cépages	*bosco* 40 % vermentino 25 % *albarola* 19 % *ciliegiolo* 6 % *canaiolo* 5 %

LE SAVIEZ-VOUS ?

Pour avoir droit à la DOC Cinque Terre, les vins doivent provenir de vignobles cultivés exclusivement sur des terrains montagneux et être produits à partir de moût contenant 40 % de *bosco* au minimum, 40 % d'*albarola* et/ou de vermentino au maximum et jusqu'à 20 % d'autres cépages blancs autorisés.

INSOLITE

Avant la construction de la voie ferrée reliant Gênes à La Spezia dans les années 1870, les Cinque Terre n'étaient accessibles que par la mer. Lors de la vendange, les bateaux étaient amarrés sous les vignobles et les paniers étaient descendus par les ouvriers les plus robustes. Depuis les années 1980, des monorails permettent le transport des raisins pendant la vendange et des outils agricoles le reste de l'année.

Le vignoble se trouve tout autour des villages des Cinque Terre, ici Corniglia au premier plan et Riomaggiore en arrière-plan avec leurs vignes qui descendent jusqu'à la mer.

COUPS DE CŒUR

LE POINT DE VUE WINE EXPLORERS

Vin rouge

Carandelle 2014 du domaine Podere San Cristoforo (Toscane) : *sangiovese* 100 %, élevé 10 mois en fûts de chêne français ; vin en biodynamie. Probablement l'un des *sangiovese* les plus fins d'Italie ; il fallait donc en parler ! Un nez sur les épices, la sauge et la myrtille. En bouche, le vin est droit, précis et d'une longueur exceptionnelle…

Vin ambré

Refursà 2015 du domaine Terre Sospese (Cinque Terre) : *bosco* 100 %, raisins vendangés en septembre puis séchés 2 mois au soleil sur un lit de paille, avant d'être fermentés avec les peaux, puis élevés 1 an en amphores et en dames-jeannes. Un nez aux arômes de résine de pin, de figue séchée, d'abricot sec et de noix. Complexe et équilibré en bouche, avec une finale très longue, iodée, sur les fruits secs et la mandarine confite. Vertigineux !

Classé au patrimoine mondial de l'Unesco depuis 1997, le vignoble des Cinque Terre produit des vins blancs atypiques dans des conditions épiques. On aime la trame saline en bouche et la finale légèrement oxydative. Un style inclassable en Italie !

PORTRAIT

Andrea Pecunia
propriétaire du domaine Terre Sospese
né en Italie (La Spezia) en 1976

Après des études en psychologie et en ethnologie, il décide à 29 ans, avec l'aide de son père, de restaurer et de redonner vie à une partie du vignoble familial. Une immersion complète dans la nature, loin de la société, pour vivre le monde à sa façon. Andrea fait des vins non conventionnels, élaborés avec les peaux et des levures sauvages, conformes à ses goûts et à son caractère.

« J'ai organisé ma vigne selon une approche holistique et biologique pour m'aider à produire des raisins de qualité tout en réduisant les coûts de production, très élevés. Pour compléter mon activité, j'invite les touristes à venir séjourner dans un gîte créé au milieu des vignes. Tout est complexe dans la gestion du vignoble des Cinque Terre et doit s'anticiper, y compris l'utilisation du monorail : chaque vigneron utilise son fuel, paye un abonnement et doit appeler à l'avance pour le réserver. C'est aussi ce qui en fait son charme. »

Les monorails rendent la vie un petit peu moins pénible aux vignerons des Cinque Terre…

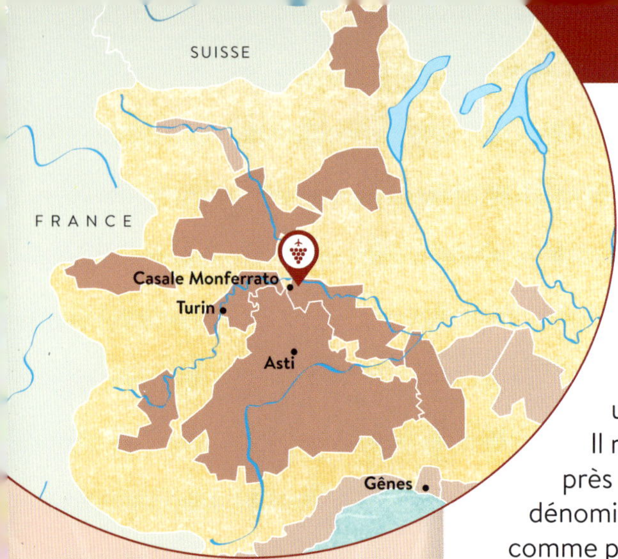

Piémont

Piemonte signifie « au pied des montagnes ». Cette région viticole occupe la majeure partie du nord-ouest de l'Italie, bordant la Suisse au nord et la France à l'ouest. Enclavée au nord par les Alpes et au sud par les Apennins, le Piémont est un vaste terrain de collines, ne laissant que 30 % des sols propices à la viticulture. Il représente 6,6 % de la surface viticole pour 7,3 % de la production nationale ; près de 60 % des vins produits sont rouges. Connu dans le monde entier pour les dénominations Barolo et Barbaresco, toutes deux issues du cépage nebbiolo, tout comme pour ses vins doux pétillants de Moscato d'Asti, on y compte plus d'appellations (17 DOCG et 42 DOC) que dans toute autre région italienne. Les pentes exposées sud sont principalement plantées en *nebbiolo* et en *barbera*, tandis que les sites plus frais sont plantés en *dolcetto* ou en *moscato* (muscat blanc à petits grains).

POINTS-CLÉS

latitude	44°55'-45°49' N
altitude	150-400 m
climat	continental modéré, avec des hivers froids et humides et des étés chauds
pluviométrie	790 mm
surface totale du vignoble	46 287 hectares
production	3,57 millions d'hectolitres
type de sols	alluvions quaternaires avec accumulation d'argile, de calcaire et de matière organique
les cinq principaux cépages	*barbera* 31 % *moscato* 22 % *dolcetto* 13 % *nebbiolo* 10%

LE SAVIEZ-VOUS ?

Les plus grands vins du Piémont se trouvent en altitude. Les variations de températures importantes entre la fraîcheur des Alpes d'un côté et la chaleur de la Méditerranée de l'autre créent d'importantes brumes matinales qui se dissipent lentement pendant la journée. Plus les vignobles sont plantés en hauteur, plus ils reçoivent de soleil et mieux les raisins mûrissent.

INCONTOURNABLE

Boire un verre de vin issu du cépage piémontais *grignolino*. Son nom vient de *grignole*, qui signifie « beaucoup de pépins » en langue piémontaise. Avec ses notes de cerise et de prune, un degré d'alcool proche de 11 % et une acidité marquée, c'est un vin rouge idéal pour se rafraîchir en été. Il s'apprécie en toute simplicité, comme avec une pizza !

Vignoble de l'azienda agricola Morando Silvio, à San Rocco.

Coups de cœur

Vin blanc

Sabbia 2018 du domaine Demarie : arneis 100 %, vin ambré, 45 jours de macération avec les peaux, élevé 2 ans en fûts de chêne français neutres.
Un vin cosmique, tout en subtilité, aux parfums de mandarine givrée, de tilleul et d'herbe séchée.
À boire à la belle étoile.

Vin rouge

Barbera del Monferrato 2015 du domaine Silvio Morando : barbera 100 %, élevé 4 mois en cuve inox et 2 mois en foudres neutres.
Des parfums de prune et d'épices. L'acidité en bouche, recherchée dans ce style de vin, apporte beaucoup de fraîcheur et donne envie de boire un deuxième verre. Superbe avec des *agnolotti*, les fameuses pâtes piémontaises farcies à la viande et aux épinards !

Le grignolino est un cépage originaire du Piémont. Souvent décrié à tort, il donne des vins rafraîchissants et délicieux.

Le point de vue ★ Wine Explorers ★

Les vins piémontais n'ont plus vraiment besoin de promotion, leur réputation étant établie de longue date. Les 1 206 villes et villages qui composent la région regorgent de pépites, comme les cépages *brachetto* et *pelaverga* en rouge, ou encore *erbaluce* en blanc.

PORTRAIT

Silvio Morando
propriétaire
de l'azienda agricola
Morando Silvio
né en Italie (Casale
Monferrato, Piémont) en 1958

Issu d'une famille de vignerons établie depuis 1630 dans le Montferrat, région historique du Piémont, Silvio est un vigneron atypique, pétri de talent, avec un tempérament fort et qui n'a pas la langue dans sa poche. On le surnomme « l'anarchiste ». Adolescent, Silvio se dirige tout naturellement vers le vin. Il étudie l'œnologie à Alba, où il rencontre sa femme Tiziana sur les bancs de l'université. Ensemble, ils exploitent 15 hectares de vigne à San Rocco en culture biologique. Leur maison d'hôte est un must dans la région.

« *Dans le Monferrato, on suit les règles de la nature, loin des diktats imposés par le monde. Faire du vin est la seule chose libre qu'il me reste. Raison pour laquelle j'aime jouer avec les règles, en mélangeant un cépage blanc (cortese) et un rouge (syrah) pour faire mon rosé par exemple, ou encore en assemblant des cépages rouges internationaux avec des cépages piémontais dans une cuvée. Une hérésie pour certain. Une liberté d'expression pour moi !* »

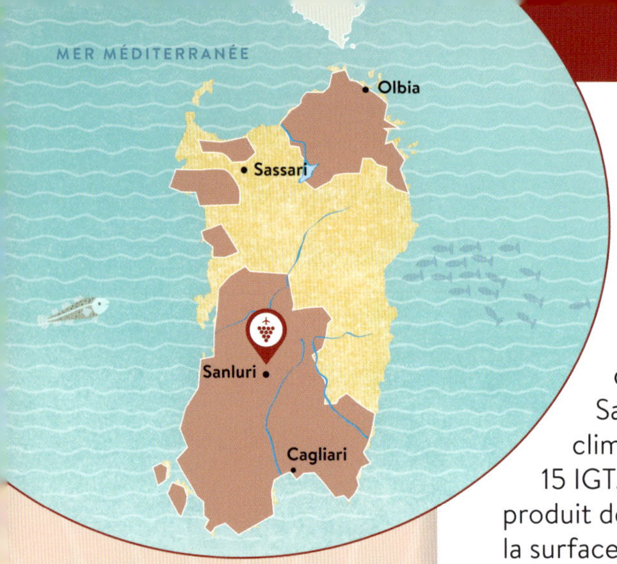

Sardaigne

Région autonome d'Italie depuis le milieu du XVIIIe s. et séparée du continent par 240 km de mer, la Sardaigne a une tradition viticole moins ancrée que dans les régions continentales. On y compte 275 domaines répartis entre Santa Teresa Gallura au nord et Chia au sud. La diversité topographique et climatique de l'île a conduit à la création de diverses appellations : 19 DOC et 15 IGT, ainsi qu'une DOCG, Vermentino di Gallura, au nord-est de l'île. Celle-ci produit des vins blancs complexes, frais et iodés. Le vignoble sarde représente 2,6 % de la surface viticole nationale, pour à peine 0,8 % de sa production. Il se situe en majorité dans l'ouest de l'île, où sont produits les vins des DOC Carignano del Sulcis, Vernaccia di Oristano, Malvasia di Bosa et Alghero.

POINTS-CLÉS

latitude	41°24'-38°94' N
altitude	0-730 m
climat	méditerranéen, avec des hivers doux et plutôt pluvieux, des étés chauds et ensoleillés, tempérés par les brises marines.
pluviométrie	450 mm
surface totale du vignoble	18 465 hectares
production	395 000 hectolitres
type de sols	sous-sol constitué de granite, de calcaire ou de grès avec des argiles riches en minéraux issu de leur dégradation ; sur le pourtour de l'île, sols de sable et de graviers avec un excellent drainage
les cinq principaux cépages	*cannonau* (grenache noir) 29,2 % vermentino 16,9 % carignan 8,5 % *monica nera* 7,3 % *nuragus* 7,2 %

LE SAVIEZ-VOUS ?

Le vent est un facteur important en Sardaigne, souvent bénéfique pour le vignoble tout au long de l'année. D'octobre à avril, le mistral souffle de l'air froid depuis le nord-ouest et rend l'atmosphère très limpide. Entre juin et septembre, la brise marine souffle régulièrement, rafraîchissant l'air chaud de l'été. En de rares occasions estivales, le sirocco venant du sud-est entraîne des vagues de chaleur en provenance d'Afrique.

INSOLITE

Au cours des fêtes de la Madone, organisées chaque année fin juillet dans la lagune de Marceddì, un cortège formé de centaines de motards et de pèlerins suit la statue de la Vierge dans tout le village. Il précède un week-end de festivités épiques, où sont proposés des vins et de la gastronomie sardes !

Les pentes douces du centre de la Sardaigne sont idéales pour la culture de la vigne, ici en compagnie de Roberta Pilloni dans le domaine Su'entu, près de Sanluri.

COUP DE CŒUR

Vin rouge

Bovale 2015 du domaine Su'entu : *bovale* 100 %, élevé 6 mois en fûts de chêne de 225 litres neutres, puis 6 mois en fûts de 500 litres neufs. Un vin tout en retenue, aux arômes de cèdre, de mûre sauvage, de poivre noir et de café, juteux en bouche et à l'acidité marquée. Superbe avec un *porcheddu arrustidu*, cochon de lait rôti à la broche et assaisonné au romarin.

Chai du domaine Su'entu, créé en 2009 par Salvatore Pilloni.

LE POINT DE VUE WINE EXPLORERS

Plus influencée par les cépages espagnols comme le grenache noir et le carignan, voire français comme le cabernet sauvignon, que par les cépages italiens du continent, la Sardaigne bénéficie d'un climat idyllique pour la culture de la vigne. C'est une région viticole aussi marginale qu'attachante, où l'on produit de très jolis vins.

PORTRAIT

Salvatore Pilloni
fondateur
du domaine Su'entu
né en Italie (Furtei, Sardaigne) en 1952

Issu d'une famille modeste, il quitte l'école à la fin de la primaire pour aider sa famille. Adolescent, il part à Turin pour travailler à l'usine. À son retour en Sardaigne, il crée sa première entreprise à 20 ans. Passionné de vin, Salvatore nourrit le rêve de fonder un jour son propre domaine. Un souhait réalisé en 2009, avec la création du domaine Su'entu.

« *Je me sens si chanceux et redevable que j'ai eu envie de rendre quelque chose à ma communauté et à mon terroir. En créant Su'entu, j'ai choisi d'employer uniquement des locaux, en particulier des jeunes qui ont commencé à travailler dans les vignobles pour la première fois chez nous. Maintenant, ce sont des vignerons hautement qualifiés ! J'aime les histoires cachées derrière chaque vin. Nous nous concentrons trop souvent sur les arômes et les saveurs, en oubliant que derrière cela, il y a de belles histoires et des messages d'espoir.* »

JAPON

52e
vignoble mondial

pays producteur
44e

Depuis Hokkaido au nord, à la même latitude que Bordeaux, jusqu'à Okinawa au sud, le vignoble japonais offre une multitude de terroirs. Il produit depuis le début des années 2000 des vins de renommée internationale, en s'appuyant sur le *koshu*, un cépage blanc fer de lance des vins de qualité.

UN PEU D'HISTOIRE

L'histoire viticole du Japon remonte au début du XIe s. Celle de la vinification, en revanche, est plus récente. Au début de l'ère Meiji, en 1868, le nouveau gouvernement encourage la production de vin qu'il prend pour référence dans la modernisation industrielle. C'est ainsi que débute la vinification dans le pays. La production est d'abord orientée vers des vins artificiellement sucrés et aromatisés. Pendant plus de 80 ans, le terme « vin » désigne ainsi des vins sucrés de type porto pour le grand public. C'est dans les années 1960 que le vin produit selon les standards internationaux commence à être apprécié par les consommateurs japonais, qui s'ouvrent alors à une alimentation de style plus occidental. Avant l'ère Meiji, la consommation d'animaux à quatre pattes était interdite par exemple. Depuis le début des années 2000, le Japon produit quelques vins de renommée mondiale.

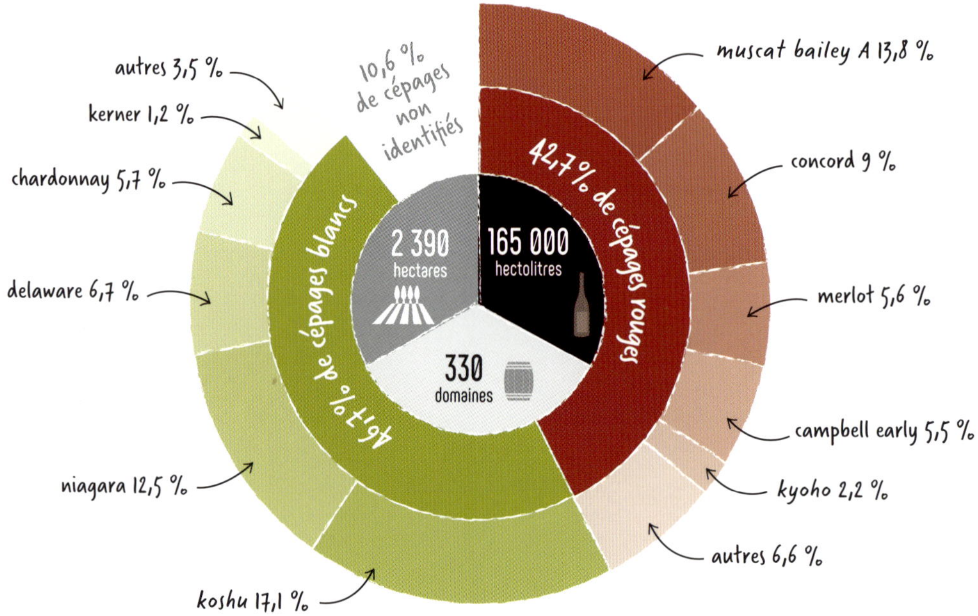

174 domaines ont vu le jour entre 2000 et 2018, dont 31 sur la seule année 2018. Les vignobles, plantés entre 26 et 1 000 m d'altitude, sont répartis en sept régions, dont trois représentent plus des deux tiers de la surface du vignoble : Yamanashi (28 %), Hokkaido (21 %) et Nagano (18,6 %). 81,5 % des vins produits au Japon proviennent de raisins ou de vin importés. Les 18,5 % de vins produits à partir de raisins vendangés au Japon portent la mention « Japanese Wine ». Parmi ces derniers, il est difficile de distinguer la proportion de cépages de cuve utilisés (2 390 hectares) de celle des cépages de table (15 900 hectares), les deux étant utilisés de façon variable d'une année à l'autre. Le pays exporte peu : à peine 2 300 hectolitres, soit 1,4 % de sa production. Il est donc rare de goûter aux vins japonais en dehors du pays.

→ Vignoble planté en pergola dans le domaine Coco Farm & Winery, sur les coteaux d'Ashikaga, dans la préfecture de Tochigi au nord de Tokyo.

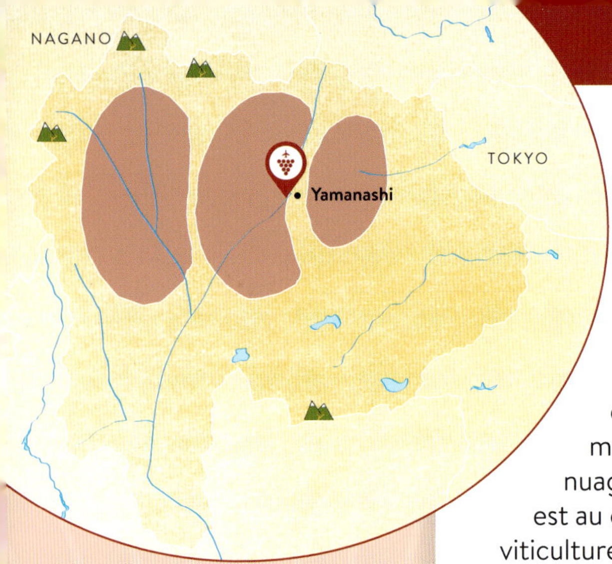

Yamanashi

Première indication géographique (GI) créée en octobre 2015, Yamanashi compte 84 domaines et représente un tiers de la production de vin du pays. Située à une heure et demie en train de Tokyo, elle constitue la région viticole la plus proche de la capitale. Bordé par le mont Fuji au sud, les Alpes japonaises à l'ouest et les monts Yatsugatake et Kayagatake au nord qui agissent comme un rempart naturel aux nuages, réduisant ainsi la pluviométrie et l'influence des typhons, le bassin de Katsunuma est au cœur de la région viticole et bénéficie d'un climat particulièrement favorable à la viticulture. On y compte seulement 5 % de cépages européens : merlot, chardonnay, cabernet sauvignon, petit verdot ou encore cabernet franc.

POINTS-CLÉS

latitude	35°30'-35°53' N
altitude	600-1 000 m
climat	subtropical humide chaud sans saison sèche
pluviométrie	1 800 m
surface totale du vignoble	670 hectares
production	54 750 hectolitres
type de sols	roches sédimentaires et graviers dérivés de granite et d'andésite (roche volcanique), non appropriés pour la production de riz, mais idéaux pour la culture de la vigne
les cinq principaux cépages	*koshu* 51 % *muscat bailey A* 25 % delaware 6,3 % *kyoho* 3,6 % merlot 2,5 %

LE SAVIEZ-VOUS ?

Koshu signifie littéralement « le raisin de Yamanashi ». Caractérisé par sa peau rose pâle, c'est le cépage emblématique du Japon. En 1186, un certain Amemiya Kageyu, de la région de Katsunuma, trouve cette vigne sauvage et la plante dans son jardin. De la variété des *Vitis vinifera*, il est inscrit sur la liste des cépages de l'Organisation internationale de la vigne et du vin (OIV) depuis 2010.

INSOLITE

Chaque troisième jeudi de novembre, fêter le beaujolais nouveau est un moment incontournable pour les amateurs de vin nippons depuis le milieu des années 1980. Dépassant l'effet de mode, cet événement représente 10 % des exportations totales de vins français vers le Japon, où tout est vendu en à peine 10 jours ! Décalage horaire oblige, le Japon est la première destination au monde à le célébrer.

Vignoble du domaine Suntory Tomi-no-Oka, dans la préfecture de Yamanashi.

COUPS DE CŒUR

Vins blancs

- **Tomi Noble d'Or 1997** du domaine Suntory Tomi-no-Oka : riesling 100 %, raisins botrytisés à 100 %, élevé 5 ans en cuve inox.
  La région de Yamanashi, avec son climat humide, permet le développement de la pourriture noble sur les raisins, offrant quelques liquoreux incroyables, comme ce superbe riesling aux parfums d'abricot sec et d'agrumes confits.
- **Petit Manseng 2012** du domaine Coco Farm & Winery : petit manseng 100 %, élevé 6 mois en cuve inox.
  Un cépage d'origine pyrénéenne, inattendu au Japon et plein de promesses dans cette cuvée, avec ses arômes de pamplemousse, de miel et de fleurs blanches.

Le chai enterré de Coco Farm & Winery, à l'acoustique parfaite, continuellement bercé par la musique classique. Il paraît que cela assouplit les tannins des vins rouges pendant la période d'élevage…

LE POINT DE VUE ★ WINE EXPLORERS ★

Le *koshu* est un cépage passionnant, offrant au Japon une identité concrète et reconnue au plan international. Cependant, certaines zones d'ombre sont à éclaircir pour une meilleure compréhension globale de l'industrie viticole, comme les taux de raisins et de vins importés, le nombre exact de cépages plantés et l'identification de certaines espèces. En effet, plus de 10 % de l'encépagement japonais restent encore inconnus des institutions.

PORTRAITS

Ikegami Chieko
vice-présidente de Coco Farm & Winery
née au Japon (Ashikaga) en 1950

Machiko Ochi
Administratrice de Cocoromi Gakuen
née au Japon (Ashikaga) en 1956

Ikegami et Machiko sont sœurs. Diplômée de la Tokyo Women's University puis du Tokyo Agriculture College en œnologie, Ikegami rejoint le domaine familial en 1984. Depuis 2009, elle est également chef exécutif de la Tokyo Agriculture University. Diplômée en protection sociale, Machiko intègre juste après ses études Cocoromi Gakuen, créée par leur père, Noboru Kawata. Cette institution intègre par le travail à la vigne et à la ferme des étudiants intellectuellement déficients.

« *Nous écoutons la voix des raisins, pour voir quel type de vin ils veulent devenir : sec, effervescent, liquoreux, en monocépage ou assemblés... Le nombre de vins dans chaque gamme change ainsi chaque année.* » (Ikegami)

« *C'est toujours passionnant de travailler dans un vignoble pour obtenir des raisins d'une qualité toujours plus élevée, que les gens aient un handicap ou non.* » (Machiko)

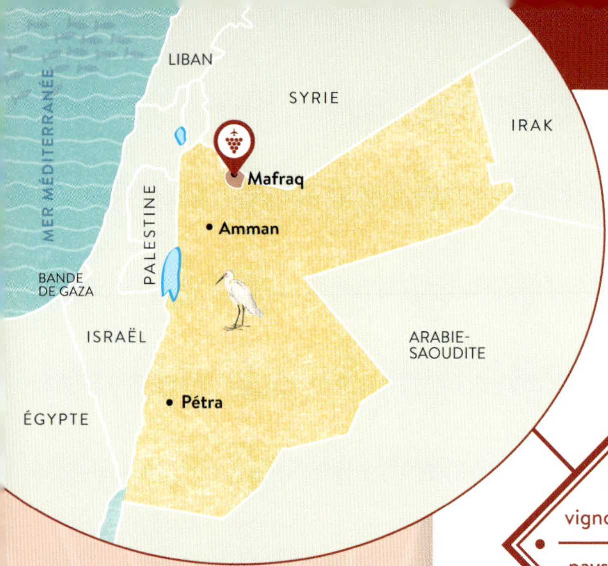

JORDANIE

Mafraq

69e vignoble mondial

pays producteur 66e

Au nord de la Jordanie, le long de la frontière syrienne, sur le plateau de Mafraq, deux domaines font renaître de ses cendres depuis la fin des années 1990 une industrie viticole qui avait disparu pendant près de 1 400 ans.

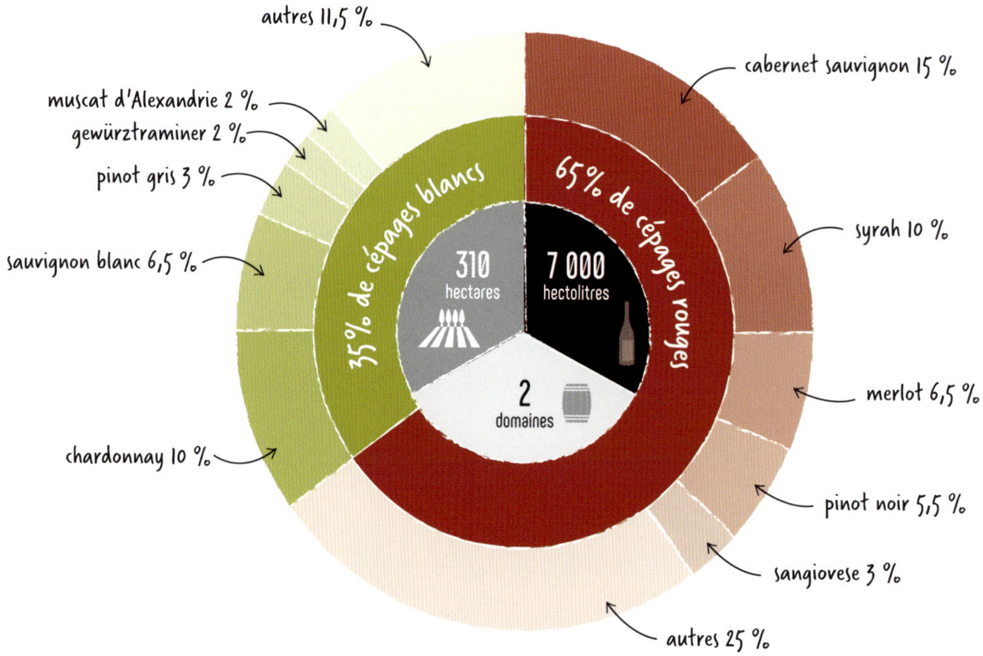

Avec 330 jours de soleil par an, des étés secs et des brises constantes, le climat tempéré et aride jordanien semble convenir à la viticulture. Deux domaines se partagent 310 hectares plantés à 70 km au nord d'Amman. Parmi les 45 cépages qui y sont expérimentés, le cabernet sauvignon, la syrah, le merlot, le petit verdot et le sangiovese semblent le mieux s'adapter au climat. L'irrigation est toutefois nécessaire car il pleut moins de 300 mm par an. Les températures nocturnes sont très basses, parfois 20 °C inférieures à celle du jour en été, et apportent de la fraîcheur dans les vins. Les vignes sont principalement orientées est-ouest, pour permettre aux vents d'ouest d'aérer les grappes pendant la période de croissance.

UN PEU D'HISTOIRE

La viticulture en Jordanie date du Ier millénaire av. J.-C. Elle a été développée par les Nabatéens, un peuple arabe de l'Antiquité qui vivait du commerce et dont Pétra était la capitale du royaume. L'économie du vin prospère jusqu'au début du VIIe s. mais s'arrête brutalement avec l'intégration du territoire représentant l'actuelle Jordanie aux différentes dynasties musulmanes qui s'y sont succédé. Entre les VIIe et XXe s., soit pendant plus de 13 siècles, une microviticulture clandestine aurait subsisté dans quelques foyers. Néanmoins, les cépages cultivés jadis en Jordanie auraient tous été perdus. Il faudra attendre 1996 avec le domaine Zumot, puis 2002 avec le domaine Jordan River, pour que les premiers vignobles modernes soient plantés, donnant respectivement naissance aux marques « Saint George Wines » et « JR Wines ».

POINTS-CLÉS

latitude	32-32°47' N
altitude	590-840 m
climat	tempéré et aride
type de sols	argile, calcaire et basalte

Vignoble du domaine Zumot, sur le plateau de Mafraq, le long de la frontière syrienne.

LE POINT DE VUE WINE EXPLORERS

La composition des sols du plateau de Mafraq, avec de l'argile maintenant une certaine activité organique, du calcaire retenant l'humidité et du basalte apportant de nombreux minéraux à la vigne, offre un terroir unique en Jordanie pour la production de vins de qualité.

COUP DE CŒUR

Vin rouge

Winemaker's Selection Petit Verdot 2010 du domaine Zumot : petit verdot 100 %, élevé 9 mois en fûts de chêne français. Un vin corsé, sur les épices, la violette et les fruits noirs, que l'on aura plaisir à boire avec un mansaf, plat d'agneau cuit dans une sauce à base de yaourt fermenté, servi avec du riz et des amandes.

PORTRAIT

Iva Boyuklieva
œnologue au domaine Zumot
née en Bulgarie (Veliko Tarnovo) en 1979

Son amour et sa passion pour le vin se construisent dès l'enfance, lorsqu'elle aide son père à produire chaque année le vin maison issu des quelques parcelles de vignes plantées dans le jardin familial dans le centre de la Bulgarie. Ensuite, elle étudie la viticulture et l'œnologie à l'Université des technologies alimentaires, à Plovdiv. Depuis 2007, elle est responsable de la production des vins du domaine Zumot.

« *Le vin est un voyage et un apprentissage de chaque instant. Vinifier en Jordanie, en Bulgarie ou ailleurs dans le monde me rappelle mes racines. Il n'est pas toujours facile de se faire une place dans cet univers quand on est une femme, mais travailler pour Zumot est une chance : une opportunité unique et rare de pouvoir vinifier plus d'une trentaine de cépages chaque année.* »

KAZAKHSTAN

Almaty

38e
vignoble mondial

pays producteur
36e

Le Kazakhstan est le 9e plus grand pays au monde en superficie. Néanmoins, à peine 4 % de sa surface est propice à la culture de la vigne. Rythmée par la politique des kolkhozes au XXe s., pendant la période socialiste soviétique, son industrie viticole gagne aujourd'hui en qualité, bien qu'elle reste encore tournée vers les vins de volume.

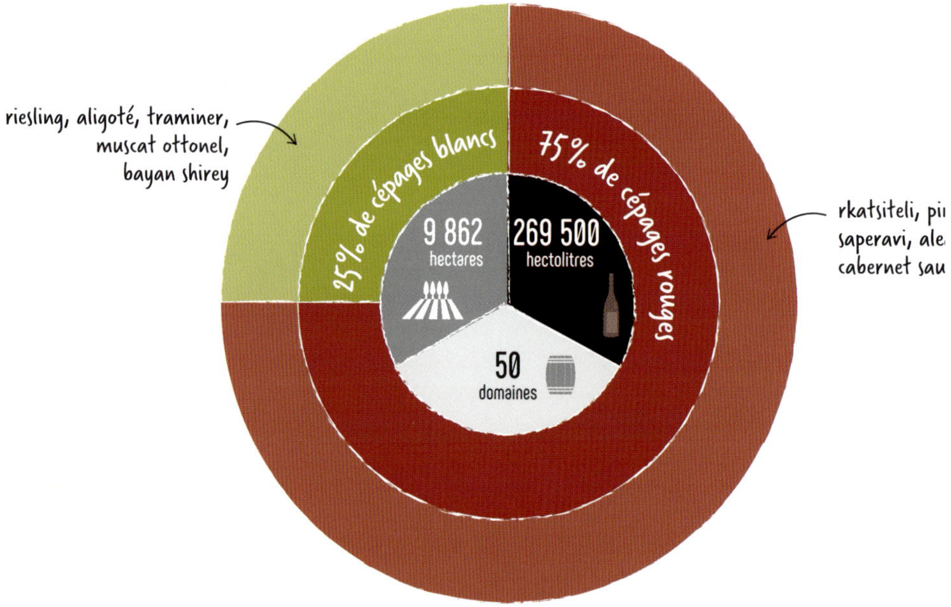

UN PEU D'HISTOIRE

Les origines de la viticulture remontent au VIIe s., quand les premières vignes sont importées par les commerçants de Ferghana et de Samarcande, dans l'actuel Ouzbékistan, et du Xinjiang, en Chine ; elles sont plantées autour de Chimkent, dans le sud. La production de vin est néanmoins freinée sous la domination des Karlouks à l'est et des Arabes au sud, qui ont adopté la religion musulmane, puis sous l'Empire mongol qui occupe la région dès le XIIIe s. et le Khanat kazakh qui lui succède du milieu du XVe s. à la mainmise de l'Empire russe à la fin du XVIIIe s. L'industrie viticole reprend alors progressivement pour atteindre son apogée au milieu du XIXe s. Après la création de la République socialiste soviétique kazakhe en 1936, vignobles et moyens de production sont mis en commun sous la forme de kolkhozes. Au milieu des années 1980, environ 70 % des vignobles sont arrachés dans le cadre de la prohibition menée par Gorbatchev.

POINTS-CLÉS

latitude	autour du 43°14' N
altitude	850-1 000 m
type de sols	sablonneux

Les vignobles se trouvent majoritairement dans la partie méridionale du pays, le long de la rivière Talas, près des frontières avec la Chine, le Kirghizistan et l'Ouzbékistan, où les précipitations annuelles varient entre 700 et 950 mm. Ils se répartissent entre les régions d'Almaty (environ la moitié du vignoble), de Chimkent-Taraz et de Kyzylorda, toutes trois correspondant à l'emplacement d'anciens kolkhozes sous l'ère soviétique ; à la dissolution de l'URSS en 1991, certains ont été privatisés, d'autres laissés à l'abandon. Le climat du sud du Kazakhstan est continental, avec des étés chauds où la température moyenne est supérieure à 30 °C ; celle-ci peut monter jusqu'à 50 °C au mois d'août, ce qui nécessite une irrigation du vignoble. Les hivers sont rigoureux avec une température moyenne de – 20 °C, ce qui nécessite d'enterrer la majorité des pieds de vignes pour les protéger.

Vignoble du domaine Turgen : 1 500 hectares de vignes réhabilitées en 2009, à l'est d'Almaty, qui touchent le domaine Arba Wine. Au fond, les montagnes du Tian Shan qui séparent le Kazakhstan du Kirghizistan.

LE POINT DE VUE WINE EXPLORERS

Bien que le vignoble kazakhstanais se situe autour du 43e parallèle Nord, une latitude similaire à celle de la Toscane ou de la Dalmatie, son positionnement au cœur de l'Asie n'est pas propice à une viticulture de qualité. En effet, le vignoble est confronté à des températures extrêmes, aussi bien en été qu'en hiver. Toutefois, quelques domaines, comme Arba Wine dans la région d'Almaty, réussissent à produire des vins corrects.

PORTRAIT

Zeinulla Kakimzhanov
fondateur du domaine Arba Wine
né au Kazakhstan (Charsk) en 1959

Ancien banquier, ministre du Revenu puis des Finances entre 1999 et 2003, ses diverses fonctions le mènent sur les routes du monde. De repas d'affaires en repas diplomatiques, Zeinulla découvre un art de vivre où la gastronomie et le vin règnent en maîtres. On lui fait même visiter les grandes régions viticoles d'Europe. En 2006, il achète un vignoble à l'abandon au pied de la chaîne du Tian Shan, près du village de Karakemer à l'est d'Almaty, et décide d'y faire revivre la viticulture. Pour commencer, il y replante 70 hectares, notamment en chardonnay, riesling, gewürztraminer, saperavi, merlot et cabernet franc, et crée le domaine Arba Wine.

« *Le climat de la vallée d'Assa, est idéal avec d'importantes variations de températures entre le jour et la nuit, ce qui apporte de la fraîcheur et de la complexité aux vins. Même les hivers rigoureux sont une aubaine : le froid tue les maladies. Pour le moment, les Kazakhstanais ont encore en mémoire la production de masse de l'époque soviétique et ont du mal à faire confiance aux vins du Kazakhstan. Mais dès qu'ils goûtent les vins d'Arba, ils n'en reviennent pas de la qualité ; dans un premier temps, ils pensent même que ce sont des vins importés !* »

KENYA

vallée du Rift

76e vignoble mondial

pays producteur **65e**

Au niveau de l'équateur terrestre, deux domaines font pousser du *Vitis vinifera* sur les hauts plateaux de la vallée du Rift, entre 1 800 et 2 200 m d'altitude, où l'humidité, les fortes pluies et l'absence de saison rendent les deux à trois vendanges par an complexes... sans compter la présence des serpents venimeux dont il faut se méfier !

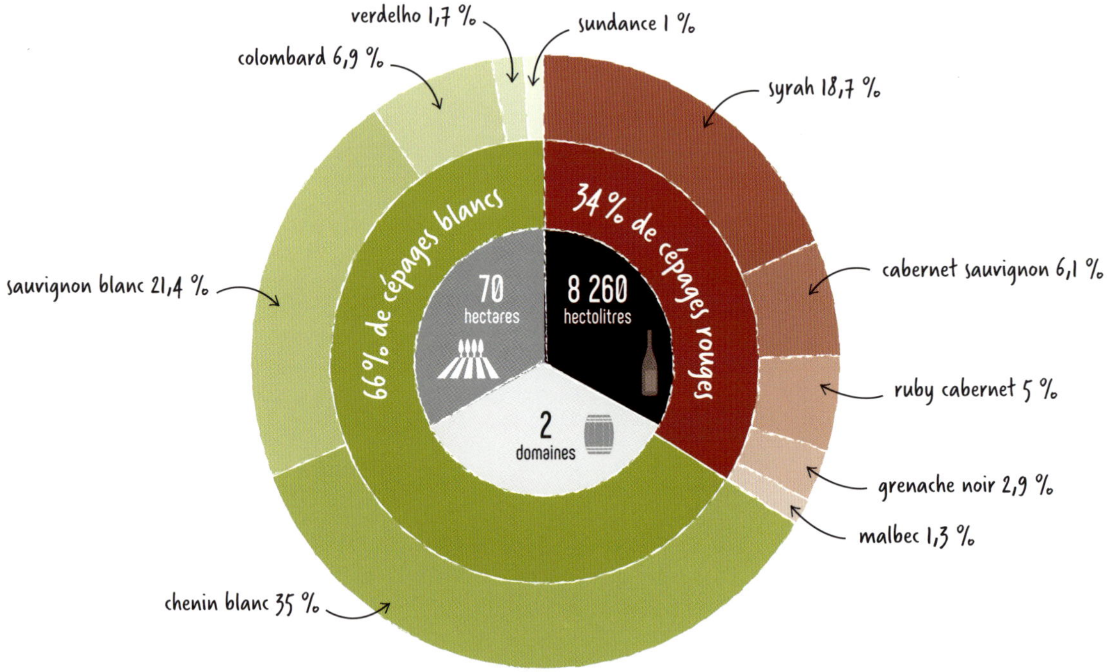

Les vignobles se trouvent dans le district de Naivasha, à 90 km au nord-ouest de Nairobi. Le climat équatorial se caractérise par une absence de saisonnalité, des températures entre 19 °C et 28 °C et 1 000 mm de pluie par an. La production de vin, issue de *Vitis vinifera*, vient en complément d'autres activités commerciales. Ainsi, la Kenya Nut Company produit du café, des noix de macadamia et élève des bovins. Ses vins, regroupés sous la marque Leleshwa, sont tous embouteillés. Quant à Kenya Wine Agencies Ltd (KWAL), le groupe possède un large éventail de boissons alcoolisées, des bières aux spiritueux, en passant par les vins qu'il produit en volume, vendus en grande partie en briques cartonnées.

UN PEU D'HISTOIRE

Aucun document ne semble faire mention d'une viticulture au Kenya avant le XXe s. Bien qu'environ 25 % de la population soient de religion catholique et que la première tentative d'évangélisation ait eu lieu au XVIe s., l'Église est peu présente avant la fin du XIXe s. et aucune viticulture n'a été nécessaire pour l'élaboration de vin de messe. Le Kenya, indépendant depuis 1963, a une agriculture centrée sur la patate douce et les fleurs en raison de son climat. Il faut attendre 1982, pour que KWAL, qui était alors une agence gouvernementale, crée le premier établissement viticole du pays. Pionnière de l'industrie du vin au Kenya, l'entreprise est privatisée en décembre 2014 ; la multinationale sud-africaine Distell Group en acquiert alors 26 % des parts. Leleshwa, le vignoble de la Kenya Nut Company, est le second domaine du Kenya. Il a été planté en 1992.

POINTS-CLÉS

latitude	0°42'-0°7' S
altitude	1 800-2 200 m
type de sols	volcaniques

Vignoble du groupe KWAL sur les hauts plateaux de la vallée du Rift, à quelques kilomètres au nord de Naivasha.

LE POINT DE VUE WINE EXPLORERS

Travailler dans le vignoble kenyan est une activité risquée car il faut se méfier des serpents comme les pythons et les mambas. Les vins rosés demi-secs issus d'assemblages syrah et cabernet sauvignon donnent des résultats prometteurs.

PORTRAIT

Emma Nderitu
œnologue pour la Kenya Nut Company
née au Kenya (Nyeri) en 1988

Après ses études de biochimie et de biologie moléculaire, elle fait des recherches en laboratoire sur les gènes de différentes espèces d'arbres. Férue de vin et épicurienne dans l'âme, elle rejoint la Kenya Nut Company en 2009, juste après avoir obtenu son diplôme universitaire.

« J'aime travailler avec les levures et surveiller les fermentations après la vendange. C'est une période aussi stressante qu'enrichissante. La position particulière du vignoble kenyan, au niveau de l'équateur terrestre, comporte de nombreux défis météorologiques : abondance des pluies, fort taux d'humidité, propice au développement de maladies fongiques dans les raisins, ou encore tempêtes de grêle inattendues et dévastatrices. L'altitude nous permet de compenser la latitude inhabituelle du vignoble et de voir s'épanouir des cépages comme le chenin blanc, le sauvignon blanc ou encore la syrah et le grenache noir. »

KOSOVO

Rahovec

47e vignoble mondial

pays producteur **48e**

Le Kosovo possède un vignoble aussi pittoresque que méconnu, principalement localisé autour de la ville de Rahovec, où la topographie n'est pas sans rappeler celle de la Toscane. Sa production, encore majoritairement tournée vers des vins de volume, ne cesse de gagner en qualité depuis le milieu des années 2000.

UN PEU D'HISTOIRE

Comme chez son voisin albanais, la vigne sauvage est présente au Kosovo depuis plus de 4 000 ans et il faut attendre le VIIIe s. av. J.-C. pour que la viticulture s'y développe. En 1933, plus de la moitié du vignoble est décimé par le phylloxéra. La première cave à vin, qui appartient aujourd'hui au domaine Bodrumi i Vjetër, est fondée en 1953, alors que le pays fait partie de la fédération yougoslave. À son apogée, en 1989, le Kosovo comptait 9 000 hectares de vignes. Il fut en grande partie détruit pendant la guerre qui ravagea la région entre 1998 et 1999. En 2008, Enologjia, l'association nationale des vignobles du Kosovo, est créée. Regroupant une vingtaine de domaines, elle régule les marchés intérieur et extérieur en luttant contre les ventes non autorisées de vin et d'eau-de-vie.

POINTS-CLÉS

latitude	autour du 42°4' N
altitude	300-800 m
type de sols	roches, essentiellement calcaires, avec une bonne rétention d'eau, ce qui permet de restituer peu à peu à la vigne les 550 mm de pluie par an

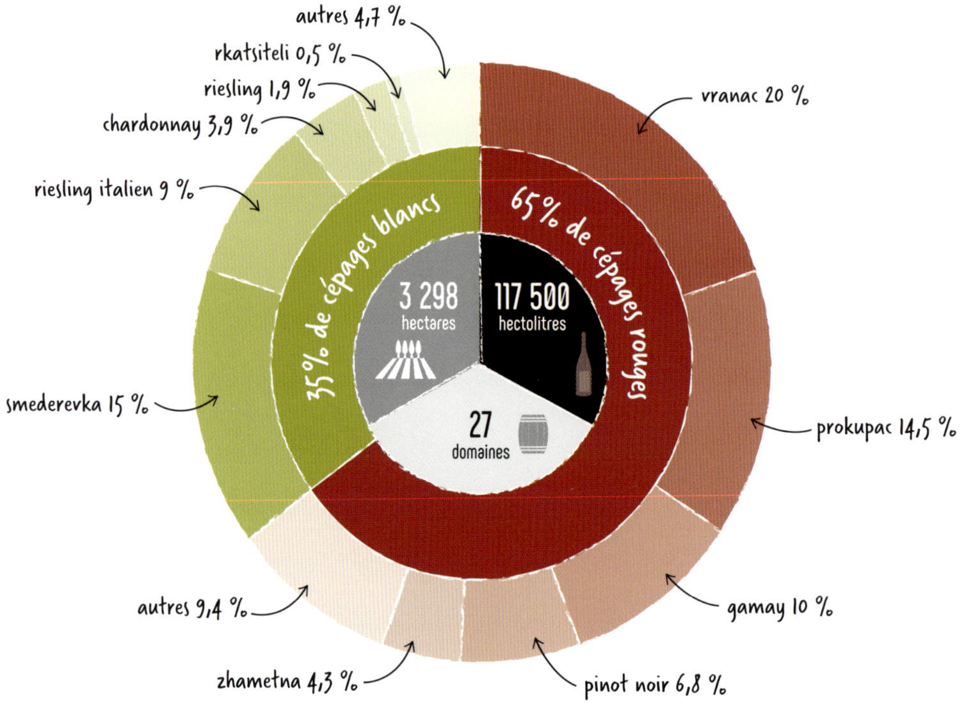

Sur les 3 298 hectares plantés au Kosovo, 75 % sont des raisins de cuve et 25 % sont des raisins de table. L'ensemble du secteur viticole est détenu par des acteurs privés, répartis sur 18 municipalités, dont les 3 principales représentent plus de 94 % de la superficie viticole : Rahovec (73 %), Suva Reka (15,6 %) et Prizren (5,7 %). Le Kosovo jouit d'un climat continental doux. Les hivers sont généralement froids (3 °C en moyenne), alors que les étés sont chauds (24 °C en moyenne). Les vignobles sont principalement établis sur des collines escarpées, exposées sud et sud-est, entre 350 à 600 m d'altitude. Ils bénéficient de 280 jours de soleil par an.

Un vignoble de Rahovec, avec au premier plan une parcelle fraîchement labourée pour y accueillir quelques rangs de vigne supplémentaires.

LE POINT DE VUE WINE EXPLORERS

Le vignoble du Kosovo mérite que l'on s'y intéresse. Bien qu'en pleine restructuration et encore principalement tourné vers une production de volume, les sols et le climat du pays offrent tous les atouts pour une viticulture de qualité.

PORTRAIT

Blerim Shulina
copropriétaire du domaine Sefa Wine
né au Kosovo (Rahovec) en 1982

Diplômé d'économie de l'université de Pristina, il travaille dans le secteur bancaire pendant trois ans. En 2010, il crée le domaine Sefa Wine avec son frère et son père. Ils avaient envie de renouer avec une tradition viticole vieille de trois générations, sa famille ayant toujours produit artisanalement un peu de vin et de raki.

« Pour nous, le vin est avant tout une histoire de famille. Après la guerre, nous avons eu la chance de pouvoir acheter une cave privée et grâce à mon expérience dans la banque, nous avons pu mettre en place la structure commerciale du domaine. Nous sommes fiers de faire pousser la vigne autour de la ville de Rahovec, sur la terre de nos ancêtres, et de vendre aujourd'hui nos vins dans les meilleurs restaurants du pays. Notre plus grand défi est d'entrer sur les marchés européens. Nous pourrions y parvenir avec un meilleur soutien de la part de l'État. »

LIBAN

50e vignoble mondial

pays producteur **53e**

Situé à l'extrémité orientale de la Méditerranée, le Liban produit des vins de renommée mondiale, longtemps influencés par l'encépagement des vignobles bordelais et rhodanien. Depuis la fin des années 2000, on trouve aussi des vins issus de cépages autochtones, comme l'*obaideh* et le *merweh* en blanc. La viticulture, bien que concentrée sur la plaine de la Bekaa, s'étend du nord au sud du pays.

UN PEU D'HISTOIRE

Venue du Caucase par la Mésopotamie, la viticulture serait apparue au IIIe millénaire av. J.-C. dans la région de Canaan, où se situe l'actuel Liban. À cette époque, ses vins sont réputés pour leur finesse et s'exportent vers l'Égypte. Au Moyen Âge, ce sont ceux de Tyr et de Sidon qui sont convoités dans toute la Méditerranée. Dès 1517, sous la dynastie ottomane des Assafs, la vinification est interdite excepté à des fins religieuses. Ce qui permet aux maronites et aux orthodoxes grecs et arméniens de produire du vin. À partir de 1857, les missionnaires jésuites posent les bases de l'industrie viticole moderne, grâce à de nouvelles méthodes et des vignes en provenance d'Algérie. En 1975, le pays entre dans une guerre civile qui freine le développement du secteur jusqu'en 1990. Après les élections législatives de 1992, le nouveau Premier ministre Rafic Hariri relance l'économie du pays qui adhère en 1996 à l'Organisation internationale de la vigne et du vin (OIV).

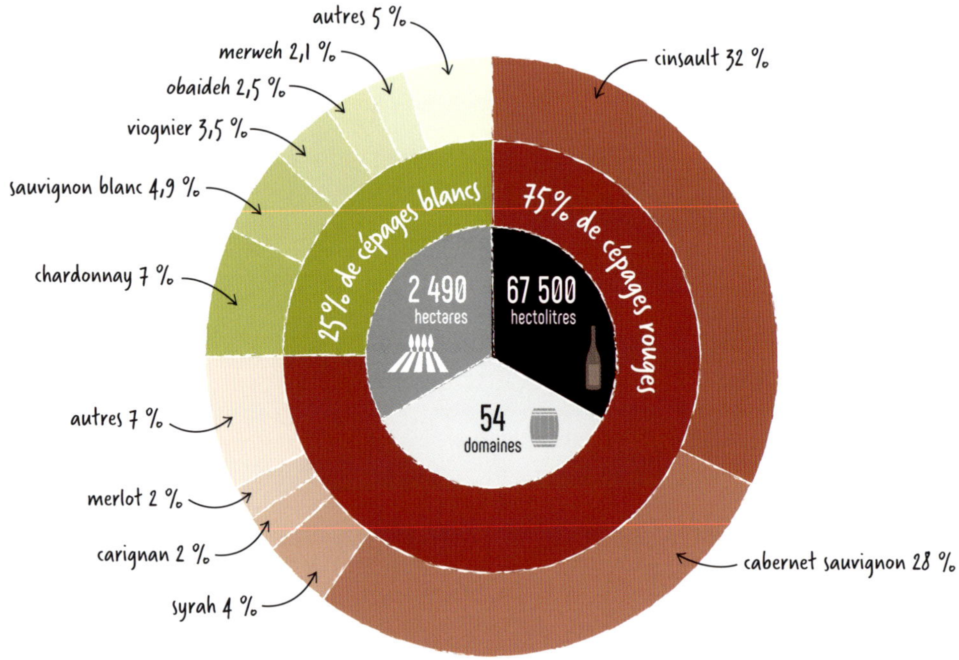

Le vignoble libanais se divise en 4 régions. Vers Batroun, au nord-ouest, la vigne est cultivée entre 400 et 1 300 m d'altitude, face à la mer et dans les terres. La plaine de la Bekaa, la principale avec près de 80 % de la surface cultivée et de la production, s'étend du nord au sud, entre la chaîne du mont Liban et la frontière syrienne. Dans la région du Chouf, de l'autre côté du mont Liban au sud-est de Beyrouth, face à la réserve naturelle des Cèdres du Barouk, le vignoble est planté sur des sols argilo-calcaires, entre 800 et 1 100 m d'altitude. Enfin, autour de Jezzine, plus au sud, quelques vignobles sont plantés entre 600 et 1 300 m d'altitude sur des sols en majorité composés de calcaire. Les régions de Batroun, du Chouf et de Jezzine bénéficient d'un climat méditerranéen, contrairement à la Bekaa, où le climat est continental au sud et semi-aride au nord.

→ Vignoble du domaine Sept à Nehla, dans les montagnes de l'arrière-pays de Batroun.

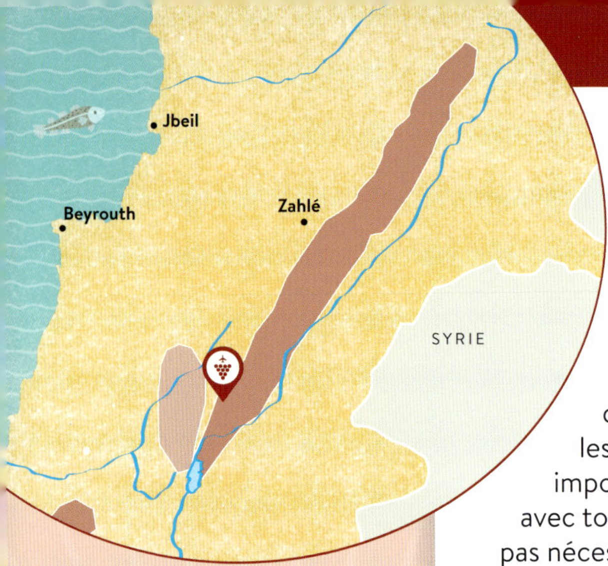

plaine de la Bekaa

Longeant la chaîne du mont Liban et la faille de Yammouneh sur près de 175 kilomètres, la plaine de la Bekaa bénéficie d'un terroir unique au monde pour la viticulture, notamment au sud avec une grande variété de sols et de climats. Plus de 80 % du vignoble sont ainsi concentrés au sud, où l'on trouve les températures les plus fraîches du pays, tout comme les précipitations les plus importantes. La température moyenne y est de 15 °C, avec 900 mm de pluie par an, avec toutefois un record en 2017-2018 avec 1 400 mm ! Hormis les jeunes vignes, il n'est pas nécessaire d'irriguer dans le sud de la Bekaa qui bénéficie de la fonte des neiges au sommet du mont Barouk, approvisionnant l'aquifère de la Bekaa, un vaste réservoir naturel et souterrain de stockage d'eau.

POINTS-CLÉS

latitude	33°55'-33°70' N
altitude	700-1 800 m
climat	aride à semi-aride au nord de la Bekaa, continental au sud
pluviométrie	moins de 350 mm au nord de la Bekaa (irrigation obligatoire), plus de 900 mm au sud
surface totale du vignoble	1 840 hectares
production	49 500 hectolitres
type de sols	alluvions quaternaires avec accumulation d'argile, de calcaire et de matière organique
les cinq principaux cépages	cinsault 29,7 % cabernet sauvignon 21,2 % syrah 8,1 % carignan 7 % mourvèdre 5,3 %

LE SAVIEZ-VOUS ?

Le Liban compte une vingtaine de cépages autochtones identifiés, majoritairement en blanc. L'*obaideh*, le plus connu, a été remis au goût du jour grâce aux recherches de Joe-Assad Touma, du château Saint-Thomas. La réinsertion de cépages rouges est en cours au château Kefraya, avec des variétés oubliées, identifiées dans la collection ampélographique centrale française du domaine de Vassal, dans l'Hérault, collection appartenant à l'Inra.

INCONTOURNABLE

Le salon Vinifest célèbre chaque année le vin libanais au mois d'octobre dans l'hippodrome de Beyrouth. Il offre à des milliers de visiteurs quatre jours de fête, sous le signe de la musique, au cours desquels de nombreux producteurs font déguster leurs vins. On se régale également de produits régionaux : caviar d'aubergines, *houmous*, *kebbe*, *fatouch* ou encore l'inégalable taboulé !

Vignoble du château Marsyas, dans le sud de la vallée de la Bekaa, entre les villages de Kefraya et Tal Znoub.

COUPS DE CŒUR

Vins rouges

- **Château Kefraya 2008** du château Kefraya (Bekaa) : assemblage de cabernet sauvignon 55 %, syrah 40 % et carignan 5 %, élevé 18 mois en fûts de chêne dont 40 % de fûts neufs.
Un grand vin libanais, entre puissance et délicatesse, à savourer avec des falafels, boulettes de pois chiches épicées.
- **Syrah 2016** du domaine Sept (région de Batroun) : syrah 100 %, élevé 7 mois en cuve inox, non filtré.
Un premier millésime déjà très réussi pour ce tout jeune domaine. Bravo ! Délicieux avec un chawarma au bœuf, le kebab traditionnel.

Vin blanc

- **Château Marsyas 2014** du château Marsyas (Bekaa) : chardonnay 50 %, sauvignon blanc 50 %, élevé 7 mois en cuve inox sur lies fines.
L'assemblage de ces deux cépages donne un vin complexe, frais et charmeur. Parfait à l'apéritif ou avec un mezze.

Vignoble du château Kefraya, dans le sud de la Bekaa. C'est l'un des fers de lance incontestés de l'industrie du vin libanaise.

LE POINT DE VUE ★ WINE EXPLORERS ★

Petit par la taille mais grand par ses vins, longtemps influencé par les cépages originaires de Bordeaux et de la vallée du Rhône, le vignoble libanais est en pleine renaissance depuis le début des années 2000 pour le plus grand bonheur du Royaume-Uni, de la France et des États-Unis, ses principaux clients.

PORTRAIT

Maher Harb
fondateur
du domaine Sept
né au Liban (Beyrouth)
en 1982

Maher étudie l'économétrie et les systèmes d'information, avant de travailler dans le secteur bancaire à Paris. Un matin de 2009, il se voit dans le reflet du métro de la ligne 13, oppressé par la foule. Un choc ! Il quitte tout et rentre au Liban, plante un hectare de vigne dans le village de Nehla en 2011, voyage à travers le monde pour apprendre le métier et produit son premier millésime en 2016.

« *Embrasser le monde du vin m'est arrivé comme une épiphanie, un cadeau de la vie qui me rapproche de ma terre et de la mémoire de mon père. Je m'inspire des méthodes biodynamiques et de l'agriculture naturelle pour me rapprocher de la nature et de ses énergies. Sept est plus qu'un domaine viticole, c'est un lieu de partage où j'ai plaisir à accueillir les gens et à partager des moments de joie, de rire et d'émotion, autour d'une ou plusieurs de mes bouteilles. J'ai même eu le bonheur d'y célébrer mon mariage !* »

LUXEMBOURG

Enchâssé entre ses voisins allemand et français, le vignoble se concentre à l'est du pays, dans l'une des régions les plus septentrionales d'Europe pour la production de vins fins : la Moselle luxembourgeoise. Connue des amateurs pour ses blancs et ses crémants, elle produit également quelques jolis rouges. Une pépite viticole à découvrir sans attendre !

56e vignoble mondial

pays producteur **50e**

UN PEU D'HISTOIRE

La viticulture sur les rives de la Moselle est une tradition séculaire. Déjà en 370, dans ses Idylles, le poète romain Ausone décrivait ses coteaux : « *Quand l'azur du fleuve répète les ombrages de la colline, l'eau paraît avoir des feuilles, la rivière semble plantée de vignes.* » Au Moyen Âge, la culture de la vigne et le commerce du vin sont gérés par les monastères. Le vignoble s'étend alors sur tout le pays, jusqu'à la région d'Éislek dans les Ardennes luxembourgeoises. Mais après le grand hiver de 1709, seules les vignes situées sur les coteaux des plaines fluviales de la Moselle subsistent. Jusqu'au début du XXe s., le cépage blanc allemand elbling est la seule variété plantée. En réaction au phylloxéra qui endommage le vignoble à partir des années 1880, l'Institut viti-vinicole (IVV) est créé en 1925. Depuis 1935, l'AOP Moselle luxembourgeoise permet d'attester de l'origine et de la qualité des vins. Enfin, la production de vendange tardive, de vin de paille et de vin de glace est autorisée depuis le 8 janvier 2001.

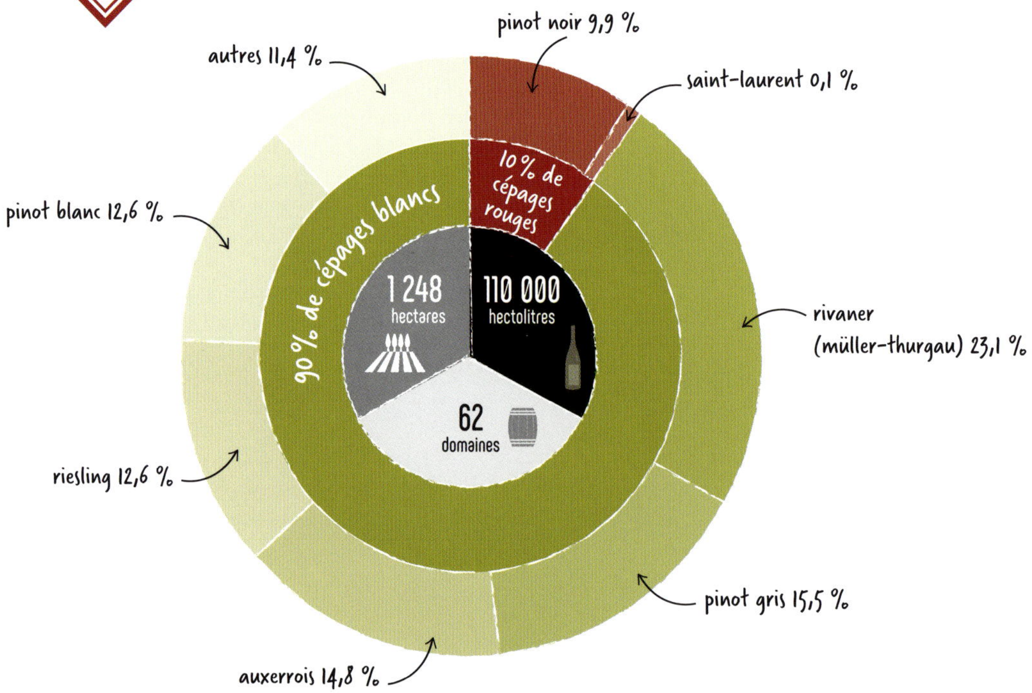

La production se répartit entre les coopératives (51,7 %), les viticulteurs indépendants (31 %), le négoce et les viticulteurs sous contrat (17,3 %). Bien que le Luxembourg soit d'abord réputé pour la finesse de ses blancs, on y produit également de très jolis vins rouges. Les cinq principales communes viticoles de la Moselle luxembourgeoise totalisent près de 40 % du vignoble : la principale au nord avec Grevenmacher (9,6 %) ; au sud, Remich (7,4 %), Bech-Kleinmacher (7,4 %), Remerschen (7,4 %) et Schengen (7,3 %). La moitié des vins sont exportés, dont 43,5 % de crémants et de vins effervescents, 51,5 % de vins blancs et 5 % de vins rouges et rosés. Les pays importateurs de vins luxembourgeois sont principalement la Belgique (75 %), l'Allemagne (8 %), la France (7 %) et les Pays-Bas (1,7 %).

→ À Wormeldange, le vignoble de Koeppchen, célèbre pour ses rieslings tendus et racés, entoure la chapelle Saint-Donatien.

Moselle luxembourgeoise

La Moselle luxembourgeoise, qui bénéficie d'une appellation d'origine protégée depuis 1935, est l'unique région viticole du Luxembourg. Elle s'étend sur 42 km le long de la Moselle, entre les villes de Schengen au sud et de Wasserbillig au nord. Les vignobles en pente sont une particularité importante de la Moselle luxembourgeoise. Là, ils bénéficient d'un ensoleillement optimal. Ainsi, 23,6 % des vignobles luxembourgeois sont plantés sur des pentes à l'inclinaison supérieure à 30 % et 2,6 % sur des pentes supérieures à 45 %. En juillet, le mois le plus chaud, la température moyenne est de 18,4 °C. Ce climat relativement frais favorise la production de vins blancs complexes et délicats, de crémants à la bulle fine et de pinots noirs croquants et juteux.

POINTS-CLÉS

latitude	autour de 49.47° N
altitude	150-200 m
climat	tempéré, influence continentale
pluviométrie	725 mm
surface totale du vignoble	1 248 hectares
production	110 000 hectolitres
type de sols	marnes de Keuper (Trias) dans le canton de Remich, où la vallée est plutôt large et les collines arrondies en pentes douces ; roche calcaire et dolomite dans le canton de Grevenmacher, une vallée plus étroite aux coteaux abrupts
les cinq principaux cépages	rivaner 23,1 % pinot gris 15,5 % auxerrois 14,8 % riesling 12,6 % pinot blanc 12,6 %

LE SAVIEZ-VOUS ?

Depuis 1991, le terme « crémant » peut être utilisé pour les vins effervescents luxembourgeois remplissant les critères suivants : récolte manuelle, moûts obtenus par pressurage de raisins entiers ou éraflés et n'excédant pas 100 litres pour 150 kg de raisins, seconde fermentation alcoolique en bouteille, neuf mois sur lies minimum, dégorgé et avec moins de 50 g de sucre par litre ajoutés.

INCONTOURNABLE

Parcourir les méandres de la Moselle luxembourgeoise au fil de l'eau, pour découvrir le vignoble et ses reliefs avec un autre point de vue, tout en dégustant un verre de vin servi par le personnel navigant. Les croisières sont proposées tout au long de l'année par diverses sociétés de navigation.

Le camping-car de Wine Explorers traverse le domaine Henri Ruppert, sur la commune de Schengen, pour une dégustation de délicieux pinots noirs !

COUPS DE CŒUR

Vin effervescent

- **Cuvée gastronomique Extra Brut** du domaine Mathis Bastian : assemblage équilibré d'auxerrois, de riesling, de chardonnay, de pinot noir et de pinot blanc, élevé 2 ans sur lies fines, dont 10 mois en fût pour le riesling.
  Un vin aux arômes de brioche, de noisette et de pêche, avec une bulle fine et de la fraîcheur.

Vin blanc

- **Jungle 2015** du château Pauqué : *rivaner* 100 %, élevé 8 mois dans des fûts de 2 à 4 ans.
  Un vin complexe, aux arômes de fruits blancs mûrs, de fleurs blanches et de musc. La bouche est vive, avec de la matière et beaucoup de profondeur. Délicieux avec un plat de *stäerzelen*, quenelles de sarrasin au lard fumé.

LE POINT DE VUE ★ WINE EXPLORERS ★

On craque littéralement pour le charme de la région, ses itinéraires œnotouristiques bucoliques, la sympathie des vignerons et leurs cuvées authentiques. Des vins à prendre très au sérieux, avec une préférence pour les cépages riesling, auxerrois et pinot noir.

PORTRAIT

Anouk Bastian
propriétaire
du domaine
Mathis Bastian
née au Luxembourg
(Luxembourg-Ville) en 1972

Après un diplôme en droit des affaires et deux ans au barreau de Luxembourg, l'envie de rejoindre son père Mathis au domaine familial lui fait tout quitter. Anouk prend des cours d'œnologie à l'université de Reims et rentre au domaine en septembre 1998. Prise en main par son père, avec lequel elle partage l'amour pour la région mosellane, elle apprend la rigueur et l'exigence dans le vignoble et au chai. De son côté, Anouk apporte son sens de l'écoute et de l'observation, et son intuition.

« *Pour pouvoir soutenir la vitalité d'une parcelle, il faut pouvoir en saisir la quintessence, l'observer et l'accompagner tout au long de son cycle végétatif. Les vendanges restent ma période de l'année préférée : observer la transformation des raisins en vin après une saison de labeur est toujours un moment magique. Ensuite, la rencontre avec les gens qui ont plaisir à savourer le vin, c'est la plus belle récompense ! Le vignoble luxembourgeois est un petit trésor, il faut simplement savoir le dénicher.* »

Le vignoble de Koeppchen, à Wormeldange, compte des pentes à plus de 45 % d'inclinaison.

MACÉDOINE DU NORD

25e vignoble mondial

pays producteur **20e**

Bien que le vin macédonien soit synonyme de nouveauté pour beaucoup d'amateurs, la vigne est cultivée sur le territoire depuis l'Antiquité. On y fait du vin depuis plus de 2 000 ans ! Situé au cœur des Balkans, le vignoble macédonien est en pleine mutation depuis le début des années 2000 ; il produit des vins délicieux, notamment avec le cépage vranec.

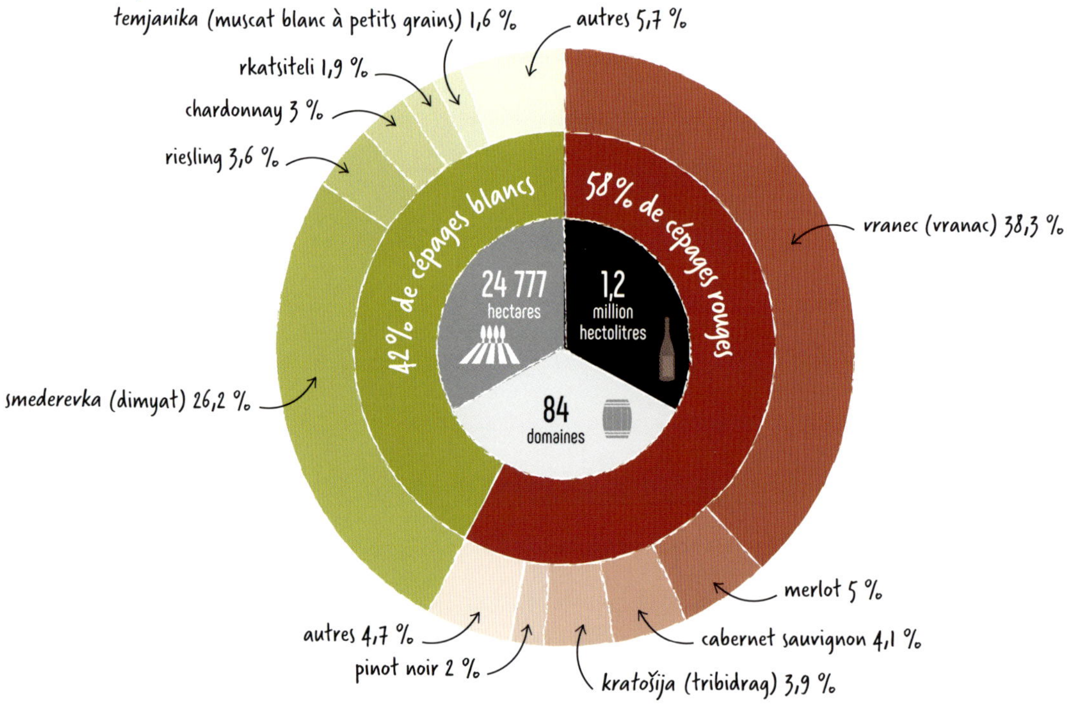

UN PEU D'HISTOIRE

Située entre trois bastions de la viticulture antique, l'Illyrie à l'ouest, la Thrace à l'est et la Grèce au sud, cette région cultive la vigne depuis 4 000 ans environ. Au IVe s. av. J.-C., avant l'arrivée des Romains, les vins locaux coulaient à flots dans les banquets royaux, notamment ceux auxquels s'adonnait le roi Alexandre le Grand. À l'époque romaine, entre le IIe s. av. J.-C. et le Ve s., le vin macédonien était transporté par la via Egnatia notamment jusqu'aux ports de Durrës, dans l'actuelle Albanie, et de Thessalonique, en Grèce. Au Moyen Âge, avec l'essor du christianisme, la viticulture macédonienne se développe encore. Ensuite, entre les XIVe et XIXe s., sous l'Empire ottoman, la culture du raisin de table est privilégiée. De 1945 à 1991, la Macédoine devient l'une des six républiques fédérées de Yougoslavie. L'industrie du vin se tourne alors vers une production de masse et la région fournira jusqu'à 80 % de la production nationale. Depuis l'indépendance en 1991, une viticulture de qualité renaît.

3 régions composent le vignoble : au nord-est, Pcinja-Osogovo (4 % de la surface) est la région la plus montagneuse et la plus aride, où les vignes sont principalement cultivées entre 440 et 850 m d'altitude ; du nord au sud, la vallée du Vardar (83 %) est la plus grande région ; au sud-ouest, les vignes de Pelagonija-Polog (13 %) sont cultivées entre 600 et 680 m d'altitude sur des plateaux où le climat est caractérisé par des hivers froids et humides et des étés chauds et secs. Entre 2003 et 2019, 56 domaines viticoles ont été créés. Seulement 40 % de la production de vin est embouteillée, le reste est vendu en vrac à des prix souvent très bas, autour de 0,20 euros le kilo de raisin. Sur le volume total de vin produit, 85 % sont exporté vers 38 pays, dont les deux tiers à destination de l'Union européenne.

→ Le vignoble du domaine Popov, dans la vallée du Vardar, est situé à Sopot, à 50 km à l'est de Skopje, la capitale.

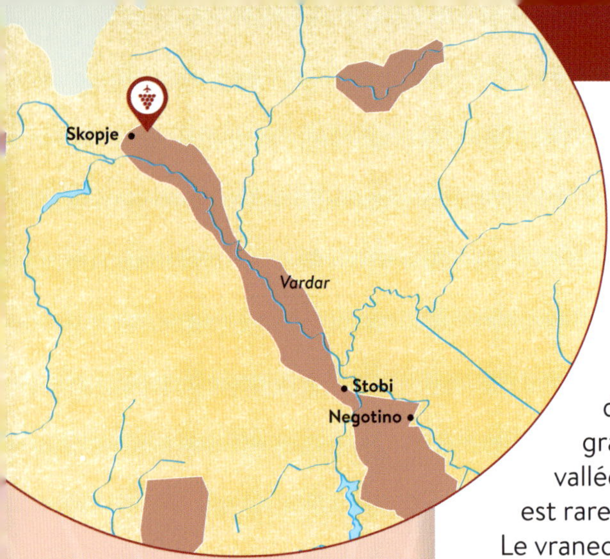

vallée du Vardar

Avec 69 domaines, 83 % du vignoble et 85 % de la production, c'est de loin la plus grande région viticole du pays. La vallée du Vardar compte 1 million d'habitants, auxquels s'ajoutent 2 millions de touristes chaque année. L'influence des climats méditerranéen au sud et continental au centre et au nord, offrent un grand éventail de possibilités. Les précipitations varient de 500 mm au cœur de la vallée, où se situe la majorité du vignoble, à 1 700 mm dans les montagnes, où la vigne est rarement cultivée. En moyenne, on compte 260 jours de soleil par an dans la région. Le vranec est le cépage emblématique et fait la fierté des producteurs. Au domaine Bovin, il est vinifié en 6 déclinaisons différentes, de la cuve inox à la barrique, en passant par le passerillage, qui consiste à sécher les raisins au soleil.

POINTS-CLÉS

latitude	41°20'-42°18' N
altitude	110-650 m
climat	continental avec influence méditerranéenne dans le sud
pluviométrie	550 mm
surface totale du vignoble	20 565 hectares
production	848 900 hectolitres
type de sols	essentiellement argilo-limoneux (alluvions) et sablo-limoneux en plaine, entre 10 et 30 m d'altitude
les cinq principaux cépages	vranec 40 % smederevka 25 % merlot 5 % cabernet sauvignon 4 % kratošija 3,7 %

LE SAVIEZ-VOUS ?

Le domaine Tikveš, créé en 1885 près de Kavadartsi, est le premier établissement viticole moderne du pays. Il a produit son premier vin étiqueté « Tikveš » en 1912. C'est aujourd'hui le plus grand établissement viticole des Balkans. En quelques chiffres : une gamme de plus de 50 vins, 12 millions de bouteilles vendues par an, 60 % du volume des vins macédoniens exportés.

INCONTOURNABLE

Visiter le site archéologique de Stobi, au cœur de la région viticole du Vardar. Cette ville antique occupait une position stratégique sur l'axe reliant la mer Égée au bassin du Danube. Ravagée par l'invasion des Ostrogoths en 482, puis par le tremblement de terre de 518, Stobi aurait été abandonnée vers la fin du VIe s. Dans ses vestiges, on a trouvé de nombreuses amphores et des objets liés à la viticulture.

Traitement préventif au domaine Bovin, près de Negotino, dans la vallée du Vardar.

COUPS DE CŒUR

Vins rouges

🍇🍇 **Ten Barrels 2011** du château Kamnik : cabernet sauvignon 100 %, élevé 2 ans en fûts de chêne français et américains.
Un vin solaire et puissant, aux arômes de prune séchée, de mûre, de cèdre et de garrigue. Une bouche harmonieuse avec des tannins soyeux et une belle finale où la cerise noire domine.

🍇 **My Way 2011** du domaine Bovin : vranec 100 %, élevé 2 ans en fûts de chênes macédoniens neufs. Un vin gorgé de soleil, avec des arômes de pruneau, de kirsch, de cacao et d'épices. Accompagne bien des *dolmas*, ces feuilles de vigne farcies, avec de la viande de porc, des oignons et du persil par exemple.

Le château Kamnik trône dans la banlieue de Skopje. On y produit des vins délicieux !

LE POINT DE VUE WINE EXPLORERS

Dans la vallée du Vardar, à l'exception de Skopje où le château Kamnik produit des vins délicieux, les meilleurs domaines se trouvent autour de Demir Kapija et de Negotino. Les cépages vranec et kratošija en rouge, smederevka et temjanika en blanc, sont incontournables.

PORTRAIT

Anita Jovanovska
responsable commerciale et marketing du château Kamnik
née en Macédoine du Nord (Skopje) en 1986

Anita a grandi à Skopje. Enfant, elle se souvient des arômes du vin que produisait son grand-père, en amateur. Diplômée de la faculté d'économie de Skopje, elle décide de rejoindre le château Kamnik en 2013, l'un des fleurons de la viticulture du pays. Grâce à son implication dans le développement et la commercialisation des vins, le domaine jouit d'une très belle réputation, locale comme internationale.

« La reconnaissance du vin macédonien est encore compliquée. Sur le marché local, il est plus facile de vendre un vin étranger d'entrée de gamme, plutôt que le meilleur de nos vins, pourtant proposés à des prix similaires. Il faudra du temps pour que notre industrie viticole perde son image de producteur de vin de masse. La combinaison des climats méditerranéen et continental nous permet de produire aussi bien des vins blancs structurés, frais et aromatiques, que des rouges complexes et charpentés. Le vranec, avec sa peau sombre et délicate, est sans conteste le roi des cépages macédoniens. »

MADAGASCAR

67e vignoble mondial

pays producteur 67^{e}

Madagascar est l'un des pays les plus pauvres du monde et ses agriculteurs doivent d'abord faire face à un problème d'autosuffisance alimentaire avant de penser à vendre du raisin ou commercialiser du vin. Une viticulture marginale s'y est pourtant développée dans des conditions climatiques difficiles, mais elle doit aussi faire face à d'autres problèmes : vol d'équipement et de raisins, cyclones ou encore termites...

UN PEU D'HISTOIRE

La vigne compte parmi les cultures importées les plus anciennes de Madagascar. C'est sans doute à la présence des Arabes et des Perses à la fin du Ier millénaire sur les côtes malgaches que l'on doit cette introduction. Toutefois, la première mention officielle de la vigne à Madagascar est faite au XVIIe s. à Tôlanaro, dans le sud du pays, par l'administrateur colonial Étienne de Flacourt et l'explorateur François Cauche. En 1802, de l'isabelle est plantée par le botaniste André Michaux sur l'île Sainte-Marie au nord-est, puis en 1839, des muscats du Cap sont amenés par le jardinier Le Nouc. Dans la région de Fianarantsoa, qui va devenir rapidement la première région viticole malgache en superficie, les premiers essais sont effectués en 1905 mais sans succès. C'est en 1948 que Bernard Fievet, pionnier de la viticulture moderne, crée son vignoble à Isandra, important par bateaux des milliers de plants. En 1979, le vignoble malgache couvrait 600 hectares et produisait environ 30 000 hectolitres.

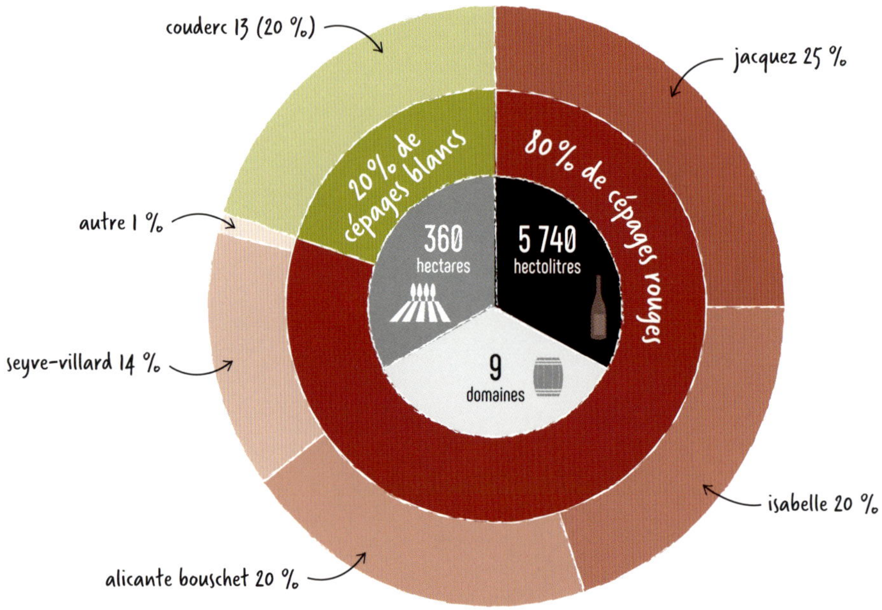

Sur une vingtaine de producteurs à Madagascar, 9 possèdent un domaine viticole commercial. La viticulture malgache se divise en deux régions : à 150 km au sud de Tananarive, Antsirabé (17 % du vignoble) est la plus petite ; à 250 km au sud d'Antsirabé, Fianarantsoa (83 %) est la principale. Les cépages nobles n'étant pas adaptés au climat tropical, les viticulteurs ont dû opter pour des cépages résistants aux maladies. Le climat se caractérise par une saison sèche entre avril et septembre et une saison très pluvieuse entre octobre et mars, mais aussi des épisodes de grêle violents et des cyclones possibles entre janvier et février, pendant la période de la récolte. Avec une température moyenne de 21 °C toute l'année, il n'y a pas de repos végétatif pour la vigne.

→ Au clos Malaza, dans la province de Fianarantsoa, les activités piscicole et viticole sont combinées afin d'optimiser les sources de revenus.

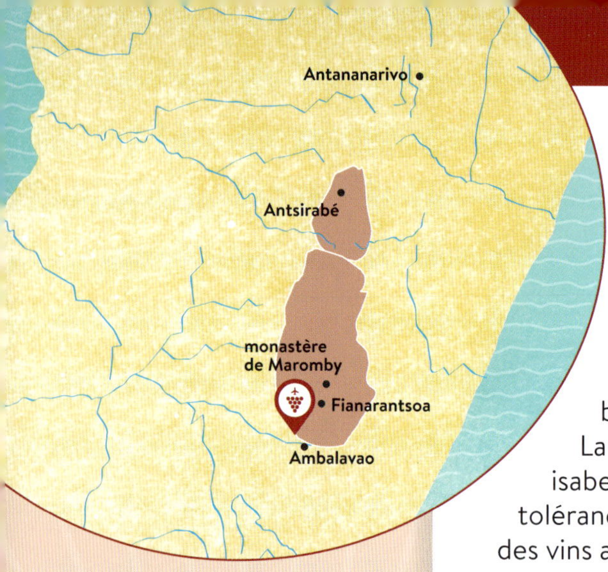

Fianarantsoa

Si Fianarantsoa est naturellement devenue la principale région viticole du pays avec 80 % de la production, c'est grâce à sa viticulture d'altitude. Sur les Hautes Terres de Madagascar, situées au centre de l'île, les précipitations sont bien plus faibles que sur la côte, où il peut tomber jusqu'à 2 800 mm par an. La production de vin, à 78 % rouge, privilégie les cépages hybrides jacquez et isabelle, par ailleurs prohibés en France métropolitaine depuis 1935, avec une tolérance toutefois pour l'isabelle sur l'île voisine de la Réunion. Ces cépages donnent des vins aux arômes musqués parfois déstabilisants pour des consommateurs non avertis. La majorité des domaines viticoles de la région ont des activités complémentaires, telles la culture du riz ou du manioc, et même la pisciculture au clos Malaza !

POINTS-CLÉS

latitude	21°19'-21°33' S
altitude	900-1 200 m
climat	océanique chaud, voire tropical
pluviométrie	1 180 mm
surface totale du vignoble	300 hectares
production	4 620 hectolitres
type de sols	latérite, sols très pauvres à tendance acide
les cinq principaux cépages	jacquez 25 % isabelle 20 % couderc 13 20 % alicante bouschet 19 % seyve-villard 13 %

LE SAVIEZ-VOUS ?

Le monastère de Maromby, à 5 km de la ville de Fianarantsoa, sur les hauts-plateaux du pays Betsileo, a été fondé en 1958. Bien que les aléas économiques aient limité les moines cisterciens qui y vivent et y travaillent dans la culture de la vigne et la fabrication du vin, il continue à ravitailler la plupart des diocèses de la région en vin de messe. Le monastère produit même un peu de vin d'apéritif vendu aux touristes.

INSOLITE

De l'aveu des vignerons locaux, la viticulture n'est pas soutenue par le gouvernement. Il est très difficile d'importer des bouteilles à Madagascar. Le prix et la paperasserie administrative découragent. Ainsi, les bouteilles ont en moyenne 70 ans. Elles sont précieusement conservées une fois le vin bu, ramenées au domaine, lavées, séchées et à nouveau remplies !

Ces hérissons à bouteilles qui servent à sécher les bouteilles de vin une fois lavées, étaient aussi utilisés en Europe autrefois.

COUP DE CŒUR

Vin blanc

- **Kameleon Blanc** du domaine Soavita : 100 % couderc 13, élevé 3 mois en cuve inox. Un vin blanc non millésimé qui a le mérite d'exister et qui, à n'en pas douter, est le vin le mieux réussi de l'île. Avec ses arômes d'amande douce et de fruits blancs, il est léger en bouche et très rafraîchissant. Délicieux avec un ravitoto, ces feuilles de manioc pilées cuites avec de l'ail, de la viande de porc et du lait de coco.

Le vignoble du domaine Soavita, près d'Ambalavao, est entouré de vergers.

LE POINT DE VUE WINE EXPLORERS

Même si la viticulture et le commerce du vin restent complexes en de nombreux points à Madagascar, on peut trouver quelques vins de bonne facture, bien qu'aux goûts très particuliers pour des palets occidentaux. Le vin sec d'ananas reste la meilleure option, mais ça, ce serait pour un autre livre !

PORTRAIT

Thierry Bernard
œnologue
du domaine Soavita
né en France (Bergerac)
en 1967

Issu d'une famille de viticulteurs depuis quatre générations, il conduit le tracteur dans les vignes à l'âge de 10 ans. Après un passage dans l'armée comme tireur d'élite, il étudie la viticulture et l'œnologie puis devient vigneron dans le Bordelais. En 2005, il découvre Madagascar lors de ses vacances et en tombe amoureux. Il y revient en 2009, cette fois pour monter sa société de conseil en agronomie et viticulture : Opex Mada.

« *En 2010, j'étais le premier vigneron à vinifier des cépages nobles français à Madagascar avec la syrah, le malbec et le riesling. C'est un pays touchant, bien que les problèmes viticoles y soient nombreux : vols de fil de fer, de piquets en bois et de raisins... Un climat capricieux : absence de pluie lors de la pousse de la vigne, des pluies et des cyclones lors des vendanges, qui abîment les raisins. Sans oublier les termites qui attaquent les piquets en bois. À part ça, on peut faire du vin ici. La preuve !* »

MALTE

64e vignoble mondial

pays producteur 59e

Carrefour stratégique et culturel de la Méditerranée, à mi-chemin entre l'Europe et l'Afrique, Malte a toujours eu une histoire viticole mouvementée. Avant la fin des années 1990, trouver une grande bouteille de vin maltais pouvait relever du défi. Depuis son adhésion à l'Union européenne en 2004, la donne a changé.

UN PEU D'HISTOIRE

La vigne aurait été introduite par les Phéniciens au IXe s. av. J.-C. Malte est alors une position stratégique pour leur commerce. La viticulture se développe ensuite avec les Grecs, les Carthaginois, les Romains et sous l'Empire byzantin. Elle décline cependant à partir de la conquête arabe en 870 jusqu'à l'arrivée des chevaliers de Saint-Jean de Jérusalem, qui obtiennent de Charles Quint la concession des îles de Malte et Gozo en 1530. Présent jusqu'à la fin du XVIIIe s., l'ordre religieux développe la viticulture avec des techniques européennes. En 1600, l'agronome français Olivier de Serres décrit une culture sur pergola. Les Britanniques, qui colonisent Malte de 1800 à son indépendance en 1964, font arracher les vignobles pour du coton, jugé plus rentable jusqu'à l'effondrement des cours, à la fin du XIXe s. La vigne est alors réimplantée. L'utilisation des cépages français à partir des années 1970 est un tournant qualitatif.

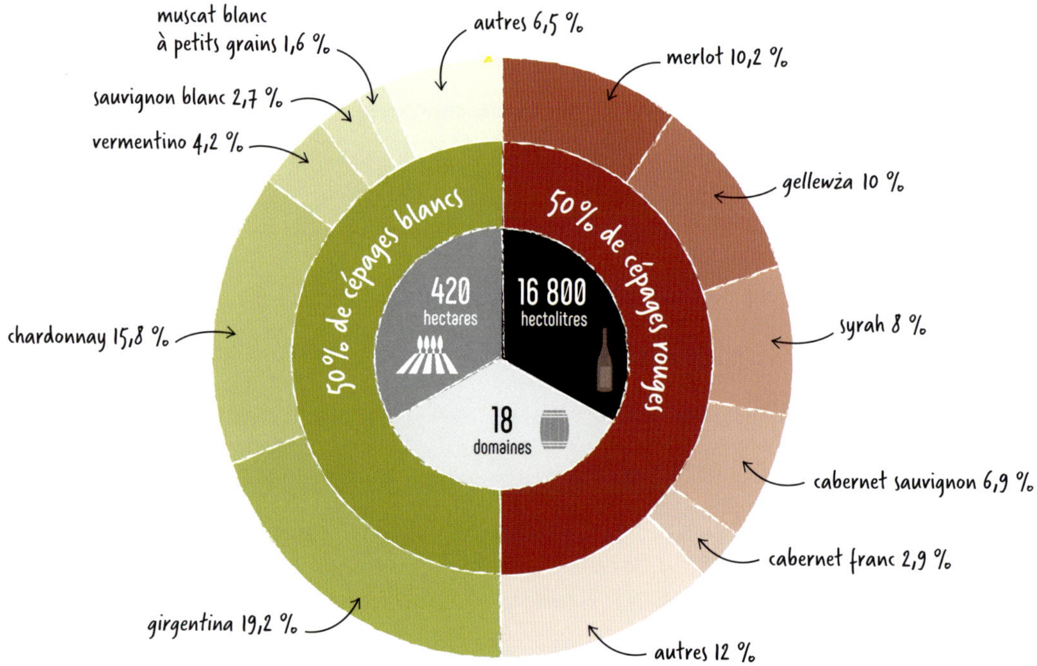

Sur les 8 îles que compte l'archipel de Malte, 4 sont habitées et 2 produisent du vin : Gozo, au nord-ouest, est la deuxième plus grande île avec 21,4 % du vignoble ; Malte, l'île principale, accueille 78,6 % du vignoble. À Malte, la mer n'est jamais très loin des vignes et apporte une certaine salinité dans les vins, qui se remarque davantage dans les blancs issus du cépage vermentino. En 2017, trois appellations d'origine ont été créées pour améliorer la traçabilité et la qualité des vins : les DOK Malta et DOK Gozo, désignant respectivement des vins produits à partir de raisins cultivés exclusivement à Malte ou à Gozo, et l'IGT Maltese Islands pour les vins dont les raisins proviennent des deux îles à la fois. Le pays compte 18 domaines viticoles commerciaux, dont 12 produisent des vins DOK et IGT.

→ Vignoble du domaine Meridiana, aux abords de la cité de Mdina, sur l'île de Malte.

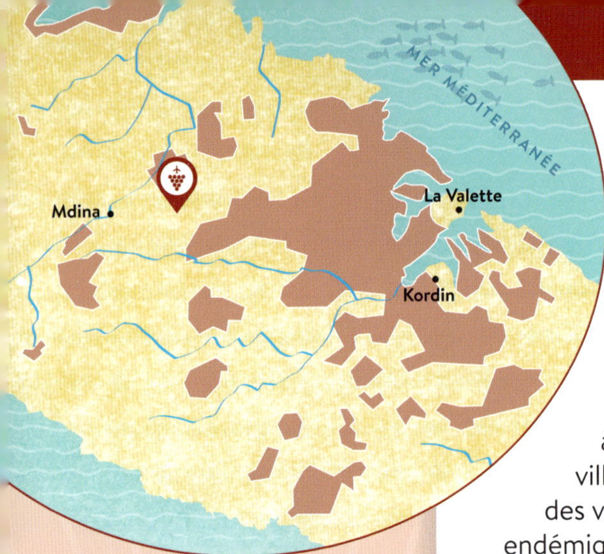

île de Malte

L'île de Malte compte 14 domaines et produit plus de 73 % des vins de l'archipel. Le climat méditerranéen de l'île offre des étés secs et chauds, où les températures atteignent 40 °C en juillet et en août, avec de faibles précipitations, environ 15 mm par mois entre juin et août. Le vignoble y est planté à 44 % en rouge et 56 % en blanc. Le *girgentina*, très probablement originaire du village de Girgenti dans le sud-ouest de l'île, est le cépage le plus planté. Il produit des vins légers, faibles en alcool et en acidité et sensibles à l'oxydation. Le *gellewza*, endémique de l'archipel, produit des rosés faciles à boire et des vins rouges légers, aux tannins parfois astringents. À eux deux, ils représentent 37 % de l'encépagement de l'île de Malte, mais tendent à être remplacés par des cépages européens.

POINTS-CLÉS

latitude	35°56'-35°83' N
altitude	1-250 m
climat	méditerranéen, chaud avec étés secs
pluviométrie	560 mm
surface totale du vignoble	330 hectares
production	12 300 hectolitres
type de sols	calcaires, sablonneux, riches en quartz, parfois sujets à une forte érosion, zones d'argile avec une bonne rétention d'eau
les cinq principaux cépages	*girgentina* 24,3 % chardonnay 14,3 % *gellewża* 12,7 % merlot 10,9 % syrah 8,8 %

LE SAVIEZ-VOUS ?

L'eau reste une préoccupation majeure à Malte. Irriguer les vignobles en pompant l'eau des sous-sols serait trop risqué pour la viticulture car l'eau est salée et cela changerait le profil des vins. Ainsi, on compte douze stations de désalinisation sur l'archipel. Un dicton local dit qu'il est moins cher de se doucher avec du vin à Malte qu'avec de l'eau. À vérifier !

INCONTOURNABLE

Trabuxu, dont le nom signifie « tire-bouchon » en maltais, est un bar à vin très agréable de La Valette, la capitale. C'est le lieu incontournable pour tout amateur de vin curieux de découvrir notamment la production de la plupart des vignerons du pays. Vous pourrez les déguster autour d'une planche de fromage ou de charcuterie. Et pour une assiette plus raffinée, Trabuxu se décline aussi en restaurant.

Le domaine Maria Rosa, non loin de Mdina, a été créé en 2006 par Joseph Fenech.

COUPS DE CŒUR

Vin blanc

- **Neptunus 2014** du domaine San Niklaw : vermentino 100 %, élevé 10 mois en cuve inox. Un vin agréable, aux arômes de fruits blancs, de fenouil et de chèvrefeuille, avec un peu de gras et une jolie amertume en bouche. Parfait à l'apéritif, avec des filets de maquereaux grillés.

Vin rouge

- **Nexus 2014** du domaine Meridiana : merlot 100 %, élevé 10 mois en fûts de chêne de 3 ans, puis 6 mois en bouteille. L'un des vins maltais les plus aboutis, avec des arômes de mûre, de badiane et de feuille de tabac, des tannins fins et veloutés. Un régal avec une ratatouille !

Arrivée de la vendange au domaine Delicata, à Kordin. Emmanuel Delicata s'est établi en 1907. C'est le plus ancien viticulteur maltais, avec Marsovin, établi en 1919.

LE POINT DE VUE WINE EXPLORERS

Le vignoble maltais, en quête d'une reconnaissance méritée, renaît petit à petit de ses cendres. Les vins issus des cépages merlot et syrah en rouge, vermentino et chardonnay en blanc donnent d'excellents résultats. Le tourisme reste le meilleur levier pour promouvoir l'image des vins de l'archipel.

PORTRAIT

Karl Chetcuti
directeur
du domaine Meridiana
né au Canada (Toronto)
en 1973

Ses parents sont d'origine maltaise et Karl grandit sur l'archipel à partir de ses 5 ans. Bien qu'il soit passionné de vin depuis ses 20 ans, il découvre véritablement cet univers en 2011, lorsque la famille italienne Antinori, qui vient de reprendre le domaine Meridiana et dont il est proche, lui demande d'en assurer la gestion.

« *Avec le soutien de l'œnologue français Denis Dubourdieu et la vision du marquis Piero Antinori, Meridiana a été un pionnier dans la production de vins de qualité à Malte et jusqu'à ce jour. Nous sommes fiers de produire parmi les meilleurs vins du pays, qui portent tous la dénomination DOK Malta. La viticulture maltaise comporte de nombreux défis à gérer, comme la juste maturité du raisin, la forte humidité, la sècheresse estivale ou encore les coûts élevés de production avec l'importation des équipements. Mais c'est ce qui fait aussi le charme du vin ici.* »

MAROC

41e vignoble mondial

pays producteur **32e**

Le royaume du Maroc, terre de vin depuis le VIe s. av. J.-C., compte 12 domaines qui se partagent près de 7 000 hectares. La viticulture moderne, impulsée dans les années 1960 par des hommes comme Brahim Zniber, Guy Baconnet et Abdesslam Moulablad, est en pleine mutation depuis les années 1990, notamment grâce à l'expérience d'œnologues français.

UN PEU D'HISTOIRE

Au VIe s. av. J.-C., les Carthaginois s'installent pour exploiter les ressources de la région et importent une partie de leur culture phénicienne, dont la viticulture qui se développe ensuite sous l'Empire romain. Entre le Ve et le XVe s., elle se concentre autour de Fès. Les sultanats et califats qui se sont succédé après la conquête arabo-musulmane du VIIe s. la tolèrent auprès de leurs populations juive et chrétienne. Au XVIe s., sous l'impulsion de Léon l'Africain, débutent des échanges commerciaux de vin entre Marseille et le Maroc. Au fil de leurs occupations, entre 1415 et 1769, les Portugais apportent leur savoir-faire viticole. Au début du XXe s., nouvel essor avec l'arrivée de vignerons français, espagnols et italiens, mais à partir de 1957, coup d'arrêt. Le Maroc vient de gagner son indépendance et le traité de Rome interdit le coupage des vins de la Communauté européenne par des vins étrangers. Au début des années 1990, le roi Hassan II fait appel à des œnologues et consultants bordelais pour relancer le secteur.

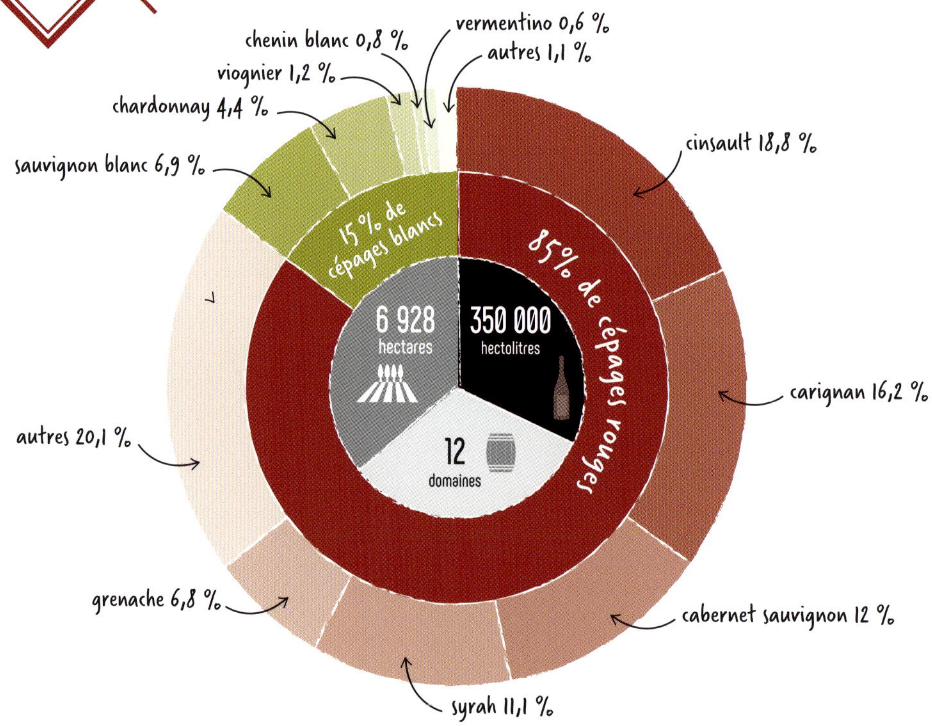

Le Maroc compte 43 106 hectares de vignes : 83,9 % de raisins de table et 16,1 % de raisins de cuve. Entre 2003 et 2018, le vignoble de raisins de cuve a reculé de 35 %. Il se répartit sur 6 régions viticoles, dont 3 totalisent près de 97 % de la superficie : Fès-Meknès (60,5 %) la principale au centre-nord, Rabat-Salé-Kénitra (26,8 %) au nord-ouest, le long de l'océan Atlantique, et Casablanca-Settat (9,5 %) à l'ouest. Les régions de l'Oriental (2 %) au nord-est, Marrakech-Safi (0,8 %) au sud et Béni Mellal-Khénifra (0,4 %) au centre complètent le tableau. Avec une pluviométrie moyenne de 400 mm par an sur l'ensemble des régions viticoles, il est nécessaire d'irriguer 79 % du vignoble. Sur les 12 domaines, 10 commercialisent sous leur nom de domaine et 2 vendent leurs raisins en vrac aux autres domaines.

→ Le château Roslane, à l'est de Boufakrane, est la propriété emblématique des Celliers de Meknès, l'un des leaders du marché viticole marocain avec le groupe Castel.

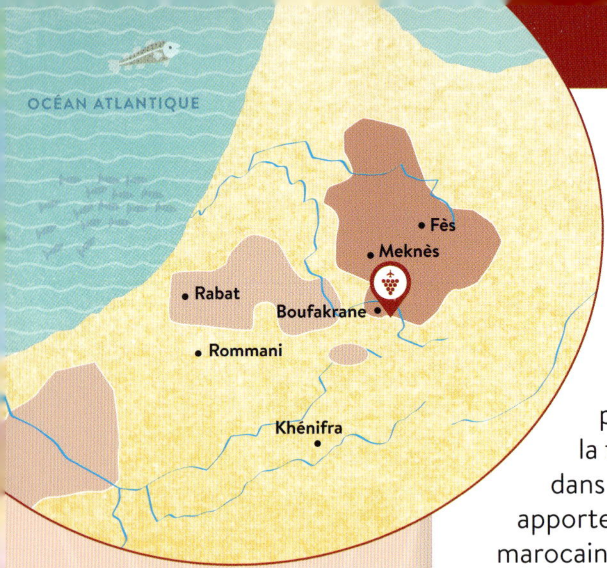

Fès-Meknès

Avec 61 % du vignoble marocain pour 47 % de la production, Fès-Meknès est la région viticole majeure du pays. Elle s'étend le long des massifs de l'Atlas et du Rif, au nord. Bien que l'encépagement exact ne soit pas connu, la région compte plus de 80 % de cépages rouges, mieux adaptés au climat local. En juillet et août, la température moyenne est de 26 °C mais elle peut monter facilement à 45 °C dans l'après-midi, entraînant parfois un blocage des maturités des raisins. L'altitude apporte un peu de fraîcheur salvatrice durant les nuits d'été. Deux des trois AOC marocaines se trouvent dans la région. L'AOC Coteaux de l'Atlas, créée en 2005 est la première AOC du Maroc et n'est exploitée que par le château Roslane. L'AOC Crémant de l'Atlas, qui fait appel à une méthode traditionnelle, est produite par Les Celliers de Meknès.

POINTS-CLÉS

latitude	autour du 34° N
altitude	600-700 m
climat	méditerranéen, chaud avec été sec
pluviométrie	630 mm en moyenne, avec un record de 776 mm pendant la saison 2017-2018
surface totale du vignoble	4 190 hectares
production	210 000 hectolitres
type de sols	argiles fines et rouges avec du limon, sous-sols calcaires
les cinq principaux cépages	cinsault (majoritaire) carignan syrah cabernet sauvignon grenache noir

LE SAVIEZ-VOUS ?

Aït Souala, l'ancienne cave viticole d'État, a été construite en 1931 à Meknès. Durant la période faste du vignoble marocain, c'était la plus grande cave coopérative au monde, avec une capacité de stockage de 650 000 hectolitres. Ce lieu mythique a dû arrêter son activité avec le millésime 2011, les bâtiments étant devenus trop grands pour la viticulture actuelle.

INCONTOURNABLE

Visiter le château Roslane, aux portes de Meknès, est un must. Cette propriété, qui appartient aux Celliers de Meknès, la société viticole la plus importante du Maroc, abrite un complexe haut de gamme : restaurant gastronomique, avec possibilité de déguster les vins du domaine, boutique-hôtel et spa, avec son hammam, le tout en plein milieu du vignoble bien sûr !

Àeknès, la cave coopérative d'Aït Souala est aujourd'hui à l'arrêt. Toutefois, elle témoigne encore de la grande heure de la viticulture marocaine.

COUPS DE CŒUR

Vin blanc

- **Terres Sauvages 2016** du domaine La Ferme Rouge : sauvignon blanc 50 %, viognier 50 %, élevé 8 mois en cuve inox sur lies fines. Très jolis arômes de fruits exotiques, d'agrumes et d'asperge. Bouche fraîche et gourmande. Un vin de plaisir.

Vins rouges

- **Aït Souala 2012** du domaine des Ouled Thaleb : arinarnoa 50 %, malbec 25 %, tannat 25 %, élevé 12 mois dont un tiers en cuve béton et deux tiers en fût de chêne. Un vin solaire, aux arômes d'épices et de fruits mûrs, myrtille, prune, cassis... En bouche, les tannins sont soyeux. Un assemblage réussi.
- **Première de Baccari 2015** du domaine de Baccari : cabernet franc 70 %, syrah 30 %, élevé 2 ans en fûts de chênes neufs, puis 1 an en bouteille. Un vin racé, élégant et gorgé de fruits noirs, avec des notes de violette, de cèdre et de paprika. Taillé pour la garde !

LE POINT DE VUE ★ WINE EXPLORERS ★

Grâce à la recherche de sols adaptés, à un savoir-faire viticole inspiré du sud de la France, à des œnologues consciencieux et équipés des meilleures technologies, le niveau des vins marocains est remarquable depuis la fin des années 2000, surtout en rouge ! À découvrir d'urgence.

PORTRAIT

Karim Moullablad
fondateur
de la Hacienda
des Cigognes
né au Maroc (Jemaat Moul Blad) en 1954

Cinquième génération d'agriculteurs et deuxième génération de viticulteurs, Karim a grandi au milieu des vignes, à la campagne. Ses parents sont paysans, des *fellahs* comme on dit ici, et produisent des céréales, des lentilles de Zaer, la seule IGP du Maroc, d'autres légumineuses et des olives. Ils se lancent dans la viticulture dans les années 1960 et transmettent leur savoir-faire à leur fils, devenu producteur de vin depuis le millésime 2016.

« J'aime les vins de caractère, surtout les blancs avec une belle palette aromatique et beaucoup de fraîcheur... et les rouges gourmands ! Un bon vin doit aussi raconter une histoire. Mais tout commence à la vigne, où nous privilégions un bon enracinement sur de magnifiques sols d'argiles rouge et noire, essentiel pour la production de vins complexes et concentrés. Préserver la flore et la microfaune doivent être les priorités du viticulteur. C'est un trésor inestimable et fragile ! »

Vendange à la Hacienda des Cigognes, dans la région de Rommani dans la région viticole de Rabat-Salé-Kénitra, à environ 40 km au sud-est de Rabat.

MEXIQUE

37e vignoble mondial

pays producteur 41e

Deuxième plus ancien pays producteur de vin d'Amérique après la République dominicaine, le Mexique est celui depuis lequel la viticulture s'est véritablement développée sur le continent américain. Reconnu pour ses vins rouges d'assemblage, notamment dans la Basse-Californie, le pays regorge de vignobles de qualité.

UN PEU D'HISTOIRE

Les premières vignes sont plantées par les missionnaires espagnols en 1521, deux ans après le débarquement près de l'actuelle ville de Veracruz des conquistadores menés par Hernán Cortés. Cette viticulture était destinée au vin de messe. En 1595, Felipe II, roi d'Espagne, interdit la production de vin au Mexique, ordonne la destruction des vignobles et n'autorise que les missionnaires à cultiver leur vigne à des fins religieuses. Entre 1697 et 1767, les pères jésuites effectuent un pèlerinage du sud au nord de la Basse-Californie ; ils créent 16 missions et plantent des vignes. À la fin du XIXe s., le phylloxéra fait son apparition et détruit 80 % du vignoble. Il faut attendre les années 1940 pour assister à l'essor de l'industrie viticole, dû à la fin des champs de coton au profit de la viticulture et à la diminution de la production de vin en Europe à cause de la Seconde Guerre mondiale.

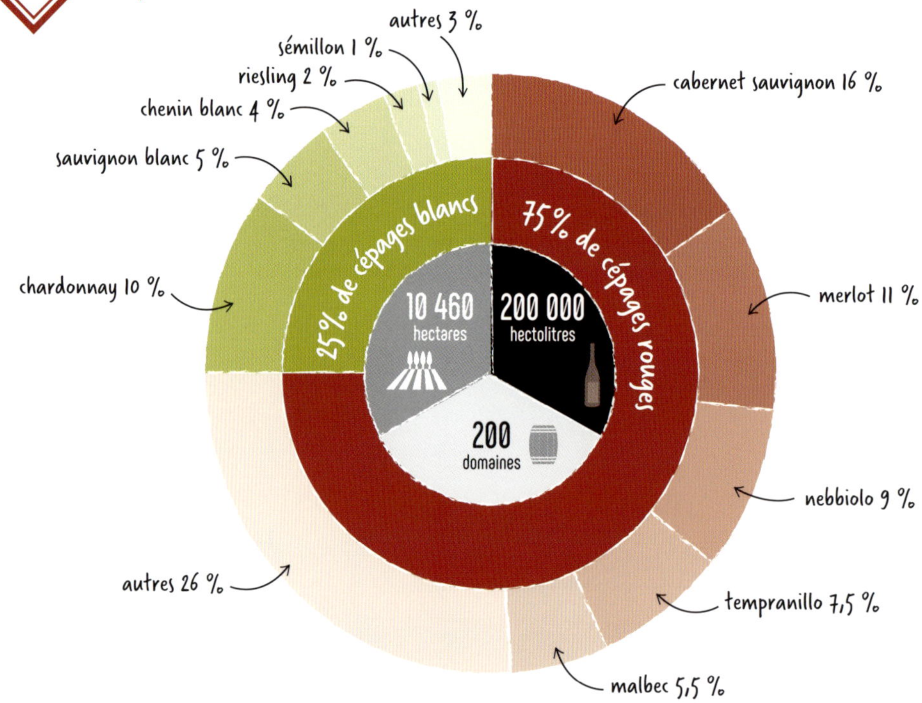

2 900 viticulteurs exploitent pas moins de 40 cépages de cuve dans le vignoble dont seuls 6 500 hectares, soit un peu plus de 60 % de la surface plantée, sont en production à cause du manque d'eau pour irriguer. Ils se répartissent entre 10 régions, dont les plus prestigieuses sont : au nord la Basse-Californie (26,3 %) et Coahuila (8,1 %), au centre Aguascalientes (11,5 %), Queretaro (4 %) et Guanajuato (2,3 %). La majorité du vignoble mexicain, soit environ 23 240 hectares, est consacrée à la production de raisins de table. Toutefois, la surface plantée pour les raisins de cuve a augmenté de 27 % entre 2016 et 2018. En raison des taxes élevées sur le vin, soit 40 % de son prix de vente, le pays exporte à peine 10 000 hectolitres par an, soit 5 % de sa production.

→ La vallée de Guadalupe, en Basse-Californie, est une région viticole aussi sauvage qu'aride, où les ressources en eau sont rares et précieuses.

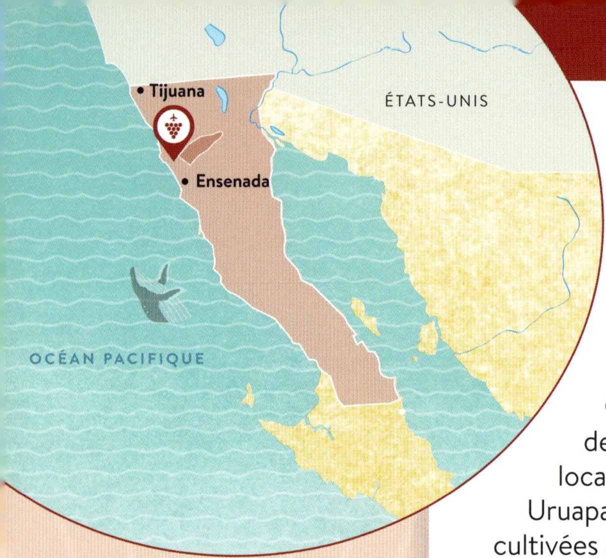

Basse-Californie

Région viticole pionnière du Mexique, c'est aussi la plus importante. Elle produit à elle seule plus de la moitié du vin du pays avec ses 2 750 hectares plantés, dont environ 2 400 sont en production, et quelque 150 domaines. C'est un vignoble au terroir unique, s'étendant sur près de 1 400 km le long de la péninsule, entre l'océan Pacifique et le golfe de Californie. On y compte 6 localités viticoles principales : la vallée de Guadalupe, San Vicente, Santo Tomás, Uruapan Ejido, San Antonio de las Minas et Ojos Negros. La plupart des vignes sont cultivées au nord où les vallées s'étendent perpendiculairement à l'océan, ce qui permet une entrée optimale des brises marines apportant fraîcheur et humidité.

POINTS-CLÉS

latitude	24°5'-31°8' N
altitude	300-800 m
climat	méditerranéen avec des étés très chauds et secs, une température annuelle moyenne de 26 °C ; la saison des pluies se situe entre novembre et mars
pluviométrie	290 mm
surface totale du vignoble	2 750 hectares
production	133 000 hectolitres
type de sols	en partie sablonneux avec une arène due à l'altération du granite, en partie limono-argileux avec des argiles brunes et rouges
les cinq principaux cépages	cabernet sauvignon 21 % merlot 14 % nebbiolo 10 % chardonnay 8,1 % syrah 6,5 %

LE SAVIEZ-VOUS ?

Le manque d'eau limite le développement de la viticulture en Basse-Californie. Par conséquent, certains vignobles ne sont pas en production et laissés à l'abandon, tandis que d'autres privilégient la plantation de cépages blancs qui mûrissent plus vite et donc nécessitent moins d'eau. Il y a même des domaines qui s'équipent en stations de traitement pour récupérer les eaux usées.

INCONTOURNABLE

Ruta del Vino : la route des vins de Basse-Californie, où plus de 60 domaines ouvrent leurs portes et rivalisent de créativité, comme Vena Cava, où la structure des toits est faite de coques de bateaux retournées, ou encore Encuentro Guadalupe, où l'on peut dormir dans des cabanes en bois à flanc de montagne. Sans oublier le musée du vin de Guadalupe et les nombreux *food trucks* que l'on peut croiser sur le chemin !

Au domaine Vena Cava, à 20 km au nord d'Ensenada, le toit du chai n'est autre qu'une coque de bateau renversée.

Coups de cœur

Vin blanc

- **Calixa Chardonnay 2013** du domaine Monte Xanic : chardonnay 100 %, élevé 6 mois en cuve inox.
  Un vin de plaisir que l'on apprécie l'été en terrasse ou au bord de la piscine, pour se rafraîchir de la chaleur de la vallée de Guadalupe.

Vin rouge

- **Vino de Piedra Tinto 2011** du domaine Casa de Piedra : tempranillo 50 %, cabernet sauvignon 50 %, élevé 13 mois en barriques françaises et américaines, avec 50 % de fûts neufs.
  Un vin précis et gourmand, aux arômes de prune, de réglisse et de cacao, avec des tannins fins et veloutés en bouche. Un régal avec un chevreau à la broche !

Le point de vue Wine Explorers

Un voyage est nécessaire pour se rendre compte de la richesse et de la gourmandise des vins mexicains, qui sont très peu exportés. L'adhésion du pays à l'Organisation internationale de la vigne et du vin (OIV) en 2016 indique une plus grande ouverture à l'international.

L'été, en saison sèche, la moindre brise, le moindre déplacement dans la vigne soulève des nuages de poussière… D'après les vignerons locaux, ça ne semble pas avoir d'incidence sur les vins.

PORTRAIT

Cristina Pino Villar
œnologue
du domaine
Santo Tomás
née en Espagne
(Badajoz) en 1977

Docteure en œnologie et ingénieure agronome, diplômée de la faculté des sciences de l'université d'Estrémadure, elle travaille dans le secteur du vin depuis le début des années 2000. Après avoir travaillé comme œnologue pour le domaine Monte Xanic, elle intègre le domaine Santo Tomás en mai 2019. Vice-présidente de la Commission de microbiologie de l'OIV, elle a notamment étudié l'influence de l'irrigation sur la maturité phénolique et technologique du cépage tempranillo.

« *Travailler en Basse-Californie est une chance. C'est une région en effervescence constante qui me permet de tester des cépages très variés et ainsi de progresser, tout en participant à l'évolution de la viticulture mexicaine. Nous grandissons, donc je peux explorer de nombreuses options. Avec le montant élevé des taxes à l'export, le plus grand défi en tant que vigneron au Mexique reste la difficulté à montrer au monde ce que nous faisons ici !* »

MOLDAVIE

15e vignoble mondial

pays producteur 19e

Incontournable pour tout amateur de vin en quête de nouvelles sensations, la Moldavie séduit par ses cépages autochtones comme le rară neagră, ses domaines modernes et accueillants, et bien sûr ses caves souterraines qui se visitent toute l'année. Ce sont les plus grandes du monde ! Depuis 2010, la viticulture est en plein renouveau, avec pas moins de 30 000 hectares de vignes plantés en 10 ans !

UN PEU D'HISTOIRE

Des fouilles archéologiques près du village de Vărvăreuca, dans le district de Floreşti, prouvent qu'au IIIe millénaire av. J.-C., la vigne avait été domestiquée par la culture néolithique de Cucuteni-Trypillia. Mais le développement de la viticulture est plutôt dû aux Grecs à la fin du IIIe s av. J.-C., puis aux Romains à partir de l'an 107. La culture de la vigne continue à prospérer au Moyen Âge. Au milieu du XVe s., sous le règne du prince Étienne le Grand, des cépages nobles sont importés. Le premier développement majeur du vignoble moldave a lieu à partir de 1812, quand l'Empire ottoman cède le pays à la Russie. Mais il est brutalement entravé par l'arrivée du phylloxéra à la fin du XIXe s. Les deux guerres mondiales qui suivent détériorent un peu plus l'industrie du vin. En 2006 et en 2013, des conflits diplomatiques avec la Russie, son principal importateur, a entraîné l'interdiction des vins moldaves sur le territoire russe, obligeant la Moldavie à trouver de nouveaux marchés.

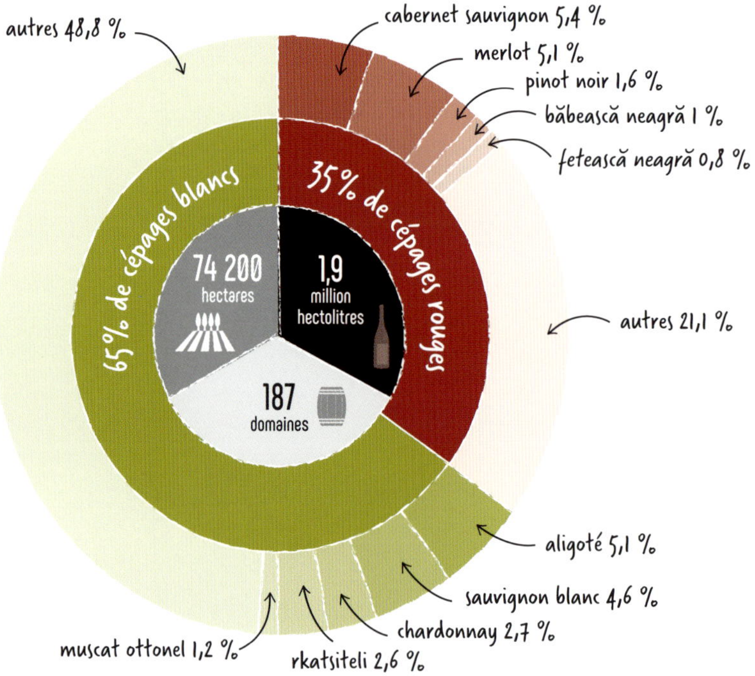

Il y a 128 000 hectares de vigne en Moldavie, dont 53 800 hectares sont plantés en raisins de table et 74 200 hectares pour la production de vin. 9 200 hectares sont classés en appellation géographique protégée (PGI) dont 35 % en PGI Valul lui Traian, 28 % en PGI Divin, 25 % en PGI Codru et 12 % en PGI Ștefan Vodă. Situé dans le bassin de la mer Noire mais ne donnant pas directement sur celle-ci, le pays a un relief fragmenté, traversé par de nombreux cours d'eau se jetant dans la rivière Prout et le fleuve Dniestr. Son climat est continental tempéré. 86 % des vins produits sont des vins tranquilles et 14 % sont des vins effervescents. Le pays exporte 7 % de sa production en volume, principalement à destination de la Pologne (14 %), de la Roumanie (13 %) et de la République tchèque (13 %), de la Russie (12 %) et de la Chine (10 %).

→ Vignoble du château Vartely, dans le sud du pays, sur le 46e parallèle Nord, non loin de la ville de Comrat, exclusivement planté en cépages rouges.

Ștefan Vodă

Située dans le sud-est de la Moldavie, Ștefan Vodă est une région ensoleillée aux températures douces, avec des précipitations limitées. Un microclimat influencé par le Dniestr et la proximité de la mer Noire, idéal pour la culture du raisin, en particulier les cépages rouges comme le rară neagră. Ce cépage est originaire de l'aire transfrontalière entre le sud de la Moldavie et l'est de la Roumanie, où il pousse sous le nom de băbească neagră ; il produit de très jolis vins. Parmi les autres variétés locales et européennes qui se sont bien adaptées à cette région, on retrouve le merlot, le *fetească neagră*, le saperavi, le pinot noir, le pinot gris et le chardonnay. Le vignoble se situe à 120 m d'altitude en moyenne.

POINTS-CLÉS

latitude	46°17'-46°52' N
altitude	120-200 m
climat	continental humide sans saison sèche
pluviométrie	420 mm
surface totale du vignoble	9 950 hectares, dont 1 260 en PGI Ștefan Vodă
production	146 000 hectolitres, dont 17 480 en PGI Ștefan Vodă
type de sols	graviers, sable et argile, riches en microéléments
les cinq principaux cépages en PGI Ștefan Vodă	cabernet sauvignon 27,3 % chardonnay 18,2 % merlot 16,4 % pinot noir 4,5 % pinot gris 4,4 %

LE SAVIEZ-VOUS ?

Le domaine Mileştii Mici, à 10 km au sud de Chișinău, abrite la plus grande collection de vins moldaves au monde avec plus de 1,5 million de bouteilles. Elle est stockée à plus de 80 m de profondeur, sur des kilomètres de galeries souterraines, avec une température et une humidité constantes, des conditions idéales pour le vieillissement. Le vin le plus ancien de la collection date de 1969.

INCONTOURNABLE

Visiter les caves du domaine Cricova en voiturette électrique et terminer par une dégustation. Attraction viticole emblématique du pays, cette ancienne mine de calcaire du XVe s. a été transformée par l'État en cave d'élevage et de stockage de vins en 1952. Mieux vaut s'équiper d'un manteau bien chaud lors de la visite, même en plein été. La température est comprise entre 12 et 14 °C toute l'année, avec un taux d'humidité de 95 %.

Au domaine Cricova, à environ 10 km au nord de Chișinău, un demi-million de bouteilles de vin effervescent dorment patiemment dans 7 km de tunnels.

COUPS DE CŒUR

Vin blanc

- **Taraboste Blanc 2017** du château Vartely : chardonnay 50 %, pinot gris 25 %, sauvignon blanc 25 %, chardonnay élevé 6 mois en fûts de chêne neufs, le reste en cuve inox.
  Un vin agréable, aux arômes de fruits blancs mûrs, de fleurs blanches et de vanille, avec une bouche riche et onctueuse.

Vin rouge

- **Negru de Purcari 2015** du château Purcari : cabernet sauvignon 60 %, saperavi 25 %, *rară neagră* 15 %, élevé 18 mois en fûts de chêne, dont 15 % de fûts neufs.
  Un vin de plaisir, aux arômes de cerise noire, de café et de bacon, qui fonctionne très bien avec un *ardei umpluți*, plat traditionnel de poivrons farcis servi avec sa sauce à base de crème, tomates et épices.

Le château Purcari, à 55 km de la mer Noire et à proximité du Dniestr, fleuve marquant la frontière naturelle avec l'Ukraine, bénéficie de 320 jours de soleil par an.

LE POINT DE VUE WINE EXPLORERS

La production de vin, centrée sur le marché russe et soviétique jusqu'en 2013, s'ouvre petit à petit à l'international et commence à produire de très jolies cuvées avec de petits volumes et une réelle recherche pour obtenir des vins de terroir. À suivre de près !

PORTRAIT

Victor Bostan
propriétaire
du château Purcari
né en Moldavie
(Cărpineni) en 1960

Diplômé de l'université du vin de Moldavie, il débute comme œnologue avant de fonder son propre domaine. Entre 1999 et 2002, il est propriétaire et PDG de la cave Kuban Vino, qu'il modernise et revend en 2002. Ce domaine du kraï de Krasnodar, en Russie, produit actuellement 56 millions de bouteilles. De retour au pays en 2002, il rachète le château Purcari, alors en très mauvais état, convaincu du potentiel de Ştefan Vodă.

« *Ştefan Vodă possède un microclimat idéal pour la culture du raisin. Le plus gros défi pour les vins moldaves est de créer une image forte à l'international. Nous avons un excellent terroir, des cépages endémiques et des traditions séculaires. À nous de jouer ! Avec l'accès à une technologie mobile de pointe et des applications innovantes sur le vin, le temps sera bientôt révolu où les consommateurs se laisseront berner par des vins médiocres se cachant derrière des étiquettes fantaisistes ou des appellations. Désormais, tout le monde peut avoir un sommelier à disposition et je m'en réjouis !* »

MONTÉNÉGRO

48e vignoble mondial

pays producteur 37e

Aussi discret que charmant, aussi sauvage qu'accueillant, le Monténégro a beau être un petit pays viticole, il abrite le domaine Plantaže, l'un des plus grands d'Europe. À l'ouest des Balkans et bordant la mer Adriatique, ce pays tente de faire sa place sur la planète vin depuis sa déclaration d'indépendance en 2006. Un vignoble à découvrir sans attendre !

UN PEU D'HISTOIRE

La viticulture remonte au IIIe s. av. J.-C., quand les Illyriens cultivaient la vigne sur les rives du lac Skadar. Cependant, c'est la conquête romaine au IIe s. qui marque le début de l'histoire viticole du territoire. Au Moyen Âge, la viticulture se développe principalement dans la région de Crmnica, à l'ouest, et sur les pourtours du lac Skadar, à l'est. L'expansion du vignoble monténégrin a lieu entre 1860 et 1910, sous le règne de Nicolas Ier de Monténégro. Les premières coopératives apparaissent à partir de 1911 et connaissent leur essor à l'époque de la Yougoslavie, à laquelle le pays est fédéré entre 1945 et 2002. Uni à la Serbie de 2003 à 2006, le Monténégro est indépendant depuis le 3 juin 2006. Reconnu candidat à l'Union européenne depuis 2010, y adhérer est un enjeu important pour son développement viticole et œnotouristique.

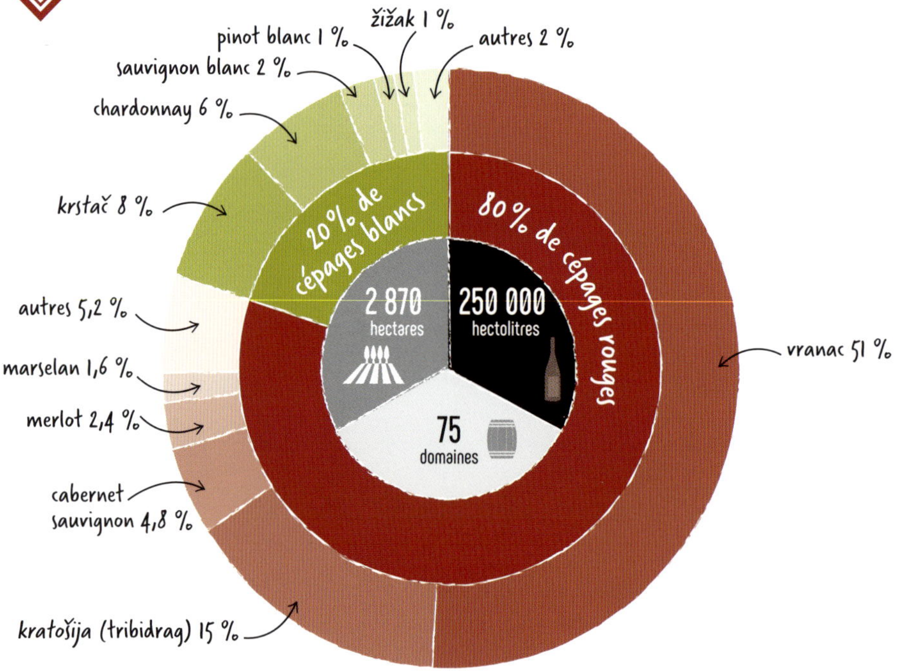

Le vignoble du Monténégro est divisé en 4 régions : la région centrale de Podgorica qui descend jusqu'au lac Skadar, avec les plaines de Bjelopavlići et de Zeta, est de loin la plus grande avec 85 % du vignoble ; la région côtière au sud-ouest ; Nudo à l'ouest, le long de la frontière bosniaque ; la région du nord, autour de Žabljak. Le Monténégro compte 75 domaines et environ 500 viticulteurs, mais le domaine Plantaže totalise à lui seul 80 % du vignoble national. Les 74 autres domaines font en moyenne 5,6 hectares. 90 % de l'encépagement provient de cépages endémiques des Balkans. Le vranac est emblématique, comme en Macédoine du Nord, et représente plus de la moitié des cépages plantés. 97 % du vignoble est planté en dessous de 100 m d'altitude ; le vignoble le plus élevé culmine à 434 m près de Nudo. Le climat est de type méditerranéen, avec des pluies abondantes de septembre à avril.

→ Vignoble du domaine Plantaže, dans la plaine de Zeta.

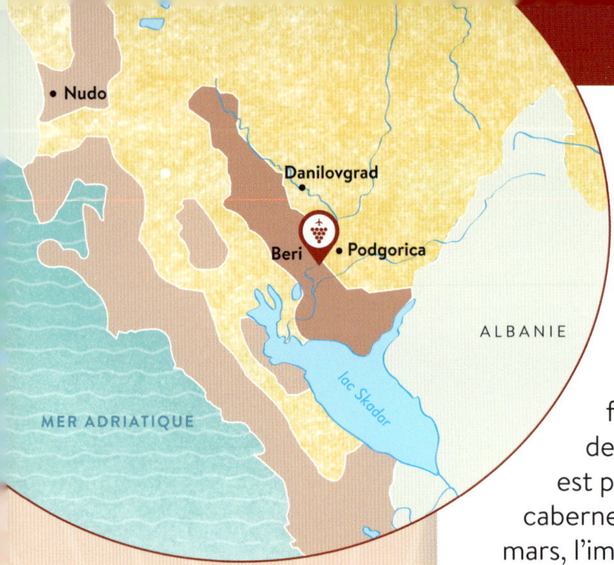

Podgorica

Concentré dans la plaine fertile de Zeta, qui s'étend de Podgorica, la capitale, au nord, jusqu'au lac Skadar, au sud, le vignoble de Podgorica représente 85 % de la surface viticole nationale pour 87 % de la production. Avec des hivers plus froids que sur la côte, la moyenne des températures tombant à 5,5 °C en janvier, et des étés chauds, où la température moyenne de juillet et août est de 26 °C, le climat est propice à la culture de cépages rouges comme le vranac, le kratošija ou encore le cabernet sauvignon. Bien que les fortes pluies soient plutôt réparties entre octobre et mars, l'importance des précipitations annuelles oblige les viticulteurs à être vigilants sur le contrôle des maladies de la vigne comme l'oïdium, le mildiou et la pourriture grise.

LE SAVIEZ-VOUS ?

Le domaine Plantaže, dans la plaine de Zeta, est surnommé « le géant viticole européen ». Il compte 2 310 hectares de vignoble sur lesquels sont plantés près de 11,5 millions de pieds de vigne. Une partie se situe sur l'ancien aéroport militaire. Quant au chai, il a été installé dans la montagne, là où se trouvaient des hangars de l'armée. Une dizaine d'avions de chasse y étaient cachés, prêts à partir au combat.

INCONTOURNABLE

Visiter le concept Art & Wine House, à Beri, à l'ouest de Podgorica. Un petit coin de paradis chargé d'énergies positives, où l'on déguste les vins du domaine Četković au milieu d'un atelier de peinture. Si vous avez de la chance, vous assisterez peut-être à un concert privé, avec Milena Vuković au violon et Milica Vujović au violoncelle par exemple. Un pur moment de bonheur !

POINTS-CLÉS

latitude	42°20'-42°47' N
altitude	0-100 m
climat	méditerranéen avec été chaud et sec
pluviométrie	1 600 mm
surface totale du vignoble	2 450 hectares
production	216 800 hectolitres
type de sols	argile (terra rossa) résultant de l'altération des dolomies et des calcaires
les cinq principaux cépages	vranac 61 % kratošija 6 % krstač 5 % cabernet sauvignon 4,5 % merlot 3,4 %

Le domaine Plantaže a été créé en 1963, agrégeant des fermes de la région en une sorte d'immense exploitation collective, un *agrokombinat* dont le vignoble produit aussi du raisin de table. Plantaže exporte ses produits dans 40 pays environ.

Coups de cœur

Vins rouges

- **Pro Corde 2013** du domaine Plantaže : vranac 100 %, élevé 12 mois en fûts de chênes neutres pour un tiers et en cuve inox pour deux tiers.
 Un vin de plaisir aux arômes de fruits rouges, de cassis et de cacao, qui accompagne agréablement un *ajvar*, purée de poivrons rouges et d'aubergines que l'on peut déguster sur des toasts.

- **Berski Vranac 2016** du domaine Ćetković : vranac 100 %, élevé 8 mois en cuve inox.
 Des arômes de quetsche, de violette et de réglisse. Tannins veloutés en bouche et finale juteuse.
 Un vin simple qui rend heureux. À déguster en écoutant un morceau de musique, comme le titre *DNA* du groupe Empire of the Sun !

Au domaine Ćetković, le motoculteur retourne la terre en vue de la plantation de nouvelles vignes de vranac.

Le point de vue Wine Explorers

Bien moins connu que ses voisins croates, bosniaques, serbes et albanais, le vignoble du Monténégro est une vraie découverte pour les amateurs de vins rouges gorgés de soleil. C'est également l'occasion de découvrir l'hospitalité du peuple monténégrin !

PORTRAITS

Vuk Ćetković et Vučić Ćetković
fondateurs du domaine Ćetković
nés au Monténégro (Podgorica) en 1984

Vuk est viticulteur et œnologue. Vučić est artiste peintre et expose à travers toute l'Europe. Ces deux cousins, aussi soudés que des frères, ont toujours eu envie de poursuivre la tradition viticole de leur grand-père qui faisait du vin sur les terres familiales, dans la campagne de Podgorica. En 2012, ils fondent le domaine Ćetković et Art & Wine House dans le village de Beri, associant avec brio art et vin.

« *Nous sommes fiers de perpétuer une longue tradition viticole familiale, avec des vins exclusivement produits à partir de nos raisins. Le Monténégro est un marché très restreint et limité. Il est difficile pour les petits producteurs de s'y faire une place.* » (Vuk)

« *En combinant le vin, la peinture et la musique, nous souhaitons offrir aux gens une expérience agréable et dont ils se souviendront. Ainsi, le caveau de dégustation est également un lieu d'exposition pour mes toiles. Et plusieurs fois par an, des concerts y sont organisés. Un moyen agréable de faire découvrir notre univers et nos passions respectives.* » (Vučić)

MYANMAR (ex-Birmanie)

État shan

72e vignoble mondial

pays producteur 71e

Une petite production de vin existe depuis la fin des années 1990 au Myanmar. Deux domaines s'y partagent 160 hectares de vignes, disséminés du nord au centre du pays, dans un contexte climatique tropical où la culture de la vigne demande beaucoup de traitements, aussi bien préventifs que curatifs.

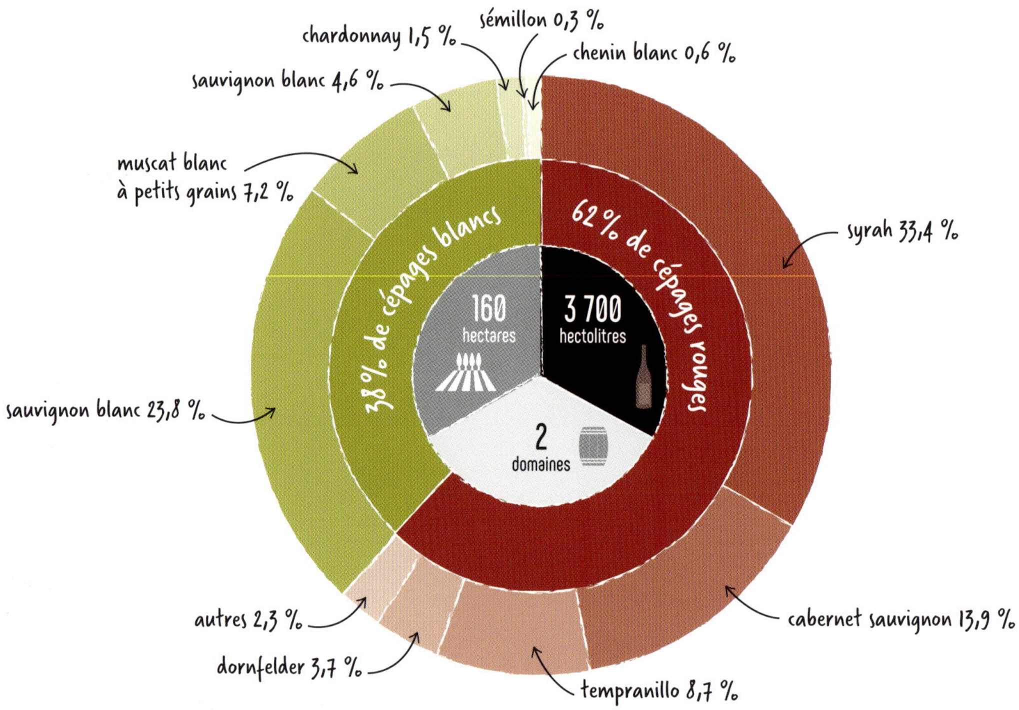

UN PEU D'HISTOIRE

Même s'il y a eu des tentatives infructueuses de viticulture dans le centre du pays entre le XVIIe et le XIXe s., la production de raisin n'a jamais fait partie de l'agriculture locale, basée sur la canne à sucre, le maïs et l'arachide. Le développement de la viticulture est dû à Bert Morsbach, un Allemand spécialisé dans les cultures en milieu tropical. Il découvre le potentiel de l'agriculture birmane et décide de se lancer dans le vin. En 1998, il fonde Myanmar Estate, le premier domaine viticole du pays. Red Mountain, le second, a été créé en 2003. C'est l'œnologue français François-Xavier Raynal qui l'a géré de sa création jusqu'en 2015. En mars 2015, l'interdiction relative à l'importation de vins et d'alcools étrangers est levée. En 2018, Bert Morsbach prend sa retraite et cède sa place à Hans Leiendecker, avec qui il travaillait depuis 2007.

POINTS-CLÉS

latitude	19°40'-25°22' N
altitude	300-1 200 m
type de sols	principalement calcaire dans les montagnes et sableux dans les basses terres

Seuls 22 km séparent les deux domaines du pays, qui sont situés au nord du lac Inle, entre Nyaungshwe et Ayetharyar. Ici, le climat se caractérise par une période sèche de décembre à mars et une période de fortes pluies de mai à octobre, avec une température moyenne de 20 °C et des précipitations de 1 750 mm par an. Les vignobles de Myanmar Estate sont répartis un peu partout dans le pays, jusqu'à 800 km du domaine : dans le nord, le long du fleuve Irrawaddy près de Kyan Hnyat, à 1 200 m d'altitude, une région propice pour les cépages rouges ; à l'est, près de Loikaw, à 850 m d'altitude, où Bert Morsbach avait créé en 1989 la première plantation de riz basmati dans le pays ; au centre du pays, près de Mektila et Yamethin, où l'on trouve également la plus grosse production de raisins de table du Myanmar, ou encore à 300 m d'altitude, sur les pentes du mont Popa, un ancien volcan. Les vignobles de Red Mountain se trouvent autour du domaine.

Myanmar Estate se trouve aux abords de Taunggyi, la capitale de l'État shan, à l'est du pays. Le domaine commercialise ses vins sous la marque Aythaya.

LE POINT DE VUE WINE EXPLORERS

Avec l'humidité permanente, on voit apparaître au Myanmar des maladies de la vigne comme l'oïdium, sans même qu'il ait plu. Dans ce contexte difficile, les deux domaines réussissent à faire des vins corrects, frais et appréciés des locaux comme des touristes, grâce à un équipement de pointe.

PORTRAIT

Hans Leiendecker
directeur du domaine Myanmar Estate
né en Allemagne (Trèves) en 1958

Issu d'une famille de viticulteurs, Hans se dirige naturellement vers le vin. Diplômé d'ingénierie en viticulture et œnologie de l'université de Geisenheim en 1986, puis œnologue au domaine Schloss Groenesteyn dans le Rheingau, il travaille ensuite en Moselle allemande pendant 16 ans, au domaine Dr. H. Thanisch Erben Müller-Burggraef. Il rejoint Myanmar Estate en janvier 2007.

« *À l'époque, je cherchais un nouveau défi. J'ai trouvé bien plus que cela au Myanmar. Il faut être un peu fou pour faire du vin sous les tropiques, dans des conditions climatiques aussi difficiles… Le plus gros défi est de produire du raisin, car nous sommes confrontés à de nombreux problèmes de champignons, en particulier pendant la saison des pluies. Impossible de faire du vin bio par exemple, avec 20 à 22 traitements par an, contre 7 à 8 en moyenne en Europe. C'est là le revers de la médaille. Ce n'est pas un hasard s'il n'y a que deux établissements viticoles au Myanmar… !* »

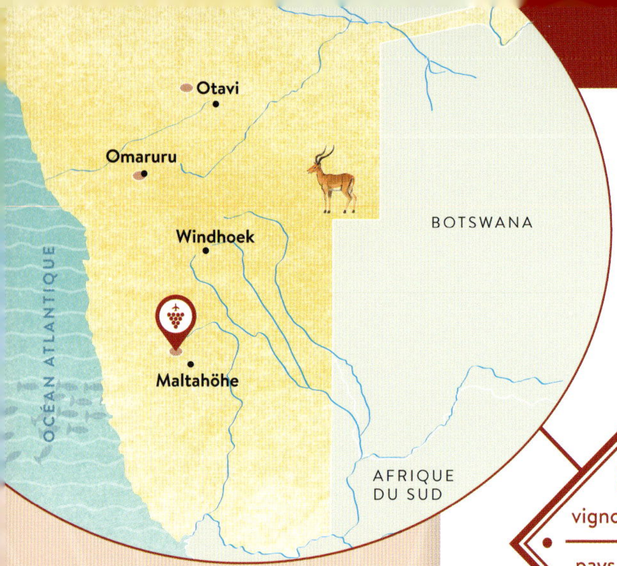

NAMIBIE

Otavi

Dans un pays qui a conservé l'héritage allemand du brassage de la bière, une poignée de vignerons intrépides produit du vin dans un contexte météorologique difficile, avec une saison des pluies en été, juste avant la vendange.

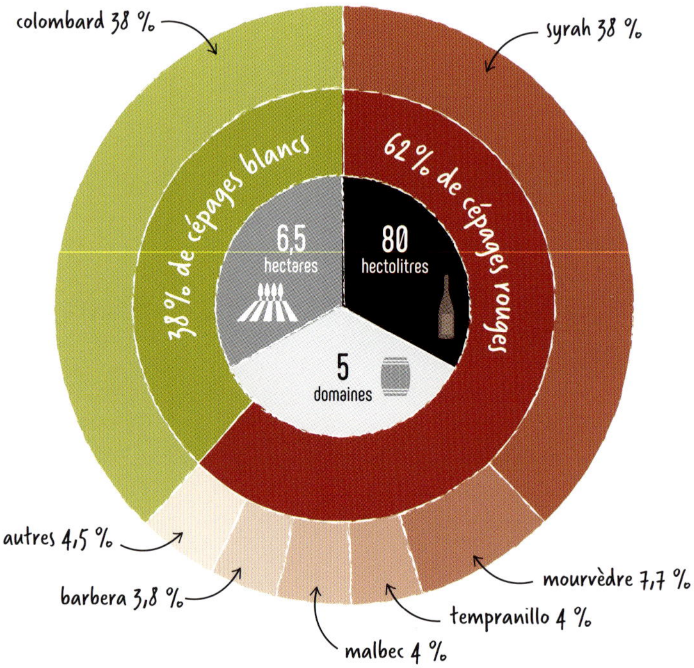

Baignant dans un climat subtropical humide, caractérisé par des hivers secs et des pluies en été entre janvier et février, la Namibie compte 3 zones viticoles. Non loin de Maltahöhe, au centre-sud, en plein milieu du désert, la culture de la syrah et du merlot est rendue possible grâce à une oasis. Dans la région d'Omaruru, au centre, c'est le cépage colombard qui est privilégié. Enfin, dans la région d'Otavi, au centre-nord, on trouve une production de syrah, mourvèdre et tempranillo à 1 300 m d'altitude. La très faible production, comprise entre 10 000 et 11 000 bouteilles de vin par an, ne permet pas aux vignobles namibiens d'exporter. La majorité des ventes se fait directement aux domaines, ainsi que dans quelques restaurants.

UN PEU D'HISTOIRE

Les premières vignes sont plantées vers 1894 dans les environs de Windhoek, la capitale, par les prêtres catholiques arrivés dans le sillage de la conquête allemande. Les vignobles, alors plantés en riesling, produisent un vin de qualité moyenne principalement destiné à la célébration de la messe et à la distillation ; il en résultait une eau-de-vie de vin localement réputée que l'on appelait le *Katholischer*. La production est arrêtée en 1977, à la suite du départ du père Anton Morgenschweis, le dernier maître de chai. En 1990, année de l'indépendance du pays, Helmuth Kluge, un Allemand installé à Omaruru le long de la rivière du même nom, relance la viticulture en plantant du colombard, du ruby cabernet et du cabernet sauvignon au pied des montagnes d'Erongo. En s'inspirant du travail des viticulteurs sud-africains, il crée le domaine Kristall Kellerei, entre les mains de Michael et Katrin Weder depuis 2008.

POINTS-CLÉS

latitude	19°64'-21°41' S
altitude	237-1 200 m
type de sols	sablonneux et très pauvres, souvent fertilisés avec du fumier de poulet

Vignoble du domaine Neuras, au pied des monts Naukluft, dans un désert de 14 500 hectares au nord-ouest de Maltahöhe. Ici la viticulture est rendue possible grâce à une oasis.

LE POINT DE VUE WINE EXPLORERS

Avec son climat complexe pour la viticulture, la Namibie ne sera sans doute jamais une grande nation du vin. Qu'importe, les vignerons que nous avons rencontrés prouvent qu'avec rigueur, passion, persévérance et un brin de folie positive, on peut y faire des vins de plaisir, notamment en colombard et en syrah.

PORTRAIT

Michael Weder
propriétaire du domaine Kristall Kellerei
né en Namibie (Windhoek) en 1959

Michael grandit dans la capitale, avant de partir étudier le droit du travail au Cap, en Afrique du Sud. Fasciné par le vin, il rejoint un club de dégustation à son entrée dans la vie active et assiste à deux cours de vinification à l'université de Stellenbosch. En mars 2008, il a l'opportunité d'acheter le domaine Kristall Kellerei avec sa femme Katrin : tous deux nourrissaient l'envie de pouvoir travailler ensemble dans un projet commun.

“ *Rien ne me fait plus plaisir que de voir les gens profiter de nos vins et comprendre qu'ils ne peuvent pas être comparés à d'autres vins du monde ! Le secteur du vin en Namibie est encore dans sa prime jeunesse. Pour diversifier notre gamme, nous produisons également des spiritueux à partir de colombard, de figues de Barbarie, d'oranges et de grenades : la distillation faisait déjà partie du domaine et nous avons décidé de continuer.* ”

NORVÈGE

Kristiansand

75e vignoble mondial

pays producteur **83e**

Réchauffement climatique, cépages résistants, ingéniosité et grain de folie permettent à la Norvège de repousser les limites de la viticulture. Son vignoble, situé entre les 58e et 62e parallèles Nord, est le plus septentrional du monde !

UN PEU D'HISTOIRE

En 1992, Svein Erik Hansen et son épouse plantent les 2 000 premières vignes norvégiennes dans le comté de Vestfold, sur le 60e parallèle Nord. En 1995, ils sortent leur première cuvée, Munch, qui devient le premier vin commercial scandinave. Entre 1994 et 2019, 70 hectares sont plantés et 23 domaines sont créés, dont 4 commercialisent actuellement leur production. En 2012, la création du domaine Øvre Berg prøvefelt, près de Trondheim sur le 62e parallèle Nord, en fait officiellement le vignoble le plus septentrional au monde. En 2018, 200 hectolitres de vin ont été produits dont 35 hectolitres ont été embouteillés et commercialisés. Pour l'histoire, la Norvège était confrontée au XIXe s. à de graves problèmes liés à la consommation d'alcool. Par référendum, la vente en a été interdite dans le pays en 1921, puis autorisée dès 1922 avec la création du Vinmonopolet.

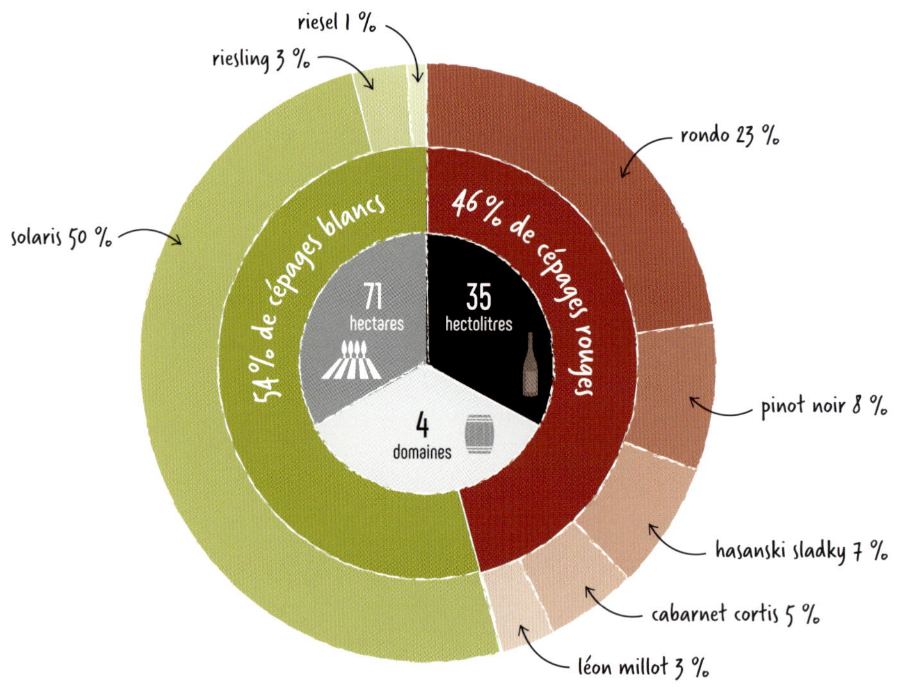

Avec une température annuelle de 8 °C, soit des moyennes de 1 °C en février et 16 °C en juillet, le défi majeur pour la vigne reste le gel, tardif au printemps et précoce en automne. Ainsi, 89 % du vignoble norvégien est planté avec des cépages résistants au froid, à l'humidité et aux maladies. Plus des deux tiers se situent autour de Kristiansand et d'Oslo, comptant respectivement 1778 et 1669 heures de soleil par an, le maximum possible en Norvège. Le Vinmonopolet, chaîne de magasins d'État créée en 1922 pour vendre les boissons alcoolisées et en limiter la consommation, contrôle la vente au détail de tout produit dont la teneur en alcool est supérieure à 4,75 %.

POINTS-CLÉS

latitude	58°01'-62°07' N
altitude	10-150 m
type de sols	majoritairement sablonneux

Vignoble du domaine Skudenest Gaard, au sud-ouest de Kristiansand, près de Søgne, dans le sud du pays.

LE POINT DE VUE WINE EXPLORERS

À l'exception du domaine Skudenest Gaard à Kristiansand, à suivre de près avec le domaine Lund à Oslo, les vignobles norvégiens utilisent des bâches en plastique sur les sols, pour gagner quelques degrés sur les vignes grâce à la réflexion du soleil, ou pratiquent la culture sous serre.

PORTRAIT

Erik Lindås
propriétaire du domaine Skudenest Gaard
né en Norvège (Oslo) en 1971

Erik travaille dans le secteur de la construction depuis près de 30 ans. Il a toujours eu l'amour pour la vinification, en voyant son père et son grand-père produire leur vin de fruits. En 2012, Il plante 0,5 hectare et se lance dans l'aventure en autodidacte, avec le soutien de May, sa compagne. À deux, ils s'occupent également de leurs abeilles et de leur élevage de moutons à la ferme. Erik est aujourd'hui l'un des rares vignerons à commercialiser sa production en Norvège. C'est également le président de l'association des vignerons norvégiens.

“ *Chaque région du monde, avec son climat, a ses spécificités. Avec le froid et des étés ensoleillés, la Norvège a du potentiel dans les vins effervescents et blancs. Il est plus simple de faire et de vendre du vin en Norvège qu'en France. Nous sommes si peu nombreux qu'il n'y a pas de concurrence. Les gens font la queue pour acheter l'une de nos bouteilles, sans même parfois avoir dégusté le vin !* ”

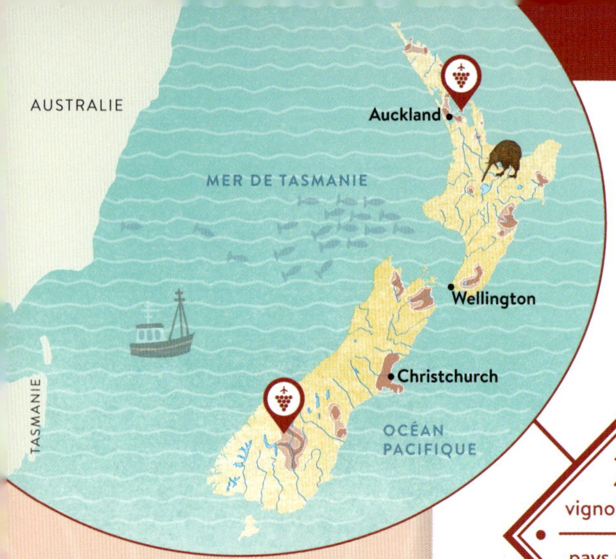

NOUVELLE-ZÉLANDE

22e vignoble mondial

pays producteur **16e**

Depuis son développement dans les années 1990, la montée en puissance rapide de l'industrie du vin néo-zélandaise est extraordinaire. C'est désormais la deuxième patrie du sauvignon blanc. Son climat influencé par les vents de l'océan Pacifique, offre également de superbes pinots noirs, syrahs et cabernets.

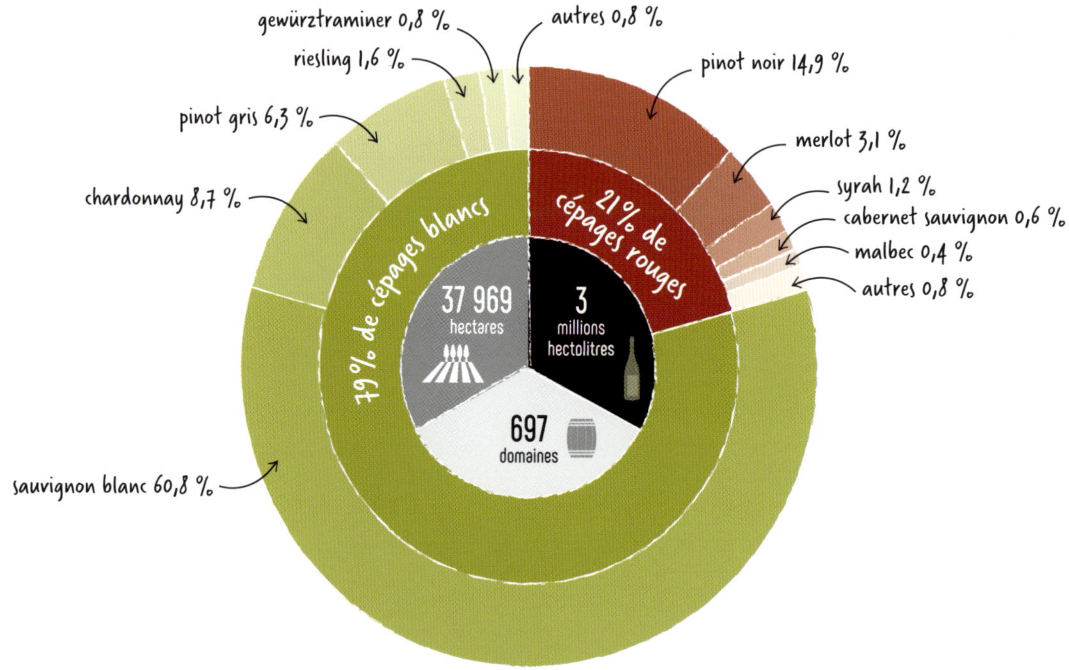

10 régions viticoles s'étendent sur 1 600 km, de Northland au nord au Central Otago au sud. Elles bénéficient de l'effet modérateur de l'océan, avec un ensoleillement prolongé et des nuits rafraîchies par la brise. Marlborough avec ses 26 007 hectares, au nord de l'île du Sud, et Hawke's Bay avec ses 4 681 hectares, au sud-est de l'île du Nord, totalisent 80 % de la superficie viticole. Avec 23 102 hectares plantés en 2019, soit + 142 % en dix ans, et 86 % du volume des exportations de vin, le sauvignon blanc est le cépage emblématique du pays. L'export représente 83 % des volumes produits, soit 2,5 millions d'hectolitres pour environ 1 milliard d'euros. L'œnotourisme, un secteur économique jugé prioritaire par le gouvernement, génère environ 2,5 milliards d'euros par an.

UN PEU D'HISTOIRE

En 1819, les premières vignes sont plantées à la pointe Nord du pays par Samuel Marsden, un missionnaire protestant britannique. Mais le véritable développement de la viticulture date de 1833. Il est attribué à l'œnologue écossais James Busby, reconnu comme étant le père des viticultures australienne et néo-zélandaise. Tout au long du XIXe s., missionnaires chrétiens et colons seront les artisans de la prospérité du secteur viticole. Apparu en 1895, le phylloxéra n'épargne toutefois pas le vignoble, ni l'oïdium et la prohibition qui ont failli le faire disparaître. Dans les années 1960 et 1970, d'importants investissements étrangers, principalement australiens et américains, amorcent un virage qualitatif dans la production. Dans les années 1980, les vins élaborés à partir de cépages européens classiques deviennent largement disponibles et ce n'est que depuis les années 1990 que les sauvignons blancs et, plus tard, les pinots noirs, se taillent une place significative sur les marchés internationaux.

→ Rippon, dans la région du Central Otago, avec son vignoble plongeant dans le lac Wanaka, est l'un des plus beaux domaines viticoles du monde.

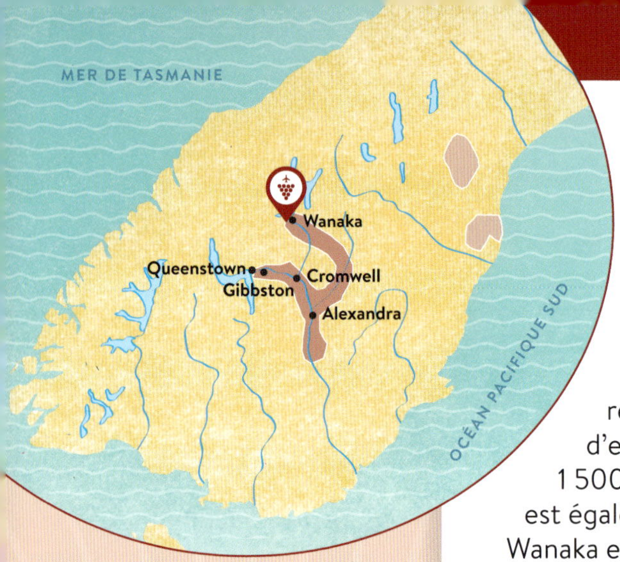

Central Otago

Territoire associé à la ruée vers l'or au XIXe s., Central Otago est situé au sud de l'île du Sud. C'est la région viticole la plus méridionale du monde avec la Patagonie en Argentine. C'est aussi la plus haute du pays. Ses 136 domaines représentent 5 % du vignoble et 2 % de la production nationale. Les 2 000 heures d'ensoleillement annuelles et les étés courts conviennent parfaitement aux 1 500 hectares de pinot noir, qui produisent des vins d'une rare finesse. La région est également réputée pour ses vins blancs. Elle possède des terroirs très différents : Wanaka et son lac spectaculaire, Gibbston avec ses pentes orientées vers le nord et ses températures fraîches, Bannockburn et son climat plus chaud et sec, ou encore Alexandra où les températures sont extrêmes, été comme hiver… Cette diversité se retrouve forcément dans les vins.

POINTS-CLÉS

latitude	44°55'-45°25' S
altitude	220-420 m
climat	continental, grâce aux hautes montagnes qui protègent la vallée du climat océanique ; les étés sont courts et chauds, et les automnes secs
pluviométrie	650 mm
surface totale du vignoble	1 904 hectares
production	60 000 hectolitres
type de sols	couches de lœss parsemées de graviers de rivière et de sables formés par l'érosion hydrique, bon drainage
les cinq principaux cépages	pinot noir 79 % pinot gris 11 % riesling 3,8 % chardonnay 2,9 % sauvignon blanc 2,2 %

LE SAVIEZ-VOUS ?

Les rivières aurifères du Central Otago furent au cœur de la ruée vers l'or du début des années 1860. Le dragage a déferlé sur leurs lits, sur les terrasses intérieures et au-delà, façonnant artificiellement la plupart des paysages de la région. En 1864, ce sont des mineurs français, Jean Désiré Féraud et Jacques Bladier, qui sont les premiers à planter des boutures de vignes rapportées d'Australie.

INCONTOURNABLE

Entre montagnes, lacs immaculés et air pur, randonner prend tout son sens dans le Central Otago. Et chaque saison a son charme. Du printemps à l'automne, on se rend à pied ou à vélo dans les domaines viticoles pour un moment de détente. En hiver, on boit un verre au coin du feu après une journée de ski. Certains domaines ont même des restaurants gastronomiques.

Vignoble du domaine Felton Road, l'un des fleurons de la viticulture biodynamique en Nouvelle-Zélande.

COUPS DE CŒUR

Vin blanc

🍇 **Block Two 2013** du domaine Felton Road : chardonnay 100 %, élevé 12 mois en fûts de chêne puis 1 an en cuve inox, non filtré, vignes plantées en 1992.
Un vin charmeur aux arômes de fruits exotiques, de pêche et de silex. Bouche minérale et droite, avec une très belle matière et de la longueur.

Vin rouge

🍇 **Rippon 2012** du domaine Rippon : pinot noir 100 %, élevé 10 mois en fûts de chêne français, avec 30 % de fûts neufs, puis 7 mois en fûts neutres.
Un pinot noir complexe et d'une grande finesse, aux arômes de cerise noir, de cuir et de poivre blanc. Une merveille avec un agneau rôti au romarin !

Au domaine Rippon, quelques filets sont placés sur les vignobles, là où les raisins sont déjà colorés. Autrement, les oiseaux les mangeraient !

LE POINT DE VUE WINE EXPLORERS

Nul ne peut ressortir insensible d'une visite des domaines viticoles du Central Otago. On y trouve quelques-uns des plus beaux vignobles de la planète, comme le domaine Rippon surplombant majestueusement le lac Wanaka, et parmi les pinots noirs les plus fins qui soient.

PORTRAIT

Nick Mills
vigneron
au domaine Rippon
né en Nouvelle-Zélande (Christchurch)
en 1973

Nick fréquente l'école primaire de Sigoulès, en Dordogne, pendant que ses parents apprennent le métier de vigneron dans la région. Il étudie la philosophie à l'université, puis obtient son brevet professionnel de responsable d'entreprise agricole à Beaune. Entre 1998 et 2002, il travaille pour des domaines français prestigieux : Lucien Jacob, Jean-Jacques Confuron, Nicolas Potel, La Vougeraie et Romanée-Conti en Bourgogne, Albert Mann en Alsace.

« *Le vin permet à notre famille, grâce au domaine Rippon, de laisser pleinement exprimer sa créativité, dans un travail de précision. Entre les visiteurs qui passent au domaine et les nombreux voyages entrepris pour le promouvoir, il nous connecte avec des individus et des cultures du monde entier. Je suis fier d'avoir grandi dans le Central Otago, car la région possède une identité extrêmement forte. Après des décennies d'expérimentations et de sélections de cépages, le pinot noir et le riesling ont trouvé ici un véritable terroir d'expression.* »

île Waiheke

Cette île pittoresque, qui se situe au large d'Auckland, compte trente domaines viticoles. Les premières vignes de *Vitis vinifera* y sont plantées en 1977. Reconnue pour ses assemblages bordelais à base de cabernet sauvignon, cabernet franc et merlot, Waiheke produit aussi de jolis vins issus des cépages syrah, montepulciano et petit verdot en rouge, chardonnay, viognier et pinot gris en blanc. Son climat, plus chaud et plus sec, apporte une période de croissance plus longue à la vigne. L'isthme d'Auckland protège le vignoble des vents froids et humides du sud-ouest, en provenance de la mer de Tasman. Les eaux qui entourent les 130 km de côtes modèrent les températures, notamment en créant une transition plus douce de l'été à l'hiver.

POINTS-CLÉS

latitude	36°79'-36°83' S
altitude	10-213 m
climat	océanique
pluviométrie	950 mm
surface totale du vignoble	216 hectares
production	4 820 hectolitres
type de sols	substrat rocheux altéré avec dominante d'argile, drainage rapide et faible teneur en éléments nutritifs
les cinq principaux cépages	syrah 23,7 % merlot 17,3 % chardonnay 13,5 % pinot gris 11,7 % cabernet sauvignon 11 %

LE SAVIEZ-VOUS ?

Auckland, dont Waiheke fait partie, est l'une des plus anciennes régions viticoles du pays. Son histoire commence à la fin du XIXᵉ s. avec l'arrivée de colons dalmates venus chercher du *kauri*, un conifère prisé à l'époque pour ses troncs immenses servant à la construction des mâts de bateaux. Ces mêmes bateaux ont ainsi importé les traditions viticoles de Croatie dans la région.

INCONTOURNABLE

Dîner au restaurant gastronomie The Shed, au milieu du vignoble de Te Motu qui surplombe la vallée d'Onetangi. Une cuisine de terroir et de saison, entre fruits et légumes du jardin et produits locaux, sublimée par les vins du domaine que l'on peut commander à la carte sur plusieurs millésimes. Un voyage gustatif qui permet de comprendre toute la typicité du lieu.

Vignoble du domaine Te Motu, sur l'île de Waiheke, spécialisé dans les vins rouges d'assemblages bordelais.

COUPS DE CŒUR

Vin blanc

🍇🍇 **Chardonnay 2014** du domaine Te Whau : chardonnay 100 %, élevé 8 mois en fûts de chêne français, avec 30 % de fûts neufs. Un vin subtil, aux arômes de noisette, de beurre frais et de fruits blancs, avec une finale mentholée. Une bouche à la tension remarquable, beaucoup de fraîcheur et de persistance.

Vin rouge

🍇🍇🍇 **Te Motu 1998** du domaine Te Motu : cabernet sauvignon dominant, merlot et cabernet franc, élevage gardé secret par l'œnologue. Sans aucun doute le plus grand assemblage bordelais qu'il peut être donné de boire dans l'hémisphère Sud. Des arômes de prune, de tabac, de cèdre et de café. Les tannins sont soyeux et la longueur en bouche frise l'indécence. Grandiose !

Vignoble du domaine Te Whau, sur l'île de Waiheke.

LE POINT DE VUE ★ WINE EXPLORERS ★

À 30 minutes en ferry du centre-ville d'Auckland, Waiheke est une île du golfe de Hauraki au style de vie à part, entre bohème, tourisme et domaines viticoles à la pointe de la modernité. C'est un coin de paradis incontournable de Nouvelle-Zélande pour tout amateur de vins fins.

PORTRAIT

Paul Dunleavy
vigneron
au domaine Te Motu
né aux Samoa (Apia)
en 1955

Pour Paul, la glorification du vin au sein de son éducation chrétienne sous-tend fortement la naissance d'une passion. Il a vinifié pour la première fois à l'âge de 13 ans. Il se souvient avoir goûté du vin à l'âge de 8 ans, lorsqu'il était servant de messe. À 31 ans, il suit les pas de son père qui avait rejoint l'industrie du vin à 15 ans et créé à 20 ans le New Zealand Wine Institute (aujourd'hui NZ Winegrowers), dont Paul est désormais l'administrateur.

« *Les vacances d'enfance à la ferme de mes grands-parents ont suscité mon amour pour la terre et l'agriculture. À l'université, j'ai étudié le droit, les mathématiques et l'informatique, une combinaison inhabituelle dans les années 1970... Mais c'est cette formation qui m'a ouvert les portes d'une carrière enrichissante dans la finance et la banque. J'avais 31 ans lorsque j'ai acheté le terrain sur lequel est actuellement planté Te Motu. Créer un vignoble de toute pièce est une aventure merveilleuse.* »

OUZBÉKISTAN

30e vignoble mondial

pays producteur 39e

Présente depuis 2 700 ans, la viticulture ouzbèke a connu bien des tourments et doit faire face à un climat complexe, avec des températures hivernales et estivales souvent extrêmes. Depuis fin 2017, grâce à un nouveau gouvernement prônant l'essor de l'industrie viticole, l'Ouzbékistan est en train d'écrire une nouvelle page de son histoire.

UN PEU D'HISTOIRE

Les habitants de Samarcande produisaient déjà du vin au VIIIe s av. J.-C. Un développement viticole que l'on suppose dû à la position stratégique de la ville sur la Route de la soie. Les Arabes finissent par conquérir le territoire vers 712, suivis des Samanides perses puis des Turcs, jusqu'au début du XIIIe s. Pendant cette période, la production de vin disparaît quasiment. Toutefois, la tradition n'a jamais été perdue grâce à une viticulture clandestine. Celle-ci se redéveloppe sous l'Empire russe, à la fin du XIXe s., et prospère pendant l'époque soviétique jusqu'au milieu des années 1980. La campagne de prohibition menée par Mikhaïl Gorbatchev en URSS entre 1985 et 1987, puis l'isolement économique après l'indépendance du pays en 1991, mettent un frein à l'industrie viticole. Depuis peu, le vin est à nouveau choyé : création d'une faculté pour l'étude des cépages et de la vinification à Tachkent en 2017, intégration à l'OIV fin 2018 et création d'une agence de développement début 2019.

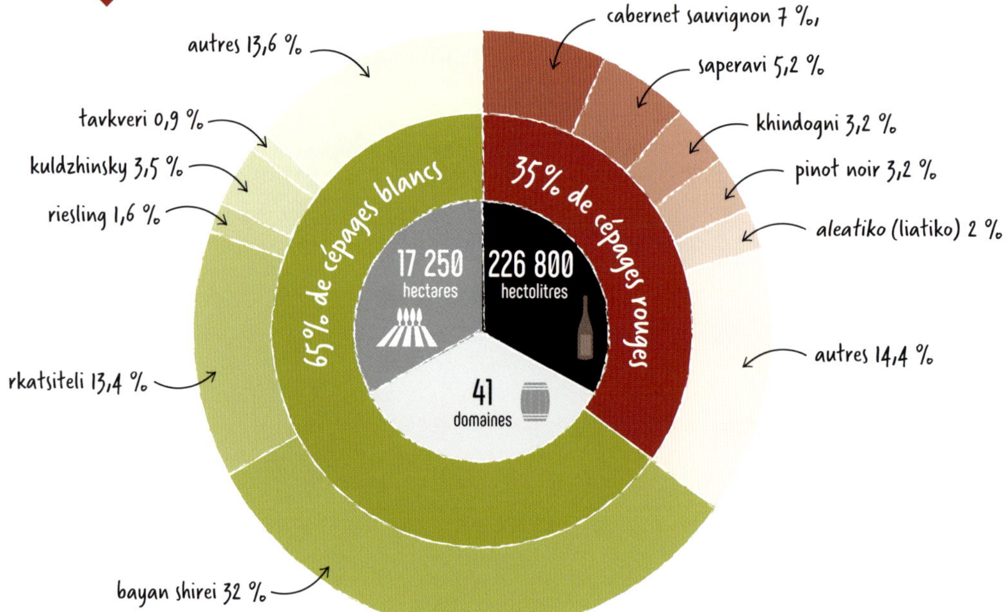

Il y a 128 200 hectares de vigne en Ouzbékistan : 13,4 % pour le raisin de cuve, 86,6 % pour le raisin de table. Bien qu'il n'existe pas encore de système officiel de classification, le terroir viticole se répartit en 11 régions. Au nord-est, Andijan (1,7 % du vignoble), Namangan (10,7 %), Ferghana (4 %), Tachkent (29,6 %), la plus grande, et Syr-Daria (1 %), la plus petite. À l'est, Djizak (4,6 %) et Samarcande (19,6 %). Plus à l'ouest de cette dernière, Boukhara (13,1 %) et Navoï (1,2 %). Et enfin, plus au sud, Kachkadaria (6,3 %) et Sourkhan-Daria (8,2 %). Les vignobles reçoivent en moyenne 300 jours de soleil par an. Les températures atteignent souvent les 40 °C en été et jusqu'à – 30 °C en hiver, ce qui oblige souvent à enterrer les vignes. L'export concerne moins de 1 % de la production et devient l'une des priorités du gouvernement.

→ Vignobles de la région de Parkent, à l'est de Tachkent, face aux monts Zeravchan.

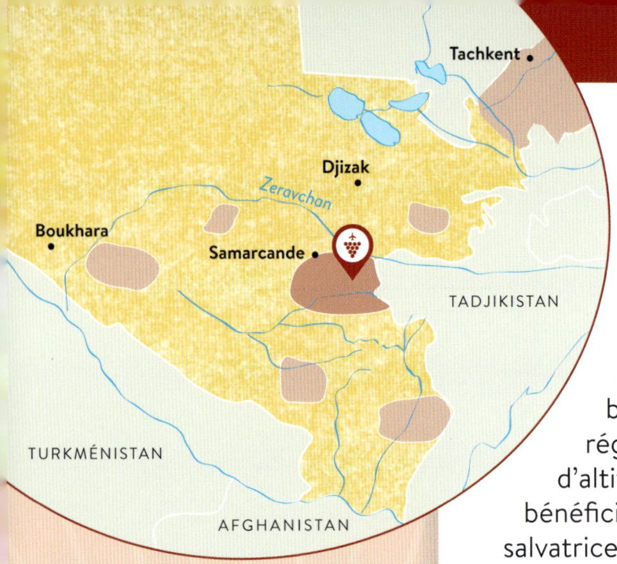

Samarcande

Cette région viticole historique d'Ouzbékistan est située à moins de 50 km de la frontière tadjike à l'est. Avec près de 20 % du vignoble, c'est la seconde région ouzbèke. L'encépagement se compose à 58 % de rouge et 42 % de blanc. Plus de 75 % des cépages plantés sont des variétés endémiques de la région du Caucase. Bien que l'on trouve quelques vignobles autour des 250 m d'altitude, la majorité du vignoble est cultivée entre 850 et 1 700 m afin de bénéficier d'une baisse des températures pendant les nuits d'été (autour de 20 °C), salvatrice pour la croissance des raisins. L'irrigation est rendue possible grâce au Zeravchan qui prend sa source dans les montagnes du Tadjikistan.

POINTS-CLÉS

latitude	autour de 39°35' N
altitude	250-1 700 m
climat	méditerranéen, chaud avec été sec
pluviométrie	380 mm
surface totale du vignoble	3 380 hectares
production	46 000 hectolitres
type de sols	alluvions, sable et tchernoziom (une terre fertile riche en potasse, phosphore et oligoéléments)
les cinq principaux cépages	bayan shirei 33,9 % rkatsiteli 23,1 % cabernet sauvignon 10 % saperavi 8 % kuldzhinsky 7,2 % muscat blanc à petits grains 6,4 %

LE SAVIEZ-VOUS ?

Avant février 2019, la vente d'alcool était interdite en Ouzbékistan à moins de 200 m d'une école ou d'un lieu public, limitant considérablement le nombre de points de vente pour le vin. Depuis, l'interdiction a été levée par le président Chavkat Mirzioïev qui, dans un même décret, a également fixé comme objectif d'augmenter de 60 % les exportations de vin du pays à la fin 2021.

INSOLITE

Dans les sous-sols du domaine Samarkand, un ouvrier a retrouvé en 1967 une cave contenant près de 6 000 bouteilles de vin. Cette dernière avait été emmurée en 1918 par le fondateur, le négociant russe Dmitri Filatov, avant de fuir la région dans un contexte où l'ancien protectorat russe passait sous l'autorité bolchevique, mais aussi devant la révolte grandissante des nationalistes ouzbeks. Parmi les vins aujourd'hui reconditionnés, on trouve des liquoreux de 1912, 1924 ou encore 1943 aux arômes de noix, de résine et de miel, encore buvables et délicieux !

Visiter la cave retrouvée dans les sous-sols du domaine Samarkand est un moment rare et privilégié… sous haute surveillance !

COUPS DE CŒUR

Vin blanc

Rkasiteli 2018 du domaine Sultan : rkatsiteli 100 %, élevé 6 mois en cuve inox.
Un vin léger aux arômes de fruits blancs. Court en bouche mais désaltérant. Servi très frais, accompagne bien un *plov*, plat traditionnel ouzbek avec du riz pilaf, des carottes, des oignons, de la viande, bœuf ou mouton, parfumé aux épices, cumin, coriandre, piment et poivre noir…

Vin rouge

Cabernet Sauvignon Reserve 2016 du domaine Bagizagan : cabernet sauvignon 100 %, élevé 6 mois en fûts de chênes russes neufs.
Un vin simple, aux arômes de quetsche et de pruneau avec une bouche timide mais agréable. Accompagne agréablement un *laghman*, plat de nouilles avec un bouillon de viande et de légumes.

Vignoble du domaine Bagizagan, dans la région de Samarkand.

LE POINT DE VUE WINE EXPLORERS

Les bouteilles retrouvées au domaine Samarkand montrent que le pays peut faire de très jolis vins. Pour le moment, l'industrie viticole ouzbèke est en pleine reconstruction et il faudra du temps pour que les vins de volume cèdent la place à des cuvées plus fines.

PORTRAIT

Fyodor Fyodorov
œnologue
du domaine
Samarkand
né en Ouzbékistan
(Samarcande) en 1962

Diplômé en œnologie et en sociologie de l'université de Samarcande, il commence sa carrière dans le vin en Crimée, où il vinifie pendant près de cinq ans. Rentré en Ouzbékistan en 1986 pour intégrer l'équipe de vinification du domaine Samarkand, il en est désormais l'œnologue en chef. En 2010, Fyodor a même reçu une médaille d'honneur du gouvernement pour récompenser sa carrière d'œnologue.

« *Durant l'époque soviétique l'économie viticole était prospère. L'Ouzbékistan était un pays viticole reconnu en Asie centrale : des trains partaient avec jusqu'à 55 wagons-citernes pleins à destination de la Russie, du Kazakhstan ou encore du Kirghizistan. Tout s'est écroulé à partir de 1985. Je suis nostalgique de cette époque. Avec du recul, je suis fier de nos vins liquoreux, dont certains ont une capacité de vieillissement exceptionnelle, au-delà des cent ans !* »

PALESTINE

Bethléem

59e vignoble mondial

pays producteur **73e**

L'histoire agricole de la Palestine est grande et celle de son vin l'est tout autant. Regorgeant de cépages autochtones oubliés, véritables trésors du patrimoine local, la viticulture qui s'étendait jadis dans toute la Cisjordanie se concentre désormais autour de Bethléem et Hébron, au sud de Jérusalem.

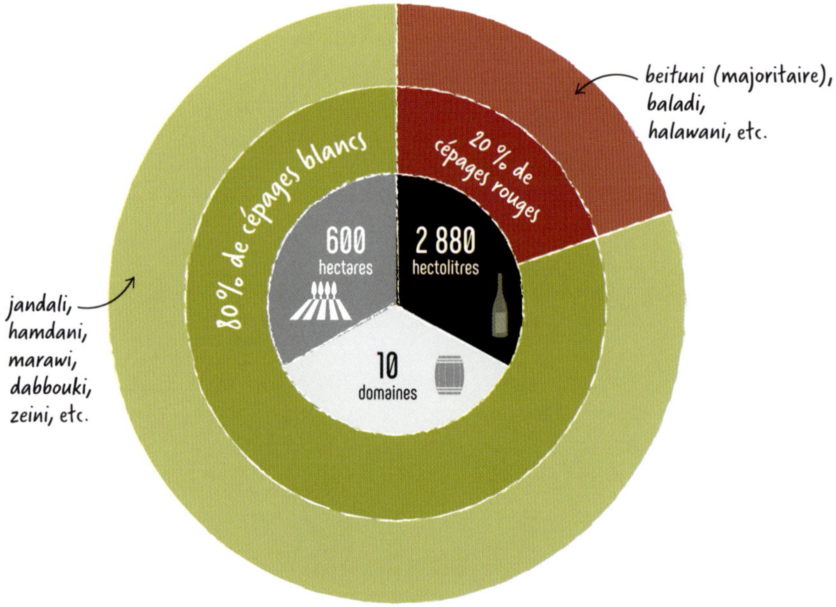

Les vignes se retrouvent un peu partout sur le territoire palestinien. Cependant, on peut estimer que plus de la moitié des vignobles se concentrent dans la région d'Hébron, au sud. Le reste se répartit entre la région de Bethléem (24 %), le nord de la Cisjordanie (14 %), la bande de Gaza (10 %) et près de Jéricho (2 %) avec quelques vignobles à 350 m d'altitude. Presque tous sont plantés en raisins de table, dont certains servent à la production de vin. Il n'existe pas de statistiques fiables sur le secteur : les estimations portent sur une surface de vignes comprise entre 6 500 et 8 000 hectares produisant entre 60 000 et 80 000 tonnes de raisins, dont environ 50 % sont vendus sur le marché local comme raisins de table, 20 % sont transformés, notamment en jus ou en mélasse, et 20 % sont exportés vers la Jordanie et Israël. Ces derniers sont parfois incorporés dans la fabrication de vins. Bien qu'une petite viticulture existe dans la bande de Gaza, la production de vin n'y existe plus, jugée trop risquée en raison de la politique menée par le pouvoir islamique du Hamas.

UN PEU D'HISTOIRE

L'olivier, la vigne et le blé ont été domestiqués il y a environ 7 000 ans en terre palestinienne où ils ne poussaient pas naturellement, notamment dans la vallée du Jourdain. Le vin de la région était exporté dans l'Égypte antique et aussi en Assyrie. Puis, la viticulture continue son développement sous la domination des Perses, des Grecs et des Romains, puis byzantine...
À partir du VIIe s., de la période arabe à la période ottomane, la Palestine est presque exclusivement dominée par des puissances musulmanes ; la viticulture est alors mise à rude épreuve et se concentre sur le raisin de table. Le premier domaine viticole de l'ère moderne, Cremisan, est créé en 1885 à Bayt Jala, dans la région de Bethléem, par des moines catholiques. Depuis les années 2010, une poignée de viticulteurs fait renaître le vignoble palestinien au travers de cépages autochtones oubliés.

POINTS-CLÉS

latitude	31°24'-32°20' N
altitude	750-1 000 m pour 98 % du vignoble
type de sols	principalement argilo-calcaire, avec quelques zones plus argileuses

Vigne sauvage en Palestine servant à l'élaboration de vin. En arrière-plan, on distingue l'implantation d'une colonie israélienne en territoire palestinien, avec ses bâtiments en béton et son terrain de sport.

LE POINT DE VUE ★ WINE EXPLORERS ★

La Palestine est une terre d'espoir, d'humanité et de promesses, notamment viticoles. Le potentiel pour de grands vins y est indéniable, en particulier s'ils sont élaborés à partir de cépages autochtones, dont le nom de certains est gardé secret, tel un trésor.

COUP DE CŒUR

Vin ambré

Amber 2016 du domaine Philokalia : cépages gardés secrets par l'œnologue, fermentation 5 semaines avec les peaux pour moitié en amphore et pour moitié en cuve inox, élevé 10 mois en cuve inox puis 4 mois en bouteille. Un vin envoûtant, aux arômes d'orange, de caramel, de résine et de coing, avec une texture et une longueur en bouche rares.

PORTRAIT

Sari Khoury
architecte et vigneron,
fondateur du domaine Philokalia
né à Jérusalem en 1978

Sari a grandi en Palestine. Il a étudié l'architecture aux États-Unis, puis a fait l'École nationale des Ponts et Chaussées à Paris. Ensuite, il devient architecte puis rencontre le vigneron français Pascal Frissant, établi dans la Loire et le Languedoc, et l'artiste palestinien Nasser Soumi, qui s'intéresse à l'histoire du vin. Tous deux nourrissent depuis 30 ans le projet de faire renaître le vignoble palestinien. Qu'à cela ne tienne ! Sari revêt sa casquette de vigneron autodidacte et relève le défi. Pour lui, la vinification est un outil créatif et artisanal pour l'expression de soi et l'exploration de la sensibilité humaine.

« *La vinification, en tant que métier, est une sorte de point culminant de l'expérience humaine, mais aussi un travail de remise en question permanent. C'est un métier méditatif impliquant tous les sens. La fierté, la notoriété ne m'intéressent pas beaucoup. En revanche, créer dans la dignité en combinant l'effort humain au temps et au lieu me procure un plaisir immense. Les défis liés au métier de vigneron en Palestine sont multiples. Nous avons peu de moyens, peu de points de référence et nous devons composer avec l'occupation militaire...Mais toutes ces difficultés permettent un meilleur apprentissage du terrain et aident au développement personnel. Je vois ces défis comme une bénédiction, à certains égards...* »

PAYS-BAS

Gueldre

70e
vignoble mondial

pays producteur
64e

Depuis le début des années 2000, grâce au réchauffement climatique, à un apprentissage rapide du métier de vigneron et à l'investissement dans des équipements de pointe, l'industrie viticole néerlandaise s'est professionnalisée et la qualité de ses vins est désormais au rendez-vous.

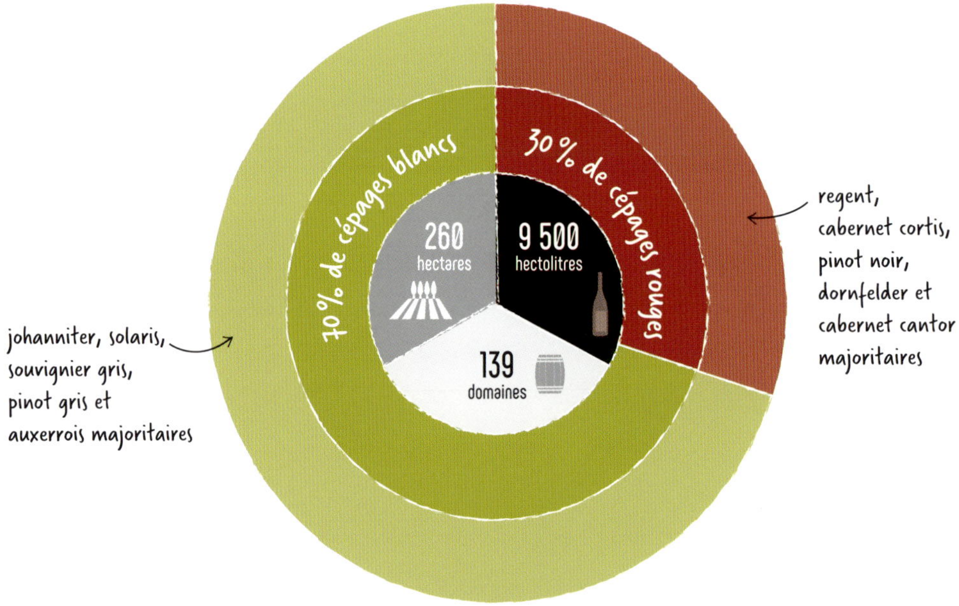

UN PEU D'HISTOIRE

Après leur conquête par Jules César vers 58 av. J.-C., les Pays-Bas deviennent la frontière nordique de l'Empire romain. On pense que la culture de la vigne date de cette période. Le premier enregistrement officiel de viticulture date de 968 et décrit des vignobles à Maastricht et ses environs. À la fin du Moyen Âge, les vignobles sont de moins en moins nombreux. Tout d'abord le climat est rendu compliqué par le Petit Âge glaciaire, mais la bière est préférée au vin. À partir de 1970, des vignobles sont à nouveau plantés dans la province du Limbourg. En janvier 2016, les vignerons fondent une association pour les aider dans la promotion de leurs vins. En 2017, quatre AOP son créées (Mergelland, Maasvallei Limburg, Vijlen et Oolde), suivies de près par deux autres : Ambt Delden et Achterhoek-Winterswijk.

POINTS-CLÉS

latitude	50°78'-53°19' N
altitude	0-200 m
climat	océanique, frais et humide
type de sols	sols plutôt fertiles, avec une dominante de sable ; argile le long des cours d'eau

La vigne est plantée dans tous les Pays-Bas, mais la plupart des vignobles se concentrent dans le sud, autour de Maastricht, la province du Limbourg étant la principale région avec 32 % de la surface viticole, et dans le centre-sud, dans la province du Gueldre (25 %). Le nombre de domaines est passé d'une dizaine dans les années 2000 à 139 en 2019. Parmi les vins produits, 68 % bénéficient d'une IGP et 10 % d'une AOP. La plupart des vignobles se situent en dessous de 25 m d'altitude et 67 % sont plantés avec des cépages hybrides résistants. Le climat est plus clément au sud, avec 790 mm de pluie par an et une température annuelle moyenne de 12,3 °C. Au nord, la moyenne est plutôt de 9,1 °C et les précipitations annuelles tournent autour de 870 mm.

Près de Maastricht, le vignoble du domaine de Wijngaardsberg, en IGP Limburgse Landwijn, est réputé pour son pinot noir.

LE POINT DE VUE WINE EXPLORERS

Dans l'ensemble, les vins issus de cépages résistants sont plutôt agréables aux Pays-Bas : légers et aromatiques, tant en blanc qu'en rouge. Dans le sud, la production de cépages comme le chardonnay et le pinot noir semble sortir du lot. Le vignoble néerlandais est à suivre de près et devrait rapidement trouver sa voie.

PORTRAIT

Diederik Beker
fondateur du domaine Betuws
né aux Pays-Bas (Erichem) en 1984

Après une licence en agriculture, Diederik fait des études supérieures en viticulture et en œnologie au Weinbauinstitut (WBI) de Fribourg, en Allemagne. En 2011, il crée le domaine Betuws avec sa famille, près d'Erichem, dans la province du Gueldre. Depuis 2014, il travaille avec Arina, sa compagne, avec qui il gère les 7 hectares de vignoble, l'événementiel et la partie commerciale.

« *En prenant grand soin de la vigne, on peut produire de jolis vins aux Pays-Bas. Nous avons planté 14 cépages résistants, comme le regent, le cabernet cortis et le pinotin en rouge, le johanniter et le solaris en blanc. Cela permet une culture raisonnée, avec moins de traitements, ce sont aussi des variétés très intéressantes en termes d'arômes. Je suis fier que nos vins, qui restent avant tout des produits de niche, plaisent et soient régulièrement primés. Le plus gros défi reste de trouver le bon moment pour vendanger, avec assez de maturité dans les baies mais sans trop attendre au risque de subir des gelées nocturnes. Une équation savante !* »

PÉROU

53e vignoble mondial

pays producteur **40e**

Le Pérou, dont le climat sec et chaud n'est pas sans rappeler celui de son voisin chilien, produit du vin depuis le milieu du XVIe s. Son vignoble s'étend sur plus de 1 200 km, le long de l'océan Pacifique, entre les villes de Lima et de Tacna. On y produit quelques vins de haute volée, notamment dans la vallée d'Ica.

UN PEU D'HISTOIRE

Dès 1540, soit huit ans après la conquête du Pérou par l'Espagne, les premières vignes sont plantées à Ica, région depuis laquelle la viticulture s'est ensuite disséminée au Chili et en Argentine. Cette même année, le domaine Tacama était né. Toujours en activité, c'est le plus ancien domaine viticole d'Amérique. À la fin du XVIe s., les premiers vins sont expédiés depuis le port voisin de Pisco vers l'Europe. L'industrie du vin péruvien connaît son apogée au XVIIe s., grâce à la demande venant de la ville minière de Potosí, aujourd'hui située en Bolivie et à l'époque deuxième ville la plus peuplée d'Amérique après Mexico. Avec l'apparition du phylloxéra à Ica en 1874, suivie de la guerre du Pacifique qui opposa notamment le Chili au Pérou entre 1879 et 1884, la viticulture s'effondre. En 1980, le président Fernando Belaúnde Terry, tout juste rentré d'exil, est réélu et son gouvernement déclare la viticulture d'intérêt national, relançant ainsi la production de vin dans le pays.

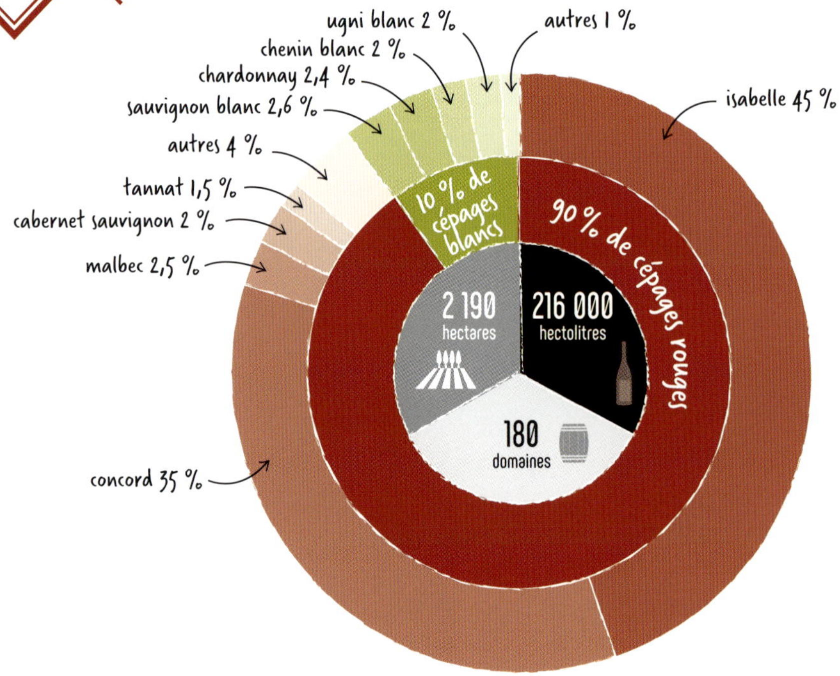

Majoritairement planté le long de la côte Sud du pays, le vignoble péruvien se situe entre les 12e et le 18° parallèles Sud, et se répartit entre 5 régions : Ica (30 %), Lima (27 %), Arequipa (19 %), Moquegua (14 %) et Tacna (10 %). Il pousse à des altitudes variées, allant du niveau de la mer à 2 000 m. Les vignobles du domaine Apu, à Curahuasi, près de Cuzco, plantés entre 2 850 et 3 300 m d'altitude, font exception à la règle. Le *borgoña*, élaboré à partir des cépages isabelle et concord, est un vin rouge sucré aux arômes de bonbon et de fraise des bois. Avec 80 % de la production nationale, c'est le vin préféré des Péruviens. Les vins fins, issus de variétés nobles comme le cabernet sauvignon, le tannat, le malbec ou encore le sauvignon blanc, représentent 20 % de la production.

→ Ces *botijas* sont des jarres qui servaient autrefois à stocker le *pisco*, produit de la distillation du raisin. Aujourd'hui elles décorent le domaine Santiago Queirolo, sur les hauts plateaux de la vallée d'Ica, dont le vignoble s'étend au pied de la cordillère des Andes.

Ica

Principale région viticole du Pérou, Ica s'est installée dans la vallée d'un désert côtier offrant du soleil pratiquement toute l'année, avec des maximales de 30 à 34 °C. L'amplitude thermique est bonne grâce au courant de Humboldt qui longe les côtes en disséminant son air froid. Néanmoins, avec des minimales de 5 à 10 °C et des maximales de 20 à 23 °C, l'hiver n'est pas assez froid pour la levée de dormance des bourgeons. Comme dans la majorité des vignobles proches de l'équateur, il faut donc appliquer de la cyanamide hydrogène pour assurer un débourrement homogène. Un ensoleillement assez faible presque toute l'année, pas plus de 12 heures par jour en moyenne, permet aux raisins, même avec les grosses chaleurs diurnes, de mûrir doucement et aux vins de conserver une fraîcheur inattendue.

POINTS-CLÉS

latitude	autour du 14°30' S
altitude	390-500 m
climat	méditerranéen avec des étés chauds et secs
pluviométrie	50 mm
hygrométrie moyenne	80-85 %
surface totale du vignoble	660 hectares
production	51 000 hectolitres
type de sols	pauvres avec moins de 1 % de matière organique, sols francs avec un bon équilibre en limon, argile et sable ; plus on s'approche du río Ica, plus la proportion de sable augmente, donnant des vins plus légers
les cinq principaux cépages	isabelle 30 % concord 25 % malbec 6 % tannat 5 % petit verdot 5 %

LE SAVIEZ-VOUS ?

Jusqu'aux effets particulièrement intenses d'El Niño en 1997 et 1998, on pouvait planter franc de pied dans les sols de la vallée d'Ica. Mais depuis, les populations de phylloxéra et surtout de nématodes ont fortement augmenté, obligeant les vignerons à travailler avec des plants greffés. Seule une cinquantaine d'hectares franc de pied de vieilles vignes de 30 à 120 ans existe encore au domaine Tacama.

INSOLITE

Sur les 61 300 hectares de vignes que compte le Pérou, à peine 4 % sont destinés à la production de vin. 84 % du vignoble est planté pour la consommation de raisins frais, majoritairement exportés vers les États-Unis, Hong Kong, la Chine, le Royaume-Uni et la Colombie. Les 12 % restant sont destinés à la production de pisco, l'eau-de-vie nationale.

Vignoble du domaine Tacama, dans la vallée d'Ica, à 300 km au sud de Lima, 50 km du Pacifique et 340 m d'altitude.

COUPS DE CŒUR

Vins rouges

- 🍇🍇 **Don Manuel Petit Verdot 2013** du domaine Tacama : petit verdot 100 %, élevé 16 mois en fûts de chêne français, dont 50 % de fûts neufs.
  Un vin d'une grande élégance, avec ses arômes de myrtille, de cacao et de réglisse, qui se déguste volontiers avec des anticuchos, des morceaux de cœur de bœuf marinés et grillés.
- 🍇 **Intipalka Malbec-Merlot Reserva 2012** du domaine Santiago Queirolo : merlot 60 %, malbec 40 %, élevé pour 40 % en fûts de chêne français pendant 6 mois, avec 60 % de barriques neuves.
  Un vin qui se déguste depuis le sommet du vignoble, à 500 m d'altitude, devant les contreforts de la cordillère des Andes.

LE POINT DE VUE WINE EXPLORERS

Grâce aux caractéristiques uniques de son climat et de ses sols, la région d'Ica permet, avec une irrigation maîtrisée, la production de vins de classe mondiale, comme ceux du domaine Tacama. Attirés par le terroir, les plus grands consultants français, à l'exemple de Jean et Pascal Ribéreau-Gayon, Émile Peynaud ou encore Max Rives, s'y sont succédé.

Sur les hauteurs du domaine Santiago Queirolo, face à la cordillère des Andes.

PORTRAIT

Frédéric Thibaut
œnologue
du domaine Tacama
né en France
(Courbevoie) en 1975

Ayant grandi dans le Val-d'Oise, loin des vignobles, il aime vivre dehors. C'est cette certitude toute simple qui le pousse vers l'agronomie, puis vers la viticulture et l'œnologie qu'il étudie à Montpellier. Après une première vendange pour les AOC côte-rôtie et saint-joseph, dans la vallée du Rhône, il décroche un emploi au Pérou chez Tacama en 2000. Il s'y est senti si bien accueilli qu'il n'a plus jamais voulu en partir.

« *Un bon œnologue doit avoir conscience qu'il est peu de chose. Savoir observer le vignoble et écouter mes ouvriers, qui passent plus d'heures que moi dans les vignes, est essentiel. Je ne boude pas mon plaisir à voir nos vins servis sur quelques tables prestigieuses dans le monde. Faire un joli millésime, c'est bien ; maintenir un style et un certain niveau, c'est mieux.* »

POLOGNE

Basse-Silésie

66e vignoble mondial

pays producteur **60e**

Le vignoble polonais est en plein boom. Entre 2008 et 2018, le nombre de domaines et la surface du vignoble ont quintuplé. Et grâce à la création de la Fédération polonaise des producteurs de vin (PFPW) en 2016, la législation viticole s'adapte désormais aux standards de l'Union européenne.

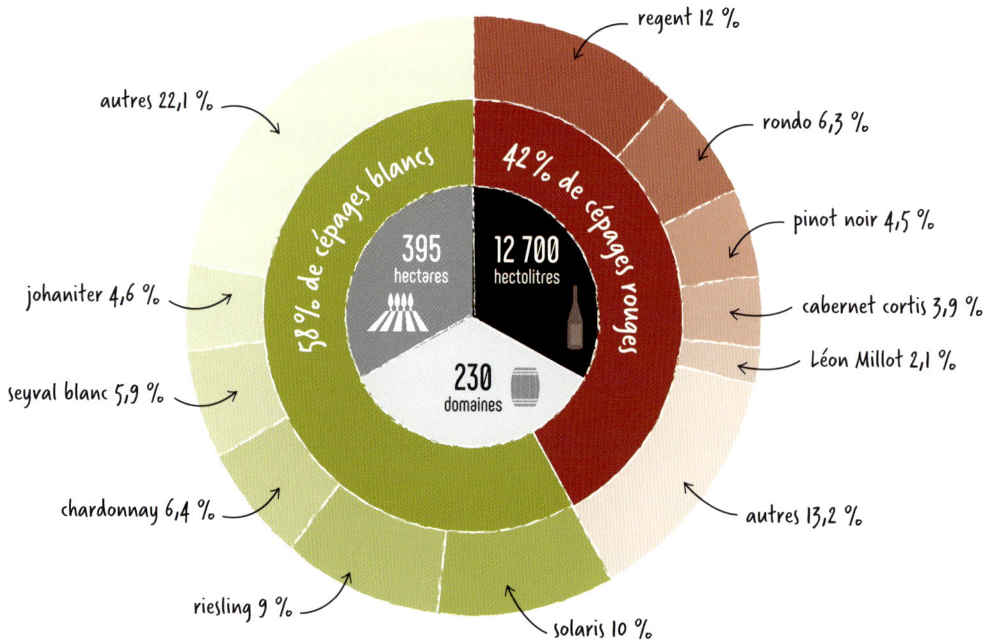

La majorité des domaines sont de petite taille et représentent moins d'1 hectare. 4 régions totalisent plus des deux tiers du vignoble : les voïvodies de Lubusz (21,4 % du vignoble et 34 domaines) à l'ouest, de Petite-Pologne (20,5 % et 43 domaines) au sud, de Basse-Silésie (15,9 % et 27 domaines) au sud-ouest et des Basses-Carpates (10,7 % et 33 domaines) au sud-est. Le climat est plutôt tempéré, avec des hivers relativement froids et des étés chauds. La partie la plus chaude du pays, avec la saison de croissance la plus longue, se trouve dans le sud-ouest, près de Wrocław. Les cépages hybrides (*piwi*) sont privilégiés, bien que le pinot noir, le cabernet sauvignon et le riesling fassent de plus en plus d'adeptes. Le chardonnay est principalement utilisé dans la production de vins effervescents.

UN PEU D'HISTOIRE

La présence de sites celtes datant du IVe s. av. J.-C. témoignerait d'une viticulture présente dans la région à cette époque. Toutefois, la culture de la vigne s'est développée autour de Zielona Góra, au début du XIe s. ; les moines bénédictins et cisterciens en tiraient leur vin de messe. Au XIVe s., le vin devient populaire auprès de la noblesse polonaise. Mais dès la fin du XVIe s., les vagues de froid, les guerres et la popularité grandissante des vins importés, notamment hongrois, font chuter la production locale. Au XXe s., la Seconde Guerre mondiale puis le communisme détruisent ce qu'il reste du vignoble. La viticulture moderne débute en 1982 lorsque Roman Myśliwiec plante un vignoble expérimental à Jasło. Les *Vitis vinifera* sont introduits vers la fin des années 1990 par l'œnologue Agnieszka Wyrobek Rousseau qui crée le premier vignoble biodynamique de Pologne en 2013 : le domaine Wieliczka.

POINTS-CLÉS

latitude	50°02'-54°20' N
altitude	0-400 m
type de sols	sable majoritaire, avec de la craie et de l'argile

Le vignoble du domaine Jaworek, à Miękinia, à 20 km environ au nord-ouest de Wrocław en Basse-Silésie, est conduit en lyre. La forme de ces supports, auxquels la vigne s'accroche, permet au vent de sécher plus rapidement les baies humides, en raison des pluies fréquentes dans la région.

LE POINT DE VUE
★ WINE EXPLORERS ★

Depuis l'effondrement du régime communiste en 1989 puis l'adhésion à l'Union européenne en 2004, la Pologne affiche un dynamisme viticole sans précédent. Ce renouveau viticole fait plaisir à voir, bien qu'il n'en soit qu'à ses balbutiements et que de nombreux domaines produisent encore artisanalement. On y trouve déjà de bons rieslings. Un vignoble à surveiller de près...

PORTRAIT

Mike Whitney
fondateur du domaine Adoria
né aux États-Unis (Californie) en 1968

Mike est né au milieu des vignobles californiens. Il découvre la Pologne lors d'un voyage et tombe amoureux du pays. Il y vit depuis 1995. Après avoir recherché le site idéal pour son vignoble pendant un an et demi, il plante 3 hectares de pinot noir, chardonnay, riesling et bacchus entre Zachowice et Czerńczyce, en Basse-Silésie, une ancienne région prussienne puis allemande devenue polonaise au lendemain de la Seconde Guerre mondiale.

« *Je suis parti de zéro. J'ai commencé par voyager dans toute l'Europe pour rendre visite à des fournisseurs d'équipement. J'ai eu la chance de travailler avec des consultants de l'Oregon State University aux États-Unis et de l'université de Sienne en Toscane. La viticulture demande beaucoup de temps et m'a appris la patience. J'apprends de mes erreurs et je savoure chaque vendange comme un cadeau. Voir les gens heureux quand ils boivent nos vins est une vraie satisfaction. Gagner des médailles fait également plaisir !* »

PORTUGAL

6e vignoble mondial

pays producteur **11e**

Dernière frontière du vin en Europe occidentale, le vignoble portugais s'étend sur plus de 800 km, le long de l'océan Atlantique, entre les 37e et 43e parallèles Nord, ainsi que sur les archipels des Açores (38° N) et de Madère (33° N). On y trouve également les plus belles forêts de chênes-lièges de la planète.

UN PEU D'HISTOIRE

Au VIIIe s. av. J.-C., les Phéniciens installent leurs premiers comptoirs au sud de Setúbal, avant de remonter le Tage puis le Douro. Ils introduisent, comme ils l'avaient fait au siècle précédent en Espagne, la culture du raisin et de l'olive. Ensuite, les Grecs, les Carthaginois puis les Romains qui leur ont succédé à la fin du IIIe s. av. J.-C. apportent leur savoir-faire viticole. Au VIIIe s., la conquête musulmane et son lot de conflits freinent le développement de la vigne. Au XIIe s., le roi Alphonse Ier repousse les Maures et invite des ordres chrétiens à s'installer. Les cisterciens fondent plus de cent monastères ; c'est le renouveau de la viticulture portugaise qui exporte ses vins jusqu'en Angleterre. Au milieu du XVIIIe s., ils commencent à être cartographiés et réglementés. Les coopératives voient le jour après les ravages du phylloxéra, en 1865, et se généralisent après 1945. En 1986, le Portugal adhère à l'Union européenne et la création de l'Instituto da vinha e do vinho (IVV) encourage une production plus qualitative.

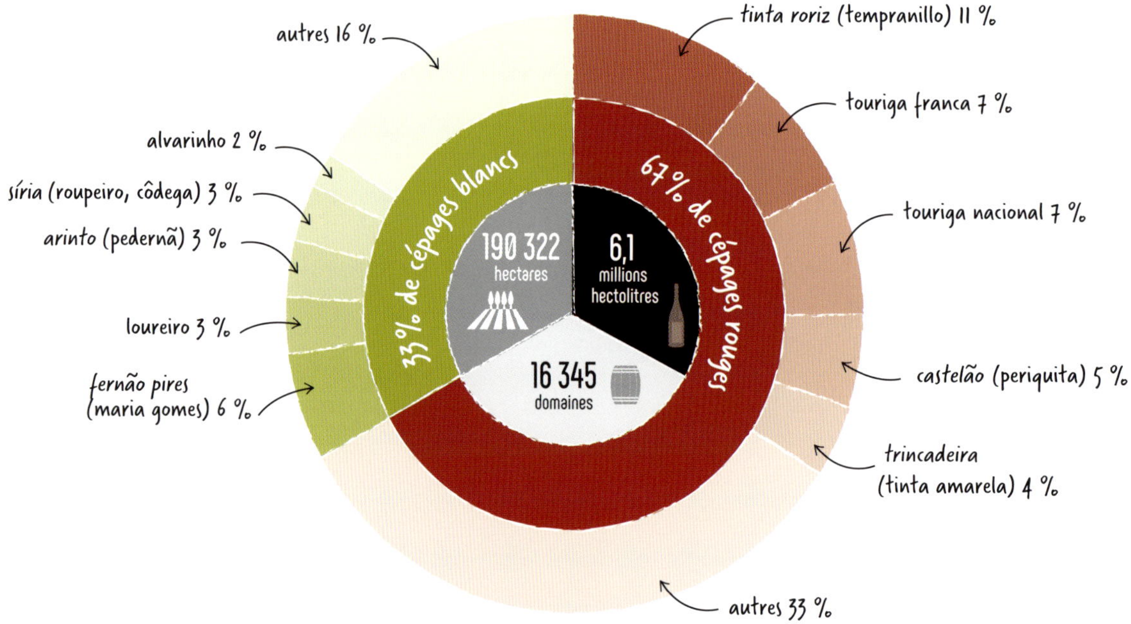

250 cépages autochtones composent le patrimoine viticole portugais, auxquels s'ajoutent quelques variétés internationales. Parmi tous ces cépages, 34 représentent 82 % de la superficie totale du vignoble. Sur les 14 régions viticoles, 4 représentent plus des trois quarts de la production : Douro (24 %), Lisbonne (20 %), Minho (16 %) et Alentejo (15,9 %). Le pays exporte près de la moitié de sa production, soit 3 millions d'hectolitres, principalement à destination de la France, des États-Unis, du Royaume-Uni, du Brésil, de l'Allemagne et de la Belgique.

→ Vignobles du domaine Quinta do Crasto surplombant la vallée du Douro, l'emblématique région viticole du nord du pays.

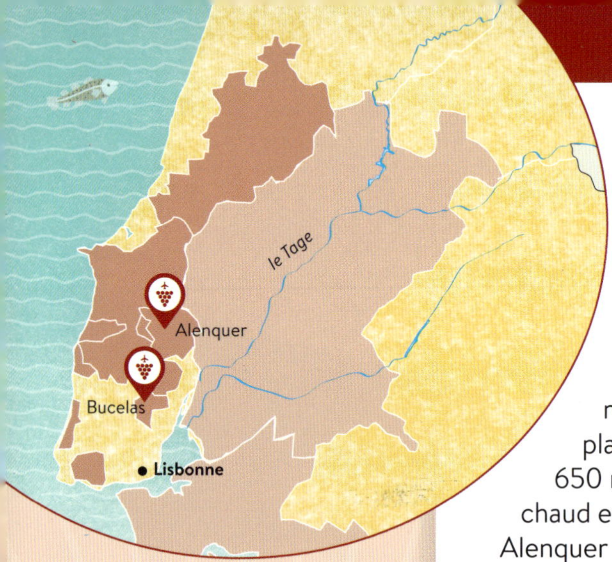

Lisbonne

Longue et mince bande bordant l'Atlantique, la région de Lisbonne compte 9 dénominations d'origine contrôlée (DOC), 374 domaines pour 10 % de la surface viticole et 20 % de la production du pays. Jusqu'au XIXe s., on y produisait, avec la région de Porto, les vins les plus fins du Portugal. Le vignoble y est majoritairement planté en coteaux sur des collines, à une altitude qui varie entre 100 et 300 m. Avec 650 mm de précipitation par an, le climat reste frais et humide en hiver et relativement chaud et sec pendant le jour en été. Les deux terroirs les plus emblématiques sont les DOC Alenquer pour le rouge et Bucelas pour le blanc ; cette dernière est la seule DOC 100 % blanc du pays. Les cépages les plus emblématiques et dignes d'un profond intérêt viticole sont le *castelão* et le *tinta roriz* en rouge, l'*arinto* et le *vital* en blanc.

POINTS-CLÉS

latitude	38°7'- 40° N
altitude	0-300 m
climat	tempéré océanique
pluviométrie	650 mm
surface totale du vignoble	18 000 hectares
production	1,22 million d'hectolitres
type de sols	sous-sol composé de calcaire et de maërl datant du Jurassique supérieur, affleurant particulièrement dans la région de Bucelas. De façon générale, sols pauvres : argilo-calcaires à l'intérieur des terres et sableux le long de la mer
les cinq principaux cépages	*castelão* 11 % *fernão pires* 10 % *tinta roriz* 7 % *arinto* 3 % *vital* 2 %

LE SAVIEZ-VOUS ?

Dormir dans une barrique de vin tout en admirant la vallée du Douro, c'est possible ! Non loin de Peso da Régua, la Quinta da Pacheca, un domaine viticole datant du xvie s., propose à ses hôtes de passer la nuit au pied du vignoble dans des barriques géantes de 25 m² équipées du dernier luxe : salle de bains privée, douche à l'italienne et puits de lumière pour observer les étoiles. Le summum du romantisme !

INCONTOURNABLE

Plus au nord, la visite des caves à vins de Porto, dans la commune de Vila Nova de Gaia, où vieillit depuis des siècles le vin fortifié le plus célèbre au monde, dans une quiétude absolue. L'occasion d'en apprendre plus sur les étapes d'élaboration du vin et de déguster quelques nectars, comme chez Ramos Pinto, Ferreira ou encore Sandeman pour les plus célèbres...

Le vignoble de Bucelas, dans la région de Lisbonne, avec ses sols calcaires et marneux, idéal pour la production de vins blancs frais et tendus !

COUPS DE CŒUR

Vin blanc

Bucelas 2012 du domaine Quinta da Murta (DOC Bucelas) : arinto 100 %, élevé 6 mois en cuve inox.
Un vin de plaisir immédiat rafraîchissant aux parfums de fenouil, de fruits blancs mûrs et de pétrole. Parfait pour un après-midi d'été à la plage !

Vin rouge

Reserva 2014 du domaine Quinta do Crasto (DOC Douro) : une trentaine de cépages portugais complantés, vignes de 70 ans, élevé 18 mois en fûts de chêne français (85 %) et américains (15 %). Toute la puissance et le panache des grands vins de la région du Douro.

LE POINT DE VUE WINE EXPLORERS

Célèbre pour ses vins produits en caves coopératives, la région viticole de Lisbonne est un formidable terroir pour les amateurs de blancs. Le cépage *arinto*, cultivé localement depuis plus de 2 000 ans, donna pendant de nombreux siècles le seul vin blanc du Portugal. C'est un must !

Théâtre de Shakespeare à la Quinta da Murta, en hommage au dramaturge anglais qui avait fait allusion au Bucelas dans *La Seconde Partie de Henri VI* (1594) : « *Et, tenez, voisin, voici une coupe de Charneco.* » Le Charneco était mentionné comme un village se trouvant à proximité de Lisbonne.

PORTRAIT

Franck Bodin
propriétaire de la Quinta da Murta
né en France (Argenteuil) en 1967

Agronome de formation, spécialisé dans les régions chaudes et leur développement, entrepreneur et amoureux de la terre, Franck est arrivé au Portugal en 2011. Il décide d'investir dans un domaine viticole par défi. Après avoir visité plus de 25 propriétés dans diverses régions, son intérêt se porte finalement sur la Quinta da Murta à Bucelas, au nord de Lisbonne. Un domaine qu'il choisit pour son site extraordinaire, sa DOC et son cépage emblématique : l'*arinto*, originaire du village et cultivé depuis l'époque romaine pour l'élaboration de vins de garde.

« *Ce qui me plaît avec la Quinta da Murta, lorsque j'endosse ma nouvelle casquette de vigneron, c'est de faire renaître l'authenticité de l'appellation Bucelas, seule appellation historique du Portugal produisant exclusivement des vins blancs, et tombée dans l'oubli depuis trop longtemps.* »

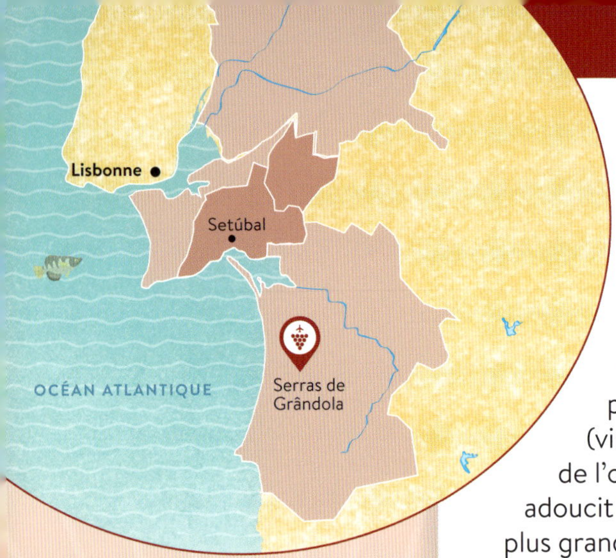

péninsule de Setúbal

La région, qui a accueilli les premiers vignobles de la péninsule ibérique autour de 2000 av. J.-C., a toujours eu une forte tradition viticole. Elle se compose de 9 000 hectares (4,7 % de la surface viticole du pays), dont 7 000 sont certifiés pour la production de l'indication géographique protégée Península de Setúbal (vin régional) et des appellations d'origine protégée Palmela et Setúbal. La proximité de l'océan Atlantique et des deux plus grands estuaires portugais, Rios Tejo et Sado, adoucit le climat de la région en été. Dans les terres, la démarcation des saisons est plus grande, avec des hivers frais, des étés chauds et une pluviométrie avoisinant les 550 mm. Le vin emblématique de la région est le Moscatel de Setúbal. C'est un vin de dessert exceptionnel prisé depuis le XIVe s. et bénéficiant d'une zone de production délimitée depuis 1907.

POINTS-CLÉS

latitude	38°43'- 38°8' N
altitude	30-250 m
climat	méditerranéen
pluviométrie	550 mm
surface totale du vignoble	9 000 hectares
production	472 200 hectolitres
type de sols	sols sableux (podzol et régosol) dans la vaste plaine où se concentrent les vignes (plus de 85% de la surface), et argilo-calcaires sur les pentes d'Arrábida, près de l'océan Atlantique
les cinq principaux cépages	*castelão* 47 % moscatel de Setúbal 8,1 % fernão pires 8,2 % syrah 6,4 % *aragonez* 4,2 %

LE SAVIEZ-VOUS ?

Avec 160 000 tonnes de liège produites chaque année, soit 52 % de la production mondiale, et 740 000 hectares de forêts de chênes-lièges, soit 33 % de la surface mondiale, le Portugal est le premier producteur mondial de liège. Environ 12 milliards de bouteilles par an dans le monde sont bouchées avec du liège, naturel ou aggloméré.

INCONTOURNABLE

Une promenade dans les vignobles de la Quinta dos Vales à Estômbar, dans l'Algarve, où l'on peut admirer une partie des sculptures réalisées par Karl Heinz Stock, le propriétaire des lieux. Les créatures aux couleurs vives et aux formes arrondies de cet artiste d'origine allemande trônent majestueusement entre les rangs de vigne. Il fallait oser !

Les sculptures géantes de la Quinta dos Vales offrent aux visiteurs une promenade viticole inoubliable.

COUPS DE CŒUR

Vin blanc

- **Verdelho 2013** du domaine Serras de Grândola : verdelho 100 %, élevé 3 mois en cuve inox. Un vin minéral, précis, avec un côté salin en bouche. Le meilleur ami d'une brandade de morue au déjeuner !

Vin rouge

- **Odelouca 2015** du domaine Quinta do Francês : cabernet sauvignon 30 %, trincadeira 40 %, syrah 30 %, élevé 8 mois en fûts de chêne français. La finesse des grands vins portugais. Taillé pour la garde !

Grappes de touriga nacional à un mois de la vendange, domaine Serras de Grândola.

LE POINT DE VUE WINE EXPLORERS

Le Portugal est une terre viticole formidable, regorgeant de vins aussi généreux que variés. La richesse unique de ses cépages autochtones, aux noms parfois imprononçables, son positionnement géographique et la grande diversité de sa topographie en font des atouts de premier ordre pour la production de vins fins.

PORTRAIT

Jacinta Sobral da Silva
vigneronne
née au Portugal (Grândola) en 1961

Pharmacienne de profession, Jacinta devient vigneronne du domaine Serras de Grândola en 2006 après avoir hérité de son père et se prend de passion pour la viticulture. Entre autres activités, elle aime voyager sur son temps libre pour rencontrer des confrères du monde entier, déguster leurs vins et s'enrichir d'idées nouvelles. Mais sa première passion reste la restauration de meubles anciens et d'éléments de décoration, notamment des lampes qu'elle aime intégrer au complexe hôtelier du domaine viticole familial.

« *Les vins doivent être le reflet de leur région. L'influence de l'océan Atlantique et des sols sur lesquels sont plantées nos vignes – schiste, grauwacke [grès], sable – offre minéralité, fraîcheur et élégance dans les vins. Le réchauffement climatique est le grand défi auquel nous devons faire face depuis quelques années. Et l'adaptation des cépages indigènes à ces changements est au cœur de nos préoccupations de vignerons.* »

RÉPUBLIQUE DOMINICAINE

baie d'Ocoa

83e vignoble mondial

pays producteur 79e

La République dominicaine a bel et bien inscrit son nom sur la liste des pays producteurs de vin dans le monde ! Depuis 2014, il est désormais possible d'y déguster la production du domaine Ocoa Bay, le seul et unique vignoble des Caraïbes.

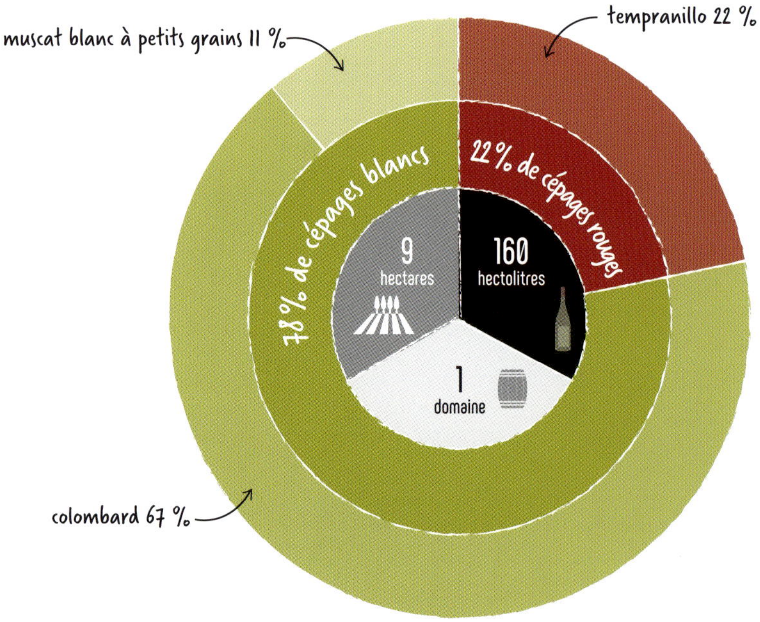

UN PEU D'HISTOIRE

C'est en République dominicaine que naît le premier vignoble des Amériques lorsqu'en 1506, le conquistador espagnol Hernán Cortés y fait planter de la vigne pour le vin de messe. Au milieu du XVIe s., après de nombreuses tentatives infructueuses en raison d'un climat non adapté, la production de vin est abandonnée. Il faudra attendre 2010 pour que Maria Claudia Mallarino et Guillermo Villalona y redonnent vie à la viticulture. Un projet imaginé par le couple après des vacances dans la baie d'Ocoa en 2005. Ils tombent sous le charme des lieux et se mettent à rêver d'un projet viticole avec hôtel et restaurant, où tout serait produit localement. En 2010, ils plantent huit hectares et voyagent à travers le monde pour apprendre leur nouveau métier à la rencontre des vignerons. Le premier millésime voit le jour en 2014.

POINTS-CLÉS

latitude	18°40' N
altitude	75-200 m
type de sols	base sablo-limoneuse avec un bon drainage, à laquelle est ajouté un compost organique

Le vignoble, naturellement protégé par la forêt au nord et la baie d'Ocoa au sud, bénéficie d'un climat chaud et sec, avec une température annuelle moyenne de 27 °C et à peine 600 mm de pluie par an. La vigne est mise à rude épreuve avec deux cycles végétatifs annuels : l'un entre juin et juillet, lors de la saison sèche, et l'autre entre décembre et janvier, lors de la saison des pluies. L'absence de phylloxéra permet un vignoble franc de pied, ce qui aide à prolonger la durée de vie de la plante. Enfin, le vent sec en provenance de l'océan réduit considérablement les risques de maladies.

Le vignoble du domaine Ocoa Bay plonge dans la mer des Caraïbes.

LE POINT DE VUE WINE EXPLORERS

Il fallait avoir le nez pour planter de la vigne dans la baie d'Ocoa, le seul microclimat de la République dominicaine adapté à une culture qualitative et organique. Un petit coin de paradis perdu, à 120 km à l'ouest de Saint-Domingue, où l'on peut goûter des vins frais et légers, dont un vin blanc sec de mangue et de fruit de la passion produit avec les fruits de la région !

PORTRAITS

Maria Claudia Mallarino
cofondatrice du domaine Ocoa Bay
née en Colombie (Cali) en 1965

Guillermo Villalona
cofondateur du domaine Ocoa Bay
né en République dominicaine (San Pedro de Macorís) en 1950

Maria Claudia, oncologue diplômée des universités de Nueva Granada à Bogota et de Stanford aux États-Unis, est une philanthrope née. Guillermo est docteur. Il a soigné des anciens combattants aux États-Unis. En 2013, ils déménagent en République dominicaine pour réaliser leurs rêves : elle dans le travail communautaire, lui dans l'agriculture biologique et la protection de l'environnement.

« *Nous travaillons avec les communautés environnantes pour les impliquer dans la culture du raisin et améliorer la qualité de vie de leurs familles. Notre désir est d'abord d'aider nos communautés à gagner leur vie dignement.* » (Maria Claudia)

« *Nous aimons le défi de cultiver biologiquement nos vignes et de produire un vin frais et naturel en milieu tropical. Nous prévoyons de développer le cépage mission qui pousse très bien ici, en hommage à Hernán Cortés qui l'avait importé d'Espagne.* » (Guillermo)

RÉPUBLIQUE TCHÈQUE

29e vignoble mondial

pays producteur **26e**

Moins connu que ses voisins allemands et autrichiens, le vignoble tchèque est pourtant incontournable. Depuis la fin des coopératives étatiques et le début des investissements privés dans les années 1990, puis l'adhésion du pays à l'Union européenne en 2004, il est en plein essor.

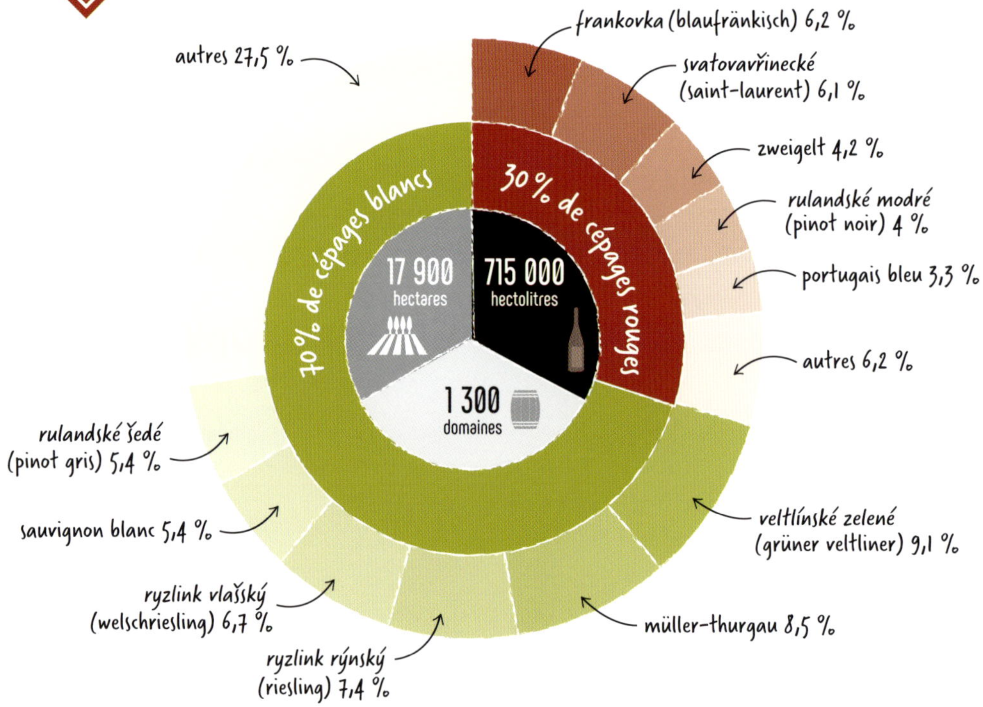

92 % du vignoble tchèque se concentre au sud et à l'est de Brno, en Moravie, et totalise 98 % de la production nationale. Avec 8 % du vignoble, la deuxième région viticole du pays est la Bohême, au nord-ouest, avec deux sous-régions : Mělnická autour de Prague et Litoměřická, le long de la frontière allemande. Les vignobles de Bohême sont plus petits et familiaux. La surface viticole autorisée en République tchèque totalise environ 19 700 hectares dont 17 900 sont plantés, le reste représente des vignes arrachées et qui ont le droit d'être replantées. Un système d'appellation (VOC) a été mis en place à partir de 2009 afin de mieux valoriser les typicités de chaque région, ainsi que les cépages qui y poussent. Chaque attribution de VOC est décidée par l'association des viticulteurs tchèques (CWGA).

UN PEU D'HISTOIRE

On suppose que les premiers viticulteurs sont les Celtes, au IIIe s. av. J.-C. En 276, l'empereur romain Probus annule l'édit de Domitien qui, deux siècles plus tôt, avait interdit de planter des vignobles dans les colonies romaines situées au-delà des Alpes. Les premières traces écrites de viticulture en Bohême remontent à 1057, dans l'acte de donation du prince Spytihněv à l'église Saint-Étienne de Litoměřice, et en Moravie dans la charte de fondation du monastère bénédictin de Třebíč, datant de 1101. Aux XIIe et XIIIe s., la viticulture se développe dans les monastères, les cisterciens étant particulièrement en pointe. Elle prospère jusqu'à la fin du XVIIIe s. Ensuite. le phylloxéra, l'oïdium et le mildiou ravagent la vigne, la bière est préférée au vin et les agriculteurs préfèrent planter de la betterave à sucre. La productivité est toutefois relancée sous l'ère communiste. Avec notamment les lois sur le vin de 1995, la qualité des vins ne cesse de croître.

→ La réserve naturelle de Pálava, classée réserve de biosphère par l'Unesco, a donné son nom au cépage blanc emblématique de la région.

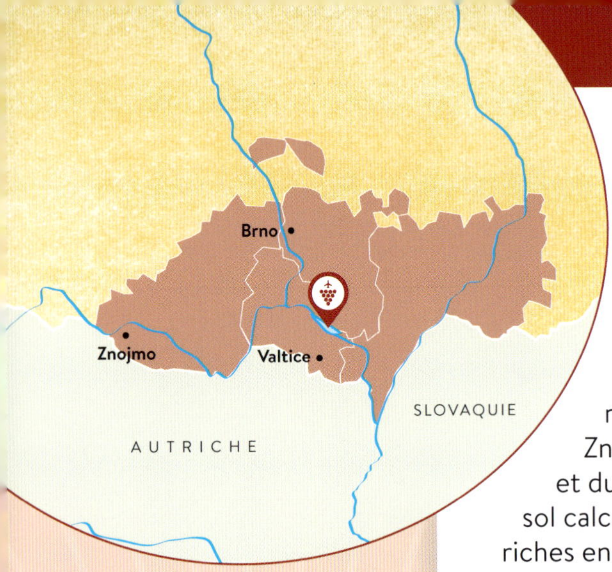

Moravie du Sud

La Moravie du Sud est la plus grande région viticole de République tchèque et compte 1 140 domaines répartis entre 308 communes viticoles et 1 126 parcelles, gérés par environ 19 000 viticulteurs. Elle se divise en quatre sous-régions, le long de la frontière avec l'Autriche et la Slovaquie, avec d'ouest en est : Znojmo (19,1 % du vignoble) connue pour ses vins blancs issus du grüner veltliner et du müller-thurgau ; Mikulov (26,8 %) réputée pour ses vins blancs cultivés sur un sol calcaire, principalement autour de la Pálava ; Velké Pavlovice (28,7 %) avec des sols riches en magnésium et connue pour ses cépages rouges qui couvrent 2 010 hectares ; Slovácko (25,4 %) où les vignobles sont plantés sur des reliefs accidentés, à l'abri des vents froids du nord-est.

POINTS-CLÉS

latitude	48°37'- 49° N
altitude	164-260 m
climat	continental humide, sans saison sèche
pluviométrie	500 mm
surface totale du vignoble	16 510 hectares
production	698 000 hectolitres
type de sols	sédiments marins, avec du calcaire autour du mont Pálava, du gravier à Znojemsko, de l'argile à Velkopavlicko, du sable le long de la rivière Morava et des sols argilo-sableux autour de Slovácko
les cinq principaux cépages	grüner veltliner 9,4 % müller-thurgau 8,1 % riesling 7,2 % blaufränkisch 6,4 % saint-laurent 6 %

LE SAVIEZ-VOUS ?

Le cépage blanc tchèque *pálava*, croisement entre les variétés savagnin rose et müller-thurgau, a été créé par Josef Veverka en 1953. Il est officiellement inscrit au registre tchèque des variétés depuis 1977. Il a été nommé en l'honneur de la région de la Pálava, reconnue par l'Unesco comme zone paysagère protégée depuis 2003. Principalement utilisé pour la production de vins liquoreux, il produit aussi de délicieux blancs secs.

INCONTOURNABLE

Visiter Valtice, la capitale tchèque du vin, où résident les principales organisations viticoles du pays : l'école viticole et l'Académie du vin de Valtice, le Centre viticole national (NVC) au château et son salon du vin où sont rassemblés chaque année les meilleurs crus offerts à la dégustation ! Entre Valtice et Lednice s'étend l'aire viticole de Lednice-Valtice, avec ses châteaux inscrits sur la liste du patrimoine mondial de l'Unesco depuis 1996.

Vue depuis le vignoble du domaine Restein, près de Pavlov, avec la rivière Thaya au loin.

COUPS DE CŒUR

Vin blanc

Sémillon-Sauvignon 2016 du domaine Sonberk : Sémillon 70 %, sauvignon blanc 30 %, élevé 10 mois en fûts de chêne.
Intense, profond et très précis, avec des arômes de pierre concassée, de vanille, d'agrumes et de mangue. En bouche, le vin est vibrant, minéral et crémeux. Délicieux avec un *abertam*, ce fromage de brebis à pâte pressée cuite de Bohême.

Vin rouge

Frankovka 2016 du domaine Gotberg : blaufränkisch 100 %, élevé 11 mois à 50 % en cuve inox et 50 % en fûts de chêne.
Vin charmeur aux arômes de cassis, de myrtille, de tabac et de cardamome. Bouche fraîche et juteuse. Parfait avec un *svíčková*, le rôti de bœuf traditionnel avec sa sauce au poivre et ses légumes.

Le vignoble du domaine Sonberk, de l'autre côté de la Thaya et au pied de la colline Sonnberg (« colline ensoleillée » en allemand), produit des vins blancs d'une grande finesse.

LE POINT DE VUE WINE EXPLORERS

Bien que le système viticole local sorte tout juste d'une viticulture intensive pratiquée sous les quatre décennies communistes, de nombreux domaines ont déjà réussi à redonner au vin tchèque toutes ses lettres de noblesse. Avec des vins blancs précis et profonds, des rouges juteux et épicés, un vignoble à suivre de près !

PORTRAIT

Oldřich Drápal
œnologue
du domaine Sonberk
né en République tchèque (Hustopeče) en 1977

Fils de parents vignerons, Oldřich aime travailler à la vigne enfant et se souvient boire le jus fraîchement pressé dans la cave, juste après la vendange. Il apprend la viticulture et l'œnologie à l'école viticole de Valtice, la seule école spécialisée dans le vin dans le pays, et poursuit des études à la faculté d'horticulture de Lednice. Après une première expérience au domaine Kolby, à Pouzdřany en Moravie du Sud, il rejoint le domaine Sonberk en 2002.

« *La République tchèque est traditionnellement perçue comme un pays de bière. Le plus gros défi consiste à mieux nous faire connaître, pour montrer au monde ce que le pays peut offrir en termes de vins fins, notamment en blanc. Le pálava est trop souvent associé à un vin de volume et peu aromatique. Avec de petits rendements, comme chez Sonberk qui produit 1,5 kg de raisin par vigne, ce cépage donne des vins épicés exceptionnels, avec un joli potentiel de garde, et pourrait être le porte-drapeau des vins tchèques.* »

ROUMANIE

7e vignoble mondial

pays producteur **12e**

La Roumanie est un pays viticole à deux vitesses. D'un côté un terroir fantastique, des cépages endémiques et un nombre croissant de domaines intéressants. De l'autre un vignoble encore marqué par 45 ans d'un régime totalitaire d'inspiration communiste, avec de nombreux cépages hybrides peu qualitatifs et une viticulture encore traditionnelle.

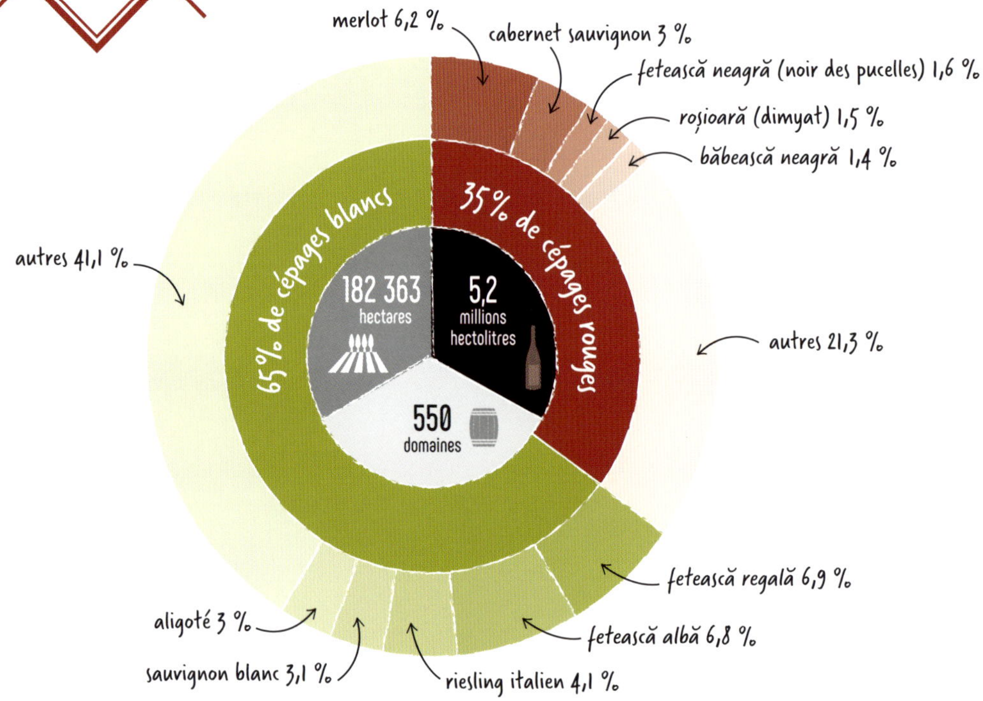

Le pays se compose de 8 zones viticoles : les plateaux de Transylvanie au centre (3,6 %), le Banat roumain (1,3 %) à l'ouest, près des frontières avec la Hongrie et la Serbie, la Crisanie et les Maramures (5,3 %) à l'ouest et au nord-ouest, la Moldavie roumaine (37,9 %) à l'est, sur les pentes orientales des Carpates, la Dobroudja (9,3 %) au sud-est, entre le Danube et la mer Noire, l'Olténie et la Munténie (29,4 %) au sud, dans les Carpates, Nisipurile din Sudul Tarii [littéralement « les sables du Sud »] (7,1 %), plus au sud, et les terrasses du Danube (6,1 %), en face de la frontière bulgare. Il existe une plaine côtière sur la mer Noire, mais le pays est dominé par les montagnes, les Carpates orientales s'étendant du nord au sud et les Alpes transylvaniennes d'ouest en est. Avec une température moyenne estivale de 24 °C et des précipitations annuelles de 500 à 600 mm, la majorité des vignobles ne sont pas irrigués.

→ Entre Miniş et Măderat, à l'est d'Arad, le domaine Vigna d'Oro a planté 110 hectares en 2008. Le județ d'Arad en Crisanie est une sous-région viticole prometteuse…

UN PEU D'HISTOIRE

La culture néolithique de Cucuteni-Trypillia, qui vivait entre 5200 à 3500 av. J.-C. dans les Carpates et en Transnistrie, aurait cultivé du raisin. Des outils de viticulture datant du VIe s. av. J.-C. ont été retrouvés dans la région de Dobroudja. La viticulture prospère sous l'occupation romaine du IIIe s. av. J.-C à l'an 271, lorsque l'empereur Aurélien retire ses troupes devant les Germains qui viennent avec leurs cépages blancs, toujours présents en Transylvanie. Aux XIVe et XVe s., le centre du christianisme orthodoxe se déplace vers la Moldavie et la Valachie avec l'exil des Byzantins ; le vin gagne en popularité ! En 1859, les deux principautés s'unissent pour créer la future Roumanie. Vers 1880, l'arrivée du phylloxéra favorise l'implantation des cépages français. Sous Ceauşescu, les vins sont produits dans des coopératives d'État (Vinalcool). À la mort du dictateur en 1989, la superficie viticole était d'environ 275 000 hectares. En 2007, une loi de restitution des terres est votée.

Olténie et Munténie

Connues aussi sous les noms de Petite Valachie et de Grande Valachie, l'Olténie à l'ouest et la Munténie à l'est s'étendent aux contreforts des Carpates pour former une même région viticole, au sud du pays. Cette région, qui se situe sur le même parallèle que Bordeaux, bénéficie d'une période de végétation de 195 jours, de l'ouverture des premiers bourgeons au premier gel de l'automne. Les étés y sont chauds et les automnes doux et secs, ce qui favorise la culture de cépages rouges. Les vignobles sont généralement plantés sur des pentes orientées sud et protégés du gel hivernal par les hautes collines et les forêts environnantes. On y trouve les appellations (DOC) Dealu Mare, Drăgăşani, Pietrosa, Ştefăneşti, Sâmbureşti, Banu Mărăcine, Mehedinţi, Cernăteşti Podgoria et Segarcea.

POINTS-CLÉS

latitude	43°41'-45°29' N
altitude	100-550 m
climat	continental
pluviométrie	640 mm
surface totale du vignoble	53 601 hectares
production	712 075 hectolitres de cépages nobles
type de sols	sols bruns avec des alluvions et du calcaire
Les quatre principaux cépages	merlot 9,8 % *fetească albă* 6,7 % roșioară (pamid) 5,4 % *fetească regală* 1,7 %

LE SAVIEZ-VOUS ?

Pour certains cépages cultivés en Roumanie et en Moldavie, il est souvent difficile d'attribuer la provenance exacte à l'un ou à l'autre, les frontières entre les deux pays ayant été autrefois différentes. En effet, le nord-est de la Roumanie faisait autrefois partie de la principauté de Moldavie, celle-ci ayant été amputée de sa moitié orientale devenue province russe en 1812 puis république indépendante en 1991.

INSOLITE

Le sujet semble tabou : 46 % de la surface viticole de la Roumanie est plantée avec des cépages hybrides résistants, comptant pour 34 % de la production nationale. Ce sont principalement des croisements entre des *Vitis labrusca* et des *Vitis vinifera*. Les vins issus de ces cépages ne sont pas autorisés à la commercialisation au sein de l'Union européenne.

Sur la rive droite de l'Olt, le vignoble du domaine Avincis surplombe Drăgăşani et les villages environnants. Il appartient à Valeriu Stoica, ministre de la Justice entre 1996 et 2000.

COUPS DE CŒUR

Vin blanc

- **Fetească Regală 2016** du domaine Avincis : *fetească regală* 100 %, élevé 8 mois en fûts de chêne français avec 30 % de bois neuf.
Jolis arômes de fleurs blanches, d'agrumes et de vanille. Un beau gras en bouche et une finale sur la badiane. Un régal avec des *sarmale*, rouleaux de choux farcis de traditions roumaine et moldave.

Vin rouge

- **Freamăt 2016** du domaine Catleya : cabernet sauvignon 44 %, merlot 41 %, syrah 15 %, élevé 9 mois en fûts de chêne français de 225 et 400 litres.
Vin charmeur, aux arômes de fruits noirs, de violette, de cacao et de poivre noir. Une bouche juteuse et structurée, qui accompagne très bien un ragoût de bœuf.

Dans le Banat roumain, à l'ouest du pays, Recas est le troisième plus grand domaine viticole roumain avec 1 300 hectares plantés et 16 millions de litres de vin produits chaque année.

LE POINT DE VUE WINE EXPLORERS

5e pays viticole européen en surface et 6e en production, la Roumanie est encore méconnue du public français. Foncez sur ce vignoble émergent aux vins très abordables et ne manquez pas le cépage blanc *fetească regală* : c'est l'une des plus belles réussites roumaines !

PORTRAIT

Laurent Pfeffer
fondateur et œnologue du domaine Catleya
né en France (Versailles) en 1980

C'est à Bordeaux que Laurent se passionne pour le vin et décide de se spécialiser dans ce secteur. Par le plus grand des hasards, il trouve un stage en viticulture et œnologie au domaine Târgu Bujor, en Moldavie roumaine. Le pays lui plaît bien et il y revient en 2007 pour créer le domaine Catleya en Olténie, dans la commune de Corcova, avec trois associés : Frédéric Vauthier (propriétaire du château Lucas en lussac-saint-émilion), Dominique Pfeffer (son frère) et Raymond Claude (son oncle).

« *Pour faire un bon vin, il est important que l'intervention humaine, à la vigne comme à la cave, soit la plus limitée et la plus douce possible. La Roumanie est un vignoble en pleine renaissance. Son mélange de cultures latine et balkanique, son hospitalité et son climat m'ont séduit. Bien sûr, les défis y sont nombreux : l'achat de terres est très compliqué, l'administration donne des maux de tête et la main d'œuvre qualifiée devient rare, attirée par les perspectives qui s'ouvrent en Europe de l'Ouest. Mais le travail des cépages feteasca neagră, feteasca regală et feteasca albă font tout oublier, car on sait que l'on fait quelque chose de grand !* »

ROYAUME-UNI

46e vignoble mondial

pays producteur **49e**

Le climat frais et humide n'a pas toujours permis une production de qualité au Royaume-Uni. Mais depuis les années 1990, avec le réchauffement climatique, le vignoble est en pleine mutation. Ses vins effervescents, qui représentent les deux tiers de sa production, commencent à faire parler d'eux.

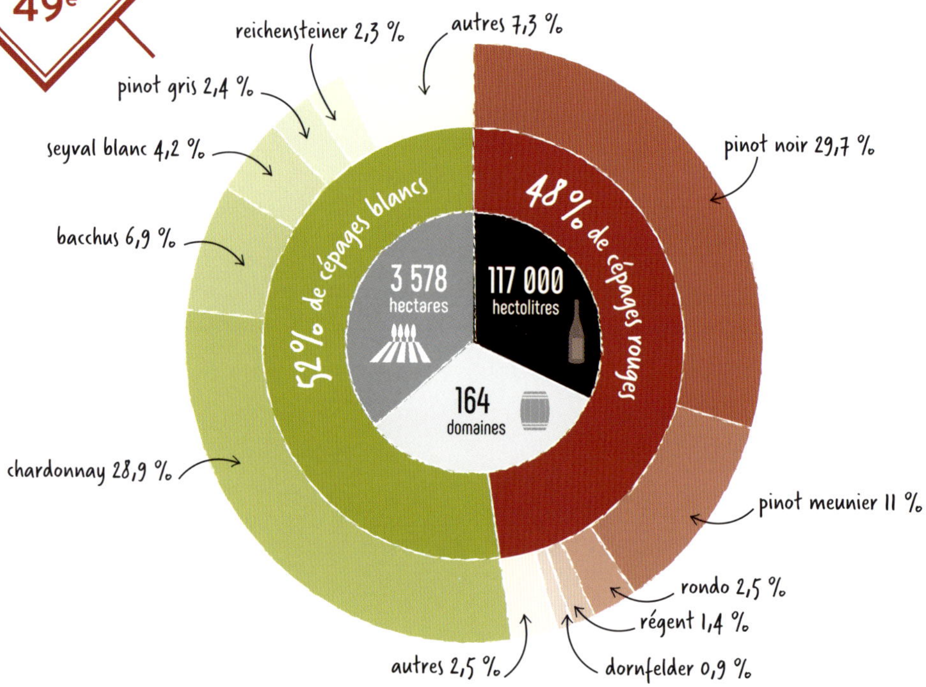

UN PEU D'HISTOIRE

Contrairement aux idées reçues, avant la conquête romaine amorcée en l'an 43, le pays n'était pas isolé. Il y avait déjà des échanges commerciaux avec le continent et du vin y circulait. Sous l'Empire romain, sa consommation s'est popularisée, mais la viticulture s'est plutôt développée au VIe s., avec la christianisation. De petits monastères s'installent dans le sud et l'est, avec quelques vignes ; ils seront rasés lors des pillages vikings au IXe s. En 1066, Guillaume le Conquérant est couronné roi d'Angleterre. Pour lui, le vin est une exigence quotidienne et il relance la viticulture. Au XIIe s., sous Henri II, l'importation de vin est jugée moins chère que sa production qui est abandonnée. À partir du milieu du XIVe s., dans sa logique d'importation, l'Angleterre contribue à la renommée des vins de Bordeaux (*claret*), Porto, Madère, Xérès (*sherry*) ou encore Mosel. La viticulture moderne débute par les travaux de Ray Barrington Brock qui, entre 1946 et 1973, teste 600 cépages dans un vignoble expérimental d'Oxted !

L'Angleterre et le Pays de Galles comptent 522 vignobles commerciaux, dont 164 domaines viticoles pour 3 578 hectares. Depuis ces dernières années, la surface viticole plantée est en augmentation constante. La production annuelle, qui était de 40 150 hectolitres en moyenne entre 2014 et 2017, a presque triplé en 2018. Parmi les vins produits, 69 % sont effervescents, dont 99 % sont issus de méthodes traditionnelles, avec une seconde fermentation en bouteille. Le chardonnay, le pinot noir et le pinot meunier représentent à eux trois près de 70 % de la surface viticole plantée. 3 régions anglaises totalisent 93 % du vignoble : le Sud-Est (76 % du vignoble) avec les comtés de Kent, Surrey, Sussex et Hampshire ; le Sud-Ouest (13 %) avec les comtés de Cornouailles, Devon, Somerset, Avon, Dorset, Gloucestershire et Worcestershire ; l'Est-Anglie (4 %) avec les comtés de Bedfordshire, Cambridgeshire, Essex, Hertfordshire, Norfolk et Suffolk. Le Pays de Galles représente 1 % du vignoble viticole ; l'Écosse et l'Irlande du Nord n'ont pas de vignobles commerciaux.

→ À l'exemple du domaine Exton Park, le vignoble du Hampshire, dans la région de Southampton, produisent de très bons vins effervescents.

40

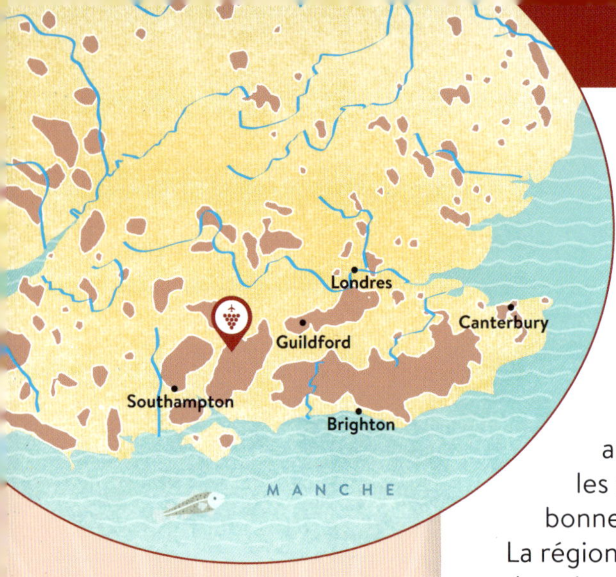

Angleterre du Sud-Est

Les trois-quarts des vignobles du Royaume-Uni se trouvent dans l'Angleterre du Sud-Est, en particulier dans le Kent, dans le Sussex de l'Est, le Sussex de l'Ouest, le Surrey et le Hampshire, ces comtés étant situés au sud de Londres. Avec une température moyenne annuelle de 11,2 °C et des précipitations annuelles souvent inférieures à 650 mm, c'est l'une des régions les plus chaudes, les moins pluvieuses et les plus ensoleillées du Royaume-Uni. Ainsi, elle offre de bonnes conditions pour la culture de raisins de haute qualité pour un pays du Nord. La région attire d'ailleurs de plus en plus d'investisseurs étrangers souhaitant y établir un domaine pour la production de vins effervescents. C'est notamment le cas de la maison de champagne Taittinger, qui a déjà planté 28,5 hectares dans le Kent.

POINTS-CLÉS

latitude	50°48'-51°21' N
altitude	0-120 m
climat	océanique, plutôt chaud, sans saison sèche
pluviométrie	650 mm
surface totale du vignoble	2 189 hectares
production	72 500 hectolitres
type de sols	craie et marne
les cinq principaux cépages	chardonnay pinot noir pinot meunier bacchus seyval blanc

LE SAVIEZ-VOUS ?

Sur l'ensemble des vins britanniques vendus chaque année, 54 % le sont sur le marché traditionnel (restauration, caves et grande distribution), 32 % aux domaines et 6 % par internet. Enfin, 8 % sont exportés à destination de 40 pays, les plus gros marchés étant les États-Unis (22 %), la Norvège (18 %), l'Asie (12 %), le Danemark (10 %) et la Suède (10 %).

INCONTOURNABLE

L'English Wine Week est l'événement incontournable pour tout amateur curieux de découvrir les vins anglais. Chaque année, entre fin mai et début juin, certains des meilleurs vignobles ouvrent leurs portes au public. Visites guidées, pique-niques dans les vignobles ou encore promenades à vélo sont proposés.

Les cépages chardonnay, pinot noir et pinot meunier s'épanouissent pleinement sur les sols de craie de l'Angleterre du Sud-Est.

Coups de cœur

Vins effervescents

- **Blanc de Blancs 2010** du domaine Gusbourne : chardonnay 100 %, élevé 3 ans sur lies fines.
  De jolis arômes de pain grillé, de fruits blancs mûrs et de noisette. Bulle fine avec de la rondeur en bouche, de la minéralité et une finale complexe. Exquis avec une tranche de gâteau à la carotte !

- **Rosé** du domaine Exton Park : pinot noir 70 %, pinot meunier 30 %, non millésimé, élevé 18 mois sur lies fines.
  Un vin charmeur, aux arômes de fruits rouges et de nectarine. Bulle fine, avec une belle tension en bouche. Parfait pour l'apéritif !

Coates & Seely, près de Whitchurch dans le comté de Hampshire, est l'un des domaines les plus en vogue pour ses vins effervescents.

Le point de vue Wine Explorers

La finesse et la complexité de certains vins effervescents produits dans l'Angleterre du Sud-Est est remarquable. À l'aveugle, on pourrait les confondre avec les bulles de l'Hexagone. En vin tranquille, le pinot noir, le chardonnay et le seyval blanc donnent des résultats intéressants.

PORTRAIT

Fred Langdale
viticulteur
au domaine Exton Park
né en Angleterre
(Guildford) en 1982

Fred a d'abord travaillé en 2001 comme saisonnier au domaine Peregrine Estate, près de Queenstown, dans le Central Otago néo-zélandais. De retour au Royaume-Uni, il étudie la viticulture au Plumpton College, dans le Sussex de l'Est, tout en travaillant pour le domaine Davenport, dans le Kent. Il a ensuite travaillé pour le domaine L'Avenir en Afrique du Sud et pour le domaine Nyetimber au Royaume-Uni. En 2008, il intègre l'équipe du domaine Exton Park, dans le Hampshire.

« *J'ai fait le choix d'une viticulture responsable en préservant un maximum les mauvaises herbes pour aider à l'enrichissement des sols. C'est seulement en effectuant un travail rigoureux et respectueux de l'environnement dans le vignoble que l'on peut produire de beaux raisins… et éventuellement de bons vins ! Notre vignoble est le rêve de tout viticulteur souhaitant produire des vins effervescents de qualité. Majoritairement composé de sols de craie similaires à ceux de la Champagne, qui offrent une grande diversité de sites sur un même domaine.* »

RUSSIE

13e vignoble mondial

pays producteur 13e

Bien que la Russie soit la plus grande nation au monde en superficie, la plupart de son territoire est trop froid pour la viticulture. Celle-ci se concentre naturellement dans le sud. Ses vins n'étant presque pas exportés, on se fait souvent une fausse image du vignoble russe. Imaginez simplement des domaines à la pointe de la technologie, produisant des vins délicieux, tranquilles ou effervescents...

UN PEU D'HISTOIRE

La viticulture et la production de vin auraient été initiées par les Grecs au Ve s. av. J.-C., sur les rives de la mer Noire et de la mer d'Azov voisine. Après des siècles de discrétion viticole, le tsar Nicolas II aménage en 1894 la cave de Massandra, près de Yalta en Crimée, pour approvisionner sa cour. Avec plus d'un million de bouteilles, c'est à ce jour l'une des plus belles collections du monde ; certains millésimes remontent à 1775. À la même période, le prince Lev Sergueïevitch Galitzine implante plus de 600 cépages dans son domaine de Novyi Svit, toujours en Crimée, et lance ainsi la viticulture moderne en Russie. À la fin des années 1950, l'URSS opte pour la production de vin de masse. Seules quelques sociétés d'État et des coopératives ouvrières ont le monopole de l'embouteillage. Avant la campagne de prohibition menée par Gorbatchev en 1985, le vignoble comptait plus de 400 000 hectares. La dissolution de l'URSS en 1991 marque le début de la privatisation des domaines et une hausse de la qualité des vins produits.

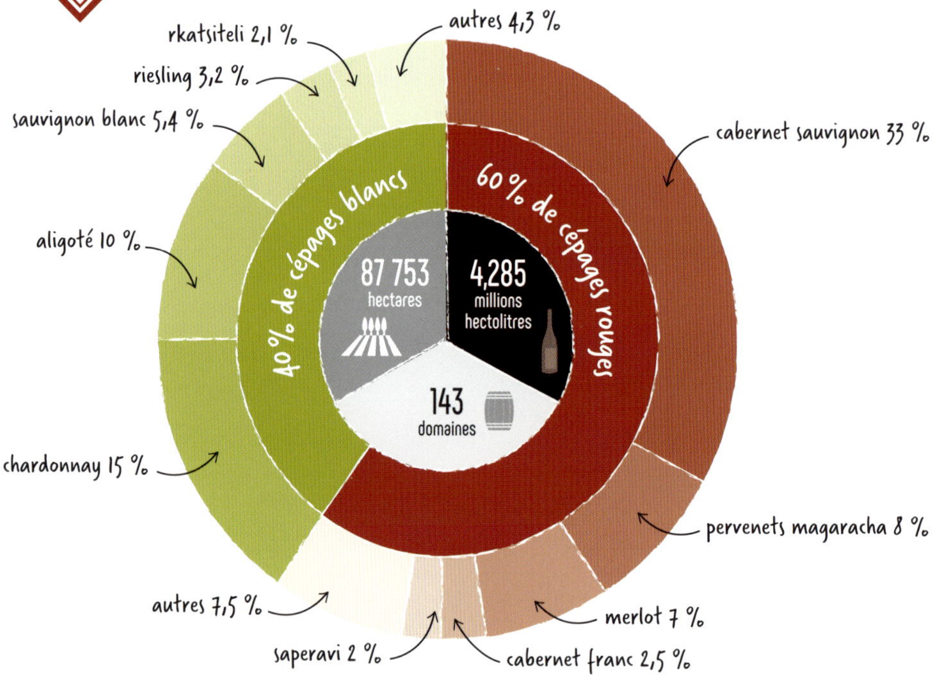

Hormis un petit vignoble de 300 hectares à Nizhnyaya Ivolga dans l'Extrême-Orient russe, 99,5 % du vignoble russe se situe dans le sud-ouest du pays, entre les 42e et 47e parallèles Nord. La plus grande région de production est le kraï de Krasnodar (31 % du vignoble), le long de la mer Noire, suivie de la péninsule de Crimée (29 %) à côté et la république du Daghestan (23,5 %), plus au sud, vers la frontière azerbaïdjanaise, de l'oblast de Rostov (6,5 %), du kraï de Stavropol (8,5 %) et de la république de Kabardino-Balkarie (1,5 %), à mi-chemin avec la mer Caspienne. Le fait que ces régions, appartenant toutes au Caucase du Nord hormis la Crimée, se situent toutes entre la mer Noire et la mer Caspienne est capital pour la viticulture : sans ces influences maritimes modératrices, le climat serait trop extrême pour une viticulture de qualité. À peine 1 % de la production de vin russe est exporté, principalement à destination de la Chine (19,8 %) et du Kazakhstan (17,3 %).

→ Le vignoble du domaine Fanagoria, sur la péninsule de Taman, se trouve là où les Grecs auraient apporté la vigne en Russie, juste en face de la péninsule de Crimée.

kraï de Krasnodar

Bordé par les rives de la mer d'Azov et de la mer Noire dans sa partie occidentale et séparé de la péninsule de Crimée par le détroit de Kertch, le kraï de Krasnodar est une vraie belle découverte viticole. Le climat, avec une tendance continentale humide plus on va dans les terres et une influence plus méditerranéenne quand on est proche de la mer, offre 300 jours de soleil par an, avec une température estivale moyenne de 24 °C. Le vignoble, qui représente 31 % de la surface viticole nationale pour 39,5 % de la production, se trouve sur les mêmes latitudes que des régions viticoles emblématiques comme le Bordelais, le Piémont et l'Oregon. L'œnotourisme y est très développé et de nombreux domaines proposent la célébration de mariages sur les week-ends, les russes raffolant de ce genre d'endroits pour célébrer leur union.

POINTS-CLÉS

latitude	43°30'-46°50' N
altitude	100-500 m
climat	subtropical humide, sans saison sèche
pluviométrie	910 mm
surface totale du vignoble	25 600 hectares
production	1,7 million d'hectolitres
type de sols	sols de châtaigniers sur la péninsule de Taman, carbonatés autour de Novorossiysk, alluviaux au niveau de l'estuaire du Kouban, bruns sur les collines du Caucase
les cinq principaux cépages	chardonnay 10,2 % cabernet sauvignon 9,8 % pervenets magaracha 7,5 % merlot 6 % cabernet franc 5 %

LE SAVIEZ-VOUS ?

Le champagne russe, qui deviendra quelques années plus tard *sovietskoïé champanskoïé*, a été créé en 1878 par le prince Lev Sergueïevitch Galitzine. Il est élaboré à partir de la fameuse « méthode russe » : le vin circule en continu dans une série de cuves en inox contenant des copeaux de chêne, où les levures se fixent et permettent la fermentation du vin. Avec la dernière cuve, le vin est devenu mousseux ; il est immédiatement mis en bouteille.

INSOLITE

Kuban Vino est le plus grand domaine russe. Créé en 1956 dans le village de Starotitarovskaya, c'était au départ un chai de petite taille. Entre 1999 et 2002, il est vendu à Victor Bostan, propriétaire du château Purcari en Moldavie, qui le modernise et le transforme en géant de l'industrie. Le vignoble compte près de 12 000 hectares pour 56 millions de bouteilles produites par an, sous la marque « Château Tamagne ».

Situé sur les contreforts du Grand Caucase, le domaine Lefkadia est l'un des plus prometteurs de Russie

COUPS DE CŒUR

Vin effervescent

Temelion Blanc de Blanc 2012 du domaine Lefkadia : chardonnay 100 %, élevé 40 mois sur lies fines.
Complexe, avec de jolis arômes de fruits blancs mûrs, d'agrumes, de pain grillé et de noisette. La bulle est fine, avec beaucoup de fraîcheur et de la longueur. Une belle surprise.

Vin rouge

Krasnostop 2010 du domaine Burnier : *krasnostop zolotovsky* 100 %, élevé 18 mois en fûts de chêne. Un vin superbe, tout en finesse, avec des arômes de prune, de clou de girofle et de poivre vert. La bouche est aérienne, avec des tannins veloutés et une grande complexité. Un délice avec des *goloubtsy*, les choux farcis à la russe.

LE POINT DE VUE WINE EXPLORERS

Hormis les vignobles historiques de Crimée et leurs grands crus, le kraï de Krasnodar est l'un des terroirs les plus propices à une viticulture de qualité. Il abrite un vignoble magnifique, où sont produits des vins majoritairement solaires et opulents, gardant pour les plus fins de la fraîcheur et une structure tannique remarquable. Le cépage *krasnostop zolotovsky* en rouge est une merveille à découvrir !

PORTRAIT

Alexeï Tolstoï
vigneron et propriétaire du domaine Usadba Markotkh
né en Russie (Varenikovskaya) en 1978

Fils de viticulteur, il grandit dans le kraï de Krasnodar. En 2000, il obtient son diplôme en viticulture et œnologie de l'université technologique d'État du Kouban. Il est impliqué dans plusieurs projets, dont les domaines Tolstoy Family Winery et Usadba Markotkh.

« *Markotkh tire son nom des collines qui entourent nos vignobles. Ceux-ci se développent du côté le plus chaud et le mieux adapté pour la viticulture. Ici poussent cabernet sauvignon, merlot, syrah, marselan, saperavi et ancelotta en rouge, sauvignon blanc, chardonnay, viognier, aligoté et rkatsiteli en blanc, sur des sols de roches tranchantes d'argile brune et de calcium. Les pneus des tracteurs sont mis à rude épreuve et doivent être changés très souvent ! La viticulture russe moderne commence tout juste et je suis fier d'en faire partie. J'élève mes vins dans des fûts de chêne caucasien : les tannins sont diffusés plus rapidement qu'avec le chêne français, mais plus lentement qu'avec le chêne américain...* »

Usadba Markotkh est un domaine familial de 12 hectares, situé face à la mer Noire, près de la station balnéaire de Gelendzhik.

SÉNÉGAL

Nguékhokh

86e vignoble mondial

pays producteur **87e**

Le domaine du Clos des Baobabs, avec ses 3 hectares, est à ce jour le seul et unique vignoble d'Afrique de l'Ouest. On y produit un vin rare dans des conditions extrêmes. Chaque année, termites, singes, oiseaux et harmattan sont de la partie.

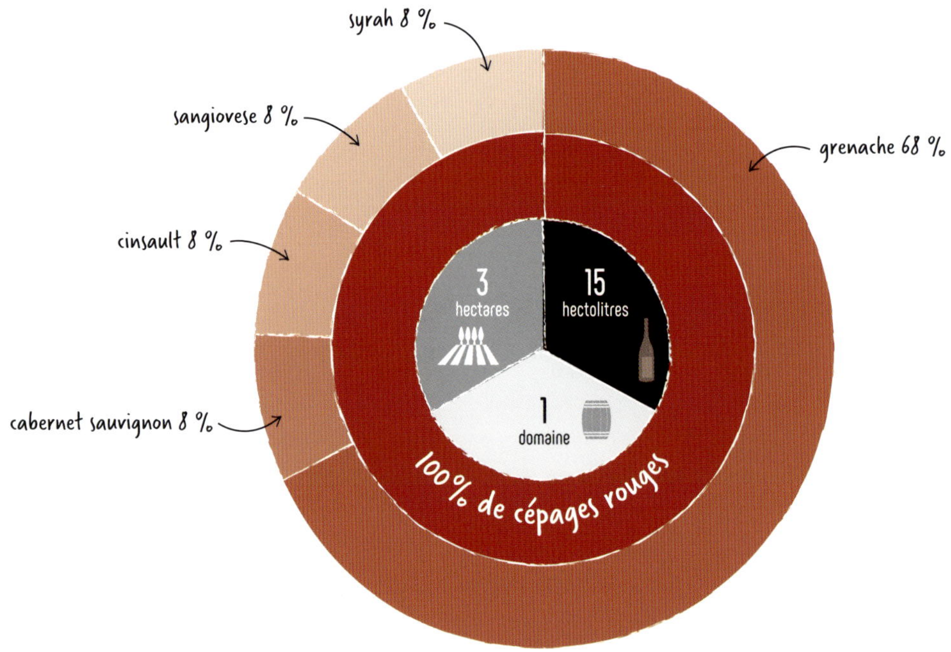

UN PEU D'HISTOIRE

Dans un pays pourtant sous influence de l'empire colonial français pendant près de trois siècles, entre le XVIIe s. et l'indépendance de 1960, jamais aucun projet viticole n'avait encore été tenté. Jusqu'à ce que deux hommes, animés d'une même passion, ne réalisent l'impensable en janvier 2013 : inscrire le Sénégal sur la carte viticole mondiale en y plantant son premier vignoble. L'année 2019 marque la première commercialisation du vin du domaine du Clos des Baobabs. Pour l'anecdote, un seul autre projet de vignes avait été tenté auparavant, dans la région de la Grande Côte : 75 hectares de raisins de table plantés au début des années 2000 mais aujourd'hui à l'abandon, faute de résultats probants.

À peine 2 000 bouteilles d'un vin rouge 100 % issu du grenache, 3 hectares plantés à 5 000 pieds par hectare, dont 2 de grenache et 1 hectare expérimental où l'on trouve du cabernet sauvignon, du cinsault, du grenache, du sangiovese et de la syrah. Le vignoble se trouve dans la région de la Petite Côte, à 15 km de la mer. Climat de steppe de type sahélien, avec une température qui ne descend jamais en dessous de 14 °C. Deux saisons distinctes : une saison sèche de novembre à mai, nécessitant une irrigation du vignoble, et une saison des pluies de juin à octobre. Principaux défis : les attaques de termites sur les pieds de vigne, les singes et les oiseaux gourmands de raisins, les rats palmistes qui boivent l'eau des systèmes d'irrigation et grignotent les tuyaux, et l'harmattan, un vent chaud dévastateur capable de brûler toutes les fleurs et de griller la vigne sur pied. Un seul avantage : on peut programmer la vendange.

POINTS-CLÉS

latitude	14°46' N
altitude	50 m
type de sols	sablo-limoneux, avec une activité biologique riche

Comme ici en période de taille, Abdoulaye Ndiaye, le chef de culture, veille sur le vignoble à l'année.

LE POINT DE VUE WINE EXPLORERS

On ne peut qu'être admiratif devant le défi que représente la production de vin au Sénégal. Malgré cela, le vin est bon : frais, juteux et sur le fruit. Avec une extension prévue à 5 hectares et l'investissement dans un chai, le Clos des Baobabs n'a pas fini de faire parler de lui.

PORTRAITS

Philippe Franchois
à la vigne, né au Sénégal (Dakar) en 1952

François Normant
au chai, né en France (Paris) en 1966

Juriste de formation et passionné de vin, Philippe n'avait qu'une idée en tête après un long séjour en Bourgogne dans le milieu des assurances : revenir au pays de son enfance et y relever le défi d'un projet viticole durable. Docteur en chimie, François décide en 2008 de s'expatrier avec sa femme sénégalaise à Nguékhokh, dans la région de la Petite Côte, afin d'y développer un projet agricole innovant sur des terres qu'il avait achetées.

« *Après avoir été mis en relation par des amis communs, nous avons réalisé la complémentarité de nos projets respectifs et décidé de nous associer en créant un vignoble sur les terres de François.* » (Philippe)

« *Nous sommes fiers d'avoir réalisé le premier vin sénégalais, même si les défis sont nombreux au quotidien, à commencer par la maîtrise de la fructification en l'absence de saisons hivernales froides, comme en Europe.* » (François)

SERBIE

26e vignoble mondial

pays producteur **34e**

Bien moins connu que ses voisins croate, roumain et bulgare, mais situé sur les mêmes latitudes que le Piémont ou le Bordelais, le vignoble serbe mérite que l'on s'y intéresse. Malgré une situation économico-politique complexe et une non-adhésion à l'Union européenne, la viticulture y est en plein essor depuis le début des années 2000.

UN PEU D'HISTOIRE

La viticulture serait apparue avec les Thraces qui occupaient les rives de la Morava il y a 4 000 ans. En l'an 92, l'édit de l'empereur romain Domitien l'interdit. Elle est réintroduite au IIIe s. par Marc Aurèle, notamment en Syrmie, et continue de se développer au Moyen Âge avec la diffusion du christianisme. Les dynasties slaves au pouvoir l'érigent alors en véritable tradition. Sous le règne de Dušan au XIVe s.,,de nouveaux cépages sont même introduits pour la diversifier. Puis l'industrie du vin décline avec l'occupation ottomane entre 1459 et 1804. Devenue illégale, elle perdure toutefois avant de connaître un âge d'or pendant la principauté de Serbie, entre 1815 et 1882. Les premières coopératives viticoles sont fondées à partir de 1903 mais la viticulture souffre de l'arrivée du phylloxéra. De la Première Guerre mondiale aux conflits qui ravagent la région entre 1991 et 2001, en passant par une politique yougoslave interventionniste, le vignoble est affaibli et perd les trois quarts de sa surface au cours du XXe s.

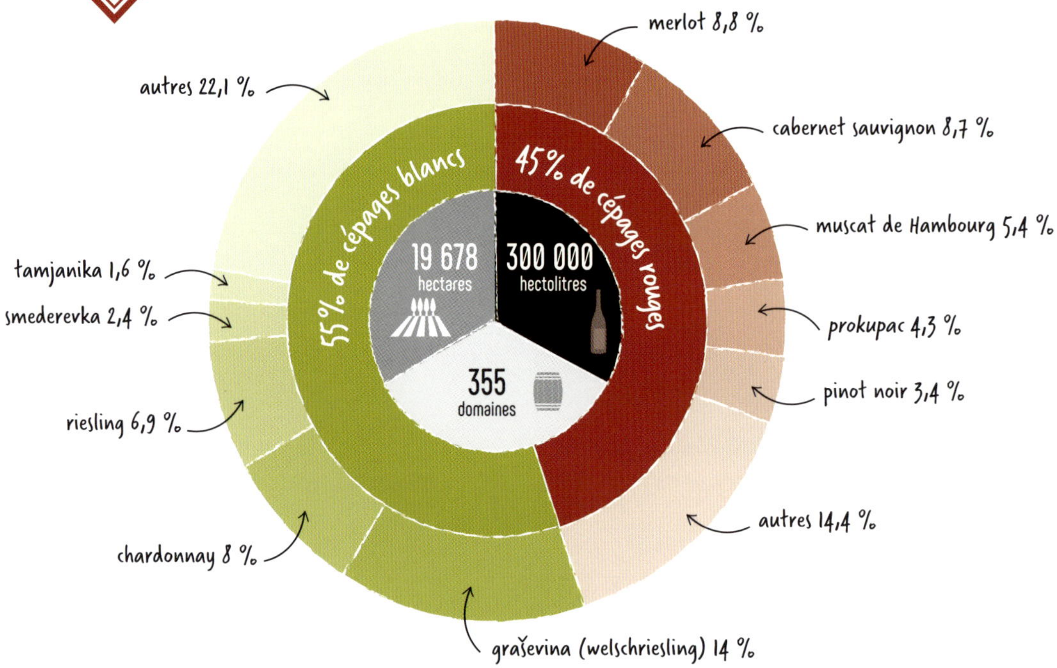

Planté entre 600 et 2150 m d'altitude, le terroir serbe est propice à la production de grands vins, surtout dans le centre du pays. Cependant, le vin serbe n'est pas souvent présent sur les marchés internationaux, du fait de tensions politiques et culturelles qui persistent depuis les années 1980. On compte deux régions viticoles : au nord, dans la plaine de Pannonie, la province de Voïvodine (24,4 % de la surface) produit des vins blancs riches et aromatiques, et des vins rouges légers ; dans la partie occidentale des Balkans, la Serbie centrale (75,6 %) produit des vins rouges plus racés et puissants. La Voïvodine est divisée en 7 sous-régions, dont les plus importantes sont la Syrmie (1 890 hectares) et le Banat méridional (1 370 ha). La Serbie centrale est divisée en 13 sous-régions viticoles, dont les plus importantes sont : Tri Morave (6 160 ha), Leskovac (1 300 ha), Šumadija (1 150 ha) et Niš (1 070 ha).

→ Près d'Aleksandrovac, en Tri Morave, le prokupac règne en maître dans le vignoble du domaine Budimir, au premier plan.

Tri Morave

Avec 7 529 hectares plantés, dont 6 161 hectares pour la production de vin et 1 367 pour le raisin de table, c'est la plus grande région viticole serbe. On y compte 70 domaines et plus de 1 600 viticulteurs. Les cépages rouges dominent avec les deux tiers de l'encépagement. Les vignobles sont principalement concentrés autour de Trstenik (33,2 % du vignoble) au nord-ouest, de Kruševac (32,5 %) au nord-est et d'Aleksandrovac (24,3 %) au sud. Plus de la moitié des vignobles se trouvent entre 300 et 400 m d'altitude, sur des coteaux exposées plein sud, avec des pentes allant de 10 à 55 %. La région est entourée de montagnes : les monts Gledić et Bešnjaja à l'ouest et au nord, les monts Goč, Kopaonik, Željin et Jastrebac au sud, les monts Beljanica, Kučaj, Rtanj et Ozren à l'est. Ils ont pour effet de modérer le climat : les hivers sont plutôt doux, avec des maximales de – 3 °C, et les étés agréables, où les températures dépassent rarement 27 °C.

POINTS-CLÉS

latitude	43°21 -44°07' N
altitude	200-650 m
climat	continental, sans saison sèche
pluviométrie	740 mm
surface totale du vignoble	6 160 hectares
production	84 000 hectolitres
type de sols	principalement argilo-calcaires ; les sols argileux stockent l'eau de pluie du fait de leur structure minérale et alimentent ainsi les vignes
les cinq principaux cépages	cabernet sauvignon merlot *prokupac* sauvignon blanc riesling

LE SAVIEZ-VOUS ?

Le *prokupac* est un cépage ancien des Balkans, probablement originaire de Serbie où il a longtemps été la variété rouge dominante, a priori depuis le Moyen Âge. Il est principalement planté le long de la Morava occidentale et de la Morava méridionale. Vigoureux, sa maturation est tardive et il se caractérise par des baies à la peau épaisse.

INCONTOURNABLE

Visiter Aleksandrovac, la capitale du vin serbe depuis 1196, lorsque le souverain Stefan Nemanja, fondateur de la dynastie des Nemanjić, offra les vignobles environnants au monastère de Studenica. Inscrit depuis 1986 sur la liste du patrimoine mondial de l'Unesco, le plus grand des monastères orthodoxes serbes accueille chaque mois de septembre, après les vendanges, une fête en plein air avec des concerts. On peut remplir son verre dans les fontaines où le vin coule à flot !

Le vignoble du domaine Ivanović, dans le sud de la Serbie centrale, se trouve aux portes d'Aleksandrovac.

COUPS DE CŒUR

Vin blanc

- **Tamjanika N°3/4 2016** du domaine Ivanović : tamjanika 100 %, élevé 5 mois en barriques neuves.
Vin charmeur, aux arômes de fruits exotiques, de vanille et de pêche blanche. Un joli gras en bouche et une finale sur la mangue. Délicieux avec un *ajvar*, cette purée de poivron rouge avec de la tomate, relevée à l'ail et au piment, que l'on peut simplement déguster sur du pain grillé.

Vin rouge

- **Prokupac boje Lila 2011** du domaine Budimir : *prokupac* 93 %, merlot 7 %, élevé 6 mois en cuve inox, puis 10 mois en barriques neutres.
Des arômes de mûre, de cerise noire, de cuir et de poivre gris. La bouche est juteuse, avec des tannins fondus et de la longueur. À carafer !

Vignoble du domaine Doja, créé en 2008 près de Blace dans le district de Toplica, l'une des 13 sous-régions viticoles de la Serbie centrale, toute proche de la Tri Morave.

LE POINT DE VUE WINE EXPLORERS

La région est idéale pour la production de vins fins. Le *prokupac* y donne des vins très complexes, parfois fermés dans leur jeunesse, donc à carafer, avec un potentiel de garde incroyable. Le cabernet sauvignon et le merlot semblent également y avoir trouvé leur place !

PORTRAIT

Budimir Zdravković
propriétaire
et œnologue
du domaine Budimir
né en Serbie (Boturići)
en 1934

Né à seulement 10 km du vignoble actuel, Budimir est issu d'une famille de vignerons qui se transmet le même vignoble de 11 hectares depuis 1878. Aujourd'hui, on y atteint la sixième génération. C'est en passant toute sa vie dans la vigne qu'il a appris le métier. Pour lui, le vin doit être élaboré le plus naturellement possible. Avec plus de 70 vendanges derrière lui, il s'occupe encore du domaine avec sa famille et élabore les vins avec énergie et précision, ce qui impose le respect !

« *Le vin est un être vivant : il naît, grandit et mûrit. Pour cela, il doit être compris et aimé. Nos vignes sont presque toutes centenaires. Un patrimoine rare, travaillé exclusivement à la main, sur de jolis coteaux en pente. Nos vins sont un savant mélange de tradition, de savoir-faire et de technologies modernes. Je conseille souvent à mes jeunes collègues de ne pas courir après l'argent : le plus important quand on est vigneron, c'est d'aimer ce que l'on fait et être passionné. Ceux qui possèdent ces qualités sont ceux qui réussissent !* »

SLOVAQUIE

33e vignoble mondial

pays producteur 33e

Redevenue officiellement indépendante en 1993, la Slovaquie est enclavée entre cinq pays viticoles : l'Autriche et la République tchèque à l'ouest, la Pologne au nord, l'Ukraine à l'est et la Hongrie au sud. Connue pour ses eaux-de-vie à base de prune ou de baie de genévrier, elle l'est moins pour ses vins. Pourtant, c'est un véritable bijou viticole et un grand terroir.

UN PEU D'HISTOIRE

Les premières traces écrites de viticulture en Slovaquie remontent au IXe s., après l'arrivée de moines bénédictins venus de Hongrie et la création du monastère de Zobor, dans la région de Nitra. Sous l'invasion tatare, en 1241, le vignoble est en grande partie détruit et mettra plusieurs siècles pour se reconstituer. Aux XVIIIe et XIXe s., la production de vins liquoreux prédomine et se concentre principalement autour de Bratislava. Entre les hivers rigoureux, les fortes gelées et l'apparition du phylloxéra en 1885, la fin du XIXe s. est une période désastreuse. Au XXe s., la collectivisation des vignobles et le choix du rendement au détriment de la qualité sous l'ère communiste meurtrissent davantage le secteur viticole. Après la révolution de velours en 1989, un programme de restitution des terres est instauré. Dans les années qui suivent, on assiste à la renaissance des traditions viticoles : de nouveaux domaines voient le jour et le pays retrouve une production de qualité. Un positionnement renforcé depuis 2004, à la suite de l'adhésion de la Slovaquie à l'Union européenne.

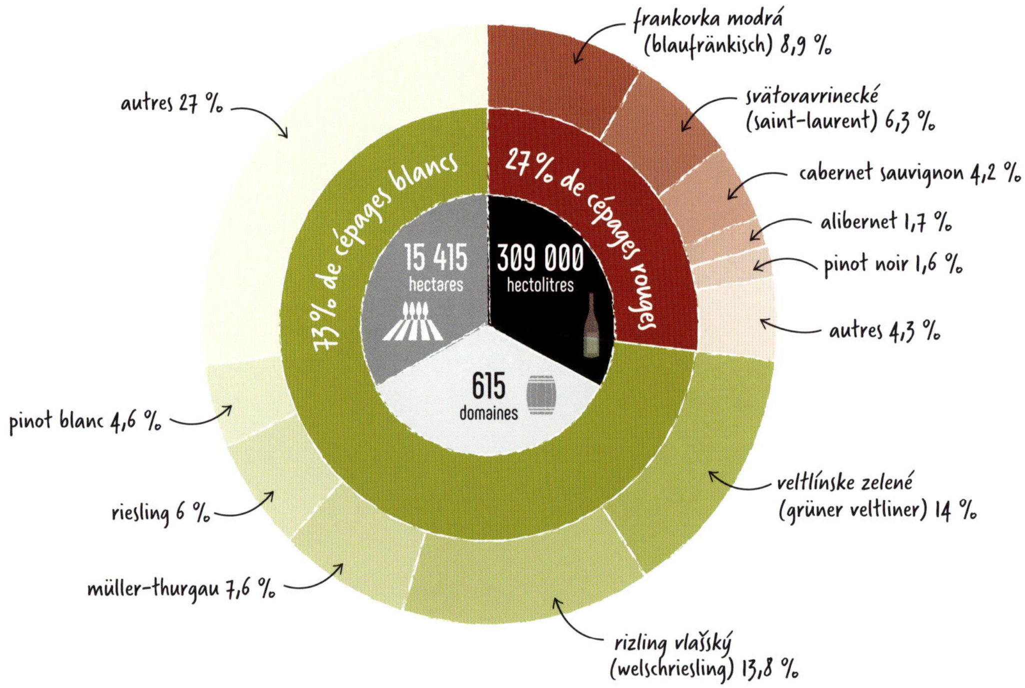

15 415 hectares sont répartis en 6 régions viticoles, d'ouest en est : Petites Carpates (28,5 %), Slovaquie méridionale (29,6 %), Nitra (17,6 %), Slovaquie centrale (11,9 %), Slovaquie orientale (5,9 %) et Tokaj (6,5 %). Au total, 79 % de la production possède l'appellation d'origine DSC (Districtus Slovakia Controllatus). Les conditions climatiques sont plutôt favorables aux cépages blancs, plantés sur près des trois quarts du vignoble. Tokaj est une région à part, avec ses vins blancs issus des cépages furmint, hárslevelű et muscat blanc à petits grains.

→ Découverte du domaine HR Winery, créé en 2012 à Gbelce, dans la région de Nitra, en compagnie de Beata Saskova, son oenologue.

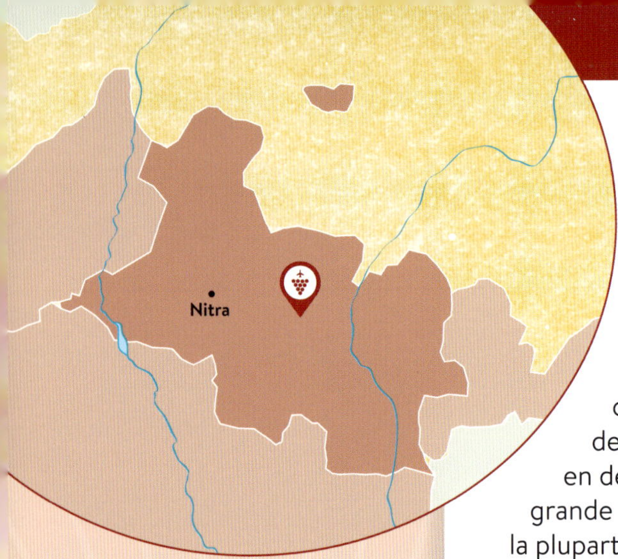

Nitra

Avec 3 248 hectares plantés, Nitra est la troisième région viticole slovaque. Grâce à de faibles précipitations, une température moyenne de 18 °C pendant la période de végétation et près de 2 200 heures d'ensoleillement par an, elle bénéficie de conditions climatiques optimales pour la viticulture, notamment en blanc. Entre la fin de l'automne et le début de l'hiver, il n'est pas rare que les températures descendent en dessous de – 7 °C, permettant certaines années la production de vins de glace d'une grande finesse. La route des vins de Nitra, divisée en quatre itinéraires permettant de visiter la plupart des domaines de la région, est l'un des hauts lieux touristiques du pays.

POINTS-CLÉS

latitude	47°49'-48°39' N
altitude	100-350 m
climat	chaud avec des hivers doux au sud et des hivers plus froids au nord
pluviométrie	570 mm
surface totale du vignoble	3 248 hectares
production	53 500 hectolitres
type de sols	argilo-limoneux et limoneux, avec une base importante de roche calcaire
les cinq principaux cépages	veltlínske zelené 22,4 % rizling vlašský 20,3 % müller-thurgau 8,6 % svätovavrinecké 7,5 % frankovka modrá 6,3 %

LE SAVIEZ-VOUS ?

Au sud-est de Košice, à la frontière hongroise, la Slovaquie a également droit à l'appellation Tokaj. En effet, la région qui appartenait précédemment à la Hongrie, a été coupée en deux après la Première Guerre mondiale. Cependant, d'après un accord de juin 2004 conclu entre les deux pays, elle n'a pas le droit de commercialiser ce vin au sein de l'Union européenne. Avant cette date, l'Union européenne ne reconnaissait même pas le Tokaj slovaque !

INCONTOURNABLE

Le Gurmán Fest est un week-end gastronomique organisé chaque année au mois de juin à Bratislava. On vient y pique-niquer en famille pour se délecter des plats signatures des meilleurs chefs cuisiniers du pays et des vins des vignerons slovaques les plus réputés, qui font le déplacement pour l'occasion.

Vignoble du domaine Tajna, planté en 2011 dans la région de Nitra.

Coups de cœur

Vin blanc

- **Rizling rýnsky 2013** du domaine Mrva & Stanko (Petites Carpates) : riesling 100 %, élevé 3 mois en cuve inox et 2 mois en fûts de 5 000 litres. Un vin blanc minéral, précis et élégant, qui s'accommode bien avec un *bryndzové halušky*, plat traditionnel à base de nouilles de pomme de terre, de fromage de brebis et de lard.

Vin rouge

- **Pinot Noir 2013** du domaine Tajna (Nitra) : pinot noir 100 %, élevé 1 an en barriques slovaques neuves de 300 litres. Un vin frais et croquant, aux parfums de cerise noire et d'épices, dont on se régale avec un lapin aux champignons sauce moutarde.

Dans le vignoble, tout est bon pour tenter d'effrayer les oiseaux, même un enjoliveur de voiture…

Le point de vue Wine Explorers

Sortant tout juste de quelques décennies chaotiques et désormais en pleine reconstruction, la Slovaquie mène désormais le combat de la reconnaissance de sa production sur le marché international. Son vignoble, aussi petit par la taille que grand par la qualité de ses vins, produit des vins d'une rare élégance, notamment en grüner veltliner, riesling et welschriesling.

PORTRAIT

Rastislav Demeš
fondateur
du domaine Tajna
né en Slovaquie (Nitra)
en 1973

Ce passionné de vin, après avoir consacré 22 ans de sa vie à d'autres activités, se voue aujourd'hui à l'accomplissement de son rêve : placer les vins slovaques sur la carte des vins européens. Pendant 11 ans, il rachète des terres auprès d'une centaine de propriétaires, parcelle après parcelle, pour constituer sur 25 hectares le domaine Tajna en 2011, dans la commune du même nom.

« *Je ne suis pas vigneron, mais je prends part à toutes les décisions importantes, au vignoble comme à la cave. Nitra est une région aux cépages endémiques nombreux et au caractère propre. En amoureux des bordeaux, j'aime tout particulièrement participer aux assemblages de nos cuvées issus de sémillon, sauvignon blanc, cabernet sauvignon, cabernet franc et merlot, qui donnent des résultats fantastiques ici !* »

SLOVÉNIE

28e
vignoble mondial
pays producteur
29e

Dans ce trésor vert préservé de l'Europe, les cultures germanique, slave et romaine se sont entremêlées depuis des siècles. Goutte d'eau dans l'océan viticole mondial, protégée par les Alpes au nord et influencée par la Méditerranée à l'ouest, la Slovénie est aussi l'une des destinations les plus intéressantes qui soient en matière de vins.

UN PEU D'HISTOIRE

Pionnière en Europe, la viticulture slovène s'est développée entre le Ve et le IVe s. av. J.-C. avec les tribus celtes et illyriennes. Elle prospère jusqu'au Ve s. Ensuite, l'Église en contrôle l'essentiel jusqu'au XVe s. Sous l'Empire austro-hongrois, à la fin du XIXe s., de nombreux domaines sont privés. Au sortir de la Première Guerre mondiale, le pays intègre ce qui deviendra le royaume de Yougoslavie et, au moment de sa reconstitution en 1945, elle devient État fédéré de la Yougoslavie socialiste de Tito. Les coopératives contrôlent alors presque toute la production de vin, une production de volume.
En 1967, le gouvernement slovène crée l'Association des entreprises viticoles et productrices de vin (PSVVS, aujourd'hui Vinska družba Slovenije) et impose des normes qualitatives sur la production. L'adhésion de la Slovénie à l'Union européenne en 2004, treize ans après son indépendance, puis son entrée dans l'espace Schengen en 2008 facilitent désormais l'agriculture transfrontalière et le commerce.

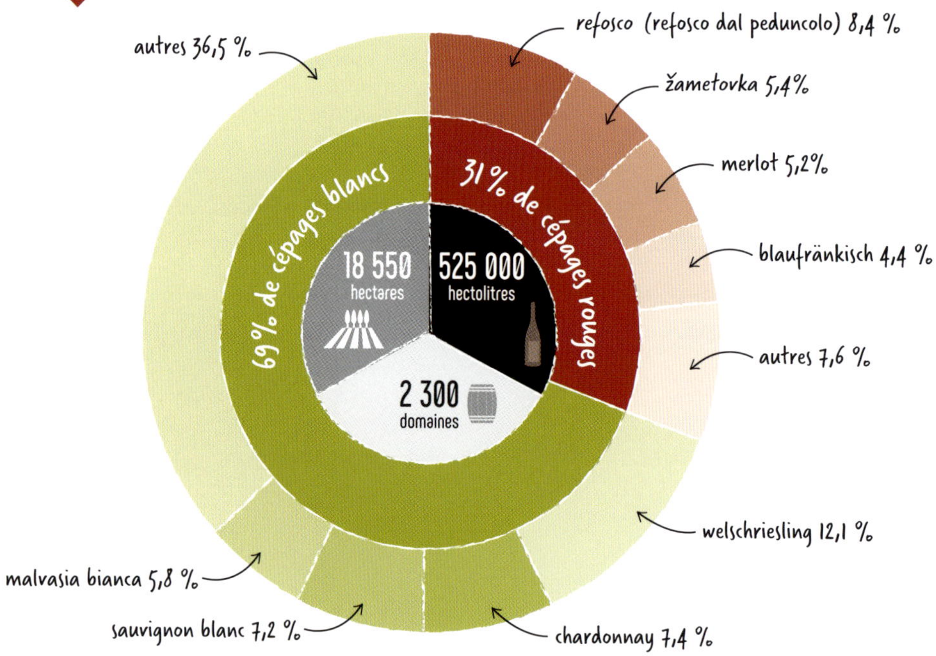

On compte 30 000 viticulteurs et vignerons en Slovénie, dont 2 300 ont une licence pour la mise en bouteille. Il y a 3 grandes régions viticoles. À l'ouest, Primorska (36,5 % du vignoble) compte 4 sous-régions : Goriška Brda, Vipavska Dolina, Kras et Slovenska Istra. C'est la région la plus développée, avec une forte influence italienne dans la viticulture et la gastronomie. À l'est, Posavska (19,9 %) compte 3 sous-régions : Bizeljsko-Sremič, Dolenjska et Bela Krajina. Elle est connue pour le cviček, un vin populaire titrant 8,5 à 10 degrés d'alcool, à l'acidité marquée, élaboré à partir de raisins blancs et rouges, avec une dominante de žametovka. Au nord-est, Podravska (43,6 %) compte 2 sous-régions : Prekmurje et Štajerska. Réputée pour ses vins effervescents et ses vins de dessert, elle produit 95 % de vins blancs.

→ Vignoble du domaine Vinakoper, sur la péninsule de Debeli Rtič, en Istrie, au sud-est et à la frontière italienne.

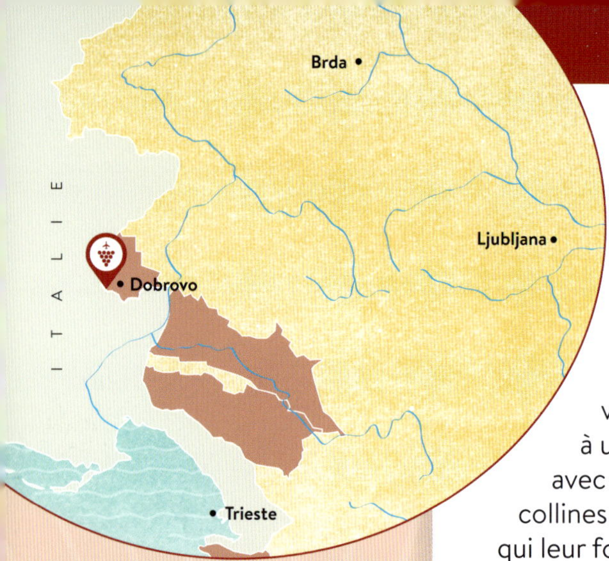

Goriška Brda

Avec des vignes à 233 m d'altitude en moyenne, des pentes comprises entre 16 et 30 % pour plus de moitié et entre 31 % et 50 % pour un cinquième d'entre elles, la région de Goriška Brda porte bien son surnom de « Toscane slovène ». 80 % du vignoble est disposé en terrasses. Sans contact direct avec la côte, mais se trouvant à une trentaine de kilomètres dans les terres, le climat y est de type méditerranéen, avec des précipitations plus importantes et des étés modérément chauds. Les basses collines de la commune de Brda s'ouvrent vers la plaine frioulane de l'Italie voisine, qui leur fournit de l'air marin chaud. De l'autre côté, se trouvent les Alpes juliennes et le plateau de Trnovska, protégeant les vignobles du froid alpin. Le *rebula*, originaire de la région transfrontalière entre le Frioul-Vénétie julienne et le littoral slovène, est le cépage emblématique de la région.

POINTS-CLÉS

latitude	46°03'- 45°65' N
altitude	55-586 m
climat	méditerranéen
pluviométrie	1 250 mm
surface totale du vignoble	1 900 hectares
production	77 000 hectolitres
type de sols	épaisses couches de marnes et de calcaire marneux oolithique (sorte de craie marneuse appelée *opoka* dans la région) ; mélange de grès et de marne (flysch) de l'Éocène
les cinq principaux cépages	*rebula* (ribolla gialla) 20,5 % chardonnay 17,5 % merlot 16,3 % sauvignonasse (friulano) 10,8 % pinot gris 10,4 %

LE SAVIEZ-VOUS ?

La plus ancienne vigne vivante au monde, certifiée par le *Guinness des records*, se trouve à Maribor, la deuxième plus grande commune urbaine de Slovénie après Ljubljana, la capitale. Son âge est estimé à au moins 350 ans et a pu être déterminé précisément par le scientifique Rihard Erker. Ce dendrologue a sondé méthodiquement la vigne à l'aide d'un microscope, afin de compter ses anneaux de croissance.

INSOLITE

Une partie du vignoble de Goriška Brda se trouve encore aujourd'hui en Italie. La frontière sinueuse qui sépare les deux pays est le résultat du traité de Paris signé en février 1947, imposé par les alliés au lendemain de la Seconde Guerre mondiale et rédigé à la hâte. Fermée ensuite pendant sept ans, cette limite arbitraire a divisé familles, propriétés et vignobles.

Vignoble de la région de Goriška Brda, à l'ouest, avec ses basses collines typiques, frontalières du Frioul italien.

COUPS DE CŒUR

Vin effervescent

Brut Rosé du domaine Bajna : pinot noir 80 %, *rebula* 20 %, élevé 30 mois sur lies fines, non millésimé. Une bulle fine, aérienne et complexe, avec des arômes de chèvrefeuille, de fruits rouges et de pain grillé. Délicieux avec un plat de *štruklji*, pâtes farcies aux épinards.

Vin blanc

Sauvignon Blanc 2014 du domaine Marjan Simčič : sauvignon blanc 100 %, élevé 23 mois sur lies fines en barriques neutres.
Ce vin a tout : élégance, finesse, caractère, un milieu de bouche gras et dense et une finale immense, avec beaucoup de fraîcheur... Waouh !

Vin rouge

Capo d'Istria Refosk 2011 du domaine Vinakoper (Istrie) : *refošk* (terran) 100 %, élevé 24 mois en barriques avec un tiers de fûts neufs. Un vin puissant, aux notes de cerise noire, de sous-bois et d'épices. Un régal avec une pièce de chevreuil !

Chai du domaine Marjan Simčič, affichant fièrement le terroir d'*opoka* jusque sur les murs.

LE POINT DE VUE WINE EXPLORERS

Si Goriška Brda compte le plus grand nombre de vins médaillés et de producteurs adulés de Slovénie, ça n'est pas un hasard. Cette scène viticole transnationale possède un terroir et un climat fabuleux, où les cépages, endémiques comme internationaux, s'épanouissent pleinement.

PORTRAIT

Marjan Simčič
propriétaire
du domaine Simčič
né en Slovénie
(Šempeter pri Gorici)
en 1968

Cinquième génération de vignerons, Marjan a toujours été prédestiné à suivre les traces de sa famille. Il s'exerce en Bourgogne, où il vinifie son premier millésime à l'âge de 20 ans, puis rentre en Slovénie au domaine familial, créé en 1860 par son aïeul Anton Simčič.

« *Un bon vin doit être le reflet de son terroir : élégant, minéral et persistant. Malgré les guerres, les multiples changements de frontière et les difficultés causées par la bureaucratie, nos vignobles familiaux sont toujours restés au même endroit. C'est une immense fierté ! Le positionnement géographique de Brda, ses sols et ses collines ondulantes aux expositions variées apportent un réel caractère aux vins, en particulier aux blancs. Les meilleurs chardonnays, sauvignons blancs et pinots noirs sont plantés sur les versants Nord et Est. Le rebula, lorsqu'il est planté sur les sols d'opoka, au sommet des collines ou sur les versants Ouest, produit des vins immenses !* »

SUÈDE

Trelleborg

73e vignoble mondial

pays producteur **76e**

Officiellement reconnu comme pays viticole depuis 1999, la Suède possède l'un des plus jeunes vignobles européens avec le Danemark et la Norvège. Son positionnement septentrional encourage la plantation de cépages interspécifiques (*piwi*) à plus de 95 %, plus résistants au froid et à l'humidité.

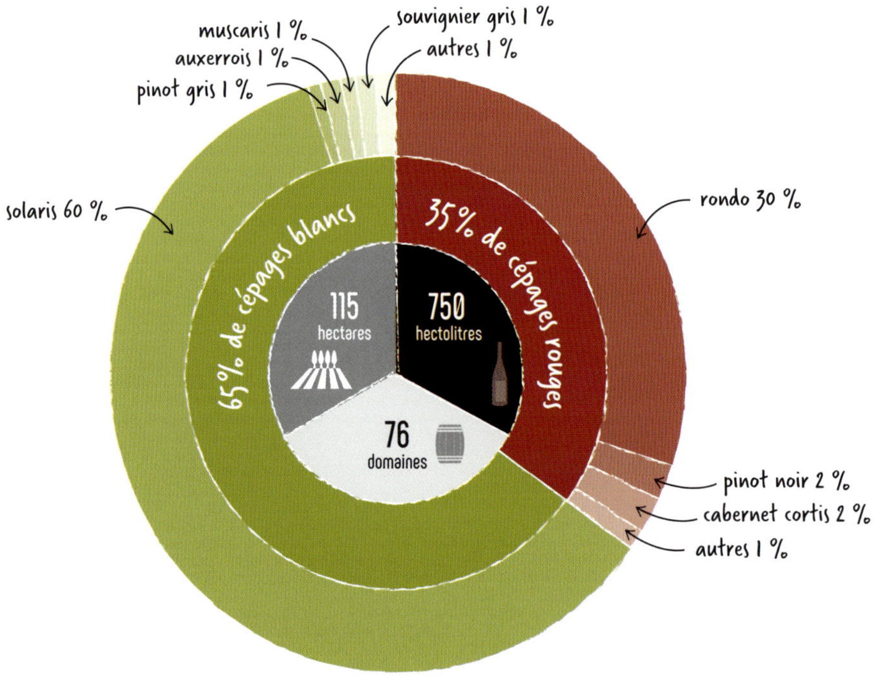

On compte 76 vignobles commerciaux en Suède, dont la superficie moyenne n'excède pas 1,5 hectare. S'y ajoutent environ 200 vignobles privés, d'une taille moyenne inférieure à 1 hectare. Bien que l'on trouve des vignobles au nord, autour du 55e parallèle, la vigne se développe davantage dans le sud du pays, là où l'ensoleillement est maximal. Ici, depuis les années 1990, les températures atteignent encore 25 °C à la mi-septembre, ce qui est essentiel pour amener les raisins à maturité. Seul bémol pour les viticulteurs : le Systembolaget, que l'on peut traduire par l'« entreprise du système ». L'État détient, par cette chaîne de magasins, le monopole des ventes de boissons alcoolisées dont le degré est supérieur à 3,5. Impossible donc de vendre son vin directement au domaine, à moins de posséder un restaurant pour le servir à table. Une frustration pour les touristes !

UN PEU D'HISTOIRE

La légende voudrait que des vignobles aient été cultivés en Suède au XIVe s. dans les jardins des monastères suédois, pour l'élaboration du vin de messe. C'était à l'époque de l'Ordre du Saint-Sauveur, fondé en 1344 par Brigitte de Suède. Toutefois, le climat ne permet pas de viticulture avec *Vitis vinifera* dans cette région. Il faut attendre la fin du XXe s. pour que le réchauffement climatique, la création de cépages résistants et la reconnaissance de la Suède comme un pays viticole agréé par l'Union européenne en 1999, pour voir la viticulture et les premiers domaines commerciaux apparaître. La plupart des vins suédois sont vendus via le Systembolaget, créé par l'État en 1955 pour réguler la vente d'alcool.

POINTS-CLÉS

latitude	55°21'-59°25' N
altitude	3-158 m
type de sols	argile, calcaire, gravier et sable, riches en minéraux et fertiles

Le vignoble du domaine Hällåkra, au nord-est d'Anderslöv dans le sud du pays, produit des vins délicieux

LE POINT DE VUE WINE EXPLORERS

Le climat froid, parfois hostile, et le faible ensoleillement rendent difficile la viticulture avec des *Vitis vinifera*. Certains *piwi*, cépages résistants comme le solaris, le muscaris ou le rondo, produisent des vins de plaisir à l'acidité marquée. Et il y a peut-être une carte à jouer du côté des vins effervescents !

COUP DE CŒUR

Vin blanc

- **Solaris 2014** du domaine Hällåkra : solaris 100 %, élevé 5 mois en cuve inox, non filtré. Nez intense avec des arômes de fruits blancs et d'agrumes. Une bouche avec une jolie mâche et une belle acidité. Très belle surprise ! Délicieux avec des *inlagd sill*, harengs marinés servis avec une crème fraîche à la ciboulette et des pommes de terre tièdes.

PORTRAITS

Lotta Hansson
cofondatrice du domaine Hällåkra
née en Suède (Småland) en 1963

Håkan Hansson
cofondateur du domaine Hällåkra
né en Suède (Hällåkra, dans la ferme familiale) en 1952

Håkan a travaillé dans le secteur financier et a été membre du Parlement suédois. Lotta est chef de cuisine. C'est sur la ferme familiale où Håkan est né et a grandi, à Anderslöv dans la commune de Trelleborg, que le couple a planté le vignoble d'Hällåkra en 2003. Un endroit idyllique, également dédié aux séminaires.

« *Notre philosophie est de produire des vins sans produits chimiques ni pesticides, avec une démarche de transparence vis-à-vis du consommateur. J'aime collaborer avec d'autres chefs pour trouver de nouvelles combinaisons de goûts entre les produits locaux et nos vins. Le domaine Hällåkra est un véritable laboratoire d'expérience œnologique.* » (Lotta)

« *Les températures douces en septembre, combinées à des nuits plus froides avoisinant 10 °C, donnent au raisin un profil aromatique fruité, avec une acidité scandinave caractéristique. En tant que jeune région viticole, nous avons encore beaucoup à apprendre et en même temps, nous avons une grande liberté de création.* » (Håkan)

SUISSE

34e vignoble mondial

pays producteur **23e**

Abritant quelques-uns des vignobles les plus pentus de la planète, la Suisse, autrefois réputée pour ses blancs, produit depuis le début des années 2000 une majorité de vins rouges. Chasselas, cornalin, humagne, arvine ou encore gamaret font le bonheur des œnophiles. Une production à découvrir majoritairement sur place, le pays exportant peu.

UN PEU D'HISTOIRE

Les habitants du Valais auraient commencé à cultiver la vigne vers 800 av. J.-C., bien avant l'époque gallo-romaine. En 58 av. J.-C., après la victoire de Jules César sur Divico, le chef des Tigurins, le territoire helvétique devient romain et le vin entre pleinement dans les mœurs. En 1141, à l'invitation de l'évêque de Lausanne, des moines cisterciens s'installent à Lavaux, au bord du lac Léman, où ils défrichent les coteaux en forte pente et plantent de la vigne, créant ainsi les bases de l'un des plus beaux vignobles du monde. En 1654, le chasselas, cépage blanc lémanique emblématique de la Suisse, est mentionné pour la première fois par Nicolas de Bonnefons, jardinier de Louis XIV, dans son livre, très populaire à l'époque, *Les Délices de la campagne*. L'oïdium fait son apparition en Suisse en 1851, le phylloxéra en 1871 et le mildiou en 1886. En 1988, le canton de Genève met en place les premières appellations d'origine contrôlée du vignoble suisse pour relancer la viticulture. Il est rapidement suivi par tous les autres cantons viticoles.

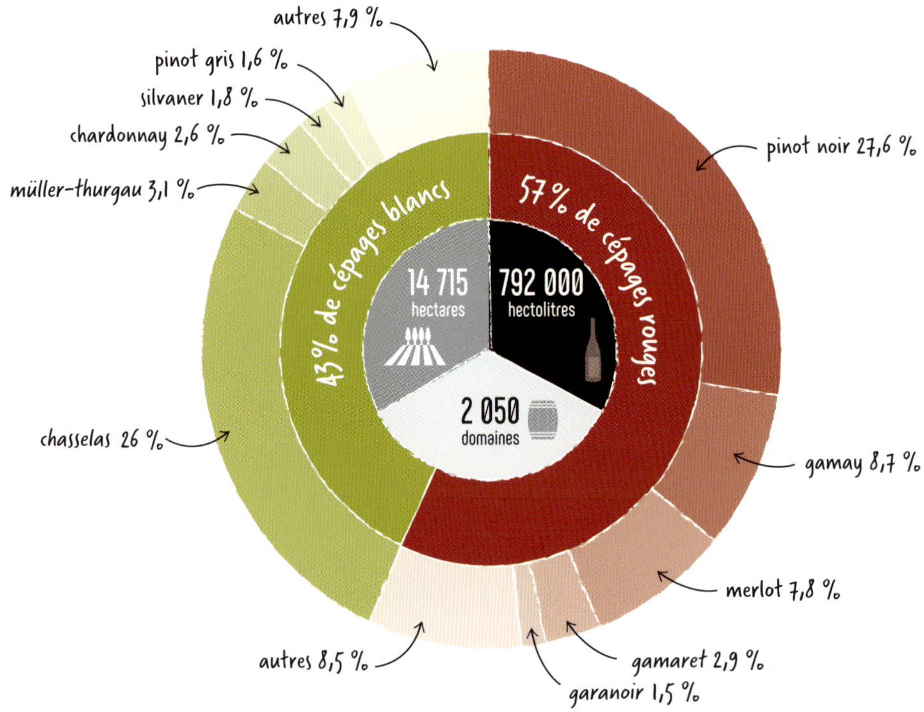

252 cépages endémiques font la richesse du vignoble suisse. Le chasselas et le pinot noir, les deux cépages les plus plantés, représentent plus de la moitié de l'encépagement. Le pays exporte à peine 1 % de vin chaque année. Les 62 AOC des 26 cantons viticoles suisses sont regroupées en six régions viticoles. À l'ouest : Genève (9,6 % de la surface viticole), Vaud (25,7 %), Trois-Lacs (6,3 %) et Valais (33 %). Au nord-est : Suisse Alémanique (18 %). Au sud-est : Tessin (7,4 %). Les vignes sont plantées entre 270 m (Tessin) et 1 100 m d'altitude (Valais), sur un relief accidenté, traversé par les Alpes pour les deux-tiers.

→ Le vignoble du Lavaux, dans le canton de Vaud, plonge dans le lac Léman.

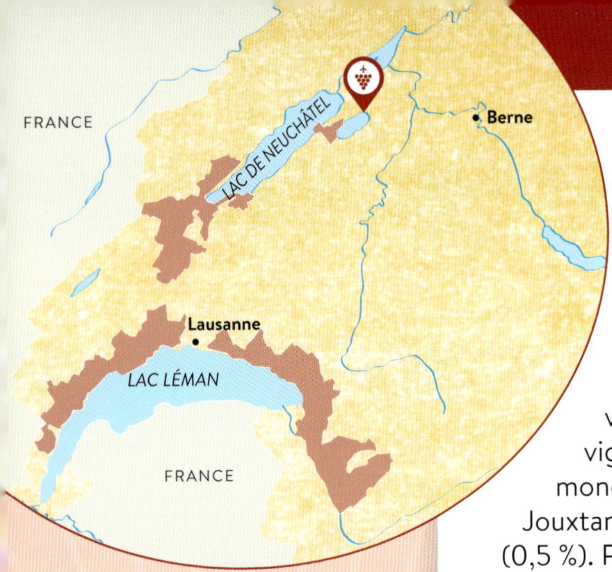

canton de Vaud

Les premières mentions de viticulture dans le canton remontent à l'an 996. On y compte aujourd'hui 65 % de cépages blancs et 35 % de cépages rouges. Avec près des deux tiers de l'encépagement, le *chasselas* est le cépage roi. Le vignoble se divise en 8 AOC. La Côte est la plus grande et représente 53 % du vignoble, suivie par Lavaux, avec ses terrasses inscrites en 2007 au patrimoine mondial de l'Unesco (19,6 %), et Chablais entre le lac Léman et les Alpes (15,2 %). Jouxtant le terroir de Lavaux, il y a deux AOC Grand Cru : Dézaley (1,2 %) et Calamin (0,5 %). Plus au nord, sur les rives des lacs de Neuchâtel et de Morat : Bonvillars (5 %), Côtes de l'Orbe (4,4 %) et Vully (1,1 %), Dans ce canton, très attaché à la notion de terroir, on ne parle jamais de chasselas, mais plutôt d'Yvorne, de Féchy, de Dézaley ou de l'un des quelques 150 lieux de production recensés.

POINTS-CLÉS

latitude	46°15'-46°53' N
altitude	360-650 m
climat	océanique chaud, avec 1 800 heures de soleil par an, influencé par les lacs qui créent des microclimats particulièrement propices à la culture de la vigne
pluviométrie	1 200 mm
surface totale du vignoble	3 750 hectares
production	290 000 hectolitres
type de sols	mosaïque de sols principalement constitués d'alluvions bénéficiant d'un bon drainage naturel lent
les cinq principaux cépages	*chasselas* 60 % *pinot noir* 12,9 % *gamay* 9,6 % *gamaret* 4 % *garanoir* 3,2 %

LE SAVIEZ-VOUS ?

L'abbaye de Saint-Maurice d'Agaune, fondée en 515 par le roi Sigismond de Bourgogne dans le canton du Valais actuel, est le plus ancien monastère d'Occident encore en activité et le plus ancien propriétaire de vignes au monde. En effet, l'abbaye possède toujours son propre vignoble, mille cinq cents ans après sa création !

INSOLITE

Le dalaï-lama est propriétaire de la plus petite vigne cadastrée du monde, à Saillon, dans le canton du Valais : la vigne à Farinet, qui s'étend sur 1,618 m^2 (le nombre d'or). Elle lui a été offerte en août 1999 par l'abbé Pierre. De très nombreuses personnalités s'y rendent chaque année pour l'entretenir. Elle supporte trois ceps et produit un peu de moût qui est assemblé à de bonnes cuvées pour produire mille bouteilles dont le profit des ventes est reversé à des œuvres caritatives.

Vignoble du domaine de Maison Blanche à Mont-sur-Rolle, dans le canton de Vaud.

COUPS DE CŒUR

Vins blancs

- **Chasselas Tradition 2014** du domaine de Maison Blanche : chasselas 100 %, élevé 6 mois dans des vieux foudres de 6 000 litres. Un vin blanc d'une grande finesse, avec des parfums d'aubépine, de fruits blancs et d'amande. En bouche, on se laisse envoûter par un joli gras qui tapisse le palais. Divin avec une truite du lac Léman.
- **Saint-Saphorin Grand Cru Les Blassinges 2018** de Pierre-Luc Leyvraz : chasselas 100 %, élevé 8 mois en cuve inox sur lies fines. Ce vin intense, minéral et généreux est sans aucun doute l'un des meilleurs chasselas du Lavaux. Dégusté seul à l'apéritif ou en accompagnement d'une fondue au gruyère suisse affiné douze mois, c'est un délice.

Situé entre 450 et 500 m d'altitude, le vignoble du domaine Burnier se trouve sur l'appellation Vully fribourgeoise, mitoyenne de l'appellation Vully vaudoise.

LE POINT DE VUE ★ WINE EXPLORERS ★

Petit par la taille mais immense par sa mosaïque de terroirs, riche de nombreux cépages autochtones, complexe par la singularité propre de chacun de ses 26 cantons viticoles, le vignoble suisse est fascinant. Rare et discret, il se doit d'être visité pour en apprécier toute l'ampleur.

PORTRAITS

Famille Burnier
propriétaires et vignerons au domaine Burnier

Marina, née en Russie (Moscou) en 1969
Alexandra-Maria, née en Suisse (Mont-Vully) en 1997
Renaud, né en Suisse (Mont-Vully) en 1955

Diplômé en viticulture et en œnologie, Renaud reprend le domaine familial en 1986. Marina, sa femme, est diplômée de l'Institut des relations internationales de Moscou et de l'université de Berne. En 1996, elle rejoint le domaine Burnier dans la commune de Mont-Vully. En 2001, après 3 ans de prospection, le couple crée un second domaine dans le Caucase russe. Alexandra-Maria, leur fille, est étudiante en œnologie. Elle travaille sur les deux domaines, en Suisse et en Russie.

« *Le vin est une boisson de convivialité et de partage, qui réunit l'art, la nature, le savoir-faire, les traditions, toute la force de la Terre et du cosmos.* » (Marina)

« *Grâce une différence de 3 semaines entre les cycles de végétation suisse et russe, avec une bonne organisation, nous gérons aisément les allers et retours entre les deux pays.* » (Alexandra-Maria)

« *Je suis fier d'avoir cru au potentiel du krasnostop, un cépage autochtone russe quasi oublié que j'ai remis en avant. Aujourd'hui, il est reconnu comme étant le cépage phare de la Russie.* » (Renaud)

SYRIE

mont Bargylus

81e vignoble mondial

pays producteur 78e

En créant le domaine de Bargylus dans un pays où la viticulture avait presque disparu, Karim et Sandro J. Saadé font revivre l'âme d'un terroir mythique, dans des conditions géopolitiques instables, faisant de chaque étape de la fabrication du vin un défi logistique et humain.

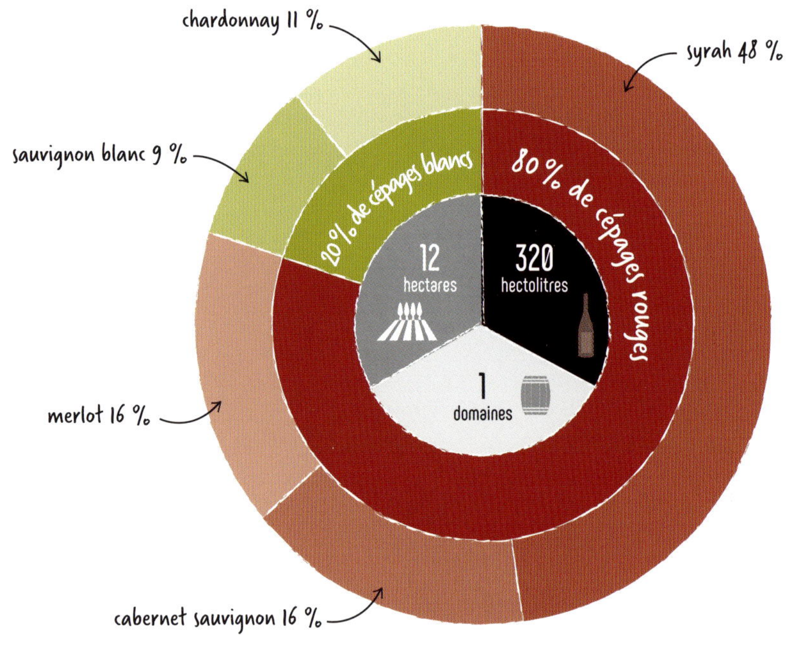

Avec 43 000 bouteilles par an en moyenne, la production du domaine Bargylus reste confidentielle. C'est néanmoins le seul domaine viticole commercial de Syrie. Son vignoble se compose de 30 microparcelles autour du domaine. La proximité de la Méditerranée, à 60 km à l'ouest, apporte une humidité bénéfique à la vigne, soit 900 mm de pluie par an. Les vents constants au printemps et en été réduisent le développement des maladies et apportent une touche iodée dans les vins. Des étés relativement doux, avec de fortes différences de températures entre la nuit et le jour, et une saison automnale s'installant rapidement à partir de fin septembre, permettent une maturation lente des tannins et une préservation de la fraîcheur aromatique.

UN PEU D'HISTOIRE

L'histoire de la viticulture autour du mont Bargylus, connu localement sous le nom de Jebel al-Ansariyeh, remonte au IIe millénaire av. J.-C. et prend son ampleur pendant la période préislamique. Le vin fut toutefois banni après la mort du Prophète, au VIIe s. apr. J.-C., comme dans toutes les contrées s'étant converties à l'islam. En 2003, après des siècles sans la moindre production commerciale, la famille Saadé, originaire de Lattaquié, fonde le domaine de Bargylus et fait renaître un terroir viticole ancestral, avec un premier vin produit en 2006. Elle s'exile à Beyrouth en 2012 alors que la guerre civile fait rage en Syrie. Dès lors, la gestion du vignoble s'effectue depuis le Liban. À l'approche de la récolte, des échantillons de raisins de chaque parcelle et de chaque cépage sont envoyés en taxi de Lattaquié à Beyrouth pour déterminer la meilleure date de vendange.

POINTS-CLÉS

latitude	35°5' N
altitude	900 m
type de sols	sols argilo-calcaires pauvres et silex ; les racines puisent entre 2 et 3 m de profondeur, ce qui apporte beaucoup de minéralité dans les vins

Vignoble du domaine Bargylus, planté à 900 m d'altitude, sur le mont Jebel al-Ansariyeh.

LE POINT DE VUE ★ WINE EXPLORERS ★

Grâce à un terroir fabuleux, au climat maritime tempéré et aux sols argilo-calcaires, combinés à l'expertise du consultant Stéphane Derenoncourt qui fait partie de l'aventure depuis ses débuts, le domaine de Bargylus montre que la Syrie est un pays de grands vins. Sa production, exportée à partir du port de Lattaquié en conteneur réfrigéré, se retrouve sur les plus grandes tables de la planète.

COUP DE CŒUR

Vin blanc

- **Bargylus Blanc 2013** du domaine de Bargylus : 55 % chardonnay, 45 % sauvignon blanc, élevé 6 mois en cuve inox.
  Un vin blanc généreux avec des arômes de fenouil, de fruits blancs mûrs et de badiane. En bouche, on aime la minéralité et la finale iodée qui apportent beaucoup de fraîcheur et de légèreté. Superbe avec une volaille braisée !

PORTRAITS

Karim J. Saadé
cofondateur du domaine de Bargylus
né au Liban (Beyrouth) en 1974

Sandro J. Saadé
cofondateur du domaine de Bargylus
né en Syrie (Lattaquié) en 1976

Nés dans une famille chrétienne orthodoxe aux racines ancrées dans l'antique ville côtière de Lattaquié, Karim et Sandro nourrissent une passion pour le vin initiée dès leur plus jeune âge par leur père, Johnny R. Saadé. Bien que le groupe familial ait d'autres activités dans le secteur du tourisme et de l'immobilier, l'amour des Saadé pour le vin les amène à créer deux domaines viticoles, dont un au Liban, dans la plaine de la Bekaa : le château Marsyas.

« *Notre père a vu ses terres se faire nationaliser durant le régime d'Abdel Nasser. Nous sommes fiers d'avoir pu racheter, parcelle après parcelle et au prix de nombreux efforts, 12 hectares sur les terres de nos ancêtres. Notre vignoble est cultivé selon des techniques très proches de la biodynamie, pour garder l'authenticité et l'âme des lieux.* »

TADJIKISTAN

Pendjikent

58e vignoble mondial

pays producteur **77e**

Bien que le pays soit reconnu pour sa culture de raisin de table, son secteur viticole est en revanche à reconstruire. La faute à une période mouvementée, de la perestroïka en 1985 à la fin de la guerre civile en 1997. Trois domaines y maintiennent en vie une petite production, dans l'attente de jours meilleurs.

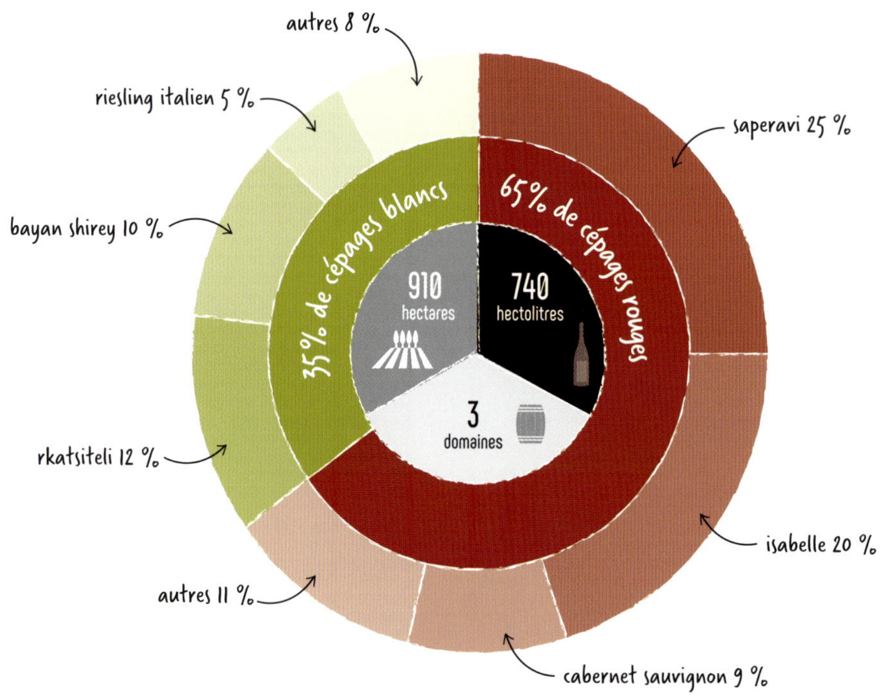

À peine 100 000 bouteilles produites en 2018 par 3 domaines... La clientèle locale est insuffisante et l'export est en berne. Shahrinav, le premier domaine, se trouve à l'ouest de Douchanbé, la capitale, et son vignoble se situe sur un plateau à 780 m d'altitude. Parandis, le plus prometteur, se trouve à Pendjikent, au nord-ouest. La vigne y est cultivée à 1 075 m d'altitude, face aux monts Zeravchan. Enfin, Vinzavod Gafourova, dans la région de Khodjent au nord, fait de l'achat de raisins. Le climat continental, avec des nuits estivales fraîches grâce à l'altitude, des sols pauvres et la protection des montagnes environnantes, qui alimentent également les vignes en eau pour l'irrigation, pourraient permettre une viticulture de qualité.

UN PEU D'HISTOIRE

La viticulture aurait été présente dès le XIe s. Le vin est alors narré par Omar Khayyām, l'écrivain persan considéré comme précurseur de la littérature tadjike, maniant dans ses poèmes spiritualité et épicurisme : « *Une gorgée de vin vaut mieux que le royaume du monde, la brique qui ferme une jarre de vin que mille vies. Le mouchoir qui essuie le vin sur tes lèvres, vaut plus, à dire vrai, que mille robes de prêtres.* » Entre les XIVe et XIXe s., le travail de la vigne est majoritairement tourné vers le raisin de table. L'industrie du vin est relancée en 1924 par l'URSS, à la création de la république du Tadjikistan. Elle produit alors jusqu'à 600 000 hectolitres par an. La politique d'arrachage du vignoble ordonnée par Gorbatchev en 1985 et l'arrêt des investissements soviétiques, puis la guerre civile de 1992 à 1997 précipiteront l'effondrement du secteur viticole.

POINTS-CLÉS

latitude	38°67'-39°50' N
altitude	780-1 075 m
type de sols	sablonneux en surface, avec des roches sédimentaires, volcaniques et granitiques

Vignoble du domaine Parandis, à Pendjikent, face aux monts Zeravchan.

LE POINT DE VUE WINE EXPLORERS

Aujourd'hui, toute l'industrie du vin est à reconstruire au Tadjikistan, depuis les cuves de stockage, en passant par les bâtiments, les machines agricoles et les lignes de mise en bouteille, dont la plupart ne tournent plus. Les pouvoirs publics, conscients du potentiel viticole et des retombées touristiques et économiques qu'il pourrait engendrer, tentent d'accompagner les viticulteurs dans cette démarche. Il ne reste plus qu'à séduire quelques investisseurs étrangers.

PORTRAIT

Mukhammad-Nazir Dustboe
directeur du domaine Parandis
né au Tadjikistan (Pendjikent) en 1949

Diplômé de l'université polytechnique de Krasnodar et docteur ès sciences techniques, Mukhammad-Nazir rejoint l'industrie du vin en 1971, par goût du produit. Il y fera toute sa carrière. Directeur de Parandis, il croit fermement au terroir de la région de Pendjikent ; il se souvient avec fierté et nostalgie des heures de gloire du domaine, dans les années 1980.

« *Dans les années 1980, une grande partie de la production de vin tadjik était exportée à travers l'URSS. Avant que Gorbatchev ne soit au pouvoir, il y avait plus de 3 000 hectares de vigne dans la région. Aujourd'hui, il en reste moins de 500. Le Tadjikistan est un pays de vodka. J'aimerais faire comprendre aux gens qu'un bon vin s'apprécie, qu'il se boit autrement qu'un spiritueux. Le vin est le contraire même de l'ivrognerie, c'est un ami sobre, qui vous prend par la main et vous raconte une belle histoire.* »

TANZANIE

Dodoma

54e vignoble mondial

pays producteur 55e

Deuxième producteur de vin en Afrique subsaharienne derrière l'Afrique du Sud, la Tanzanie produit du vin depuis moins d'un siècle. Le vignoble s'étend sur un plateau en altitude dans la région de Dodoma, au centre du pays, à 700 km au sud de l'équateur terrestre.

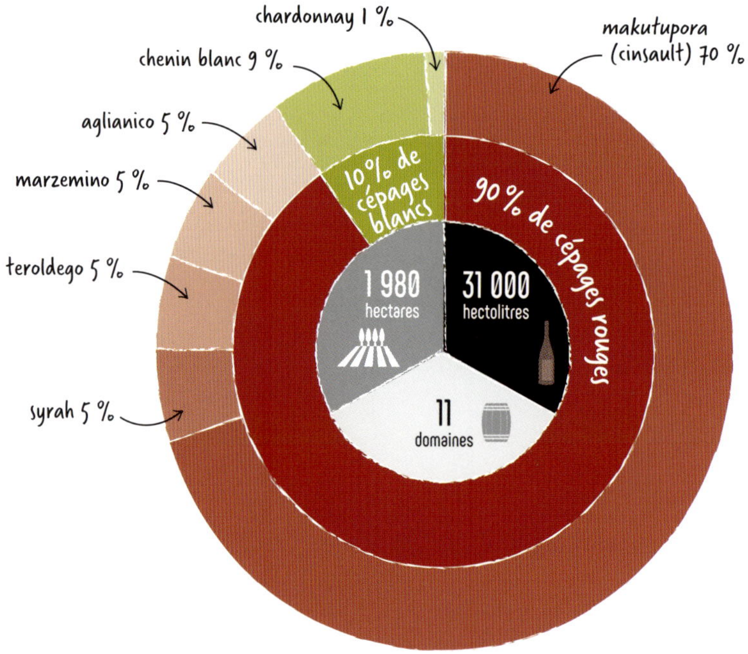

UN PEU D'HISTOIRE

Les premières vignes sont introduites en 1938 par des missionnaires français de la congrégation du Saint-Esprit, venus évangéliser les populations locales. Elles sont plantées dans le district de Kondoa, à quelques kilomètres au nord de Dodoma, pour l'élaboration du vin de messe. En 1957, le père Irioneo Maggioni, de la congrégation italienne de la Passion de Jésus-Christ, crée une ferme agricole sur les fondements de l'actuel vignoble tanzanien. Il faudra toutefois attendre 1969, huit ans après l'indépendance du pays, pour voir la création du premier domaine commercial, la Dodoma Wine Company (Dowico), à l'initiative du gouvernement et aujourd'hui disparue. En 2005, après la privatisation, la Central Tanzania Wine Company (Cetawico) est fondée, à l'initiative d'investisseurs italiens. C'est aujourd'hui l'acteur viticole majeur du pays.

POINTS-CLÉS

latitude	6°17' S
altitude	1 100-1 200 m
type de sols	sols pauvres à tendance sablonneuse, avec une proportion importante de limon rouge et d'argile

La Tanzanie possède une unique région viticole au nord de Dodoma, la capitale, sur un plateau culminant à plus de 1 000 m d'altitude. Le climat y est de type semi-aride à semi-désertique, avec une température moyenne de 23 °C toute l'année et des précipitations annuelles de 570 mm, concentrées entre novembre et avril. La longue période de saison sèche permet de cultiver les vignes en bio. Grâce à un système d'irrigation financé dans les années 1990 par le gouvernement italien, la vigne est irriguée entre mai et septembre et produit deux récoltes par an. Plus de 90 % de la production est vendue localement, principalement dans les restaurants touristiques et les supermarchés.

Vignoble de la Central Tanzania Wine Company, au nord de Dodoma. Quelques bananiers y sont plantés de manière éparse pour faire le bonheur des travailleurs lors de leur pause déjeuner.

LE POINT DE VUE WINE EXPLORERS

La Tanzanie, bien que ne produisant pas encore de *grands vins*, semble ravir les locaux ainsi que des touristes en quête d'exotisme. Ses vins rouges à dominante de cinsault ont un profil aromatique sur les fruits noirs, le paprika et le cuir. Mention spéciale pour le chenin blanc qui donne des vins aux arômes de rhubarbe et de tarte aux pommes...

PORTRAIT

Jacob Timothy Mwavika
vinificateur au domaine Cetawico
né en Tanzanie (Iringa) en 1985

Diplômé en agrosciences et en agrobusiness, titulaire d'un master en finance, Jacob a travaillé dans l'industrie de l'avocat pendant un an, à la recherche d'une expérience dans l'agriculture. Puis il a rejoint la Cetawico en 2013 comme coordinateur de la vinification.

« *Les premiers équipementiers sont établis en Afrique du Sud, à plus de 4 000 km. La distance qui nous sépare d'eux rend le défi viticole tanzanien complexe : s'équiper ou remplacer du matériel coûte cher et prend du temps, les échanges sur les pratiques viticoles et œnologiques sont réduits et la débrouillardise prime. Il y a quelque chose de magique dans la production de vin en Tanzanie. Le climat nous permet de faire des vins organiques. Mis à part les hyènes qui viennent roder la nuit dans les vignes, aucune menace sérieuse n'est à déplorer dans les vignobles de Dodoma.* »

THAÏLANDE

71e
vignoble mondial
pays producteur
69e

En dehors des sentiers battus et défiant les lois de la viticulture classique, le vignoble thaïlandais est une vraie belle découverte, offrant quelques flacons de haute volée, produits à 130 km au nord de Bangkok. Quand on sait que la promotion du vin est interdite en Thaïlande, tout comme l'écriture de livres sur le sujet, la persévérance de quelques vignerons n'en est que plus admirable.

UN PEU D'HISTOIRE

L'histoire de la vigne en Thaïlande pourrait remonter à 1685. Le roi Louis XIV aurait offert à Narai le Grand, roi de Siam, quelques boutures de malaga blanc, un cépage de table originaire du sud de la France. C'est aujourd'hui le cépage blanc le plus planté en Thaïlande. En matière de vin, l'histoire du pays est beaucoup plus récente. Établi en 1995 mais aujourd'hui à l'abandon, le château de Loei fut son premier vignoble. Aujourd'hui, on n'en trouve plus de vin sur le marché ! Il a fallu attendre 1999 et la création du domaine GranMonte pour voir la viticulture thaïlandaise se développer, suscitant au passage de nouvelles vocations. La création de la Tai Wine Association (TWA) en 2004 est une avancée significative pour la promotion des crus de qualité, élaborés exclusivement à partir de raisins cultivés localement. Son objectif premier : sensibiliser et améliorer l'image des vins thaïlandais, tant sur le marché national qu'international.

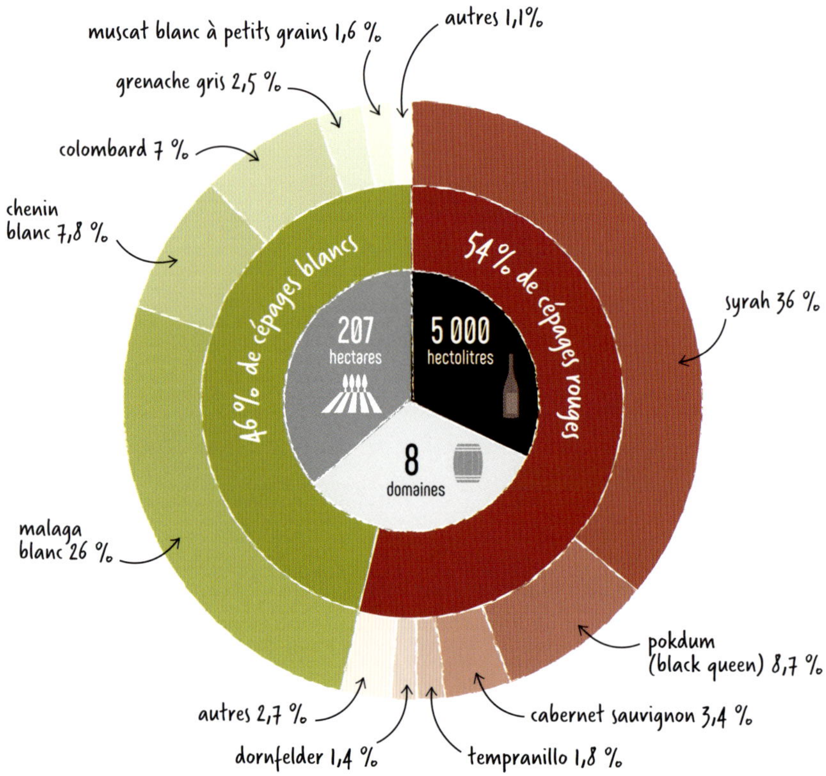

Avec 8 domaines viticoles pour 200 hectares plantés principalement au nord, autour du parc national de Khao Yai, le vignoble thaïlandais reste anecdotique à l'échelle de la viticulture mondiale. Pourtant, et grâce à un domaine en particulier, le pays apporte la preuve irréfutable qu'avec un travail méticuleux à la vigne et une bonne connaissance du terroir, il est possible de faire de très bons vins en culture tropicale.

→ Moment de détente après la vendange au domaine GranMonte.

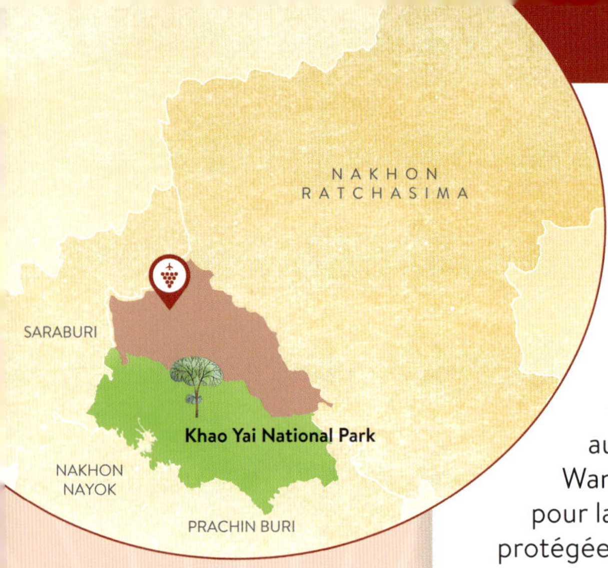

Khao Yai

Le climat humide et tropical de la Thaïlande permet de faire jusqu'à deux vendanges par an avec une saison sèche, où les températures peuvent aisément dépasser les 40 °C, et une saison des pluies, durant laquelle le cycle végétatif de la vigne est mis à rude épreuve. La région de Khao Yai s'étend au nord du parc national du même nom, dans les districts de Pak Chong et de Wang Nam Khiao. Avec son microclimat unique, elle se distingue du reste du pays pour la culture de la vigne grâce à un climat plus frais. Une appellation géographique protégée, la Khao Yai Wine GI, à l'initiative de la Tai Wine Association, est actuellement en cours de validation.

POINTS-CLÉS

latitude	14°55' S
altitude	250-600 m
climat	froid et sec pendant la saison de maturation et de récolte
pluviométrie	1 700 mm
températures	minimale de 5 °C la nuit et de 25 °C le jour
surface totale du vignoble	48 hectares
production	980 hectolitres
type de sols	Le sous-sol du Paléozoïque, datant d'environ 290 millions d'années, est composé d'argile rouge, de schiste et de calcaire altérés ; sur une surface sablo-argileuse rouge bien drainée et au pH neutre, des cépages comme la syrah et le durif donnent de très jolis vins
les cinq principaux cépages	syrah 68 % chenin blanc 12 % cabernet sauvignon 11 % viognier 4 % verdelho 2 %

LE SAVIEZ-VOUS ?

Il n'est pas rare de croiser quelques éléphants traversant le vignoble à la nuit tombée, ou encore des pythons pouvant mesurer jusqu'à 3 m de long et qui se promènent entre les rangs de vigne. Alors un conseil : ne vous baladez jamais en tongs dans la nature !

INCONTOURNABLE

S'étendant sur 80 km d'est en ouest, le parc national de Khao Yai est le deuxième plus grand parc naturel du pays. C'est un lieu magique pour les amateurs de randonnées. Classé au patrimoine mondial de l'Unesco, il constitue l'une des plus vastes forêts d'Asie. On peut y planter la tente pour la nuit. Et avec un peu de chance, on peut même croiser quelques éléphants.

L'épouvantail comme dernier rempart de la vigne au domaine J&J Vineyard.

COUP DE CŒUR

Vin effervescent

- **Crémant extra brut** du domaine GranMonte : chenin blanc 100 %, non millésimé, élevé 18 mois sur lies fines, aux parfums d'abricot, de fruits blancs à chair mûre et de pain brioché.
Aussi délicieux que surprenant, j'ai été séduit par la finesse de ce vin et la précision de sa bulle. Servi à l'aveugle, il pourrait surprendre bien des convives !

Photo de famille : Nikki en compagnie de ses parents qui sont à l'initiative du domaine GranMonte.

LE POINT DE VUE
WINE EXPLORERS

En forçant la vigne à ne faire qu'une vendange par an pour respecter une phase de repos, en adaptant la viticulture au climat local – comme la paille sur les pieds de vigne pour réduire le nombre de traitements et donner de la matière organique aux sols – et en se servant d'une technologie de pointe au chai, le domaine GranMonte met fièrement la Thaïlande sur la carte du vignoble mondial, en produisant de superbes vins.

PORTRAIT

Nikki Lohitnavy
œnologue
née en Thaïlande
(Bangkok) en 1987

Diplômée de l'université d'Adélaïde en 2008, Nikki est une surdouée de sa génération. À 18 ans, elle reçoit le prix Wolf Blass d'excellence en vinification. C'est la première et seule œnologue thaïlandaise qualifiée. Après de nombreuses expériences viticoles à l'étranger (France, Australie, Portugal, Afrique du Sud, Brésil, Mexique), elle prend la direction en 2008 de la propriété familiale GranMonte, dans la vallée d'Asoke.

« *La viticulture tropicale est ma passion. C'est quelque chose d'unique, de stimulant et qui nécessite beaucoup de recherches, car il n'existe pas encore de manuel sur le sujet. Mon objectif est de faire progresser le vin thaïlandais au plan qualitatif, conformément aux normes internationales. Et cela passe d'abord par une éducation des agriculteurs locaux, afin qu'ils comprennent l'importance d'une viticulture raisonnée et respectueuse de l'environnement.* »

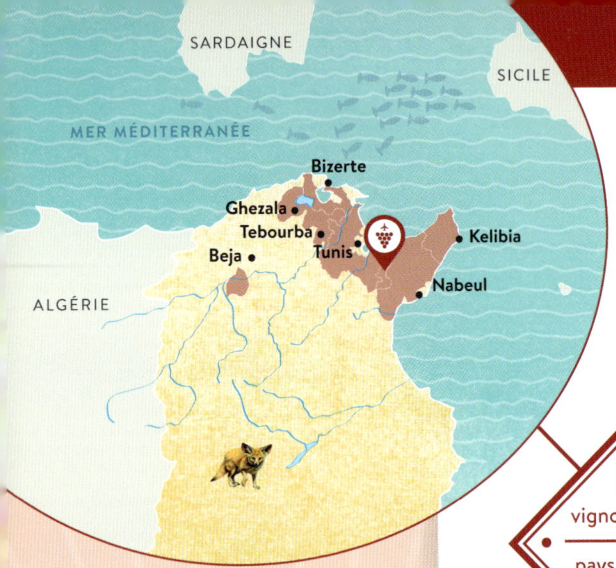

TUNISIE

Sidi Salem

39e vignoble mondial

pays producteur **38e**

Au IIe s. av. J.-C., Magon le Carthaginois écrit un traité d'agronomie qui sera diffusé dans toute l'Europe grâce à ses traductions latines et grecques. Ses écrits prouvent que l'on maîtrisait déjà la viticulture et la vinification en Tunisie à cette époque. Depuis la fin des années 1990, le vin tunisien est en plein renouveau et se démarque par une production tournée à 70 % vers le rosé.

UN PEU D'HISTOIRE

La viticulture en Tunisie remonterait au moins au IIe s. av. J.-C. L'arrivée des musulmans au VIIe s. la réduit presque à néant pendant douze siècles. Il faut attendre la fin du XIXe s. pour que la production soit relancée avec l'immigration italienne et l'instauration du protectorat français. En raison des ravages causés par le phylloxéra en France, une grande partie des vins tunisiens y est envoyée en vrac pour être coupée à la production locale et embouteillée sous étiquette française. Dans les années 1980, 85 % de la production tunisienne est contrôlée par l'Union centrale des coopératives viticoles (UCCV). Aujourd'hui encore, elle en vinifie une très grande partie. Dans les années 1990, la modernisation des infrastructures grâce à des fonds étrangers et privés et la création de cuvées premium redonnent à cette viticulture toute sa superbe.

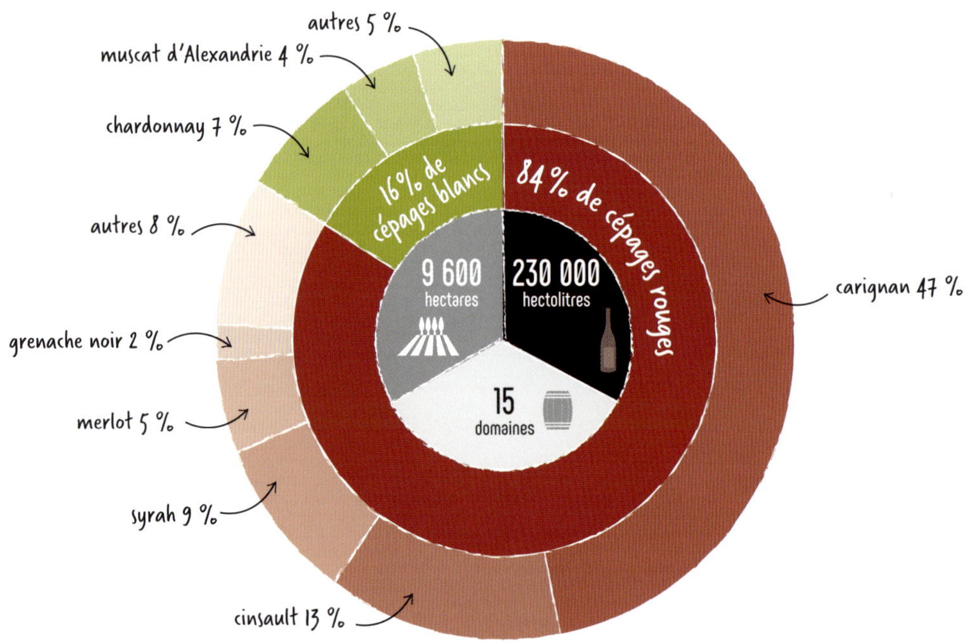

Le vignoble tunisien possède 7 appellations d'origine contrôlée (AOC) dans le nord-est du pays : Grand Cru Mornag tout autour de Tunis (essentiellement dans les gouvernorats de Tunis, de l'Ariana et de Ben Arous), Mornag (à cheval sur les gouvernorats de Nabeul et de Sousse), Muscat de Kelibia et Sidi Salem (respectivement dans le nord et l'est du gouvernorat de Nabeul), Thibar (gouvernorat de Beja), Côteaux d'Utique et Côteaux de Tebourba (respectivement au nord et au sud du gouvernorat de Bizerte). Les deux tiers se trouvent dans le gouvernorat de Nabeul. Dans le nord de la Tunisie, le climat est de type méditerranéen, avec 450 mm de pluie par an et une température moyenne de 19 °C. Depuis mars 2018, un itinéraire touristique permet de sillonner le vignoble d'est en ouest, de Kelibia à Ghezala en passant par Tunis, mélangeant sites archéologiques, gastronomie et vignes, et dynamisant ainsi l'industrie viticole.

POINTS-CLÉS

latitude	36°20'-37°16' N
altitude	0-700 m
type de sols	essentiellement argilo-calcaires et limono-sablonneux

Vignoble du domaine Neferis, créé en 2000 à Grombalia, dans le gouvernorat de Nabeul.

LE POINT DE VUE ★ WINE EXPLORERS ★

Après une période compliquée au milieu du XXe s. due à la collectivisation, une gestion étatique et la fuite des vignerons européens, la qualité des vins tunisiens est incontestable aujourd'hui, tout particulièrement en rosé et en rouge.

COUP DE CŒUR

Vin rosé

Magnifique Rosé 2016 du domaine Neferis (Sidi Salem) : grenache 70 %, syrah 30 %, élevé 3 mois en cuve inox. Un vin de plaisir immédiat, frais et facile à boire, avec des arômes de fruits rouges et de paprika. Délicieux avec un couscous de poisson !

PORTRAIT

Pilar Rodrigo Monzon
directrice du domaine Shadrapa
née en Espagne (Cheste)
en 1966

Diplômée en œnologie et en viticulture à Montpellier, puis en ingénierie agronome à Valence, elle travaille en Espagne entre 1994 et 1997 puis rejoint la Tunisie où elle travaille pour Les Vignerons de Carthage (ex-UCCV). Elle fait partie des personnalités ayant contribué à l'amélioration de la qualité des vins tunisiens. Depuis 2010, Pilar travaille sur les coteaux de Medjerda, à environ 30 km au sud-ouest de Tebourba, dans le domaine Shadrapa qu'elle dirige aujourd'hui.

« *J'ai rejoint Shadrapa pour le défi de prendre les rênes d'un projet viticole ambitieux, au moment précis où il fallait créer sa gamme de vins et l'adapter aux exigences du marché international. La Tunisie possède un potentiel extraordinaire pour le vin, avec ses sols argilo-calcaires limoneux et son climat méditerranéen. Le rosé est incontestablement le futur. Enfin, le muscat d'Alexandrie sur le littoral et la syrah sur l'ensemble du vignoble, donnent des vins particulièrement expressifs.* »

TURQUIE

23e vignoble mondial

pays producteur **25e**

La viticulture turque est l'une des plus anciennes du monde. Toutefois, sont développement aura été limité pendant la période ottomane. Depuis la fin des années 1980, le développement du tourisme a incité de nombreux domaines à s'équiper en technologies modernes, qui mettent en avant des cépages endémiques comme l'*öküzgözü* et le *boğazkere*.

UN PEU D'HISTOIRE

Le sud-est de la Turquie correspond au nord de la Mésopotamie, cette grande vallée berceau de la civilisation, bordée par le Tigre et l'Euphrate. Du fait de cette position, les historiens estiment que la viticulture y était pratiquée dès le VIe millénaire av. J.-C. Les premières traces de viticulture et de vinification en Anatolie datent d'il y a 7 000 ans. Le vin jouait un rôle majeur chez les Hittites qui y vivaient au IIe millénaire av. J.-C., et sans doute chez les Hattis qui les ont précédés. Au XIIe s. av. J.-C., il faisait partie, avec l'huile d'olive, le poisson et le pain, du régime alimentaire des Phrygiens qui leur ont succédé. Dès le VIe s. av. J.-C., le vin est exporté jusqu'en République romaine et en Gaule. À l'époque de l'Empire ottoman, entre 1299 et 1923, la production et le commerce du vin sont réservés aux minorités non musulmanes. À la création de la Turquie en 1923, Atatürk soutient les vignerons. Dans les années 1950, on plante des cépages français dans la région égéenne et en Thrace.

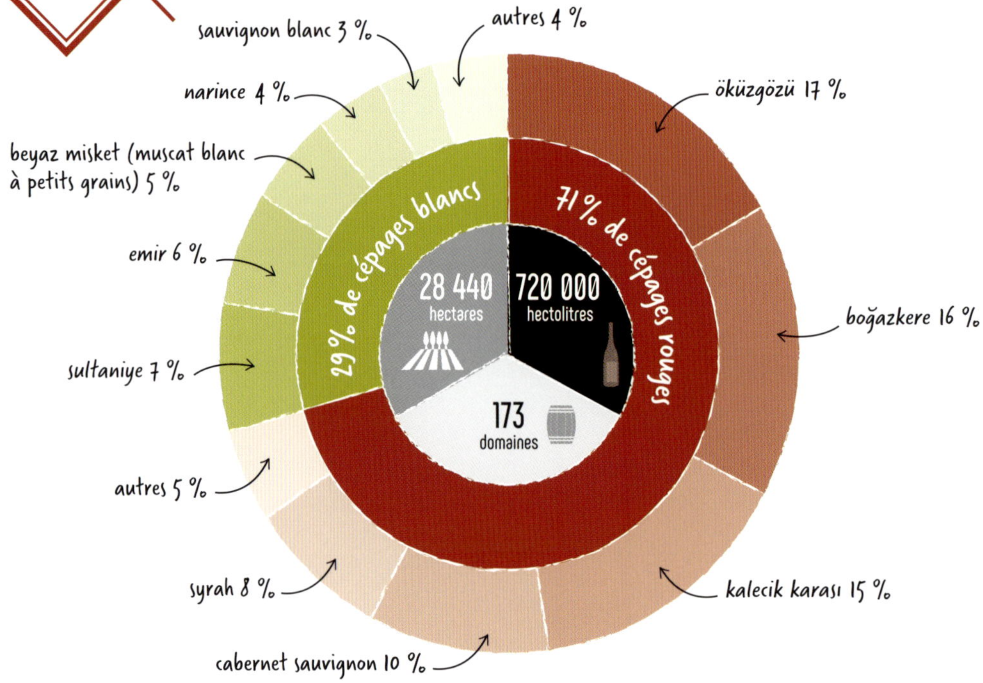

On compte 517 000 hectares de vignobles, dont 94,5 % pour la production de raisins de table. Le *sultaniye* est le cépage de table le plus planté avec 70 % du vignoble ; 2 000 hectares sont aussi utilisés pour la production de vin. Le vignoble se divise en 7 régions : la région égéenne (52,7 %), l'Anatolie orientale (14,7 %), la région de Marmara (13,6 %), l'Anatolie du Sud (12,1 %), l'Anatolie du Sud-Est (3,4 %), l'Anatolie du Centre-Nord (3,3 %), et la région méditerranéenne (0,2 %). La position transcontinentale de la Turquie, entre les reliefs arides de l'ancienne Mésopotamie septentrionale, frontaliers avec la Syrie, l'Irak et l'Iran, et les mers Méditerranée, Noire et Caspienne, se traduit par des variations climatiques importantes. Alors que les régions côtières de l'ouest ont un climat méditerranéen, avec des étés chauds et secs et des hivers plus doux et plus humides, celles du centre ont une humidité nettement supérieure en été et des hivers plus froids.

→ Au cœur de la Cappadoce, près de Nevşehir, le vignoble des Côtes d'Avanos est irrigué grâce au Kızılırmak, le plus long fleuve d'Anatolie. Ici, au premier plan, s'épanouit une parcelle de l'un des trois vignobles du domaine Kavaklıdere, le principal acteur viticole turc.

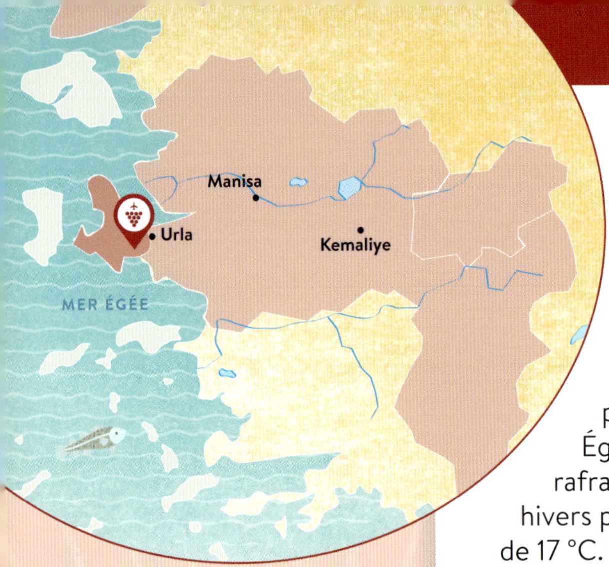

péninsule d'Urla

La péninsule d'Urla se situe à l'ouest d'Izmir et fait partie de la région égéenne. 10 domaines s'y partagent 0,7 % du vignoble turc, pour 1,3 % de sa production de vin. C'est la sous-région viticole la plus occidentale de la Turquie. Le vin y est produit commercialement depuis le VIIe s. av. J.-C. Le vignoble fait face à la mer Égée et aux îles grecques ; il bénéficie d'une brise marine estivale permettant de rafraîchir le vignoble. Les étés y sont secs et chauds, avec 25 °C en moyenne, et les hivers pluvieux et doux, avec 5 °C en moyenne ; la température annuelle moyenne est de 17 °C. Les cépages rouges s'y plaisent davantage que les blancs, particulièrement le cabernet sauvignon, la syrah, le *boğazkere* et le nero d'avola.

POINTS-CLÉS

latitude	autour du 38°19' N
altitude	80-1 000 m
climat	méditerranéen, chaud avec été sec
pluviométrie	580 mm
surface totale du vignoble	200 hectares
production	9 100 hectolitres
type de sols	riches en argile, avec des couches de calcaire et de dolomite, ce qui apporte un bon drainage naturel
les cinq principaux cépages	cabernet sauvignon 27 % syrah 24 % *boğazkere* 16 % chardonnay 13 % *bornova misketi* (muscat blanc à petits grains) 10 %

LE SAVIEZ-VOUS ?

L'*urla karasi*, qui signifie littéralement « noir d'Urla », est un cépage endémique de la péninsule d'Urla. Perdu pendant près d'un siècle, il a récemment été sauvé par Can Ortabaş, fondateur du domaine Urla, qui a retrouvé trois vignes centenaires et préphylloxériques et les a plantées sur son domaine.

INCONTOURNABLE

Découvrir la route des vins d'Urla, à moins d'une heure d'Izmir, où cinq vignobles ouvrent leurs portes et proposent des dégustations toute l'année. Ces producteurs locaux et des chefs talentueux font revivre les saveurs traditionnelles de la péninsule. De jolis hôtels-boutiques permettent aux touristes de passage de prolonger leur séjour.

Le vignoble du domaine Urla se situe sur la péninsule du même nom. Créé en 2010 par Can Ortabaş, il est à la pointe de la technologie.

COUPS DE CŒUR

Vins rouges

Pendore Öküzgözü 2015 du domaine Kavaklıdere (région égéenne) : *öküzgözü* 100 %, élevé 2 ans en cuve inox, puis 1 an en bouteille. Un vin complexe, aux arômes de prune, de tabac et de violette, et des tannins très fins, qui se marie bien avec des *midye dolma*, les moules farcies locales.

Nero d'Avola 2015 du domaine Urla : nero d'avola 95 %, *urla karasi* 5 %, à 80 % élevé 11 mois en barrique, le reste en cuve inox. Un vin solaire et intense, aux arômes de quetsche, de réglisse et d'épices, avec une finale délicate et beaucoup de longueur. À déguster au coin du feu en hiver.

Autour de Kemaliye, à l'est d'Izmir, Pendore est certainement l'un des plus beaux vignobles du domaine Kavaklıdere. L'*öküzgözü* y donne des résultats remarquables.

LE POINT DE VUE WINE EXPLORERS

Le vignoble turc, qui s'étend sur plus de 1 500 km d'est en ouest, offre une grande diversité de terroirs. Urla, avec son positionnement transcontinental unique, produit des vins riches, généreux et absolument délicieux !

PORTRAIT

Can Ortabaş
fondateur
du domaine Urla
né en Turquie (Izmir)
en 1960

Homme d'affaire brillant, Can crée sa première entreprise au retour de son service militaire, puis il investit dans différents secteurs : textile, cuir, carburant, alimentation, finance... En 1996, il crée l'arboretum Uzbas à Urla, implantant sur la péninsule une biodiversité botanique unique. Grand amateur de vin, il se lance dans l'aventure viticole en 2010 avec le domaine Urla.

« *Nous avons découvert des amphores datant de 2 300 ans sur le domaine, preuve que ce site était déjà célèbre pour la culture de la vigne pendant l'Antiquité. Avec des sols pauvres, une altitude moyenne de 300 m, des étés chauds, un vent constant et l'influence de la mer, le terroir est idéal pour cela. En tant que principal producteur de vin de la région, il est de mon devoir de préserver les traditions et les cépages autochtones. En Turquie, la culture du vin a beaucoup souffert. Réussir à produire aujourd'hui du vin avec des cépages oubliés et recevoir en récompense des prix prestigieux est un très grand bonheur !* »

UKRAINE

21e vignoble mondial

pays producteur **27e**

La production de vin existe en Ukraine depuis au moins 2 500 ans. Majoritairement situé dans le sud du pays, son vignoble est réputé pour ses vins blancs fruités et ses rouges légers. Dominé par des domaines de taille industrielle, le pays s'ouvre depuis 2018 aux vignerons indépendants ; il est désormais en quête d'un rattachement européen pour poursuivre son développement.

UN PEU D'HISTOIRE

L'art de la vinification aurait été apportée par les Grecs vers le Ve s. av. J.-C. dans le sud du pays, ceux-ci ayant installé une colonie en Crimée. Au XIe s., la viticulture se développe plus au nord, dans les environs de Kiev, où les moines produisent du vin de messe. En 1793, les trois quarts de l'Ukraine passent sous domination russe qui étend ainsi son empire jusqu'à la mer Noire et la Crimée. Au XIXe s., c'est d'ailleurs pour les besoins de la cour du tsar de Russie que la production de vin se développe dans cette région. En 1818, on fait venir des vignerons suisses du canton de Vaud qui créent un vignoble de 500 hectares autour de Chabo. Pendant la période soviétique, avec plus de 200 000 hectares de vignes, l'Ukraine devient le deuxième pays producteur de vin après la Géorgie. La politique de prohibition de Gorbatchev conduit en 1986 à l'arrachage d'un tiers du vignoble. En 2018, le parlement ukrainien supprime la licence de commercialisation des vins qui empêchait les petits producteurs d'accéder au marché viticole.

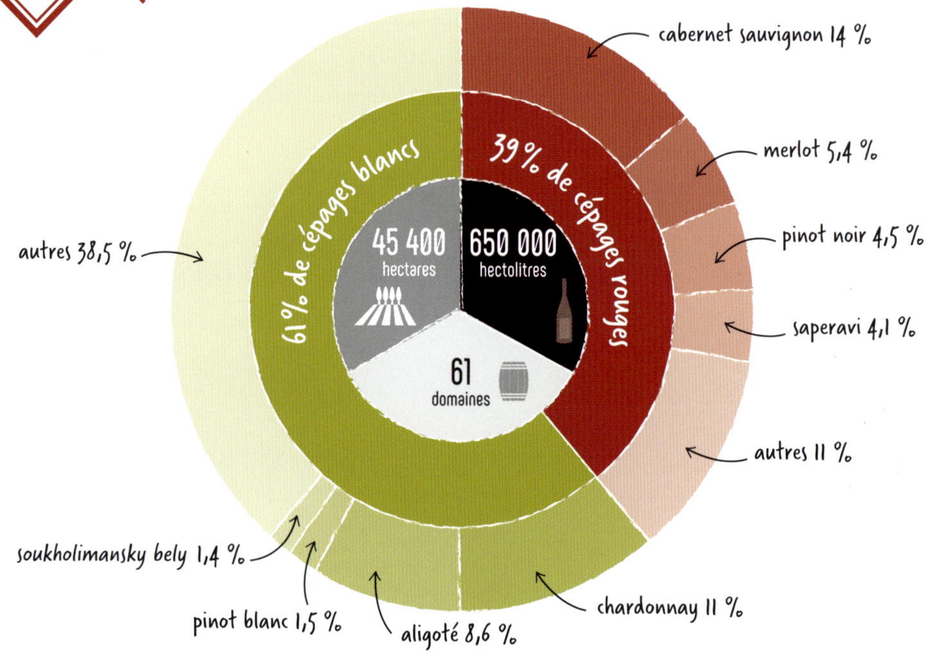

Sur l'ensemble du territoire viticole, 4 100 hectares sont en reconversion et 41 300 hectares sont en production. Plus de 92 % de la viticulture se concentre au sud, au bord de la mer Noire, où le climat méditerranéen est plus clément, avec une température annuelle moyenne comprise entre 10,5 et 12 °C. Le vignoble ukrainien se compose de 4 régions principales : les oblasts d'Odessa (53,1 % de la surface) au sud-ouest, de Kherson (21,3 %) au sud, limitrophe de la Crimée, et de Mykolaïv (16 %) juste à côté. Les 2 autres régions se trouvent en Transcarpathie (7,5 %) tout à l'ouest, le long de la frontière avec la Hongrie, avec un climat continental, entre Zaporijia et Dnipropetrovsk (2,1 %), le long du fleuve Dniepr. Le pays exporte environ 22,5 millions d'euros de vin chaque année, principalement à destination de la Russie, de la Géorgie, de l'Azerbaïdjan et du Kazakhstan.

→ Le vignoble du domaine Beykush a été créé en 2010 par Eugene Shneyderis, près de Chornomorka, entre Odessa et Mykolaïv. En arrière-plan, le liman de Berezan, une lagune alimentée par les eaux de la rivière Sassyk et du fleuve Berezan, avant qu'ils ne rejoignent la mer Noire.

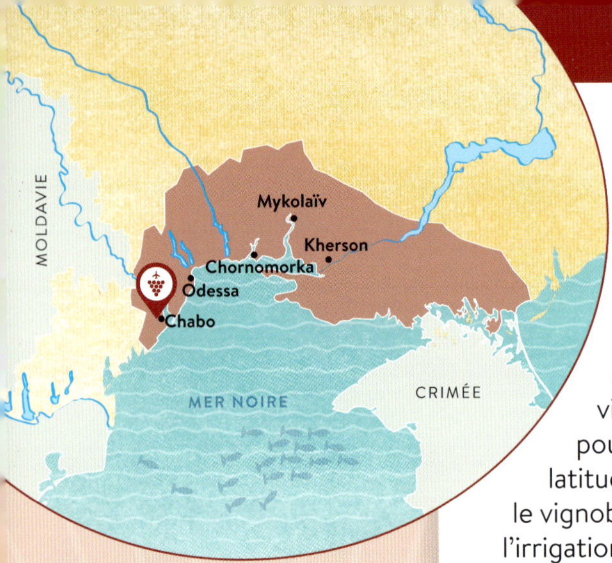

oblast d'Odessa

Avec plus de la moitié de la surface viticole et de la production nationale, Odessa est de loin la plus grande région viticole ukrainienne. Son positionnement idéal au sud du pays, le long de la mer Noire, offre des conditions optimales pour une viticulture de qualité. La moyenne annuelle des températures est de 10,5 °C : 23 °C pour les températures estivales et 1 °C pour les hivernales. Le vignoble est sur la même latitude que des régions viticoles célèbres comme la Bourgogne, le Burgenland ou encore le vignoble fribourgeois. Les pluies sont réparties de manière homogène toute l'année et l'irrigation n'est pas nécessaire. L'appellation Telti-Kuruk, utilisée uniquement par le domaine Shabo, est à ce jour la seule appellation d'origine ukrainienne.

POINTS-CLÉS

latitude	46°02'-47°10' N
altitude	0-100 m
climat	continental humide sans saison sèche
pluviométrie	470 mm
surface totale du vignoble	24 100 hectares
production	355 100 hectolitres
type de sols	sablo-calcaire et argileux dans le sous-sol
les cinq principaux cépages	cabernet sauvignon 30,5 % chardonnay 24 % merlot 12,5 % sauvignon blanc 5 % *telti-kuruk* 4 %

LE SAVIEZ-VOUS ?

Le *telti-kuruk* est un cépage blanc cultivé dans les environs du village de Chabo. Considéré localement comme un cépage endémique, on pense qu'il a été apporté par les peuples turcophones au Ve s. Il tire son nom du turc, qui signifie « queue de renard », et se caractérise par des arômes floraux, minéraux et de goyave.

INCONTOURNABLE

Le centre culturel du vin du domaine Shabo est le premier du genre en Ukraine. Situé dans le village de Chabo, on y découvre l'histoire viticole de la région, de l'Antiquité à nos jours, à travers quatre caves bicentenaires ouvertes au public. L'occasion également de goûter quelques vins du domaine dans l'une des six salles de dégustation du complexe.

À l'ouest du pays, à la frontière de la Hongrie, de la Slovaquie et de la Roumanie, le vignoble d'Oleksandre Kovatch se situe aux abords de la ville d'Oujhorod, capitale de l'oblast de Transcarpathie. Un joli terroir pour les blancs où le sauvignon produit des vins très aromatiques !

COUPS DE CŒUR

Vin effervescent

- **Méthode traditionnelle** du château Lacarin : cépages inconnus du propriétaire qui préfère « *se concentrer sur le vin plutôt que sur les détails* », élevé 12 mois sur lies fines en cuve inox.
  Un vin festif et facile à boire, avec une bulle légère et agréable, des arômes de fleurs blanches, de pêche et d'herbe coupée. Parfait pour l'apéritif !

Vin rouge

- **Beykush Merlot-Pinotage 2014** du domaine Beykush (oblast de Mykolaïv) : merlot 50 %, pinotage 50 %, élevé 8 mois en cuve inox.
  Un vin de plaisir aux arômes de fruits noirs, de cardamome et de poivre gris, dont on se délecte avec un poulet à la Kiev !

Christophe Lacarin aime les animaux : chats, chiens, lapins, moutons ou encore chevaux cohabitent en parfaite harmonie sur le domaine. L'un de ses moutons vit même dans la maison familiale !

LE POINT DE VUE WINE EXPLORERS

Le sud de l'Ukraine possède des atouts incontestables pour la production de vins de qualité et pourrait devenir une région viticole importante sur la scène européenne. Pour l'heure, la qualité des vins y est très variable mais généralement meilleure dans l'oblast d'Odessa.

PORTRAIT

Christophe Lacarin
fondateur
du château Lacarin
né en France
(Caudéran, Bordeaux)
en 1953

Issu d'une famille d'aristocrates, Christophe hérite du titre de marquis de Fabiani de sa mère. Enfant, il vit à la ferme et apprend à gérer le bétail, à conduire le tracteur, à cultiver du tabac et à faire du vin dans le Bordelais. Il visite l'Ukraine pour la première fois en 2001. Parfumeur, il crée une vingtaine de parfums à Lviv, puis s'installe en 2006 à Chabo, où il devient vigneron.

« J'aime faire des vins gourmands et de plaisir immédiat. Les cépages ne sont pas mentionnés sur mes bouteilles et les étiquettes sont imprimées à la maison. Qu'importe le packaging, seul le contenu prime ! Mes terres, à seulement 12 km de la mer, suscitent bien des convoitises : mes vignes ont été victimes de 25 incendies criminels depuis mon installation et, en 2016, je me suis fait confisquer mes vins par le fisc local, m'accusant à tort de commerce illégal. Même si aujourd'hui ma licence est en règle, je reste prudent et je vis au jour le jour...

URUGUAY

42e
vignoble mondial

pays producteur
24e

Le vignoble uruguayen est situé entre les 30° et 35° parallèles Sud, sur les mêmes latitudes que les grands terroirs d'Argentine, du Chili, d'Afrique du Sud, de Nouvelle-Zélande et d'Australie. Adouci par le courant froid des Malouines et mondialement connu pour sa culture du tannat, il a tout pour produire de très jolis vins, notamment en rouge.

UN PEU D'HISTOIRE

On situe l'arrivée des premières vignes au début du XVIIe s., dans le sud-ouest : du moscatel importé par les Espagnols et cultivé exclusivement pour l'usage familial. Après de nombreuses révoltes et une guerre contre le Brésil, l'Uruguay gagne son indépendance en août 1828. En 1870, Pascual Harriague, originaire de Bayonne et considéré comme le véritable initiateur de la viticulture uruguayenne, importe le tannat avec un objectif commercial bien défini. À la fin du XIXe s., la première loi sur le vin est proclamée et l'industrie entre dans une période de prospérité : le pays compte jusqu'à 19 000 hectares de vignes cultivés dans les années 1950. À partir des années 1980, l'enseignement de la viticulture et de l'œnologie, le développement des entreprises nationales, l'arrachage régulier des ceps au profit de variétés de qualité et l'action menée par l'Institut vitivinicole national (Inavi) dans le cadre de la politique du Marché commun du Sud (Mercosur) font progresser la qualité des vins.

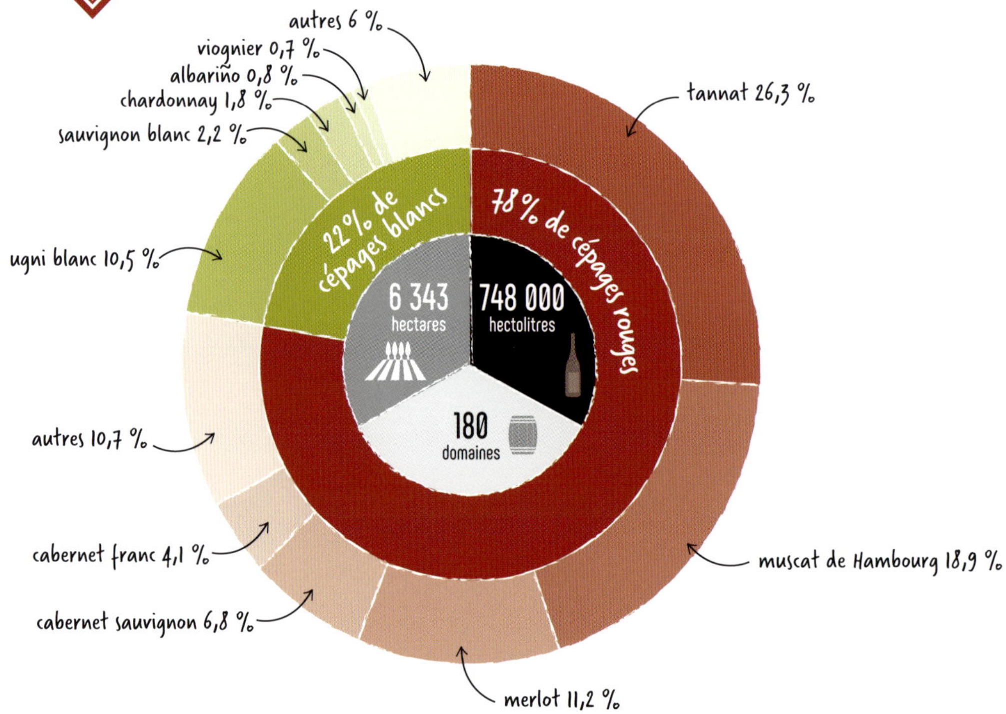

La viticulture s'est principalement développée au sud du pays, dans les départements de Canelones (65 %), Montevideo (11,6 %), Colonia (6,2 %), Maldonado (5,6 %) et San José (5,5 %), qui totalisent à elles cinq près de 94 % du vignoble. La proximité de la mer est un facteur important pour le vignoble uruguayen, qui bénéficie des vents frais remontant de l'Antarctique. La culture de la vigne en Uruguay, développée par les européens et notamment les immigrés basques au XIXe s., reste familiale, avec des vignobles ne dépassant pas 10 hectares en moyenne. En 2018, le pays a exporté 6,5 millions de bouteilles, principalement à destination du Brésil, des États-Unis et du Mexique, soit 6,5 % de sa production. Un record pour un pays qui exporte en moyenne 3 % de sa production viticole !

→ Vignoble du domaine Juanico, dans la région de Canelones.

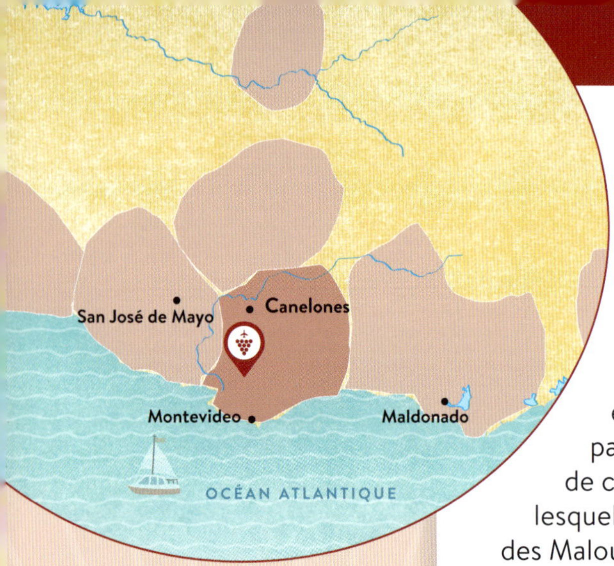

Canelones

Avec 160 domaines qui représentent les deux tiers de la surface viticole et 75 % de la production en volume, Canelones est la grande région viticole de l'Uruguay. Son vignoble s'étend principalement sur des collines, entre 150 et 300 m d'altitude. Les sols uniques du littoral, recouverts par la mer pendant des millions d'années, présentent différentes couches de calcaires coquilliers, avec des sous-sols d'argile calcaire à pH élevé, sur lesquels le tannat et le merlot donnent de très jolis résultats. Le courant froid des Malouines, ainsi que les masses d'air polaire provenant de l'océan Atlantique, balaient périodiquement le sud de la région, entraînant d'importantes variations de température en été, ce qui renforce la complexité et la finesse des vins.

POINTS-CLÉS

latitude	33°5'S-35° S
altitude	0-500 m
climat	climat tempéré humide avec une influence maritime en provenance de l'Atlantique
pluviométrie	900 mm, pas d'irrigation
surface totale du vignoble	4 125 hectares
production	561 000 hectolitres
type de sols	argilo-calcaire
les cinq principaux cépages	tannat 26,6 % muscat de Hambourg 20,8 % ugni blanc 12,3 % merlot 11,4 % marselan 2,1 %

LE SAVIEZ-VOUS ?

Le tannat, un cépage français originaire de Madiran dans les Hautes-Pyrénées, produit des vins puissants de couleur noire.
Il a trouvé son deuxième terroir en Uruguay, où le climat lui convient bien. On le nomme ici *harriague*, du nom de l'immigré basque qui le planta en 1870 à Salto.

INCONTOURNABLE

Partager un *asado* est toujours un grand moment. Ce plat traditionnel est une véritable fierté nationale ! On expose la viande de bœuf, réputée ici comme étant l'une des meilleures au monde, à la chaleur des braises pour une cuisson lente de plusieurs heures, en l'arrosant régulièrement de jus. En bouche, la viande est ultra fondante... Parfait avec un tannat !

Certains vignobles sont conduits en lyre, pour permettre au vent de sécher plus rapidement les raisins après la pluie, comme au domaine Varela Zarranz à Joaquín Suárez, dans la région de Canelones.

COUPS DE CŒUR

Vins rouges

- **RPF Tannat 2011** du domaine Pisano : tannat 100 %, élevé 12 mois en fûts de chêne français. Un vin racé, aux arômes de fruits noirs mûrs, d'épices et de cacao. Une bouche juteuse, avec beaucoup de matière et une superbe longueur. Délicieux avec un *asado*.

- **Suenos de Elisa 2015** du domaine Viña Progreso : tannat 100 %, fermenté en barriques ouvertes puis élevé 6 mois en fûts de chêne français.
  Un style de tannat moderne, précis, avec beaucoup de fraîcheur et des fruits noirs croquants en bouche. Un régal avec un *choripán* à la sauce *chimichurri* !

LE POINT DE VUE ★ WINE EXPLORERS ★

Le climat apporte une fraîcheur caractéristique dans les vins uruguayens, singulière en Amérique du Sud. Coup de cœur tout particulier pour les rouges issus du cépage tannat, que l'on apprécie déjà dans leur jeunesse pour leur côté floral et qui vieillissent remarquablement !

Rien de mieux qu'un *asado* au coin du feu en très bonne compagnie : le domaine Pisano, à Progreso, dans la région de Canalunes.

PORTRAITS

Les frères Pisano
nés en Uruguay (Progreso)
Gustavo en 1965,
Daniel en 1952
et **Eduardo** en 1957

Les Pisano, trois frères adorables qui vivent autour du vignoble familial dans le village de Progreso, ont toujours voulu suivre les traces de leur père, César, lui-même né dans les vignes. À eux trois, ils se partagent la viticulture, l'œnologie et le commercial. Leurs enfants et maintenant leurs petits-enfants, ont su reconnaître les différents cépages dès l'âge de 5 ans en goûtant des baies de raisin.

« *Dans un monde où l'industrie domine, nous nous évertuons à garder le vin au plus près de ses racines terriennes. Cela ne signifie pas que nous n'acceptons pas les développements techniques, mais nous traitons toujours le vin comme s'il était l'un des nôtres.* » (Gustavo)

« *Quand notre père César, au lieu de planter des variétés à haut rendement, s'obstinait à cultiver du tannat, un cépage peu productif, tout le monde le prenait pour un fou ! Aujourd'hui, on comprend que c'était un visionnaire.* » (Daniel)

« *Nous sommes une grande famille de 16 personnes. Travailler ensemble et vivre de ce que nous aimons est un cadeau de la vie !* » (Eduardo)

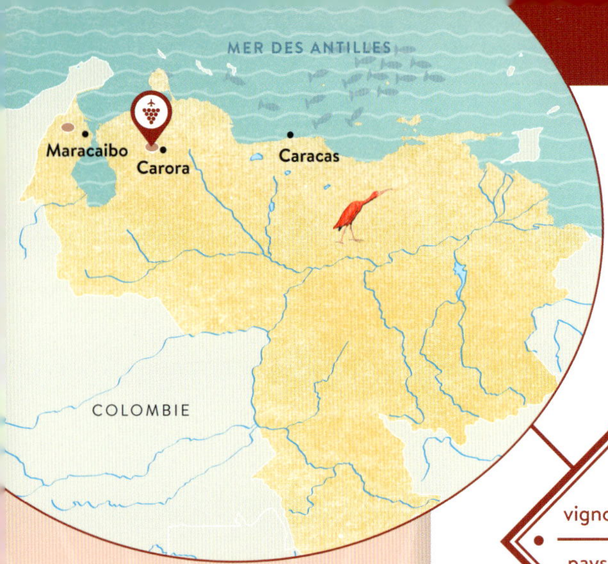

VENEZUELA

Lara

61e
vignoble mondial

pays producteur
68e

Parmi les pionniers viticoles en Amérique, le vignoble vénézuélien, créé au début du XVIe s., ne connaîtra son heure de gloire qu'à partir des années 1980. En effet, le climat tropical complexe nécessite un équipement de pointe et des connaissances spécifiques, qui n'ont pu se développer avant.

UN PEU D'HISTOIRE

La viticulture a été introduite au Venezuela par les conquistadores en 1519. Toutefois, elle est abandonnée dès le milieu du XVIe s., les conditions climatiques ne s'y prêtant pas. Il faut attendre 1920 pour voir la première production commerciale de vin, élaborée cependant à partir de moûts concentrés importés. Les années 1970 marquent un tournant majeur avec la création de deux agences nationales de recherche et développement : l'Instituto de la Uva [Institut du raisin] en 1974 et le Centro Vitícola en 1979, mettant notamment en œuvre des programmes d'introduction de cépages. Bodegas Pomar, le seul domaine commercial du pays, est une coentreprise créée en 1985 par la société de brasserie vénézuélienne Empresas Polar et la maison de cognac française Martell.

POINTS-CLÉS

latitude	9°47'-10°21' N
altitude	30-640 m
type de sols	d'origine alluviale, de texture limono-sableuse et calcaire, avec un pH légèrement alcalin ; quelques vignobles sont aussi plantés dans des sols limono-argileux

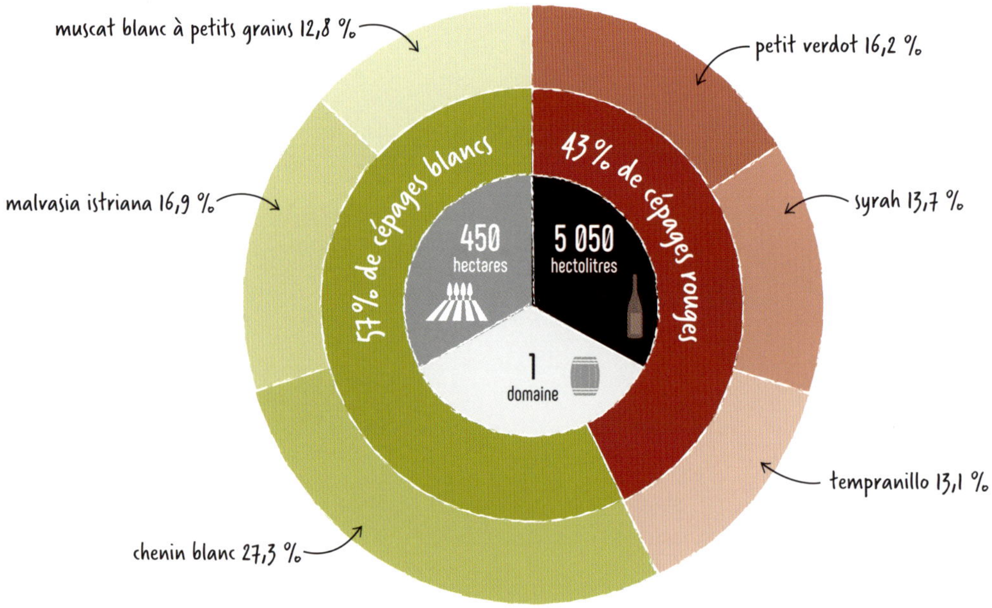

Bodegas Pomar est le seul domaine viticole du pays avec deux zones de production dans les États de Lara (150 hectares) et de Zulia (300 hectares). Les autres entreprises vénézuéliennes liées au vin produisent 200 000 hectolitres de sangria par an et du vin avec des moûts de raisins importés de l'étranger. Le climat tropical permet des cycles de production courts, de 95 à 130 jours, et deux vendanges par an. Celles-ci coïncident avec les deux périodes sèches de l'année : la première entre février et mars, la seconde en août. La pluviométrie annuelle moyenne varie entre 500 et 800 mm. Quant aux températures annuelles, elles sont comprises entre 20 et 38 °C. La tendance actuelle de consommation privilégie les vins locaux aux vins importés.

Dans l'État de Lara, au nord-ouest de Carora, le vignoble d'Altagracia du domaine Bodegas Pomar est orné de bougainvilliers au début de chaque allée. Les drapeaux blancs, quant à eux, font office d'épouvantails.

LE POINT DE VUE
★ WINE EXPLORERS ★

Le Venezuela semble avoir réussi à développer une viticulture autour de variétés nobles de *Vitis vinifera*. Toutefois, d'après les témoignages recueillis auprès de la direction de Bodegas Pomar, l'absence de températures basses sous les tropiques influence négativement la vigne dont les raisins ont du mal à mûrir de façon homogène.

PORTRAIT

Kemen Bilbao
Directeur de Bodegas Pomar
né au Venezuela (Caracas) en 1972

Diplômé en marketing, Kemen rejoint Bodegas Pomar en mars 2019 avec pour principale mission de pérenniser le bon développement du domaine mis en place par Carlos Arancibia, son prédécesseur, en développant de nouvelles stratégies et de nouveaux produits mieux adaptés aux jeunes consommateurs.

« *À Bodegas Pomar, nous sommes fiers de produire des vins de qualité proches des tropiques, dans un endroit du globe inattendu pour la culture de la vigne. Le Venezuela n'est traditionnellement pas un pays consommateur de vin et, pour en produire, l'on doit faire face à de nombreux défis, aussi bien climatiques que géopolitiques. Nous travaillons beaucoup au développement de l'œnotourisme, un levier de croissance essentiel pour l'industrie viticole locale. Notre activité est encore jeune et, pour mieux se faire connaître, elle a besoin de capter un public tout aussi jeune.* »

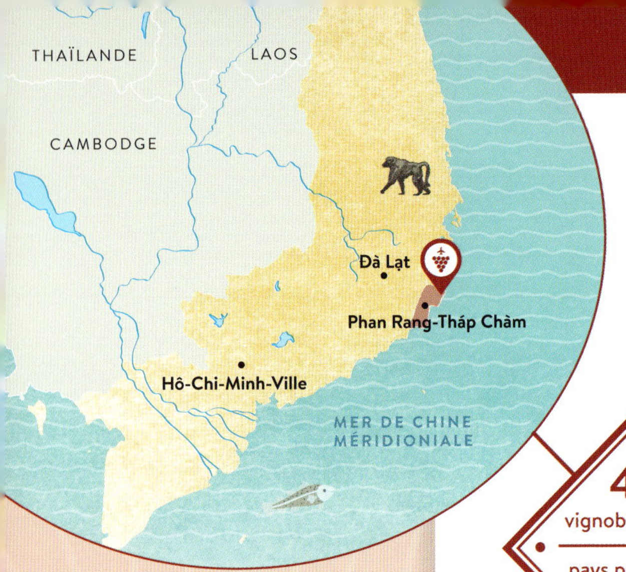

VIETNAM

Phan Rang-Tháp Chàm

49e
vignoble mondial

pays producteur
57e

Exclusivement située au sud du pays, l'industrie viticole vietnamienne se répartit entre les sites de production principalement implantés à Đà Lạt, à 1 500 m d'altitude, et le vignoble qui est cultivé dans les provinces côtières de Ninh Thuận et Bình Thuận, à environ 130 km au sud-est, vers la côte, ce qui nécessite un acheminement des raisins par camion avec trois heures de route au minimum.

UN PEU D'HISTOIRE

La production de vin de fruit, à base de raisin de table et de mûre, est initiée par les Français au nord du Vietnam, près de Hanoï, au milieu du XIXe s. Après 1976 et la réunification du pays, les Français se retirent de l'industrie viticole, gérée dorénavant par les Vietnamiens. Il faut attendre 1998 pour voir apparaître les premières plantations de *Vitis vinifera* dans le pays, sous l'impulsion du domaine Ladora, avec l'importation de pieds de cabernet sauvignon et de chardonnay d'Australie. En 1999, le premier vin vietnamien issu de raisins est produit. En milieu tropical, la vigne pousse dès la deuxième année ! Ce n'est que depuis le début des années 2000 que la population locale, influencée par la culture occidentale, commence véritablement à consommer et à apprécier du vin issu de raisin. Aujourd'hui, plus de la moitié des consommateurs de vin au Vietnam a moins de 30 ans.

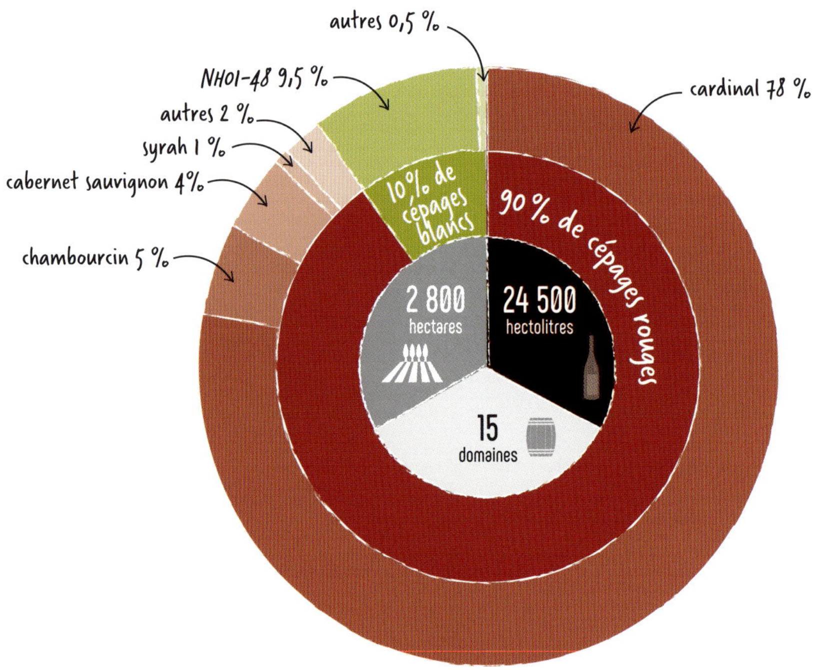

POINTS-CLÉS

latitude	10°50'-11°50' N
altitude	en-dessous de 20 m
type de sols	sablo-limoneux avec une acidité neutre et une teneur importante en phosphore et en potassium

Le vignoble se situe dans le sud-est du pays et se divise entre les provinces de Ninh Thuận (90 %) et Bình Thuận (10 %), autour de Phan Rang-Tháp Chàm, qui s'est développée sur l'ancien site de Panduranga. Le climat présente une température moyenne de 24 à 28 °C et 72 à 85 % d'humidité, ce qui est relativement bas. Son positionnement, autour du 11e parallèle Nord, permet trois cycles végétatifs par an, obligeant le remplacement des pieds de vigne tous les 10 ans en moyenne. Le cardinal, vinifié en blanc comme en rouge, est apprécié des viticulteurs pour son cycle de croissance court, soit 90 jours environ, et ses rendements élevés. Le *NH01-48*, un cépage blanc résistant créé par le Nha Hố Research Institute for Cotton and Agriculture Development, gagne en popularité.

Vignoble du domaine Ladora, dans la région côtière de Ninh Thuận.

LE POINT DE VUE ★ WINE EXPLORERS ★

La viticulture s'est naturellement établie autour de la province de Ninh Thuận, considérée comme étant la plus sèche du pays, avec 950 mm de pluie par an. Le vin vietnamien, loin des standards qualitatifs européens, reste une curiosité à goûter, notamment avec son assemblage emblématique 50 % cardinal et 50 % mûre, qui représente à lui seul près des deux tiers des vins consommés au Vietnam.

PORTRAIT

Phạm Hòa
propriétaire du domaine Mỹ Hòa
née au Vietnam (Ninh Thuận) en 1979

Enfant, Phạm grandit au milieu des vignes de raisin de table cultivées par ses parents. Ceux-ci font un peu de vin pour leur consommation personnelle. En 1999, à la naissance de sa première fille, elle crée le domaine Mỹ Hòa avec le souhait de commercialiser son vin. Trois hectares plantés en cardinal et en *NH01-48* derrière la maison familiale et un chai installé dans le garage, où le vin fermente dans de petites cuves en plastique.

“ *J'aime passer du temps dans le vignoble et prendre soin de chacune de mes vignes. Ça me détend et me procure beaucoup de joie. Nous servons toujours nos vins, blanc comme rouge, avec un ou deux glaçons. C'est une tradition dans le sud du pays. Depuis sa création, le succès du domaine auprès des Vietnamiens nous a amenés à planter un hectare supplémentaire, à la place de l'une de nos rizières.* ”

ZIMBABWE

Nyamasanga

78e
vignoble mondial
pays producteur
80e

Dans la province du Mashonaland oriental, à 30 km au sud-est de la capitale Harare, subsiste au cœur de la vallée de la Nyamasanga une petite production viticole d'altitude. Ce vignoble a su s'adapter grâce à des hivers plus frais qui assurent la dormance de la vigne.

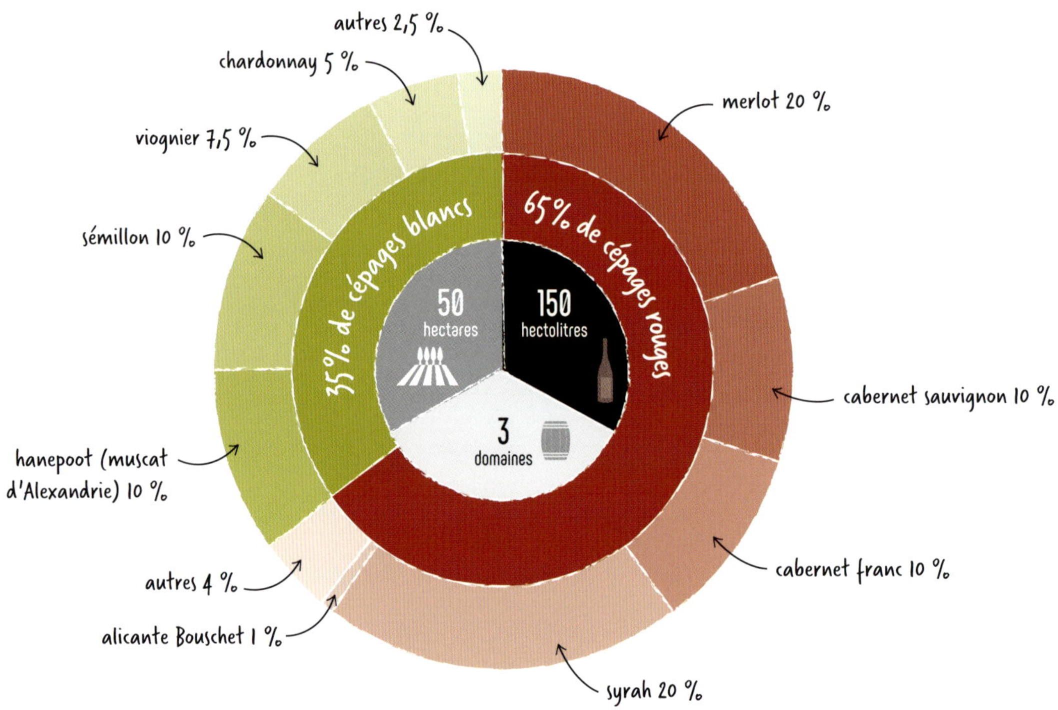

UN PEU D'HISTOIRE

La vigne est cultivée dans le pays depuis la fin du XIXe s., encouragée par les colons de la British South Africa Company (BSAC) venus exploiter les terres au nord du Transvaal, dans le nord de l'actuelle Afrique du Sud. Le premier domaine viticole, Bushman Rock, est créé à la fin des années 1930 par les Mullins, une famille écossaise. Dans les années 1960, son nouveau propriétaire John Bianchini commercialise les premiers vins du Nyassaland qui devient le Malawi en 1964, puis Zimbabwe à l'indépendance en 1980. Repris en 1996, le domaine est à présent géré par la famille Passaportis. Depuis 2007, la qualité des vins a augmenté grâce à de nombreux investissements matériels : cuves inox, fûts de chêne ou encore ligne de mise en bouteille.

POINTS-CLÉS

latitude	autour du 17°8' S
altitude	1 440-1 470 m
type de sols	sols à 70 % sableux avec une forte proportion de granite en arène, intrinsèquement stériles (faible teneur en monoxyde de soufre, propice à la lixiviation)

Bushman Rock est le seul domaine viticole commercial du pays à travailler exclusivement avec ses raisins. Par ailleurs, il existe deux coopératives, African Distillers Limited (Afdis) près de Mutare et Mukuyu Winery à Marondera, à 50 km au sud-est de Harare, qui importent du jus de l'étranger pour une partie de leur production. Le climat humide subtropical permet au moins deux vendanges par an. La pluviométrie annuelle est de 950 mm, avec de fortes pluies entre novembre et mars, nécessitant des pulvérisations intensives pour prévenir des maladies fongiques. La température annuelle moyenne est de 19,5 °C. Dans la vallée de la Nyamasanga, où se trouvent les meilleurs terroirs, l'altitude apporte des gelées hivernales assurant une dormance à la vigne, nécessaire à une production de qualité.

Le vignoble du domaine Bushman Rock est au cœur d'une réserve animalière unique, où vivent librement girafes, élands, grands koudous, sassabis, gnous, zèbres…

LE POINT DE VUE
WINE EXPLORERS

Au cœur de l'Afrique subsaharienne, la recherche des hauteurs pour la viticulture reste la meilleure solution pour réduire les effets négatifs de la chaleur et de l'humidité. Avec un vignoble à 1 400 m d'altitude et de bons équipements, Bushman Rock maîtrise bien sa production.

PORTRAIT

Nelia Kanyasa
œnologue au domaine Bushman Rock
née au Zimbabwe (Murehwa) en 1960

Formée dans l'ex-Yougoslavie au début des années 1980, Nelia retourne au Zimbabwe pour travailler en tant qu'œnologue junior chez Mukuyu Winery. Elle rejoint Bushman Rock en 2014 et occupe depuis le poste d'œnologue en chef.

« *Le climat zimbabwéen peut être un peu délicat avec les fortes pluies de l'été, cependant nous apprécions les défis. Dans le passé, le secteur viticole du Zimbabwe était en expansion et dynamique, mais au cours des dernières années, des vignobles ont été remplacés par des plantations de tabac, plus rentables. Nous sommes ravis d'être à l'avant-garde du rajeunissement viticole de ce pays et prenons plaisir à développer des vins adaptés à nos marchés, locaux et étrangers. Je suis toujours fière de présenter nos produits à de nouveaux consommateurs, curieux de goûter des vins atypiques.* »

CLASSEMENT MONDIAL

Le travail accompli depuis 2013, avec la création du projet Wine Explorers, nous a rapprochés des instances officielles de chaque pays de la planète vin. Ces relations nous ont permis de récolter précieusement les chiffres qui figurent dans cet ouvrage, chiffres portant essentiellement sur l'année 2018, voire 2019 pour les vignobles de l'hémisphère Sud ou 2017 quand nous ne pouvions obtenir de données plus récentes.

CLASSEMENT PAR SURFACE

rang	pays	superficie (ha)
1	Espagne	960 758
2	France	782 917
3	Italie	699 000
4	États-Unis	441 200
5	Argentine	222 000
6	Portugal	190 322
7	Roumanie	182 363
8	Chili	135 907
9	Australie	135 133
10	Chine	129 000
11	Allemagne	102 592
12	Afrique du Sud	94 545
13	Russie	87 753
14	Brésil	79 094
15	Moldavie	74 200
16	Hongrie	65 476
17	Bulgarie	62 916
18	Grèce	61 500
19	Géorgie	48 490
20	Autriche	48 055
21	Ukraine	45 400
22	Nouvelle-Zélande	37 969
23	Turquie	28 440
24	Algérie	28 000
25	Macédoine du Nord	24 777
26	Serbie	19 678
27	Croatie	19 409
28	Slovénie	18 550
29	République tchèque	17 900
30	Ouzbékistan	17 250
31	Azerbaïdjan	16 088
32	Arménie	15 814
33	Slovaquie	15 415
34	Suisse	14 715
35	Canada	12 545
36	Albanie	10 493
37	Mexique	10 460
38	Kazakhstan	9 862
39	Tunisie	9 600
40	Chypre	7 157
41	Maroc	6 928
42	Uruguay	6 343
43	Israël	5 498
44	Bolivie	4 000
45	Bosnie-Herzégovine	3 750
46	Royaume-Uni	3 578
47	Kosovo	3 298
48	Monténégro	2 870
49	Vietnam	2 800
50	Liban	2 490
51	Inde	2 480
52	Japon	2 390
53	Pérou	2 190
54	Tanzanie	1 980
55	Corée du Sud	1 700
56	Luxembourg	1 248
57	Colombie	950
58	Tadjikistan	910
59	Palestine	600
60	Cap-Vert	500
61	Venezuela	450
62	Égypte	445
63	Éthiopie	440
64	Malte	420
65	Indonésie	400
66	Pologne	395
67	Madagascar	360
68	Belgique	345
69	Jordanie	310
70	Pays-Bas	260
71	Thaïlande	207
72	Myanmar	160
73	Suède	115
74	Danemark	98
75	Norvège	71
76	Kenya	70
77	Taïwan	60
78	Zimbabwe	50
79	Équateur	41
80	Cambodge	13
81	Syrie	12
82	Andorre	10
83	République dominicaine	9
84	Namibie	6,5
85	Gabon	6
86	Sénégal	3
87	Irlande	1
		5 044 004

DES PAYS PRODUCTEURS DE VIN

Leur rapprochement nous a donné la possibilité d'établir pour la première fois de l'histoire un classement mondial des pays producteurs de vin, en fonction de la surface des vignobles dédiés au vin et de leur production. Il était donc tentant pour clore cet ouvrage de vous présenter ces résultats statistiques sous la forme de ces deux tableaux synoptiques.

CLASSEMENT PAR PRODUCTION

rang	pays	volume (hl)
1	Italie	49 000 000
2	France	46 000 000
3	Espagne	44 750 000
4	États-Unis	23 300 000
5	Argentine	14 500 000
6	Australie	13 700 000
7	Chili	12 900 000
8	Allemagne	10 900 000
9	Afrique du Sud	9 200 000
10	Chine	6 900 000
11	Portugal	6 100 000
12	Roumanie	5 200 000
13	Russie	4 285 000
14	Hongrie	3 700 000
15	Brésil	3 400 000
16	Nouvelle-Zélande	3 000 000
17	Grèce	2 490 000
18	Autriche	2 486 000
19	Moldavie	1 900 000
20	Macédoine du Nord	1 200 000
21	Bulgarie	1 100 000
22	Géorgie	1 050 000
23	Suisse	792 000
24	Uruguay	748 000
25	Turquie	720 000
26	République tchèque	715 000
27	Ukraine	650 000
28	Croatie	640 000
29	Slovénie	525 000
30	Canada	513 700
31	Algérie	400 000
32	Maroc	350 000
33	Slovaquie	309 000
34	Serbie	300 000
35	Israël	298 000
36	Kazakhstan	269 500
37	Monténégro	250 000
38	Tunisie	230 000
39	Ouzbékistan	226 800
40	Pérou	216 000
41	Mexique	200 000
42	Inde	198 600
43	Albanie	175 000
44	Japon	165 000
45	Azerbaïdjan	148 000
46	Bosnie-Herzégovine	134 100
47	Corée du Sud	125 000
48	Kosovo	117 500
49	Royaume-Uni	117 000
50	Luxembourg	110 000
51	Chypre	109 200
52	Arménie	96 300
53	Liban	67 500
54	Bolivie	61 000
55	Tanzanie	31 000
56	Égypte	27 000
57	Vietnam	24 500
58	Éthiopie	21 000
59	Malte	16 800
60	Pologne	12 700
61	Colombie	10 500
62	Belgique	10 000
63	Indonésie	9 900
64	Pays-Bas	9 500
65	Kenya	8 260
66	Jordanie	7 000
67	Madagascar	5 740
68	Venezuela	5 050
69	Thaïlande	5 000
70	Équateur	4 900
71	Myanmar	3 700
72	Cap-Vert	3 100
73	Palestine	2 880
74	Taïwan	1 860
75	Danemark	1 200
76	Suède	750
77	Tadjikistan	740
78	Syrie	320
79	République dominicaine	160
80	Zimbabwe	150
81	Namibie	80
82	Andorre	75
83	Norvège	35
84	Irlande	30
85	Gabon	22
86	Cambodge	16
87	Sénégal	15
		277 262 183

GLOSSAIRE DES CÉPAGES

Ce glossaire reprend l'ensemble des cépages mentionnés dans cet ouvrage. Bien que non exhaustif, il est représentatif de l'étendue de l'ampélographie actuelle. Depuis le Caucase et les Balkans jusqu'au continent américain, en passant par toute l'Europe et le bassin méditerranéen, nombreuses sont les régions à cultiver des variétés endémiques, dont les origines sont parfois discutées, témoins vivants de la richesse du patrimoine viticole mondial. Un héritage fragile, garant suprême de la diversité infinie du goût du vin, qu'il faut savoir apprécier et préserver.

Certains cépages possèdent des synonymes, dans leur pays d'origine ou à l'étranger. Nous avons essayé, le cas échéant, de mettre à côté du nom original les termes les plus usuels. Un travail réalisé grâce au soutien précieux des vignerons, des ampélographes, des institutions et de l'ensemble des professionnels et passionnés de vin que nous avons rencontrés et avec qui nous avons eu le plaisir de collaborer. Merci tout particulièrement à José Vouillamoz, coauteur avec Jancis Robinson et Julia Harding du livre *Wine Grapes* (Allen Lane, 2012), pour son éclairage.

cépage rouge · cépage blanc · cépage rose

cépages	origine	coul.	autres noms
A			
agiorgitiko	Grèce	rouge	mavro nemeas, mavroudi nemeas, nemeas mavro
aglianico	Italie	rouge	fiano rosso
airén	Espagne	blanc	manchega
aladasturi	Géorgie	rouge	anadastouri
albarola	Italie	blanc	bianchetta genovese, calcatella
aleatico	Italie	rouge	aleaticu (Corse), moscatello nero
alfrocheiro	Portugal	rouge	albarín negro, baboso negro
alicante-henri-bouschet	France	rouge	alicante bouschet
aligoté	France	blanc	mahranauli (Moldavie)
alphonse-lavallée	France	rouge	almeria negra (Espagne), enfes (Turquie)
alvarinho	Portugal	blanc	albariño (Espagne)
ancellotta	Italie	rouge	lancellotta
areni	Arménie	rouge	areni noir, areni chernyi
argaman	Israël	rouge	–
arinto de bucelas	Portugal	blanc	arinto, pedernã
arvine	Suisse	blanc	arvina, petite arvine
assyrtiko	Grèce	blanc	assirtico, assyrtico
auxerrois	France	blanc	aucerot (Australie), kleiner heunisch (Allemagne), pinot auxerrois (Canada)
băbească neagră	Roumanie	rouge	rară neagră (Moldavie), chernyi redkii (Ukraine)
babić	Croatie	rouge	rogoznička
B			
bacchus	Allemagne	blanc	–
baco noir	France	rouge	bakon
baladi	Palestine	rouge	–
baltica	États-Unis	rouge	hasaine sladki, hasanski sladky (Norvège), varajane sinine
barbera	Italie	rouge	barbera d'asti, barbera dolce, lombardesca
bayanshira	Azerbaïdjan	blanc	banants (Arménie), bayan shirei
beituni	Palestine	rouge	–
bena	Bosnie-Herzégovine	blanc	–
bianca	Hongrie	blanc	bianka
black queen	Japon	rouge	pokdum (Thaïlande)
blatina	Bosnie-Herzégovine	rouge	blathina, praznobačva
blauburger	Autriche	rouge	–
blauer portugieser	Autriche	rouge	modry portugal (République tchèque), portugais bleu (France), portugizac crni (Croatie), vöslauer (Autriche)
blaufränkisch	Autriche	rouge	frankovka (Croatie, République tchèque, Serbie), frankovka crna (Slovénie), kékfrankos (Hongrie)
bobal	Espagne	rouge	benicarló, carignan espagnol (France)
boğazkere	Turquie	rouge	–
bolero	Allemagne	rouge	–
bosco	Italie	blanc	bosco bianco del genovese
C			
cabernet cantor	Allemagne	rouge	–
cabernet cortis	Allemagne	rouge	–
cabernet franc	France	rouge	bordo (Roumanie), gros bouchet, carmenet, tsapournako (Grèce), verdejilla tinto (Espagne)
cabernet sauvignon	France	rouge	bidure, bordo (Roumanie), petit bouchet, lafite (Bulgarie, Moldavie, Russie)
camarate	Portugal	blanc	castelão da bairrada, moreto do douro, mortágua, negro mouro, vide preta
campbell early	États-Unis	rouge	campbell, island belle
canaiolo nero	Italie	rouge	cannaiola di marta
cardinal	États-Unis	rouge	apostoliatiko, kardinal
carmenère	France	rouge	cabernet gernischt (Chine), carbouet, carménère
castelão	Portugal	rouge	bastardo castico, castico, periquita
catarratto bianco	Italie	blanc	catarratteddu
cayetana blanca	Espagne ou Portugal	blanc	balay, cirial, dedo, jarime, jean doradillo, malvoisie espagnole (France), pardina, sarigo (Portugal)
chambourcin	France	rouge	–
chardonnay	France	blanc	aubaine, auvernat, auxerrois, melon à queue rouge, waiser clevner (Moldavie)
chasselas	Suisse	blanc	bassiraube (Allemagne), blanchette, fendant, franceseta (Espagne), moster (Autriche), rdeča žlahtina (Croatie)
chenin blanc	France	blanc	agudelo (Espagne), anjou, blanc d'aunis, gros chenin, gros pineau, steen (Afrique du Sud)
cheongsoo	Corée du Sud	blanc	–

cépages	origine	coul.	autres noms
chilar	Arménie		–
chinuri	Géorgie		chinabuli, kaspura, okroula, tchinouri
ciliegiolo	Italie		albana nera, ciliegino, mazzèse
cinsaut	France		black malvoisie (États-Unis), black prince (Australie), cinsault (Languedoc, Algérie, Maroc, Tunisie), makutupora (Tanzanie), samsó (Espagne)
clairette	France		blanc laffite, blanquette, clairet (Russie), œillade blanche
colombard	France		colombar (Afrique du Sud), french colombard (États-Unis), queue tendre, tourterelle
concord	États-Unis		bergerac, cornin, fekete noah, furmin noir, olasz kek
cornalin	Italie		broblanc, cornalin d'aoste, cornalino, humagne rouge (Suisse)
cot	France		agreste, cagors, coq rouge, cots, malbec, malbech (Italie), noir de pressac, nuar de presac (Moldavie)
couderc 13	France		uva branca (Brésil)
crimson seedless	États-Unis		crimson
criolla grande	Argentine		criolla grande sanjuanina
csaba gyöngye	Hongrie		cabski biser (Slovénie), pearl of csaba, perl do saba (Bulgarie), perle de csaba (France), perle von csaba (Allemagne, Autriche), strugurilor (Roumanie), zemcug saba (Russie), zalas perle (Danemark)
cserszegi fűszeres	Hongrie		–
D dabbouki	Palestine		–
debine e bardhë	Albanie		debin
debit	Croatie		belan (Macédoine du Nord), čarapar
delaware	États-Unis		delavar, health grape, ladies choice
dimyat	Bulgarie		dertonia (Turquie), galan (Russie), roșioară (Roumanie), smederevka (Macédoine du Nord, Serbie), yapalaki (Grèce)
dolcetto	Italie		dolcetto nero, ormeasco
dornfelder	Allemagne		–
douce noire	France		bonarda (Argentine), charbono (États-Unis), turca (Italie)
dzelshavi	Géorgie		–
E emir	Turquie		–
F fernão pires	Portugal		fernao pirao, molinha, maria gomes
fetească albă	Moldavie-Roumanie		dievcie hrozno (Slovaquie), fetiasca belii (Russie, Ukraine), fetișoară, mädchentraube (Hongrie)
fetească neagră	Moldavie-Roumanie		coada rândunicii, fetyaska chernaya (Ukraine), păsărească neagră, noir des pucelles (France)
fetească regală	Roumanie		danesana, königliche mädchentraube (Hongrie), pesecká leánka (Slovaquie)
frontenac	États-Unis		frontenac noir
frontenac blanc	États-Unis		–
furmint	Hongrie		fehér furmint, moslavac (Croatie), mosler (Autriche), šipon (Slovénie), tokay, zapfner (Allemagne)
G gamaret	Suisse		–
gamay noir	France		beaujolais, bourguignon noir, gamai, gamé, grosse dôle (Suisse), lyonnais, petit gamay
garandmak	Arménie		alani chagog, alivoruk
garanoir	Suisse		–
garnacha blanca	Espagne		alicant belyi, belan (Croatie, Macédoine du Nord), fehér grenache (Hongrie), grenache blanc, rool grenache
garnacha tinta	Espagne		abundante (Portugal), aragones, cannonau (Sardaigne), garnaxa, granaxa, grenache (France), grenache noir (France), tinto basto, venaccia nera (Italie)
ġellewża	Malte		gelleuza
gewürztraminer	France		dišeči traminec (Slovénie), mala dinka (Bulgarie), rother muskattraminer (Allemagne), rusa (Roumanie), tramin červený (République tchèque), traminac crveni (Croatie), traminer rose (Moldavie, Ukraine)
girgentina	Malte		ghirghentina, insolja tal-girgenti
golden muscat	États-Unis		–
grasă de cotnari	Roumanie		bajor, gras, kövérszőlő (Hongrie), poamă grasă
graševina	Croatie		borba (Espagne), riesling italien, olasz rizling (Hongrie), ryzlink vlašský (République tchèque), welschriesling (Allemagne, Autriche, Canada, Suisse)
grk	Croatie		gark, grk korčulanski, grk mali, lumbarajski grk
grüner veltliner	Autriche		veltliner (Italie), veltliner grün, veltlinske zelené (Slovaquie), veltlínské zelené (République tchèque), zöld veltlini (Hongrie)
H halawani	Palestine		–
hamdani	Palestine		marawi
hárslevelű	Hongrie		budai féher, feuille de tilleul (France), harzevelu, lindenblättrige (Allemagne, Autriche), lipolist (Croatie), lipovina (République tchèque, Slovaquie)
humagne	Suisse		humagne blanc, humagne blanche, mioussat (France)
I inzolia	Italie		ansolica, insolia, insolia di palermo, insora
isabella	États-Unis		bangalore blue (Inde), framboisier, fraula (Corse), frutilla (Uruguay), Isabelle (France), strawberry grape, uva fragola (Italie)
J jacquez	États-Unis		black spanish, cigar box, jacquet (France), lenoir, troya (Australie)
jandali	Palestine		–
johanniter	Allemagne		–

	cépages	origine	coul.	autres noms
K	kabar	Hongrie		–
	kadarka	Serbie, Monténégro, Albanie ou Hongrie		branicevka (Croatie), cadarcă neagră (Roumanie), gamza de varna (Bulgarie), kallmet (Albanie), skadarka (Croatie, Serbie), törökszőlő (Hongrie)
	kakhet	Arménie, Géorgie		cakhete, kachet, kakheti
	kalecik karası	Turquie		–
	kangun	Arménie		cangoune, kangoon, kangoun
	karmrahyut	Arménie		karmrahiut, karmraiute
	kerner	Allemagne		–
	khindogni	Azerbaïdjan		chindogni, khendorni, khindogny, sveni (Russie)
	kisi	Géorgie		kissi, maghranuli
	koloshi	Géorgie		–
	koshu	Japon		–
	krakhuna	Géorgie		chkovra, krakhuna shavi
	krasnostop zolotovsky	Russie		krasnostop, krasnostop anapsky
	krkošija	Bosnie-Herzégovine		krkochia, kyrkochia
	krstač	Monténégro		bijeli krstač, krstač bijela, vinogradarska bijela
	kuldzhinsky	Ouzbékistan		–
	kyohō	Japon		–
L	léon millot	France		frühe schwarze (Allemagne), millot
	liatiko	Grèce		aleatiko, liatico, liatis
	listán prieto	Espagne		criolla chica (Argentine), hariri (Maroc), misión (Mexique), mission (États-Unis), país (Chili), palomina negra, rosa del perú (Pérou)
	loureiro	Portugal		branco redondos, loureira (Espagne), marquez (Espagne)
M	macabeo	Espagne		charas blanc (États-Unis), lardot (France), macabeu (Espagne), maccabéo (France), maccabeu (France), viura (Espagne)
	madrasa	Azerbaïdjan		kara shirei, matrasa, medrese, sevi shirai
	malaga blanc	France		–
	malvasia bianca di candia	Italie		malvasia bianca, malvasia candia
	malvasia nera di brindisi	Italie		malvasia negra, malvasia nera, malvasia niura
	malvazija istarska	Croatie		istarska malvazija, malvasia friulana (Italie), malvasia istriana (Italie), polijšakica drnovk (Slovénie)
	mandilaria	Grèce		amorgiano, dombrena mavri, ikaría, kontoura, montoyra
	marawi	Palestine		–
	marquette	États-Unis		–
	marselan	France		–
	marzemino	Italie		balsamina, berzamino, marzemina nera, marzemino gentile

cépages	origine	coul.	autres noms
mavro	Chypre		cipro nero (Italie), cyperntraube blaue (Allemagne), korithi mavro, kypriotiko
mavroudi	Grèce		mavrouda, mavroudia (nom générique désignant un ensemble de cépages grecs à la peau très sombre)
mavrud	Bulgarie		kachivela, mavro (Grèce), mavroud (France), tsiganka
mazuelo	Espagne		bovale di spagna, bovale grande (Sardaigne), carignan noir (France), carignane (France), mazuela, samsó
medna	Croatie		buboj, medna bijala, medva, zložder
meghrabouyr	Arménie		–
merlot	France		bigney, langon, médoc noir, merlau, picard, sémillon rouge
merseguera	Espagne		exquitsagos, verdosilla
merweh	Liban		–
misket cherven	Bulgarie		kimionka, misket siv, red misket, misket sungurlarski, sinja temenuga
monastrell	Espagne		alcayata, balzac noir (France), garrut, mataro, mourvede (France), mourvèdre (France), negria (Grèce)
monemvassia	Grèce		artemissi, klossaria, monemvasia
monica nera	Espagne ou Italie		manzesu, monaca, niedda de ispagna, pascale sardu
montepulciano	Italie		africano, montepulciano spargolo, morellone, uva abruzzese
moschofilero	Grèce		fileri, fileri mantineias, moschophilero
mskhali	Arménie		ararati, mashali, msali, musrali, spitak khagog
mtsvane kakhuri	Géorgie		dedali mtsvane, mamali mtsvane, mtsvane kachuri, mtsvané
müller-thurgau	Allemagne		riesling-silvaner, rivaner (Autriche, Luxembourg), rizlingszilváni (Hongrie), rizvanec (Slovénie)
musann blanc	Taïwan		–
muscaris	Allemagne		–
muscat bailey a	Japon		muscat bailey
muscat blanc à petits grains	Italie ou Grèce		beyaz misket (Turquie), bornova misketi (Turquie), muscat de frontignan, muskadel (Afrique du Sud), sárga muskotály (Hongrie), tamyanka (Bulgarie, Serbie, Russie), temjanika (Macédoine du Nord)
muscat d'alexandrie	Italie ou Grèce		hanepoot (Afrique du Sud), moscatel de setúbal (Portugal), muscat d'alexandrie (France), muscat romain, panse musquée, zibibbo
muscat de saint vallier	France		belgia (Indonésie)
muscat of hamburg	Italie ?		black muscat of alexandria (Angleterre), moscato nero (Italie), moschato tyrnavou (Grèce), muscat de hambourg (France), muscat du ventoux (France), muskat-trollinger (Allemagne), œillade musquée (France)
muscat ottonel	France		muscadel ottonel (Afrique du Sud), muskat otonel (Bulgarie), muskotály

	cépages	origine	coul.	autres noms
N	narince	Turquie		güzül üzüm, kazova, narance, nerince
	nebbiolo	Italie		chiavennasca, picotendro, prunent
	negroamaro	Italie		abruzzese, jonico, lacrima, negro amaro, uva olivella
	neuburger	Autriche		brubler, neuburské (République tchèque, Slovaquie)
	NH01-48	Vietnam		–
	niagara	États-Unis		white concord
	nuragus	Italie		abbondosa, axina scacciadèppidus
O	obaideh	Liban		–
	odessky cherny	Ukraine		alibernet, odessa black
	öküzgözü	Turquie		–
	orion	Allemagne		–
	ortega	Allemagne		–
	otskhanuri sapere	Géorgie		argvetuli sapere
P	pálava	République tchèque		nema, veverka
	palomino fino	Espagne		albar, fransdruif (Afrique du Sud), golden chasselas (États-Unis), jerez, listan (France), palomina blanca, palomino, xeres
	pamid	Bulgarie		grechesky rosovy (Russie), manaluki (Albanie), pamidi (Grèce), piros szlanka (Hongrie), plovdina (Macédoine du Nord), saratchoubouk (Turquie)
	parellada	Espagne		martorella, moltonach, montònec, verda grossa
	pedro ximénez	Espagne		corinto bianco, pedro jimenez, pedro ximenes, verdello, ximenes
	pervenets magaracha	Ukraine		pervenec magaraca, pervenyec magaracsa
	petit verdot	France		lambrusquet, verdau, verdot
	phoenix	Allemagne		–
	pinot blanc	France		auvernat blanc, beli pinot (Slovénie), burgunder veisser (Moldavie), chardonnet pinot blanc, clevner, fehér burgundi (Hongrie), pinot bijeli (Croatie), pinot branco (Portugal), rulandské bílé (République tchèque), weisser burgunder (Allemagne, Autriche)
	pinot gris*	France		auvernat gris, beurot, burgunder roter (Allemagne), fromenteau, griset, pinot beurot, pinot grigio (Italie), pirosburgundi (Hongrie), râjik (Moldavie), rulandské šedé (République tchèque), rulandské sivé (Slovaquie)
	pinot meunier	France		gris meunier, meunier, morillon taconné, müllerrebe (Allemagne), schwarzriesling (Allemagne)
	pinot noir	France		auvernas, blauburgunder (Allemagne, Autriche, Suisse), bourguignon, cerna (Moldavie), kék burgundi (Hongrie), mourillon, orléanais, pinot cernii (Russie), rulandské modré (République tchèque), savagnin noir, spätburgunder (Allemagne), vert doré
	pinotage	Afrique du Sud		–
	pinotin	Suisse		–
	plavac mali	Croatie		crljenak, pagadebit crni, plavac veliki, plavec mal (Macédoine du Nord), zelenak
	plavina	Croatie		brajda, plavina crna, plavka
	pošip bijeli	Croatie		pošip, pošip veliki, pošipak, vgorski bijeli
	potamissi	Grèce		aspropotamisio, potamisi, potamisio lefko
	prokupac	Serbie		kameničarka, kamenilarka, majski čornii (Moldavie, Russie), nikodimka, prokupec (Macédoine du Nord), zarčin (Bulgarie)
	prosecco	Croatie		briška glera (Slovénie), glera (Italie), prosecco tondo (Italie), teran bijeli
	pulz	Albanie		–
R	red globe	États-Unis		globo rojo, gorda negra
	refosco dal peduncolo rosso	Italie		rifòsc dal pecòl ròss
	régent	Allemagne		–
	reichensteiner	Allemagne		–
	ribolla gialla	Italie-Slovénie		rabola (Italie), rebolla (Italie), rebula (Slovénie), ribuèle (Italie)
	riesel	Suisse		–
	riesling	Allemagne		beyaz riesling (Turquie), lipka (République tchèque), petit rhin (Suisse), raisin du rhin (France), rajnai rizling (Hongrie), renski riesling (Slovénie), risling (Bulgarie), rizling rajnski (Croatie), ryzlink rýnský (République tchèque)
	rkatsiteli	Géorgie		baiyu (Chine), corolioc (Moldavie), rkatziteli
	roditis	Grèce		arilogos roditis, arsenikos roditis, kanellato, lisitsines, roiditis
	rondo	Allemagne		–
	ruby cabernet	États-Unis		–
S	saint laurent	Autriche		svatovavřinecké (République tchèque), svätovavrinecké (Slovaquie)
	san-meo-ru	Corée du Sud		–
	sangiovese	Italie		brunelletto, brunello, calabrese, chiantino, liliano, negrello, san zoveto, sangioveto, vigna del conte
	saperavi	Géorgie		atenuri saperavi, meskhuri saperavi
	sauvignon blanc	France		blanc fumé, fié, fumé, fumé blanc (États-Unis), muskat-silvaner (Allemagne, Autriche), sauternes, savagnou, sotern mărunt (Moldavie)
	sauvignonasse	France		friulano (Italie), sauvignon de la corrèze, sauvignon gros grain, tocai friulano (Italie), zeleni sauvignon (Slovénie)

* En termes d'usage et dans cet ouvrage, le pinot gris est identifié comme un cépage blanc, bien qu'il soit officiellement classé dans les cépages roses.

cépages	origine	coul.	autres noms
savatiano	Grèce	blanc	doubraina aspri, kountoura aspri, perahoritiko, sakeiko, tsoumprena
schiava grossa	Italie	rouge	black hamburg (Angleterre), blauer trollinger (Allemagne), bressana, frankenthaler (Allemagne), schiavone, trollinger (Allemagne)
sémillon	France	blanc	barnawartha pinot (Australie), blanc doux, greengrape (Afrique du Sud), semilion, sémillon muscat
seyval blanc	France	blanc	seyval, seyve-villard
shesh i bardhë	Albanie	blanc	pucalla
shesh i zi	Albanie	rouge	seshi zi, shesh
silvaner	Autriche	blanc	gros rhin (Suisse), grüner silvaner (Allemagne), johannisberg (Suisse), salfin (Moldavie), silvain vert (France), silvanac zeleni (Croatie), silvánske zelené (Slovaquie), sylvaner verde (Italie), zeleni silvanec (Slovénie), zöld szilváni (Hongrie)
síria	Espagne-Portugal	blanc	alva (Portugal), alvadurão (Portugal), blanca extra (Espagne), cigüente (Espagne), códega (Portugal), roupeiro (Portugal), sabro (Portugal), valenciana (Espagne)
solaris	Allemagne	blanc	–
soukholimansky bely	Ukraine	blanc	sukholimanskii bely
souvignier gris	Allemagne	blanc	–
sultaniye	Turquie, Grèce, Afrique du Sud, Afghanistan ou Iran	blanc	banati (Égypte), kis mis alb (Roumanie), sultana (Afrique du Sud), sultanine (France, Grèce), thompson seedless (Afrique du Sud, Australie, États-Unis)
sundance	États-Unis	blanc	–
superior	États-Unis	blanc	sugraone
syrah	France	rouge	candive, hermitage (Australie), marsanne noire, petite sirrah, sérine, shiraz (Australie), sirah
T			
tajgë	Albanie	rouge	–
tannat	France	rouge	bordelez beltza (Espagne), harriague (Uruguay), madiran, moustrou, tanat
tavkveri	Géorgie	rouge	takweri, tavaveri, tavkeri didmartsvala
telti-kuruk	Ukraine	blanc	–
tempranillo	Espagne	rouge	aragones, aragonez (Portugal), chinchillana, grenache de logroño, piñuela, tempranilla, tinta roriz (Portugal), tinto fino, valdepeñas (États-Unis)
teroldego	Italie	rouge	merlina, teroldega, teroldigo, tirodola
terrano	Croatie, Italie ou Slovénie	rouge	cagnina (Italie), rabiosa nera (Italie), refošk (Slovénie), teran (Croatie, Slovénie), terran (Croatie, Slovénie)
torrontés	Argentine	blanc	nom générique regroupant trois variétés endémiques d'Argentine : torrontés mendocino, torrontés riojano (le plus répandu), torrontés sanjuanino
touriga franca	Portugal	rouge	albino de souza, touriga frances, touriga francesa
touriga nacional	Portugal	rouge	azal espanhol, carabuñeira (Espagne), mortagua, touriga fina, tourigo
trbljan	Croatie	blanc	dobrogoština, grban, rukavina, šampanjol
trebbiano toscano	Italie	blanc	alfrocheiro branco (Portugal), bianca di poviglio, morterille blanche (France), procanico, regrat (Allemagne), rogoznička (Croatie), roussan (France), šijaka (Croatie), tália (Portugal), ugni blanc (France, Uruguay)
tribidrag	Croatie	rouge	kratošija (Monténégro), morellone (Italie), primaticcio (Italie), primitivo (Italie), trebodrag, zagarese (Italie), zinfandel (États-Unis)
trincadeira	Portugal	rouge	black alicante (Australie), crato preto, rosete espalhado, tinta amarela, tinta amarelha, torneiro
trnjak	Croatie	rouge	rudežuša, trnjak crni
tsitska	Géorgie	blanc	shanti, tsitsiko
tsolikouri	Géorgie	blanc	obchuri tsolikouri, tsolikoouri
V			
varousset	France	rouge	–
verdejo	Espagne	blanc	albillo de nava, botón de gallo blanco, verdeja
verdelho	Portugal	blanc	verdelho branco, verdelho da madeira, verdelho dos açores
vermentino	Italie	blanc	furmentin, garbesso (France), malvoisie de corse (Corse), rolle (France), sapaiola, verlentin, vermentinu (Corse)
vidal	France	blanc	vidal blanc
viognier	France	blanc	vionnier, viognier jaune, viognier vert
vlosh	Albanie	rouge	vloshi, vlosk
voskeat	Arménie	blanc	hardzhi, kanacicheni, pscigi, voskeate, xardji
vranac	Balkans	rouge	vranac crmnichki, vranac crni, vranec (Macédoine du Nord)
X			
xarello	Espagne	blanc	cartoixà, premsal blanca, xarel-lo, xarel. lo, xerello
xinomavro	Grèce	rouge	csinomavro, mavro, mavro naoustino, niasoustino, pipoliko, xinogaltso, zinomavro
xynisteri	Chypre	blanc	aspro kyprou, cipro bianco, hebron blanc, lefko kyprou, xinisteri, xynistera
Z			
žametovka	Slovénie	rouge	kapcina, modra kavčina, plava velica, žametna črnina
zeini	Liban-Palestine	blanc	–
zéta	Hongrie	blanc	oremus
zhametna	Balkans	rouge	–
žilavka	Bosnie-Herzégovine	blanc	jilavka, mostarska
žižak	Monténégro	blanc	zizak
zweigelt	Autriche	rouge	blauer zweigelt, rotburger, zweigeltrebe (Japon, République tchèque, Slovaquie)

SOURCES DOCUMENTAIRES

De nombreuses recherches ont été nécessaires afin d'actualiser les données collectées sur le terrain, au cours de ces quatre années de voyage cumulées entre 2014 et 2018. Ainsi, un travail de fourmi a été réalisé pendant six mois, pays par pays, voire domaine par domaine, en étroite collaboration avec les organisations officielles et les professionnels de la filière vin le cas échéant, afin d'actualiser et préciser les chiffres publiés ici. Ci-après, la liste des principales sources avec lesquelles j'ai pu collaborer et que je remercie infiniment pour leurs recherches, leur disponibilité, leur enthousiasme et leur aide précieuse.

Afrique du Sud : Wines of South Africa. **Albanie** : ministère de l'Agriculture, institut national des statistiques (Instat Albania). **Algérie** : Office national de commercialisation des produits vitivinicoles (ONCV) ; Les Grands Crus de l'Ouest (LGCO). **Allemagne** : Deutsches Weininstitut. **Andorre** : Casa Beal (Joan Visa). **Argentine** : Wines of Argentina, Abel Furlan (président de l'association des œnologues d'Argentine). **Arménie** : comité de recettes de l'État. **Australie** : Wine Australia. **Autriche** : Austrian Wine. **Azerbaïdjan** : Azərbaycan Respublikasının Dövlət Statistika Komitəsi, Chabiant (Andrea Uliva). **Belgique** : Association des vignerons de Wallonie. **Bolivie** : Wines of Bolivia. **Bosnie-Herzégovine** : Federalni agromediteranski zavod. **Brésil** : Instituto Brasileiro do Vinho (Ibravin). **Bulgarie** : département des statistiques agricoles du ministère de l'Agriculture, de l'Agroalimentaire et de la Forêt, Mirjam van de Veen. **Cambodge** : Chan Thay Chhoeung (Hong BN). **Canada** : Winery Association of Nova Scotia (WANS), Wine Marketing Association of Ontario, Association des vignerons du Québec, British Columbia Wine Institute, Association des vignerons du Canada. **Cap-Vert** : Vinha Maria Chaves (Christine Beisch). **Chili** : Centro de Extensión Vitivinicola del Sur, ProChile, Wines of Chile. **Chine** : Demei Li (professeur au Collège d'agriculture de Pékin et chroniqueur pour DecanterChina.com), Silver Heights (Emma Gao). **Chypre** : Bureau commercial de l'ambassade de Chypre à Paris, Cyprus Wines. **Colombie** : Marqués de Puntalarga (Marco Quijano Rico). **Corée du Sud** : Grand Coteau (Hansik Kim) ; Denis Gastin (fondateur de l'Asian Wine Producers Association). **Croatie** : Agencija za plaćanja u poljoprivredi, ribarstvu i ruralnom razvoju, Vinistra, Vina Croatia, Vinogradarski registar, ARKOD sustav i Upisnik poljoprivrednika. **Danemark** : Danish Vineyards Association. **Égypte** : Al Ahram Beverages. **Espagne** : España Exportación e Inversiones (Icex), Consejo regulador de las denominaciones de origen « Jerez-Xérès-Sherr » – « Manzanilla-Sanlúcar de Barrameda » – « Vinagre de Jerez », Enric Soler, Ximénez-Spínola (Laura Murphy). **États-Unis** : Alcohol and Tobacco Tax and Trade Bureau, Colorado Wine Industry Development Board, Washington State Wine, Mike DeSimone et Jeff Jenssen (The World Wine Guys). **Éthiopie** : Richard Auther (Awash Wines), Olivier Spillebout (Castel Winery). **Équateur** : Dos Hemisferios (Guillermo Wright). **France** : Comité national des interprofessions des vins à appellation d'origine et à indication géographique (Cniv) ; Syndicat général AOC Corbières, domaine Regina (Isabelle Mangeot), Henri Jammet. **Gabon** : domaine d'Assiami (Cédric Pabou). **Géorgie** : agence nationale du vin de Géorgie. **Grèce** : Wines of Greece, ministère de l'Agriculture. **Hongrie** : Hegyközségek Nemzeti Tanácsa (conseil national de la viticulture). **Irlande** : Thomas Walk. **Inde** : All India Wine Producers Association (AIWPA). **Indonésie** : Sababay Winery (Evy Gozali), Hatten Wines (James Kalleske). **Israël** : Israeli Professional Enology and Viticulture Organization (IPEVO), Eran Pick MW. **Italie** : Unione Italiana Vini, Su'entu (Roberta Pilloni), Andrea Pecunia. **Japon** : Miyuki Katori (journaliste), Denis Gastin, *Wines of Japan* (Ikaros Publications, 2017) de Teiji Takahashi, Kimie Harada, Kazuhiko Kobayashi et Hiroshi Saito. **Jordanie** : Nidal Khoury (JR Wines), Iva Boyuklieva (Saint-George Wines). **Kazakhstan** : Alliance française d'Almaty. **Kenya** : Kenya Wine Agencies Ltd (KWAL), Kenya Nut Company Ltd. **Kosovo** : département pour la viticulture et l'œnologie du ministère de l'Agriculture, de la Forêt et du Développement rural. **Liban** : Château Kefraya (Fabrice Guiberteau), Ixsir (Gabriel Rivero), Sept Winery (Maher Harb), Château Marsyas (Ayman Khoury). **Luxembourg** : ministère de l'Agriculture, de la Viticulture et du Développement rural, Erwan Nonet (journaliste, fondateur de *Vinorama*). **Macédoine du Nord** : Wines of Macedonia. **Madagascar** : Soavita (Thierry Bernard). **Malte** : ministère du Développement durable, de l'Environnement et du Changement climatique. **Maroc** : département de l'Agriculture du ministère de l'Agriculture et de la Pêche maritime, du Développement rural et des Eaux et Forêts, Boris Bille (sommelier et membre fondateur de l'Association des sommeliers du Maroc). **Mexique** : Santo Tomás (Dr Cristina Pino Villar). **Moldavie** : Wine Of Moldova, Château Purcari (Natalia Chirca). **Monténégro** : ministère de l'Agriculture et du Développement rural, Wines of Montenegro. **Myanmar** : Myanmar Estate (Hans Leiendecker), Red Mountain Estate. **Namibie** : Kristall Kellerei (Michael Weder). **Norvège** : Vinranker i Norge. **Nouvelle-Zélande** : New Zealand Winegrowers Inc., Waiheke Winegrowers Association. **Ouzbékistan** : agence de développement de la viticulture et du vin d'Ouzbékistan. **Palestine** : Philokalia (Sari Khoury), Nasser Soumi. **Pays-Bas** : Vereniging Nederlandse Wijn Producenten (VNWP). **Pérou** : Pr Eduardo Dargent Chamot (auteur du livre *Vino y pisco en la historia del Perú*, Universidad de San Martin de Porres, 2013), Tacama (Frédéric Thibaut). **Pologne** : Monika Bielka-Vescovi (présidente d'honneur de l'association Women and Wine), Marian Jeżewski (Studio Wina). **Portugal** : plateforme Inovação da Vinha e do Vinho de l'Universidade de Trás-Os-Montes e Alto Douro, Vini Portugal. **République dominicaine** : Ocoa Bay. **République tchèque** : Vinařský fond ČR, Sonberk (Dagmar Fialová). **Roumanie** : Oficiul national al viei si produselor vitivinicole (ONVPV), George Wine (sommelier). **Royaume-Uni** : Wines of Great Britain. **Russie** : Yulia Semenova (journaliste vin). **Sénégal** : Clos des Baobabs (Philippe Franchois). **Serbie** : ministère de l'Agriculture, des Forêts et de l'Eau, Vino Budimir. **Slovaquie** : Tajna Vineyards (Rastislav Demes). **Slovénie** : Vinska Družba Slovenije. **Suisse** : Swiss Wine, José Vouillamoz (ampélographe, biologiste et coauteur avec Jancis Robinson et Julia Harding du livre *Wine Grapes*, Allen Lane, 2012). **Suède** : Hällåkra Vingård. **Syrie** : Karim et Sandro Saadé, Stéphane Derenoncourt. **Tadjikistan** : ambassade de France. **Tanzanie** : Cetawico (Jacob Timothy Mwavika). **Thaïlande** : Thai Wine Association, GranMonte (Visooth Lohitnavy). **Tunisie** : Shadrapa (Pilar Rodrigo Monzon). **Turquie** : ministère de l'Agriculture et des Forêts, Urla Winery (Kerem Kumbasar). **Ukraine** : ambassade de France, Christophe Lacarin, Shabo (Stanislav Kobiletsky). **Uruguay** : Instituto nacional de vitivinicultura (Inavi), Wines of Uruguay Exporters Association, Daniel Pisano. **Venezuela** : Bodegas Pomar. **Vietnam** : Raymond Ringhoff (PDG de Vietnam Wine Tours). **Zimbabwe** : Bushman Rock Estate.

TABLE DES MATIÈRES

Vignoble du domaine Walla Walla (État de Washington, États-Unis)

502256/1 – CSB brillant, 170 g.

Achevé d'imprimer par Stige Arti Grafiche
Dépôt légal : septembre 2019
Imprimé en Europe (Italie)

Certifié PEFC
Ce produit est issu de forêts gérées durablement et de sources contrôlées
PEFC/18-31-107
www.pefc-france.org

IMPRIM'VERT
Votre imprimeur agit pour l'environnement